建成支点

走在前列

谱写新篇

# 建成支点 走在前列 谱写新篇

## ——"十四五"时期湖北推动经济高质量发展研究

中国宏观经济研究院 湖北省统计局 联合课题组 著

人民出版社

# 序

2020 年,是湖北发展史上极不平凡的一年。在习近平总书记亲自部署、亲自指挥下,在党中央的坚强领导下,湖北全力打好战疫、战洪、战贫三场硬仗,打赢了阻击新冠肺炎疫情的历史性大战,扛住了疫后恢复重振的历史性大考,夺取了决胜全面小康的历史性成就,交出了疫情防控和经济社会发展双胜利的英雄答卷,这在新中国史、改革开放史和湖北发展史上绝无仅有,为湖北"十三五"圆满收官画下一个大大的惊叹号。

"十四五"时期,是湖北全面建设社会主义现代化强省新征程的开局五年,也是湖北加快实现疫后重振的关键五年。作为抗击疫情的中心、中部崛起的支点、战略叠加的大省,湖北未来五年怎么走,备受国内外关注。习近平总书记多次视察湖北,作出"三个没有变"的重大判断,提出"建成支点、走在前列、谱写新篇"的总体要求,为湖北开启新时代全面建设现代化强省新征程注入了底气、指明了方向、提供了遵循。

为了高质量制定《湖北省国民经济和社会发展第十四个五年规划和2035 年远景目标纲要》提供信息支撑,湖北省统计局委托中国宏观经济研究院就"十四五"时期湖北推动经济高质量发展思路进行研究。为此,中国宏观经济研究院 20 多名科研人员与湖北省统计局专业人员组成联合课题组协同攻关,历时近 1 年时间完成了《建成支点 走在前列 谱写新篇——"十四五"时期湖北推动经济高质量发展研究》一书。总体来看,本书有以

1

下几个特点。

一是站位比较高。全书以习近平新时代中国特色社会主义思想为指导,立足新发展阶段、贯彻新发展理念、着眼新发展格局,紧紧围绕"建成支点、走在前列、谱写新篇"总要求,聚焦高质量发展主题和湖北经济发展环境和条件呈现的深刻变化,对湖北发展的若干重大战略问题进行了深层次的研究。

二是选题比较准。在设置专题的过程中始终注重体现"湖北味道",确保研究选题与湖北发展阶段相契合、与湖北发展定位相衔接,与湖北发展任务相一致,聚焦打造制造强省、服务强省、科创强省,培育强大中部消费市场、扩大和激活有效投资、优化区域发展格局、发展高水平开放型经济等重大问题。

三是数据比较实。重数据挖掘、用事实说话,是本研究的一大特点。我们立足全国第四次经济普查数据但又不局限于普查数据,注重定量分析与定性分析将结合,横向对比与纵向分析相结合,在分析框架、分析视角、分析指标和分析方法等方面均有一定创新,对湖北发展的重大问题进行了定量刻画。

四是结论比较新。得益于翔实的数据分析和大量的分析比对,课题组从浩繁的数据与报告中提炼出一些新的观点。例如,湖北收入差距有两极分化的苗头,科教人才优势正面临被虚化、被弱化和难转化风险,有效投资的撬动放大、供需牵引与战略支撑作用趋于弱化,县域经济总体不强是影响湖北城乡区域发展的突出短板,湖北发展开放型经济的首要"短板"是缺乏高质量外资流入而非外贸规模偏低,等等。

针对湖北高质量发展面临的突出问题,课题组本着适度超前、总体可行、富有启发的原则,尝试提出了一些政策建议。例如,谋划建设"长江大湾区",布局建设一批省级新区,建设"武汉—长沙科创大走廊",支持省属高校牵头合并重组,开展人才评聘方面首创性改革,在武汉打造大宗工业品、特色农副产品交易平台与结算中心,构建襄阳、宜昌两个区域性康养休闲消费高地等。

　　研究得到了湖北省委省政府有关领导的高度重视,湖北省省直有关部门提供了大力支持,在此一并表示衷心感谢。由于研究水平有限,加上任务重、时间紧,必定还存在诸多不足之处,恳请大家批评指正。

王昌林

2021 年 6 月

# 目　　录

# 主报告 "十四五"时期湖北推动经济 高质量发展思路研究

"十四五"时期,是湖北全面建设社会主义现代化强省新征程的开局五年,建设现代化经济体系,推动经济高质量发展,需要准确识变,认清短期形势和中长期发展趋势,把握新的历史方位;科学应变,抓住新的重大战略机遇和应对新的风险挑战;主动求变,努力在全国发展大局中展现更大担当作为,在新一轮改革开放与创新中推动经济实现更高质量、更有效率、更加公平、更可持续、更为安全的发展。

## 一、新优势新问题:基于四经普数据挖掘对 湖北高质量发展现状问题的分析

### (一)产业综合竞争优势更加凸显,但供给体系质量亟待提升

产业综合实力持续增强,在全国的位势稳步提升。从总量看,2019年湖北省地区生产总值达45828.31亿元,是2013年的1.83倍(按可比价计算为1.61倍),在全国31个省份的排位从第9位上升到第7位,占全国GDP比重从4.23%上升到4.63%。汽车制造及消费品工业在全国分工优势明显,是全国重要的汽车制造基地、消费品工业基地、原材料基地和电子

1

信息制造基地,2019年湖北省汽车制造业、纺织业、农副食品加工业、烟草制品业营业收入占全国比重分别为8.48%、8.35%、7.76%、6.96%(见图1)。农副食品加工业、纺织业、汽车制造业及计算机、通信和其他电子设备制造业在全国排位分别居第3位、第5位、第5位、第13位,改装汽车、瓦、光缆等工业产品产量全国第一。从结构看,2019年三次产业结构为8.3∶41.7∶50.0,服务业增加值占比首次跨越50%大关,较2013年上升了9.91个百分点。机械装备工业产值占全省制造业产值的39.52%。从效益看,2018年湖北省制造业劳动生产率为149.42万元/人,是全国平均水平的1.48倍。服务业企业人均营收76.34万元,在中部地区处于最高水平。2019年,湖北省规上制造业营业收入利润率为6.43%,高于全国平均水平(5.86%)0.57个百分点,是全国的1.1倍。产品质量合格率为94.13%,为中部省份第一。2019年湖北省粮食产量2725万吨,位居全国第11位,连续7年稳定在500亿斤以上,粮食综合生产能力进一步提升,保障国家粮食安全的基础进一步夯实。

产业结构不优、研发投入不足、效益水平下降,与高质量发展要求还有差距。服务业比重相对滞后,2019年湖北省服务业增加值占比为50.01%,低于全国平均水平3.91个百分点。除汽车制造业、医药制造业外,湖北在全国具有分工优势的制造行业主要是轻工食品产业,高加工度和高技术密集度的装备制造业实力相对较弱。2019年,高技术制造业对湖北工业增长的贡献率仅17%,远低于沿海发达地区50%以上的增长贡献率;高技术制造业增加值占规上工业的比重仅9.5%,低于全国14.4%的平均水平。2018年,湖北工业企业研发投入强度仅为1.18%,较浙江、上海和湖南同期分别低0.41、0.19和0.29个百分点,比全国平均水平低0.05个百分点。湖北有R&D活动的规上工业企业占比为25%,比全国平均水平低约3个百分点。部分重点优势产业规模扩张较快,但质量效益有待提高。2016—2019年,湖北汽车制造业营业收入利润率从9.23%下降8.37%,计算机、通信和其他电子设备制造业从 4.51% 下降至 3.38%，纺织业从 5.26% 下降至 4.93%。

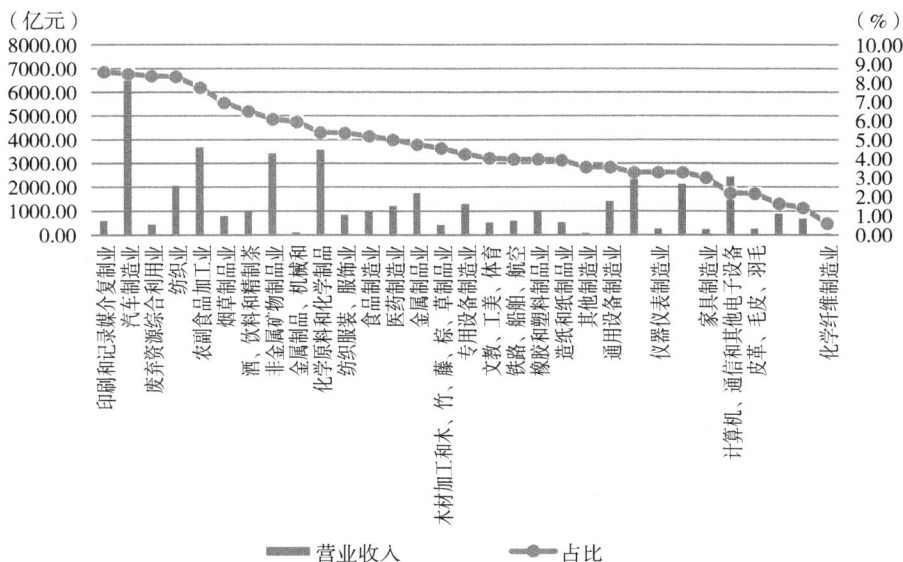

图 1　2019 年湖北省主要规上制造业行业营业收入全国占比（%）

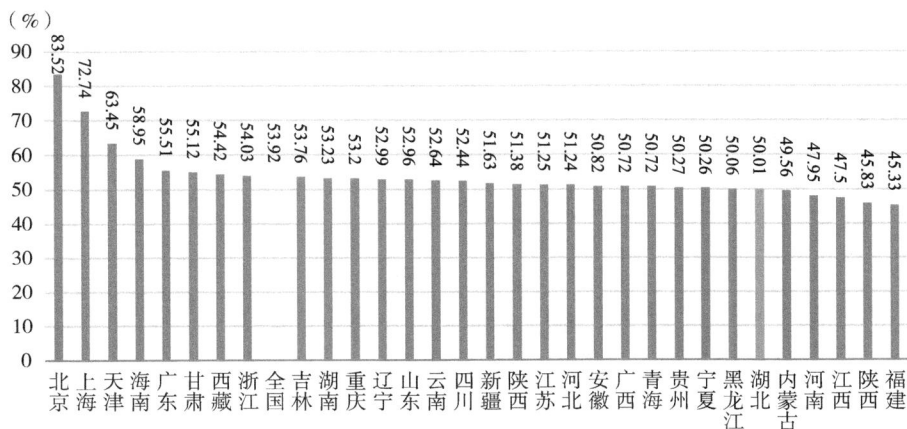

图 2　2019 年全国各省服务业增加值占比情况

3

## （二）中心城市发展能级明显提高，但省内地区间协调发展水平偏低

首位城市集聚度高，"一主两翼"中心城市带动作用更趋明显。武汉、襄阳、宜昌在全国城市 GDP 排名从 2010 年的第 12、75、73 位分别上升到 2019 年的第 8、46、51 位。全省经济和人口向中心城市集聚趋势较为明显，2019 年，武汉 GDP 和人口分别占全省比重为 35.4% 和 18.9%，较 2010 年分别提高了 0.4 和 1.8 个百分点，集聚了全省 31.8% 的法人单位数、33.1% 的法人单位从业人员、29.1% 的 R&D 人员、53.2% 的有效发明专利；2019 年，襄阳、宜昌两市合计 GDP 占全省比重为 20.2%，较 2010 年提高了 1.2 个百分点，集聚了全省 18.6% 的法人单位数、17.7% 的法人单位从业人员、26.4% 的 R&D 人员、17.4% 的有效发明专利。武汉城市圈发展水平不断提升，"襄十随""宜荆荆"城市圈产业集群态势初显。武汉城市圈相邻两市之间的 1 小时高速公路交通圈基本建成，武汉城市圈 GDP 占全省的比重从 2015 年的 59.8% 提高到 2019 年的 60.3%。

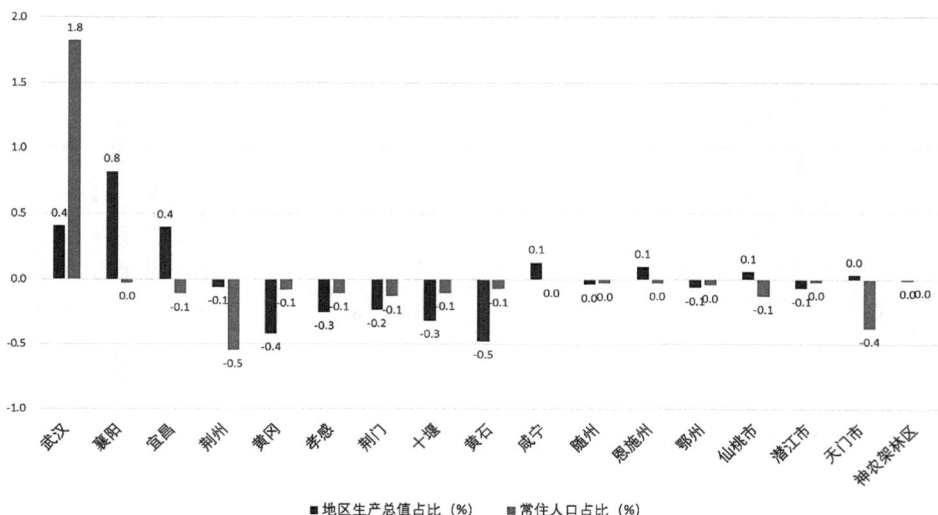

图 3　各地区经济和人口占全省比重变化（2010—2019 年）

次级城市发展不充分,县域经济实力不强。自 2010 年以来,襄阳和宜昌经济总量占武汉比重保持在 30% 左右,与武汉的差距没有明显缩小,与广东、江苏、浙江、山东、河南等省份第二梯队城市相比差距依然较大,在全省城市体系中"承上启下"作用未能充分发挥。其余 10 个市(州)经济总量徘徊在 1000—2500 亿元,在全省份额大多在 5% 以下,整体呈现低水平均衡,缺少发展梯度差,容易导致各城市之间出现重复建设和同质化竞争问题。2020 年全国综合竞争力百强县中,湖北仅有宜都市和仙桃市 2 个入选;相比之下,浙江和江苏分别有 24 个和 23 个,中部地区的河南有 7 个。

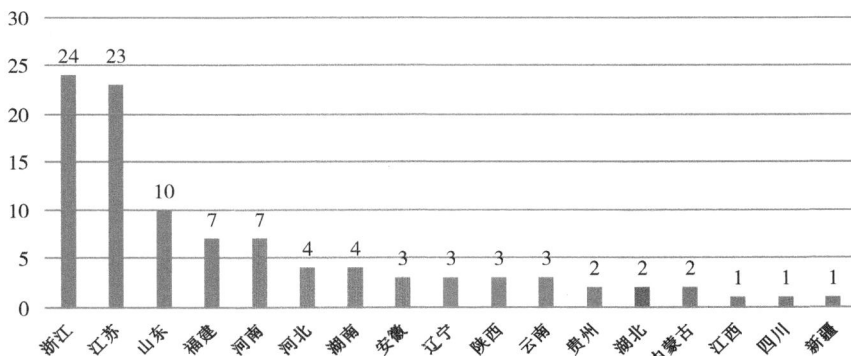

**图 4 县域经济综合竞争力百强县(市)省域分布**

资料来源:《中国县域经济发展报告(2020)》。

### (三)科教创新力量不断增强,但创新驱动发展的短板亟待补齐

科教资源优势突出,创新能力稳步提升。2019 年,湖北省 R&D 经费达 957.9 亿元,研发投入强度为 2.09%,位居全国第 9 位,科技创新总体在中部六省中处于领先位置。创新要素相对丰裕,全省普通高等教育学校 129 所、普通本专科在校生 150.08 万人,分别居全国第 4、第 5 位,不仅有 7 所副部级教育部直属高校,还有多所实力强劲的军校,部分重点高校在全国的位势持续提升。高能级创新平台较为集中,全省拥有国家研究中心 1 个、国家

重点实验室 27 个、国家级工程技术研究中心 19 个,在鄂国家重点实验室、工程技术研究中心等国家级科技创新平台数量居全国前列、中西部地区之首,拥有全创区、自创区、自贸区以及多个国家级"双创"示范基地,以及武汉光电国家研究中心、精密重力测量、先进存储产业创新中心等国家级创新平台和光电、生物、装备、新能源等 11 家工业技术研究院。

研发强度仍低于全国平均水平,主体创新能力与科教优势转化仍存短板。尽管近两年湖北研发强度中部领先且增幅高于全国,但全省研发投入经费强度长期低于全国平均水平。湖北的基础研究占比过低,2019 年,全省基础研究投入占研发经费投入比重为 4.5%,比全国平均水平低 1.5 个百分点,也不及四川、陕西等西部省份。更为重要的是,企业创新引领与科教优势转化两大动力不足。一方面,工业企业创新能力存在较大短板,2018 年,湖北制造业企业研发强度为 1.25%,较浙江、上海和湖南同期分别低 0.48、0.18 和 0.20 个百分点,比全国同期水平还低 0.08 个百分点。此外,初创企业少、高新技术企业少、高估值企业少、高能级大企业少的问题突出。例如,2019 年,湖北新增市场主体 26.4 万家,仅约为广东的 1/4、浙江的 1/2,还落后于安徽与河南。另一方面,受合作机制不畅和省属高校偏弱制约,现有科技成果本地转化率不高。在现行评价制度下许多科研人员仍无法积极参与产学研合作,加上科研人员对产学研合作转化方面的激励政策缺乏稳定预期,体制内外双向流动的体制机制未有效建立,高校院所科研人员参与产学研的内在动力被大幅削弱。省属高校建设滞后的问题在"科教资源大省"的光环下被长期掩盖。湖北虽然成立了武汉光电工研院、生物技术研究院等,但缺少国家层面对中试环节的专项支持,尚未形成政策支持的合力。此外,从主要在鄂部属高校来看,其毕业生留鄂比例不到三成,既远低于广州、上海、杭州等地沿海发达地区主要高校近五至七成的学生留本地比例,甚至也不及成都、兰州、西安等中西部地区主要高校(如四川大学、兰州大学、西安交通大学)的毕业生留本地比例水平。

表1　湖北与全国和部分科教大省基础研究投入强度比较

| | 全国 2018年 | 全国 2019年 | 湖北 2018年 | 湖北 2019年 | 四川 2018年 | 陕西 2018年 |
|---|---|---|---|---|---|---|
| 基础研究(亿元) | 1090.4 | 1335.6 | 30.6 | 43.1 | 40.1 | 29.3 |
| 基础研究占R&D比重(%) | 5.5 | 6.0 | 3.7 | 4.5 | 5.4 | 5.5 |

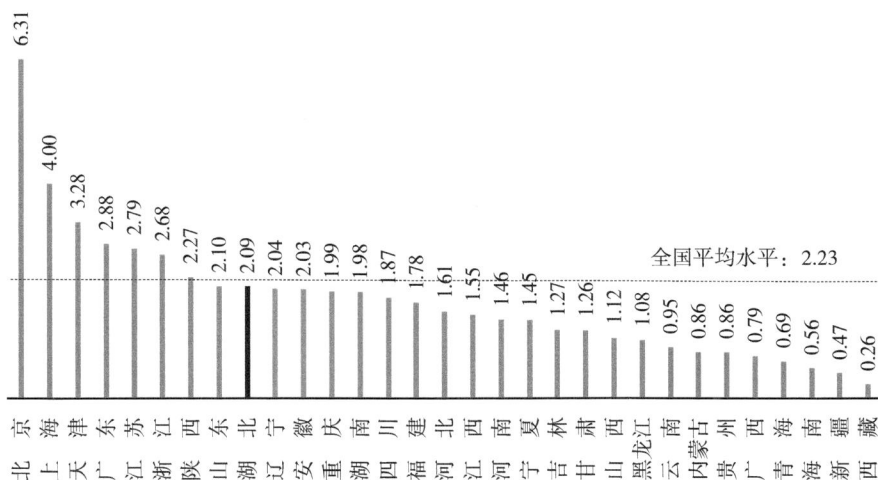

图5　2019年全国各省R&D经费占GDP比重(%)

资料来源:国家统计局、科技部、财政部《2019年全国科技经费投入统计公报》。

### (四)市场规模持续扩大,但内需体系和结构仍待优化

投资增速保持较高水平,消费的规模与增速稳中有升,扩大内需具有坚实基础。从投资看,湖北省投资增速保持在较高水平,投资率持续上升,投资对增长拉动作用更加突出。2016—2019年全省固定资产投资年均增速为11.54%,与湖南、江西基本持平,高于河南、安徽,高出全国平均水平近5个百分点,投资客观上发挥了稳定经济运行的中流砥柱作用。从消费看,消费市场规模持续扩大,消费结构不断优化升级。2019年社会消费品零售总额达2.02万亿元,在中部省份中位列第二。人均社零额3.37万元,居民人

均消费支出突破 2 万元,均位列中部第一。2015 年以来湖北居民可支配收入持续增长,2019 年居民人均可支配收入达 2.8 万元,位居中部第一。批发零售主体和市场平台逐步壮大,私营企业逐渐占据主导地位。2019 年湖北限上私营企业有 5380 个,占比 64.5%,较 2018 年抬升 1.4 个百分点,比重持续上升。

投资效率效益趋降,结构优化缓慢。近年来,湖北省投资效率出现绝对和相对下降,"十三五"时期以来投资效果系数为 10.48%,比"十二五"时期回落了 5.93 个百分点,分别低于江苏、浙江、安徽、全国平均 3.2 个、4.5 个、1.5 个和 2.1 个百分点。投资内部结构优化较为缓慢,工业投资在总投资中基础和支撑地位正在下降,工业投资占比从 2016 年的 39.9% 下滑至 2019 年的 37.4%。与此同时,房地产开发投资在全部固定资产投资中的占比却大幅上升,2019 年上升至 19.2%,较 2016 年提高了 5 个百分点。投资对产业结构优化引领带动作用不足,投资引领产业向高端升级的任务仍然艰巨。

消费支撑经济增长乏力,收入水平较低且差距大制约明显。近年来,湖北省平均最终消费率(最终消费/GDP)在 45% 左右,而全国消费率在 53% 左右,湖北比全国水平低了 8 个百分点。2018 年,湖北最终消费对 GDP 增长的贡献超过 50%,但仍低于全国 76.2% 的平均水平。总体看,收入对消费的制约较明显,用可支配收入衡量的各收入阶层实际购买力明显低于相应阶层的全国平均水平,而且收入差距有所拉大。2018 年,湖北高收入户收入与全国接近,相当于全国的 92%,但低收入户的可支配收入仅为 9857 元,不足其自身消费性支出的 80%,仅相当于全国低收入户平均水平的 69% 左右。

表2　湖北及其他省份固定资产投资增速　　　　　单位:%

| 年份 | 湖北 | 全国平均 | 湖南 | 河南 | 安徽 | 江西 | 江苏 | 浙江 |
|------|------|----------|------|------|------|------|------|------|
| 2016 | 13.1 | 8.1 | 13.8 | 13.7 | 11.7 | 14 | 7.5 | 10.9 |
| 2017 | 11 | 7.2 | 13.1 | 10.4 | 11 | 12.3 | 7.5 | 8.6 |
| 2018 | 11 | 5.9 | 10 | 8.1 | 11.8 | 11.1 | 5.5 | 7.1 |
| 2019 | 10.6 | 5.4 | 10.1 | 8 | 9.2 | 9.3 | 5.1 | 10.1 |

表3　2018年湖北和全国可支配收入差距及消费支出差距比较　　　单位:元

| 组别 | 可支配收入<br>(湖北) | 消费性支出<br>(湖北) | 收入消费比<br>(湖北) | 可支配收入<br>(全国) | 收入比<br>(湖北/全国) |
|------|------|------|------|------|------|
| 低收入户 | 9856.65 | 12552.05 | 0.79 | 14386.87 | 0.69 |
| 中等偏下户 | 21417.93 | 17186.56 | 1.25 | 24856.51 | 0.86 |
| 中等收入户 | 30726.61 | 21334.94 | 1.44 | 35196.11 | 0.87 |
| 中等偏上户 | 42862.62 | 29101.06 | 1.47 | 49173.5 | 0.87 |
| 高收入户 | 78308.72 | 45101.55 | 1.74 | 84907.13 | 0.92 |

注:数据是城镇家庭数据。

## (五)对外贸易稳步扩大,但开放水平和能级亟待提高

商品贸易持续增加,外贸结构明显改善。2019年,湖北省货物进出口总额为571.3亿美元,是2015年的1.25倍;实际使用外资129.07亿美元,是2015年的1.44倍。拥有分支机构的世界500强企业数量达296家,分别高于江西、安徽、浙江167家、113家、117家。2018年,规模以上工业企业整体上的出口交货值为1877.89亿元,占营业收入的4.51%,较"三经普"数据提升了0.47个百分点,其中,汽车制造业、医药制造业、专用设备制造业等支柱产业外向度均有所上升。一般贸易占比逐步提升,跨境电商等新外贸模式展现出良好发展势头。2011—2019年,湖北省一般贸易占比从63.5%逐步提升至77.9%,一般贸易占比始终高于全国平均水平,更是明显

超过四川和重庆(2019年分别为26.5%和30.4%)。2019年,跨境电商清单量542.5万票,货值12.7亿元人民币,同比分别增长29.3倍和12.3倍。

对外开放水平总体偏低,在全球价值链分工中的地位不高。从绝对贸易开放度看,湖北省在长江经济带沿线11省市中排名第10位,仅高于贵州省,进出口总额仅占全国的1.25%,与湖北打造中部开放高地的定位和经济体量的全国位次极不相称。服务业特别是知识密集型服务业利用外资水平较低,2019年信息传输、计算机服务与软件业以及科学研究、技术服务业实际使用外商直接投资额占总额比重分别为3%和1.2%,远低于全国平均水平的10.6%和8.1%,高新技术产业外资企业新增固定资产占全行业新增固定资产比重仅为4%左右,且近年来呈现下降趋势。

表4　湖北省实际使用外商直接投资额行业结构与全国对比

| | 2019年该行业湖北实际使用外商直接投资额(万美元) | 2019年该行业湖北实际使用外商直接投资额占总额比重 | 2019年该行业全国实际使用外商直接投资额占总额比重 |
|---|---|---|---|
| 制造业 | 623071 | 48.3% | 25.6% |
| 房地产业 | 251988 | 19.5% | 17% |
| 租赁和商务服务业 | 161537 | 12.5% | 16% |
| 电力、燃气及水的生产和供应业 | 58295 | 4.5% | 2.6% |
| 交通运输、仓储和邮政业 | 47203 | 3.7% | 3.3% |
| 批发和零售业 | 46224 | 3.6% | 6.6% |
| 信息传输、计算机服务和软件业 | 38673 | 3.0% | 10.6% |
| 科学研究、技术服务业 | 15100 | 1.2% | 8.1% |
| 金融业 | 4456 | 0.3% | 5.2% |

## (六)高质量发展处于全国中上水平且领跑中部省份,开放短板较为突出

全面综合考察湖北高质量发展水平,选取经济发展、创新研发、人民生

活、绿色生态和对外开放五个发展维度,建立高质量发展的评价指标体系。总体来看,湖北高质量发展处于全国中上水平。其中,从经济发展、创新研发、绿色生态和对外开放等多项指标来看,湖北省综合发展水平远高于江西、山西、河南等省份,在中部六省中独树一帜,综合优势凸显,完全具备建成中部崛起重要战略支点的条件。据测算显示,2018 年,湖北高质量发展指数在全国 31 个省(自治区、直辖市)中的排名略低于该年份 GDP 排名(第七),但高于其人均 GDP 排名(第十)。但值得注意的是,湖南省经济发展指标得分比湖北低 3.09,人民生活和绿色生态指标得分分别比湖北低6.32 和 1.18,是各项指标得分与湖北最相近的省份,加之地理位置、发展战略相似,仍对湖北构成不小的挑战。

分项来看,一方面,湖北生态文明建设走在前列,绿色生态指标领先。2018 年湖北省绿色生态指标为 111.78,不仅高于北京(100.00)、天津(50.03)等发达地区,同邻近的河南省(99.75)、安徽省(99.20)、江西省(86.20)及西部欠发达省份也拉开较大差距。另一方面,对外开放程度不足,成为制约高质量发展突出短板。进出口贸易、实际使用外资和对外直接投资三项指标的省份间差异较大,北京、上海两地优势突出。湖北省 2018年对外开放程度得分为 14.93,在全国处于中游水平,但同发达省份相比规模差距仍然很大,这也直接拉低了湖北高质量发展的综合得分。因此,未来仍需要加快开放步伐,补齐开放发展的短板。

表 5　高质量发展评价的主要指标

| 一级指标 | 二级指标 | 二级指标权重 | 一级指标权重 |
| --- | --- | --- | --- |
| 经济发展 | 人均 GDP(元) | 1/3 | 1/5 |
| | 全员劳动生产率(%) | 1/3 | |
| | 常住人口城镇化率(%) | 1/3 | |

续表

| 一级指标 | 二级指标 | 二级指标权重 | 一级指标权重 |
|---|---|---|---|
| 创新研发 | R&D 经费支出占 GDP 比重(%) | 1/2 | 1/5 |
| | 技术合同成交额占地区 GDP 比重(%) | 1/2 | |
| 人民生活 | 居民人均可支配收入(元) | 1/3 | 1/5 |
| | 城镇登记失业率(%) | 1/3 | |
| | 劳动年龄人口受教育程度 | 1/3 | |
| 绿色生态 | 单位 GDP 能耗下降(%) | 1/4 | 1/5 |
| | 地级及以上城市空气质量优良天数比率(%) | 1/4 | |
| | 地表水水质监测断面数(个) | 1/4 | |
| | 城市污水日处理能力(万立方米) | 1/4 | |
| 对外开放 | 人均进出口总额(元) | 1/3 | 1/5 |
| | 人均实际使用外资额(元) | 1/3 | |
| | 人均对外直接投资额(元) | 1/3 | |

注:考虑到指标数据的可得性和可比性,本研究仅选择部分反映高质量发展的指标分析评价。

### 表6　全国各省(自治区、直辖市)高质量发展指数

| 地区 | 高质量发展综合指标 | 经济发展 | 创新研发 | 人民生活 | 绿色生态 | 对外开放 |
|---|---|---|---|---|---|---|
| 北京市 | 100.00 | 100.00 | 100.00 | 100.00 | 100.00 | 100.00 |
| 天津市 | 80.44 | 103.14 | 49.73 | 67.01 | 50.03 | 50.57 |
| 河北省 | 61.44 | 81.81 | 16.44 | 47.80 | 95.13 | 8.58 |
| 山西省 | 46.07 | 64.21 | 12.90 | 49.97 | 58.18 | 5.17 |
| 内蒙古自治区 | 33.82 | 89.28 | 7.49 | 54.84 | −24.22 | 10.12 |
| 辽宁省 | 63.71 | 78.69 | 24.05 | 52.45 | 89.79 | 13.62 |
| 吉林省 | — | 68.63 | 19.19 | 48.14 | 75.32 | — |
| 黑龙江省 | 45.12 | 60.44 | 13.61 | 46.56 | 76.65 | 9.17 |
| 上海市 | 118.68 | 112.42 | 44.75 | 82.34 | 143.18 | 151.03 |
| 江苏省 | 97.72 | 106.42 | 27.33 | 58.95 | 156.10 | 32.38 |
| 浙江省 | 89.25 | 97.22 | 25.45 | 65.04 | 111.90 | 49.18 |
| 安徽省 | 65.67 | 79.79 | 20.04 | 50.52 | 99.20 | 7.34 |

| 地区 | 高质量发展综合指标 | 经济发展 | 创新研发 | 人民生活 | 绿色生态 | 对外开放 |
|------|------|------|------|------|------|------|
| 福建省 | 71.23 | 94.04 | 15.43 | 52.69 | 92.45 | 34.29 |
| 江西省 | 60.80 | 75.87 | 13.80 | 47.00 | 86.20 | 22.01 |
| 山东省 | 85.24 | 90.41 | 25.92 | 51.60 | 131.67 | 19.85 |
| 河南省 | 59.43 | 74.44 | 12.90 | 46.84 | 99.75 | 11.13 |
| 湖北省 | 71.72 | 92.13 | 26.88 | 54.63 | 111.78 | 14.93 |
| 湖南省 | —— | 89.04 | 18.62 | 48.31 | 110.60 | —— |
| 广东省 | 96.74 | 89.14 | 28.51 | 58.11 | 171.90 | 32.62 |
| 广西壮族自治区 | 49.14 | 71.08 | 7.58 | 47.16 | 93.31 | 5.70 |
| 海南省 | 52.77 | 75.81 | 5.32 | 55.79 | 60.85 | 56.94 |
| 重庆市 | 66.90 | 86.45 | 19.72 | 53.16 | 87.07 | 21.19 |
| 四川省 | 58.41 | 77.11 | 22.96 | 47.72 | 106.17 | 5.08 |
| 贵州省 | 50.28 | 69.17 | 10.73 | 44.23 | 102.45 | 1.84 |
| 云南省 | —— | 67.59 | 9.37 | 44.68 | 112.71 | —— |
| 西藏自治区 | —— | 56.93 | —— | 44.03 | —— | —— |
| 陕西省 | 56.78 | 77.54 | 35.37 | 51.75 | 72.65 | 11.64 |
| 甘肃省 | 39.09 | 52.94 | 18.05 | 47.19 | 49.40 | 2.96 |
| 青海省 | 39.50 | 68.44 | 15.21 | 49.74 | 54.12 | 0.65 |
| 宁夏回族自治区 | 43.08 | 78.15 | 12.65 | 46.77 | 16.19 | 9.49 |
| 新疆维吾尔自治区 | 44.43 | 66.00 | 4.54 | 54.54 | 76.11 | 4.22 |

注:为了方便比较分析,取北京各项指标均为100,其他省份指标为其相对大小,小于100表示低于北京,大于100表示高于北京。部分省份因数据不可得而未合成高质量指数。

# 二、新阶段新变化:湖北经济发展
## 环境和条件正在发生深刻变化

"十四五"时期,国际"变"、国内"转"、区域"合"的特征较为明显,给湖北推进高质量发展带来复杂而深刻影响。从短期看,新冠肺炎疫情给全省经济社会发展带来一定冲击,但从长期看,疫情冲击没有改变经济社会发展大势,没有改变多年积累的综合优势,没有改变在国家和区域发展中的重要地位。"十四五"时期,湖北面临的机遇大于挑战,工业化城镇化水平将持续提升,进入高速发展阶段,湖北经济的质量优势、规模优势和综合竞争优势将更加凸显。湖北完全具备疫后加速恢复重振、趁势引领中部崛起的潜能,有条件在新一轮改革、开放与创新中"变"中求"稳"、"转"中谋"先"、"合"中化"异",谋势而动、顺势而为、乘势而上,加快实现"建成支点、走在前列"的战略目标,推动经济更高质量、更有效率、更加公平、更可持续、更为安全的发展,建成支撑力辐射力竞争力更强的中部崛起新支点。

## (一)产业发展进入提质升级、重塑竞争优势的关键阶段

工业化由中后期向后期转变,对转方式调结构换动能提出更高要求,加速产业转型升级面临重大发展机遇和挑战。2019年湖北省人均GDP达到77387元,比全国平均水平高6000多元,也高于中部其他省份,按照汇率折算约为11218美元,接近世界银行划定的高收入国家门槛(人均GDP大于12535美元)。重化工业阶段接近尾声,由此带来传统行业增速将进一步下降,发展空间进一步收窄,增长动力进一步弱化,迫切需要培育新支柱、新增长点。"十四五"时期,借助国家战略的强力指引和居民消费结构的加速升级,湖北将迎来产业转型升级的新机遇。一是制造强国战略带来的政策机遇,国家将继续坚定不移地推动制造强国建设,保持制造业比重基本稳定,持续提高制造业在国民经济中的支柱地位和辐射带动作用,湖北作为我国中部地区重要的制造基地,积累了扎实的制造基础和优势要素资源条件,在制造强国建设进程中将被赋予重要使命。二是产业梯度转移带来的溢出效应,随着市场和要素条件深刻变化,东部地区产业溢出效应将不断增强,区域产业转移已经进入密集高发时期,湖北依托自身的要素资源和交通区位优势,有望成为承接产业转移的先行阵地。三是超大内需空间带来的市场机遇,党的十九届五中全会提出要"加快构建以国内大循环为主体、国内国

际双循环相互促进的新发展格局""坚持扩大内需这个战略基点",14亿居民收入水平提高和4亿中等收入群体形成的消费需求和结构升级带来了超大市场需求规模,特别是消费升级、老龄化加速、信息技术深度渗透,将带动文化旅游、教育培训、养老健康、休闲娱乐、电子商务、信息服务等服务业加快发展,中部地区拥有3.7亿人口规模,为湖北生活性服务业发展创造了巨大市场空间,需求将牵引供给侧结构性改革深化、优化供给结构,形成供需良性互动的更高水平动态平衡。与此同时,湖北支柱产业增长面临较大压力。一是汽车等主导产业维持高增长的难度明显加大,国内汽车市场进入阶段性降速调整时期,市场低速甚至波动增长将成为新常态,同时,产业对外开放将不断扩大,外资汽车品牌和企业对国内市场的冲击将显著增大,汽车市场可能进入激烈的洗牌重组时期,湖北车企将面临日趋严峻的市场竞争。二是重化工业发展进入平台调整期和优化发展阶段,同时新产业竞争加剧,随着传统基础设施投资、房地产业等下游需求趋于放缓,建材、钢铁、有色金属等大宗和普通制造产品需求将达到或接近拐点,我国新一轮重化工业快速发展阶段接近尾声。未来化工产品市场需求将呈现较明显的差异化增长特征,由于湖北地处长江中游,肩负着保护长江生态安全的历史重任,生态环境约束不断加大,能源资源供给约束仍然存在,化工产业改造升级和转型调整的任务更趋紧迫。此外,新兴产业和高新技术产业领域的竞争将不断升级,国际形势变化将显著增加技术获取的难度,电子信息、装备制造等技术密集型产业步入爬坡过坎的重要关口。三是产业安全面临的挑战还将不断加大,中美博弈剧烈化给湖北的创新链的稳定带来了严重冲击。全球疫情走向的不确定性可能引发全球供应链产业链价值链被迫中断,湖北在汽车制造、装备制造、新材料等领域对国外零部件、设备和原材料有较高需求,疫情加速供应链重构和跨国企业生产网络分散化可能加速部分产业外迁趋势,给湖北维系产业链安全带来新的挑战。

## 专栏1　工业化后期的主要特征

工业化进入后期阶段，重化工行业的增速将进一步下降，增长动力进一步弱化，新增长点的培育、产业结构的优化成为发展的主线。一是经济增速呈现趋势性放缓，由高速进入中高速。从工业化进程看，各国历史经验表明，工业化中期由于依靠高投资、重化工业主导发展而支撑的经济高速增长将难以为继，工业化后期由于主导产业的转换、潜在经济增长率下降经济增速将会自然回落。二是产业结构呈现高级化趋势。从工业看，高加工度化和技术密集化趋势明显，技术密集型产业和战略性新兴产业发展迅速，未来工业化发展将步入结构升级、提质增效和区域协同的关键时期。从服务业看，将进入发展提升、比重提高、水平提升的关键阶段，服务业内部结构加速优化、服务业与三次产业加速融合，服务经济特征更加显著。三是"两化融合"呈现加速态势。两化融合将进入新阶段，互联网、大数据、人工智能与实体经济深度融合，制造业生产方式和企业形态出现根本性变革，软件化、平台化、生态化的趋势明显。四是"湖北制造"在全球价值链地位呈现逐步攀升趋势。随着国内市场规模不断增大，湖北的技术创新能力不断增强，国际交流和合作不断深化，"湖北制造"的附加值和竞争力将不断提升。

## （二）城镇化发展进入布局优化、功能再造的攻坚阶段

城镇化进入后半程，城市发展呈现"新三期"叠加特征，须应对资源配置、城市治理、区域竞争等方面的新挑战。2019年湖北省城镇化率达到61%，高于全国平均水平，位列中部省份首位，城镇化进入快速发展阶段的中后期（城镇化率在60%—70%）。预计"十四五"时期湖北城镇化速度将

保持持续放缓趋势,城市发展呈现"新三期"叠加特征,对高质量推进人口市民化、高效率配置土地资源、完善可持续投融资机制、构建高效协同治理体系提出新的要求。一是进入城市发展动力转化期,城市发展动力更加多元化和特色化,科技创新、人力资源、制度环境、文化、消费、娱乐等因素和优质的公共服务将成为影响城市竞争力的核心因素。二是进入"城市病"等问题集中爆发期,需要更加注重提高城镇化质量,城市发展要加快从单维的经济增长目标转向宜居宜业宜游的多维目标,更加注重营造绿色、韧性、包容的环境,促进城市更加集聚、紧凑、集中、高效发展。三是进入城市格局加速分化期,随着人口逐渐由乡—城转移转变为城市间流动,以及现代服务业逐渐取代制造业成为推动城镇化的主动力,城市集聚效应将进一步推动各类生产要素加快向中心城市集聚,快速扩张型城市和持续收缩型城市将长期共存,武汉作为中心城市将持续扩张,而天门、咸宁等城市的人口可能将持续流出,"收缩型"城市问题将日益突出。与此同时,湖北增强经济辐射带动力面临挑战。"十四五"时期,中部省份的战略叠加相对弱化,湖北与周边区域的同质竞争呈现加剧苗头,给湖北提升辐射带动力、打造引领中部崛起的新支点带来了新挑战。一方面,近年来,京津冀协同发展、长三角一体化发展、粤港澳大湾区发展、成渝双城经济圈建设等国家重大区域战略主要集中在东部和西部地区,湖北地区尽管被长江经济带、中原城市群等战略覆盖,但仍未找到该战略下的关键抓手。另一方面,中部六省在产业培育、人才竞争、创新强省建设方面存在大量同质化竞争。例如,湖北、安徽、湖南等省份均提出打造"科技创新强省""创新强省""科技强省""科教强省"的口号和目标。湖北与科技创新对标省份间的竞争也更趋激烈,尤其是安徽可以充分借势长三角更高水平一体化进程,可能进一步以合肥为主要创新极形成更富后劲的全域创新格局,这对于武汉打造创新增长极、湖北实现"建成支点、走在前列"的战略目标构成了挑战。

### （三）创新发展进入健全完善机制、加快自主创新的突破阶段

经济增长从要素驱动向创新驱动转变，对创新生态优化和体制机制改革提出更高要求，技术、人才、政策等方面的机遇都将推动湖北加快自主创新。高质量发展的核心是创新驱动发展，成功迈向高收入水平就必须更多依靠创新驱动，创新将在我国现代化建设全局中处于核心地位，强化国家战略科技力量、提升企业技术创新能力、激发人才创新活力、完善科技创新体制机制将成为"十四五"期间全面塑造发展新优势的重要任务。湖北当前已经站在中高收入水平的门槛上，预计"十四五"末期，湖北经济总量将突破 6 万亿美元，人均 GDP 可能达到 1.6 万美元。国际经验表明，要实现从中高收入向高收入水平的跨越必须更多依靠创新引领和全要素生产率的提高。一是跨越"技术升级陷阱"的关键阶段。尽管陷入"技术升级陷阱"的原因不尽相同，包括技术创新进展缓慢、城镇化与工业化推进不协调、错误使用"进口替代"战略、内需不足等，但从事实来看许多发展中国家确实长期被锁定在价值链低端，无法实现转型升级。湖北创新驱动增长正处在跨越这一"技术升级陷阱"的关键阶段，需要进一步推动包括科技创新体制机制改革、政府管理体制、土地制度、干部考核制度、产权保护制度等各个方面的改革，实现制造技术从中低端向高端、从模仿创新向自主创新、从产品创新向工艺创新的突破。二是全要素生产率重回提升轨道的关键阶段。"十四五"时期，湖北在保持经济平稳较快增长方面将遇到更大挑战。一方面，我国劳动力、土地和生态环境方面的约束将进一步趋紧，要素投入对经济增长的边际贡献可能不断下降，潜在经济增长率中枢还将大概率下移，湖北不可避免地受到全国大环境的影响。另一方面，长江经济带发展将进一步落实"共抓大保护、不搞大开发"的要求，湖北发展将面临更多生态环境刚性约束，推动转型升级和绿色发展的压力更大。随着在更多领域从"跟跑"转向"并跑"甚至局部"领跑"，后发优势带来的增长红利也将快速衰减。未来

湖北将更多从引进消化吸收再创新转向自主创新,通过优化创新生态,更多依靠全要素生产率的快速提升来实现经济平稳较快发展。在此背景下,湖北加快自主创新步伐将迎来重大发展契机:一是新技术孕育大量创新,随着以数字经济为核心的数字化转型持续提速,5G、物联网、区块链、人工智能、量子科技等新兴技术的迭代不断加快,孕育着衍生颠覆性创新的大量新机会。历史表明,这类时期往往是实现换道超车、抢占科技制高点的重要窗口。二是人才基础雄厚,湖北拥有显著的光电产业发展优势和强大的信息人才储备,具备形成以"光芯屏端网"为特色的万亿级产业集群的潜力,完全有条件抢抓新一轮科技革命和产业变革带来的机遇,在数字经济中通过换道超车寻求自主创新的新突破。三是创新驱动发展战略带来机遇,未来五年我国将加速建设创新型国家,强化"卡脖子"攻关和国产替代,湖北不仅在芯片、存储、生物医药等领域的"卡脖子"攻关在全国具有比较优势,而且还储备了一批短期内可迅速转化为批量生产的储备技术和小试成果,拥有一批接近国外同类产品生产水平的企业,在部分关键领域可以形成有效替代,对提升我国产业链的安全性和创新链的稳定性提供支撑,这将为湖北加速研发产业化带来重大契机,有利于加速湖北科技创新强省建设步伐。

### (四)市场发展进入优化环境、挖潜增效的深化阶段

"十四五"时期,我国将逐步形成以国内大循环为主体、国内国际双循环相互促进的新发展格局,而扩大内需是形成强大国内市场的战略基点。内需体系包括消费和投资,因而全面促进消费以及拓展投资空间将成为扩大内需的关键,进一步将扩大内需战略与深化供给侧结构性改革有机结合,从而实现供给和需求的高水平高质量互动。

消费进入提质升级阶段,强大中部市场培育进入加速期并助力国内大循环。"全面促进消费"意味着,国家将支持内陆地区中心城市加快发展,内陆地区一些具有一定经济和人口规模、产业基础较为扎实、交通区位较

优、资源环境承载能力较好的中心城市将进入重大战略机遇期。同时,将加速推进建设一批辐射带动性强、资源整合有优势的区域消费中心。2018年,湖北最终消费规模为1.97万亿元,消费率为46.9%,其中居民消费和政府消费分别为1.48万亿元、0.49万亿元,消费率分别为35.3%、11.6%。2019年湖北省社会消费品零售总额首次突破2万亿元,在中部省份中位列第二。省会武汉消费服务体系较健全,有些标准已达到国内外先进水平,对中部市场的辐射带动能力很强,具备建设中部市场区域性消费中心、进而争创全国性消费中心的基础条件和比较优势。"十四五"时期是湖北推动经济高质量发展、培育和打造中部强大市场的关键时期。据测算,到2025年,湖北消费率可能上升至55%左右,最终消费规模可能突破4万亿元,对经济增长的贡献率维持在60%以上。其中,考虑到社会保障体系更加完善,政府公共服务支出将增加,政府消费率可能升至13%左右;随着居民平均消费倾向与可支配收入份额的提高,居民消费率将升至42%。消费结构来看,衣、食、住方面的生存型消费大约降至60%,对应的消费支出将达1.9万亿元;发展享受型消费升至40%,对应的消费支出将达1.2万亿元。

表7 我国与主要经济体居民消费支出结构情况　　　　单位:%

| 消费支出结构情况 | 湖北 | 中国 | 美国 | 日本 |
|---|---|---|---|---|
| 生存型消费 | 64.0 | 64.5 | 34.6 | 50.5 |
| 食品和烟酒 | 29.2 | 29.0 | 8.2 | 17.8 |
| 衣着 | 6.7 | 6.6 | 3.1 | 3.4 |
| 居住 | 21.8 | 22.8 | 19.1 | 25.1 |
| 生活用品及服务 | 6.2 | 6.1 | 4.2 | 4.2 |
| 发展享受型消费 | 36.0 | 35.5 | 65.4 | 49.5 |
| 医疗保健 | 12.3 | 13.5 | 21.7 | 3.8 |
| 交通和通信 | 11.2 | 11.4 | 11.6 | 13.8 |
| 教育、文化和娱乐 | 10.2 | 8.2 | 11.2 | 9.8 |
| 其他商品和服务 | 2.4 | 2.4 | 20.9 | 22.1 |

注:表中数据湖北和中国为2016—2019年的平均值,美国和日本为2016—2018年的平均值,湖北和中国数据来自国家统计局住户调查数据,美国和日本数据来自经济合作和发展组织国民账户数据。

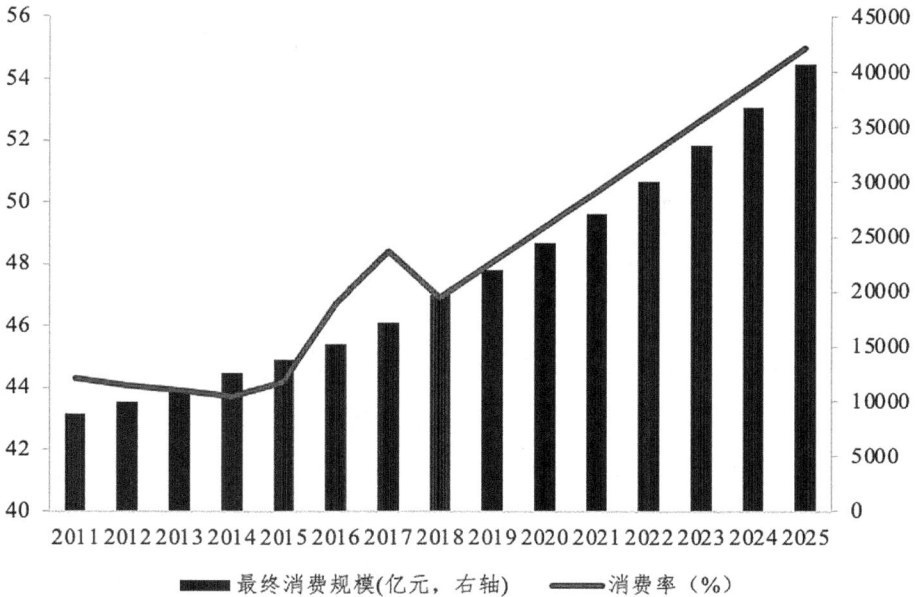

**图6 "十四五"时期湖北消费率和最终消费规模预测**

资料来源:课题组测算并绘制。

投资规模稳定增长、投资结构和投资效益持续优化,债务风险可能制约部分区域投资空间。展望"十四五",对于基础设施投资,在建设强大中部市场、提升武汉中心城市地位、持续优化城乡区域结构等带动下,基础设施投资潜力仍然较大;同时,高质量发展也对投向提出新要求,必须加快补齐交通、物流、公共卫生、市政设施等短板,加强交通网络化、能源清洁化、水利现代化、信息便捷化等新基建领域的投资。对于制造业投资,在装备制造、电子信息、生物医药等领域亟待继续加大投资力度,发挥产业投资的前瞻引导作用,顺应技术变革方向和产业梯度转移规律,促进重点产业横向和纵向集聚发展,维护关键产业链供应链安全可控。对于房地产投资,将以提升人民居住质量为核心,顺应人口流动趋势、城市群发展格局、产业发展水平优化住宅、商业地产结构。综合考虑高质量发展的阶段差异、国家战略的要求、补齐自身短板等多方面因素,"十四五"时期,湖北省投资年均增速预计仍将与 GDP 增速相匹配,其中,制造业投资占比提升 3 个百分点左右、基础设施投资占比保持基本稳定。值得注意的是,虽然"十四五"时期湖北省整体债务风险总体较低,债务约束对头部城市不构成硬约束,但可能制约其他地市州投资能力。"十四五"时期,湖北的政府债券规模将继续扩张,隐性债务将逐步削减,在低利率环境下,政府债务的付息压力将大大减小,政府债务风险总体可控,不会成为制约湖北经济高质量发展的主要因素。但是,债务的区域分布较为集中,2018 年末武汉市债务余额高达 2649.98 亿元,较上年末增加 432.08 亿元,占全省债务余额的 39.70%。其他地市州尽管债务总量不大,但由于财政收入较低,政府债务余额与当年一般公共预算收入的比率普遍较高。城投企业也主要分布在武汉市、襄阳市、宜昌市,呈现数量多、资质强的特点,其他地市州城投企业数量少、资质弱。因此,"十四五"时期,在债务负担的拖累下,十堰市、恩施州、黄石市、荆门市等地市州的发展将面临较大约束。

从"人口红利"转向"人才红利",对经济增长、创新能力等带来深刻影响。从全省人口发展的总体态势看,"十四五"时期,湖北省仍处于低生育率水平,人口增长速度持续下降。劳动年龄人口将逐渐减少,"十四五"时期将降至 4100 万左右,占总人口的比重将下降至 68% 左右。人口结构将继续超重度老龄化迈进,预计 2025 年 65 岁以上人口占比将超过 16%,2030年前后老龄人口比重将达到 20%,人口抚养比将持续上升到 51%,人口红利将逐渐消失。人口老龄化加速、抚养比提高将直接加大社会保障和养老服务等基本公共服务供给的压力,影响劳动力的有效供给,导致"人口红利"效应减弱。从长远来看,人口老龄化还将对投资、消费带来不利影响,甚至持续影响社会活力、创新能力和经济增长率。但是,随着湖北进入高质量发展新阶段,经济社会发展对人才的需求将进一步引领、带动教育强省和人力资源强省建设,更加注重教育和人力资本开发,更加注重对人的投资,进而推动人口质量持续提高,各类人才规模持续扩大,老龄化也将带来结构性机遇。预计到 2025 年,湖北省专业技术人才总量将达到 430 万人左右,高技能人才总量达到 300 万人左右,劳动年龄人口接受高等教育的比例达到 30%以上。此外,人口将继续向城镇地区聚集,武汉城市圈仍是吸纳人口的主要载体,人口分布"西部稀疏、东部密集"的趋势还将进一步增强。

## (五)开放发展进入提升国际化水平、转向制度型高水平开放的攻关阶段

进出口有望保持高速增长,外向型经济水平将有所提升。"十四五"时期,随着湖北省产业基础持续优化和对外开放程度的进一步提升,预计全省进出口年均增速将维持在 10%或稍高的水平。但受新冠肺炎疫情影响,全国乃至全球外贸形势均不容乐观,加之当前经济全球化遭遇逆流,保护主义、单边主义上升,世界经济低迷,国际贸易和投资大幅萎缩,国际经济、科技、文化、安全、政治等格局都在发生深刻调整,世界进入动荡变革期,对全球开放合作带来持续负面影响。尤其是随着中美贸易摩擦加剧,关税冲击和战略围堵将给发展加工贸易出口、提升对外开放水平、融入全球价值链带来重大挑战。以智能手机、笔记本电脑等产品的加工贸易为例,随着越南等新兴市场国家配套产业的不断完善以及更大力度税收优惠政策的实施,湖北省加工贸易有可能加速向越南等地转移。湖北省电子信息产业等加工贸易重点出口产业和越南的贸易规模占比偏高,双方联系较为紧密,因此加工贸易出口很可能进一步萎缩,从而拉低湖北进出口的增速,预计"十四五"时期全省进出口年均增速将被拉低约 2.5 个百分点,即年均增长 7.5%左右,至 2025 年进出口总额将达到 6000 亿元以上。从进出口结构来看,"十四五"时期一般贸易仍将是湖北省的主要贸易方式。2011 年以来,湖北省一般贸易占比从 63.5%逐步提升至目前的 77.9%,一般贸易占比始终高于全国平均水平。国内各地对国外、省外加工贸易的承接高峰期已经过去,未来一段时期各地加工贸易不会再出现超大规模的转移,预计"十四五"时期

湖北一般贸易将维持在65%以上。高新技术产品贸易额在进出口中的占比有望继续实现快速提升,2017年湖北省高新技术产品贸易占比达到45%的峰值,鉴于高新技术产品是我国外贸鼓励类商品,"十四五"时期仍是湖北省乃至全国外贸发展的重点。但从湖北目前承接东部地区产业转移的情形看,"十四五"时期尚没有大规模高新技术外贸企业的进入,到2025年,预计湖北省高新技术产品贸易额在进出口中的占比将达到50%以上。

# 三、新思路新举措:湖北推动经济高质量发展的思路和建议

## (一)基本思路

"十四五"时期,是湖北开启疫后重振、全面建设社会主义现代化强省新征程的重要五年。推动湖北经济高质量发展,是认真贯彻落实习近平总书记关于湖北"建成支点、走在前列"重要指示精神的重要途径。坚持新发展理念,坚持稳中求进工作总基调,坚持改革创新为根本动力,坚持扩大内需为战略基点,把实施扩大内需战略同深化供给侧结构性改革有机结合起来,把存量优化与增量提升统筹并重起来,以高质量供给引领和创造新需求,充分发挥湖北交通区位、产业基础、科教资源、要素禀赋和市场潜力等优势,在融入对接双循环新发展格局中抢占先机,加快培育中部强大市场,着力构建现代化的产业体系、协调融合的城乡区域体系、高标准的市场体系、高水平的开放体系,打造制造强省、服务强省、科技强省,统筹发展和安全,推动经济发展质量变革、效率变革、动力变革,构建国内大循环的重要节点和国内国际双循环的战略链接,把湖北建设成为新时代中部地区高质量发展的先行样板。

### (二)主要目标

"十四五"时期,湖北推动经济高质量发展的主要目标是:到 2025 年,经济保持中高速增长,主要经济指标平衡协调,经济发展质量和效益显著提升;全员劳动生产率、居民人均可支配收入大幅提高;现代化经济体系基本建立,综合实力和竞争力明显增强,中部崛起战略支点建设成效显著,转变经济发展方式率先垂范,在融入对接国内国际双循环新发展格局中的战略链接作用充分彰显。

现代产业体系建设成效显著。产业基础高级化、产业链现代化水平明显提高,传统优势产业改造升级基本完成,先进制造业发展焕发新活力,特色优势产业品牌影响力明显提高,新兴未来产业新动能持续增强,一批核心关键技术取得突破,成为我国重要的技术创新策源地,制造业在全球产业分工和价值链体系中的地位显著提升。先进制造业与现代服务业深度融合发展,涌现出一批在全国乃至全球有竞争力和影响力的服务业领军企业,塑造一批"湖北服务"知名品牌。重大创新平台建设取得重要进展,创新体系更加完备,创新创业环境更加优化,研发投入大幅增加,科教优势深度转化,国家科技创新中心初步建成,产业发展与科技创新深度融合,创新驱动产业发展格局基本形成。

城乡区域协调发展格局全面优化。优势互补协同高效的城乡区域布局基本形成,区域功能和空间布局更加合理,武汉国家中心城市和襄阳、宜昌区域性中心城市功能显著提升,以武汉为龙头、"襄十随"和"宜荆荆"为两翼的区域格局更加成熟,一批特色经济强县加快崛起,块状特色经济发展走在中部前列。乡村振兴深入推进,产业融合发展、城乡基础设施配套和公共服务一体化水平明显提升。初步形成经济空间布局与资源禀赋、人口分布和流动、环境承载能力相匹配的协同发展新局面。

中部强大市场建设取得重要突破。实现准入畅通、开放有序、竞争充分、秩序规范,生产要素自由流动平等交换的高标准市场体系框架有效形成。城乡消费新空间深度拓展,消费对经济增长的贡献显著上升,有效投资规模合理扩大,民间投资比重明显提升。现代基础设施网络更加完备,规模更大、结构更优、规则更完备、交易成本更低的市场有效运行,市场主体活力充分激发,现代流通体系基本建立,要素市场化配置机制日益完善,实现供需较高水平的动态均衡。

内外联动开放合作水平大幅提升。市场化、法治化、国际化的一流营商环境基本形成,开放型经济水平全面提升,自贸区与经开区、高新区联动发展,对外贸易规模明显提高,率先成为中部地区高质量融入全球价值链的先行区。在中部地区的引领带动作用增强,与长江经济带上下游地区合作联动明显提高,内陆开放新高地初步建成。

### 表8 "十四五"时期湖北经济高质量发展主要量化目标

| 类别 | 2025 年主要发展目标 |
|---|---|
| 综合绩效 | GDP 年均增速高于全国 1 个百分点以上<br>人均 GDP 达到 11 万元以上<br>全员劳动生产率达到 21 万元/人<br>居民人均可支配收入达到 4.4 万元以上 |
| 产业与创新 | 制造业增加值占 GDP 的比重保持在 30%以上<br>高新技术产业增加值占 GDP 的比重达到 24.5%<br>服务业增加值占 GDP 比重达 58%左右<br>新兴服务业营业收入占服务业营业收入比重达 35%以上<br>研发经费占 GDP 比重达到 2.4%左右<br>制造业研发经费占营业收入的比重达到 1.5% |
| 城乡与区域 | 常住人口城镇化率达到 65%<br>武汉在全省经济首位度保持在 35%以上<br>襄阳、宜昌 2 个区域性中心城市占全省经济总量比重 20%以上<br>GDP 规模超过 3000 亿元的城市达 5 个以上<br>城乡居民收入差距缩小至 2.5 万元以内 |
| 市场与内需 | 社会消费品零售总额年均增速保持在 8%左右<br>高技术产业投资年均增速 30%以上<br>最终消费对 GDP 的贡献超过 55%<br>新基建投资规模大于 12000 亿元 |

| 类别 | 2025 年主要发展目标 |
|------|------|
| 开放与合作 | 进出口总额年均增长 7.5%左右<br>高新技术产品贸易额占进出口总额的比重达 50%以上<br>高技术产业和商务服务业利用外资合计占实际利用外资比重达 40%以上 |

### (三)战略重点

打造中部地区产业崛起的重要动力源。坚持制造为基、服务提质、创新引领,打造从"点状产业项目"到"产业链群耦合"的产业循环,提升供给体系质量和效率,疏通产业链、供应链、创新链循环堵滞。提升制造业竞争力,强化全周期、全链条、全要素、全主体的产业升级,在促转型、强链群、构体系上全面发力,大力推动产业链现代化、产业基础高级化、产业生态优质化。提升服务业发展能级,加快推进服务业重点领域体制机制改革,优化服务业产业结构、企业结构和区域结构,提升服务业供给质量和水平,建立与国内国际双循环相适应的服务业功能和产业生态系统。深化创新驱动发展战略。加大对企业创新的支持,打通从基础科学研究、科研成果转化到产学研融合互促的创新链条和价值循环体系,将科教优势、人才优势转化为创新优势、发展胜势。

培育中部强大市场的战略基点。打通国民经济"生产—流通—分配—消费"链条中存在的梗阻和堵点,加快构建完整的内需体系,完善要素市场化配置的体制机制,推动市场基础设施扩容提质,提升现代市场体系的规制能力,充分激发中部市场潜力,着力畅通市场循环,实现供需较高水平的动态均衡。积极畅通流通环节,扩大消费需求。加快建设现代流通体系,大力推动消费结构升级,培育消费新主体和新业态,激发消费新增长点,深度拓展城乡消费新空间,推动武汉建设国际消费中心。拓展有效投资空间。深化投融资体制改革,加大技术改造投资力度,加强社会民生领域补短板投资,拓宽民间投资渠道,提升投资效率效益,推动形成市场主导的投资内生增长机制。

建设区域经济高质量发展的空间动力系统。疏通生产要素流动的空间梗阻,借助产业、市场、空间、要素的链接、联通、协作、耦合,推动无数"小循环""专线循环"的迭代上升,带动形成"大循环""系统循环"。提升中心城市竞争力促进梯次跨越发展。推动武汉从省域中心城市向国家中心城市跨越,夯实襄阳和宜昌省域副中心城市功能,增强对鄂西北和鄂西南地区的辐射带动作用,打造全省次区域强劲活跃增长极。推动形成优势互补高质量城乡区域布局。增强重点生态功能区、农产品主产区的保障生态安全、粮食安全功能,推动鄂西、鄂东等贫困地区、革命老区、民族地区、老工业基地、资源型城市补齐短板和转型发展。

构建国内国际双循环的战略链接。大力推进制度创新,加强周边区域合作,以国内大市场为基础提升开拓国际市场能力,以强大内循环支撑有效外循环,以高水平外循环推动高质量内循环,形成内外循环相互促进的新格局。加快融入国际循环。在中部地区率先对接国际高标准经贸规则体系,推进对外开放从拓展国际市场为主向引入高端要素为主转变,从制造业开放为主向服务业和数字经济开放为主转变,从向发达经济体开放为主向发达经济体和新兴经济体并重转变。主动对接国内大循环。对接长江经济带、共建"一带一路"倡议等国家战略,推动中部地区内需市场和沿海地区生产能力充分对接,积极承接重点产业转移。加强长江中游城市群、成渝地区和中原城市群在制造业发展、内陆开放的合作,加强与陕西、甘肃、新疆等省区在"一带一路"中欧班列、经贸物流等领域合作。

### (四)重大举措建议

1. 重塑制造业竞争优势,建设制造强省。一是坚定不移做大做强汽车产业。引导汽车产业在相关城市间差异化发展,支持优势整车企业提高核心竞争力和品牌价值,增强产业链群辐射效应,提高汽车零部件就地配套水平。多元共进、扶优扶强,构建新能源和智能网联汽车产业链,重点布局电池、电机、电控等核心零部件及关键环节,建设开放协同的区域性汽车产业联盟,整合创新资源推动关键共性和前瞻性技术研发及产业化,促进汽车与能源、交通、数字信息等相关产业协同创新、深度融合。完善汽车产业后市场服务体系,打造优质化汽车产业生态圈。二是培育世界级电子信息产业集群。巩固强化光通信、地球空间信息、光纤光缆等产业优势,不断提升核心技术攻关能力和产业掌控力。培育壮大集成电路产业,推动第三代半导体材料及器件研发产业化,引进集成电路封装测试企业。打造基础材料供给优势,加强与国内外高世代显示面板生产商合作,培育引进手机、车载显示、可穿戴设备等智能终端骨干企业及配套链条,提升新型显示产业水平。三是做强特色食品产业集群。提高农特产品深加工能力,建设若干优质农特产品生产和加工基地,挖掘不同群体多样性消费需求,提高绿色食品、有机食品、特色食品、功能食品比重。推动品质革命,建立健全全面质量管理体系,规范企业生产流程和管理标准,大幅提高产品质量和附加值。锻造强势品牌,在若干食品领域形成一批龙头企业和加工园区,打造若干绿色安全食品示范区和品牌产品,推进产品原产地认证,创建一批知名地域品牌,不断提高品牌竞争力、品牌美誉度。四是调整升级传统重化产业。推动炼油、乙烯项目扩能改造,多元化增强基础化工原料供给能力,延伸拓展紧缺型高端和精细化工产品,构建企业间互供耦合、生态高效的循环经济模式,打造以基础石化原料为牵引、多条深加工产业链为主体的产业格局。优化调整钢铁、有色金属产业布局,确立更高环保、能耗和安全标准,引导企业退出占地多、能耗高、污染重的生产环节,支持企业加大节能环保研发投入。五是加快培育新兴未来产业。推进数字产业化和产业数字化,梯度培育移动互联网、大数据、人工智能、区块链等技术创新和产业化生态。壮大健康经济,扶持生物医药、生物工程、生物资源开发、生命健康等产业发展。建设一批特色和绿色新材料产业基地,建成全国重要的节能环保产业发展先导区和示范基地。

2. 提升服务供给质量,建设中部服务强省。一是推动生产性服务业与制造业深度融合,为实现湖北由制造业大省向制造业强省转变提供关键支撑。加快发展现代物流、工业设计、科技服务、金融服务、软件和信息、电子商务、检验检测认证等生产性服务业,补齐服务业短板。依托开发区、产业园区和制造业集群,引导生产性服务企业集聚发展,支持公共服务平台、产业链整合和配套设施建设,打造100个生产性服务业集聚发展示范区。发挥科教资源优势,建设高水平的工业设计数据资源中心、工业设计公共服务平台,支持武汉建设工业设计之都。面向汽车、钢铁、化工、食品、装备、电子等重点领域,打造一批集现货交易、代理采购、仓储物流、交易结算及配套服务于一体的全产业链电商。培育一批服务业和制造业融合示范企业,支持东风、宝武、信科等一批企业加快服务化转型步伐,发展智能化系统解决方案、总集成总承包服务商,提供高附加值的精准"产品+服务",打响"湖北定制"品牌。二是推动生活性服务业向高品质和多样化升级,为培育形成中部强大国内市场提供重要支撑。聚焦旅游、文化、体育、健康、养老等幸福产业,持续改善供给结构和供给质量。实施全域旅游战略,探索建立全省统一文化旅游资源开发平台,创建一批国家5A级旅游景区、国家级旅游度假区、国家公园等高能级景点景区,丰富康养、生态、体育、避暑、休闲、研学等产品体系,打造"一江两山"旅游品牌,实施"一部手机游湖北",构建覆盖全省的"快旅慢游"智慧旅游体系,建设世界知名、全国一流的文化旅游目的地和长江国际黄金旅游带核心区。适应消费升级和线上线下融合趋势,加强重点商圈、特色商业街、社区便民服务设施建设,开展进口商品展示博览会,拓展天河机场口岸免税店,争取布局室内免税店,建设一批智能经济、夜经济、网红经济等消费体验中心,支持武汉建设国际消费中心城市。支持武汉长江新城创建以主动预防和创新发展为重点的国家生命健康创新发展示范试验区,推进健康云服务计划,培育"医、教、研、产、养"融合的生命健康产业集群。实施"互联网+"服务业行动计划,利用5G、大数据、区块链、人工智能等新技术改造提升生活性服务业,鼓励共享出行、餐饮外卖、在线购药等商业模式创新,打造一批全国领先线上经济平台。三是推进一批服务业改革举措,营造良好发展环境。高水平建设湖北自贸区,在旅游、互联网、医疗健康、金融、会展等领域进一步扩大开放,结合"五个一百"工程,加强服务业全球招商。引导有条件的企业全球配置资源,优化布局海外研发中心、生产基地、物流基地、营销中心等。实施新一轮事业单位改革,支持有条件的科技企业孵化器、检验检测认证、生产力促进中心等机构与行政部门脱钩、转企改制。加快培育本土创新标杆企业、"独角兽"企业,打造"湖北服务"品牌。开展服务满意度提升行动,提高从业人员职业化水平,建立开放的服务质量社会监管平台,加强服务质量和安全监测。

3. 加快自主创新,打造具有全球影响力的科创中心。一是加速创新成果产业化,实施联合攻关、国产替代和产业备份"三大行动"。打好关键核心技术攻坚战,开展新一代信息技术、生物、高端装备制造和新材料等领域"卡脖子"技术联合攻关。加大对列入美国管制清单的市场主体跟踪扶持力度,支持具备替代能力的企业产品优先进入省级信创目录,在政府采购、企业融资、税收优惠和项目布局方面给予适当倾斜。制定产业备份清单和企业库,对进入清单的企业提供长期融资和特定市场支持,加快清单领域储备技术和小试成果的产品中试和商业化。二是建设战略平台和培育产业生态,提升企业技术创新能力,打造数字经济和生物经济竞争新优势。大力推进武汉光电国家实验室建设,支持光谷科学岛、东湖实验室等承接重大攻关项目,有序推进生物医学成像、武汉光源等重大科技基础设施建设和运营,持续提升创新服务平台、中试转化平台、场景推广平台三类关键平台。围绕打造"光芯屏端网"和大健康两大万亿级产业和做强新材料、高端装备、航空航天、汽车制造等主导产业,制定产业链群生态培育施工路线图。鼓励企业加大研发投入,打造一批生态级平台企业、标志性龙头企业,加大对重点行业领域中高成长、高新技术、出口转内销、"专精特新""小巨人"和"隐形冠军"、国产化替代五类企业主体的精准扶持力度,培育形成高能级的创新型企业梯队。依托我国强大市场规模优势,引进一批生物医药初创企业落户光谷生物城。三是积极培育重点领域高精尖人才,全面加强基础研究。建设国家级综合科学中心,推动部属"双一流"高校面向前沿领域和交叉学科组建新团队、实行新机制。引导部属高校通过新建本科教育新校区、腾退置换部分校区、省内异地办学等方式,推动校区、社区和园区实现一体规划与融合发展。支持武汉科技大学等省属高校分别牵头合并重组部分高校,实现专业优势强强联合。加大基础研究投入力度,拓展基础研究的多元投入机制。四是深化科技体制改革,培育更具活力的创业生态。加快科研院所改革,在全省选择一批试点高校院所,通过合作共建实体等方式推动建立现代科研院所制度,优化考核评价、晋升激励等制度,打造校地企合作升级版。开展创新要素跨境便利流动试点,在扩大用人单位自主权、放宽资质资格准入、构建"类国际"人才社区、优化薪酬和评价制度方面先行先试。深入参与国际创新合作,支持更多初创企业开展跨国孵化。

4. 增强区域协同效应,优化区域经济布局。未来一段时期,湖北需要抓住"中游""中部""创新"几个关键词,把增强在全国层面的支撑能力作为优化区域布局的优先任务,实现"建成支点、走在前列"。一是重点抓好"一城"和"双城",支撑好长江经济带、中部崛起、一带一路等战略。做强"一城",建设好武汉国家中心城市,提升全国经济中心、高水平科技创新中心、商贸物流中心和国际交往中心"四个中心"功能,发挥好光谷高新区、自贸区、长江新区、临空经济区、绿色发展示范区等重大载体带动作用,增强辐射带动中部地区,支撑长江经济带发展。携手长沙唱好"双城记",支撑科技强国建设,规划建设"汉沙科创走廊",携手争取综合性国家科学中心,联合推进国家实验室建设,在基础研究、前沿技术等领域支撑国家科技自立自强;二是深化重塑"一主引领、两翼驱动、东西转型"布局,增强全域协同效应。"一主引领"重点是要重塑武汉都市圈,谋划建设长江大湾区。对"1+8"进行战略收缩,以优化武汉特大城市空间布局为主线,形成内外双圈层结构,重点建设"1小时"紧密内圈层,抓好武汉—华容(鄂州)、武汉—汉川、武汉—团风三个同城化,承接中心城区功能外溢,形成一批产城融合、职住平衡、生态宜居、交通便利的郊区新城。支持黄冈—鄂州城区同城化、仙桃—天门—潜江一体化,与孝感、咸宁、黄石等一道,夯实外圈层,优化都市圈轨道网,形成以武汉为核心、以长江为主轴的现代化国际化大湾区。"两翼驱动"重点是发挥好宜昌、襄阳带动作用,增强长江、汉江"两翼"的支撑效应。长江一翼,重点增强宜昌、荆州、黄石支撑能力,培育江陵、监利、洪湖、嘉鱼、武穴等沿江中小城市,引导赤壁、浠水、阳新、蕲春、黄梅等发展中心向沿江地区倾斜。汉江一翼,要深挖汉江经济带潜力,加快提升沿江通道,增强襄阳、十堰、荆门、天门—潜江—仙桃支撑能力,培育丹江口、老河口—谷城、宜城、钟祥、汉川等县城发展。两带要增强江汉平原、鄂北岗地粮食生产能力。"东西转型"重点是用足用好国家有关支持,探索特殊类型地区转型发展新路子,建设世界级黄金旅游带。西部的秦巴山区、武陵山区突出绿色转型,落实主体功能区战略和制度,强化重点生态功能区生态安全保障功能,以文化旅游、生态农业、清洁能源等绿色产业为主攻方向,探索绿色转型之路。东部的大别山区、幕阜山区突出振兴转型,依托老工业基地传统优势,加快承接国外和沿海产业转移,推动冶金、建材等传统产业转型升级,为资源枯竭型城市转型发展找准突破口,打造全省转型发展增长极。

5. 突出赋能提质,构建梯度接续的中心城市竞相发展新格局。一是推动武汉建设具有国际影响力的国家中心城市和科技创新中心,打造"双循环"新发展格局的中部地区核心枢纽。着力提升高端要素配置和管理功能,做强总部管理、资本配置、商贸物流、现代消费等国家中心城市核心功能。全面提升创新策源和新动能孵化功能,打造国家战略性关键核心技术和产品研制基地,争创综合性国家科学中心和综合性国家产业创新中心。大力增强门户枢纽功能,加快推进国际陆运枢纽、国际航空枢纽、国家多式联运枢纽建设。加快补齐城市应急管理、联防联控、智慧城市建设短板,不断提升城市绿色生态和文化名城魅力,建设生态宜居、安全韧性"新武汉"。以光谷科技创新大走廊、航空港经济综合实验区、武汉新港建设为抓手,加快培育建设武汉现代化都市圈,大力发展市域(郊)铁路,推动轨道交通适当向周边城市延伸,支持与毗邻城市共同建设一批同城化发展试验区,探索实施将鄂州市划归武汉管辖等重大行政区划调整。积极争取长江新区早日获批国家级新区,打造中部地区最具活力的新兴增长极。二是提升省域副中心城市综合竞争力和辐射带动作用。制定出台支持省域副中心城市加快发展的政策文件,着力提升中心城市核心功能,支持襄阳加快建设汉江流域中心城市,支持宜昌加快建设长江中上游区域性中心城市。建设全国区域性综合交通枢纽和物流中心,支持宜昌建设商品集散基地、交易市场和跨国采购中心,打造长江中上游物流中心城市;支持襄阳争取汉江航道及梯级枢纽通航联合调度指挥平台落户,加快建设汉江航运中心。建设区域现代金融商务中心,支持襄阳打造汉江流域金融中心,宜昌推广三峡股权引导基金经验,打造区域金融中心和综合金融服务基地。建设区域科教人才中心,支持三峡大学建设综合性国内"双一流"大学,推动湖北文理学院建设高水平综合性大学。建设区域现代消费中心,推动襄阳、宜昌创建具有荆楚特色的区域消费中心城市。建设区域文创中心,支持宜昌建设三峡区域文化产品制造中心、文化创意设计中心、文化金融融合发展示范中心,支持襄阳立足"一城两文化"特色,建设区域性文化艺术中心。三是提升地方性中心城市综合承载能力。突出差异化特色化发展,聚焦做大做强中心城区,推动经济要素向市区适度集中,推动十堰、黄石、咸宁、荆州等综合竞争力较强城市率先突破,重点解决孝感、黄冈、咸宁、随州等地"一市一区"问题。

6. 释放多层次消费需求潜力,打造强大市场枢纽。一是支持武汉创建国际消费中心城市,培育综合性交易枢纽和高端化新型消费目的地。打造大宗工业品、特色农副产品交易平台与结算中心,广泛吸引上下游企业来湖北交易,提供高标准交易中介服务,利用产业和市场优势争创1—2个"武汉价格",争取成为区域乃至全国相关工农产品的价格交易基准与结算依据。发挥武汉在现代流通体系中的区位优势和在高端升级类消费供给方面的比较优势,集中打造现代智能化商贸综合体,培育百大优质品牌,推动绿色健康安全消费。在打造新型消费增长极方面发挥带动引领作用,推动汽车、家电家居等耐用品消费朝着智能化方向发展,全面放开服务市场准入,聚焦培育服务消费成为新支柱。二是打造区域性文旅康养休闲消费高地。发挥襄阳、宜昌、恩施、咸宁等地的比较优势,培育扩大文旅康养与商贸流通有效载体,打造更好满足外来旅居消费和本地疗养休闲消费的特色目的地。三是建设3—5个人气活跃、亮点突出的地方特色消费集聚区。发挥荆州、黄冈、孝感、十堰、黄石等地的比较优势,吸引特色消费载体集聚发展,提升改造城区、城乡结合部和农村商贸基础设施,加快集中式功能型市场平台建设。充分挖掘"下沉市场"潜力,促进三四五线城市和农村汽车消费普及及老旧家电更新换代。四是持续稳定扩大消费。提升传统消费,培育新型消费,适当增加公共消费,增强消费对经济发展的基础性作用。稳步提升低收入人群最低工资标准,多渠道确保农民增收,补贴低收入群体必需型消费,针对特困家庭发放实物或现金消费补贴。推动城乡公共服务均等化,消除居民家庭消费的后顾之忧,保障农民工及其家属享受市民消费待遇。五是营造良好市场环境和消费环境。落实市场准入负面清单制度,消除民营机构在竞争领域开展连锁经营与自愿退出的限制,清理各地市县在商品流通、建筑工程承包等方面的各种限制。健全市场监管与社会信用体系,完善重点商品和服务的质量安全监管标准,强化服务质量诚信体系建设。

7. 优化投资环境,拓展投资空间。一是前瞻布局基础设施投资。聚焦传统基础设施国家投资重点领域,谋划一批重大交通、能源、水利基础设施项目。聚焦新型基础设施领域,谋划一批5G移动宽带、大数据中心、人工智能超算中心、工业互联网、物联网等项目。聚焦科技创新领域,紧盯"科技创新2030"重大工程,研究谋划一批重大科技基础设施项目。二是扩大产业转型升级和新兴产业投资。聚焦强龙头、补链条、创品牌,大力谋划提升产业基础能力和产业链水平的战略性新兴产业和转型升级项目。围绕三个国家级创新中心、四大国家级产业基地建设、十大重点产业高质量发展,谋划先导产业项目、强基工程项目,争取国家重大产业项目落户湖北。三是加大民生、生态等短板投资力度。聚焦社会民生领域,谋划一批就业、教育、医疗、文化、社区、养老、托育重点投资项目。聚焦生态文明建设,谋划一批环境基础设施提标改造、市政设施建设和资源循环化利用项目。四是建立扩大有效投资的长效机制。建立和完善全覆盖、全方位、全过程的重大投资项目库,完善投资项目评审机制。按可准入、可落地、可申报、可持续的要求编制三年滚动投资计划,及时推送国家重大建设项目库。完善地方政府专项债券项目安排协调机制,加大财政性资金支持力度,引导金融机构加强对重点项目的融资支持。充分挖掘对社会资本的撬动力,引导社会资本通过PPP、BT、BOT等融资方式参与投资,探索设立产业撬动母基金、子基金,争取开展基础设施证券化REITs。建立"全链条跟进、全流程提速、全方位服务"用地保障机制,确保项目"有钱可投""有地可落"。深化投融资体制改革,加强项目审批管理、投资安排管理和招投标制度设计和监管,加强投资项目事中事后监管,防范化解地方政府隐性债务风险。

8. 培育开放新优势,推动高水平对外开放。一是实施"优势产业拓海外市场、创国际名牌"行动。针对汽车、光电子、精细化工、船舶四大本土优势制造业,以东盟、中亚、南亚等国际市场为重点,实施一系列政策有效拓展国际市场。申请设立一批国家级出口基地,对相关行业在"一带一路"重点沿线国家开展一系列高水平展会提供更多资金支持。加强和出口信用保险机构的合作,实现相关行业出口"应保尽保"。鼓励商业金融机构开展出口退税账户托管贷款、出口信用保险保单融资业务,有效降低重点行业出口成本。二是积极建设新型陆海联运通道。深化长江沿线通关一体化合作,积极提升江海联运效率,发挥好传统开放通道功能。借鉴重庆、广西等地经验,和深圳盐田港、广州南沙港等大湾区主要港口建立常态化合作机制,构建经粤港澳大湾区的陆海联运通道。积极加入西部陆海新通道现有合作机制,适度加大财政投入以降低物流成本。三是重点扩大数字服务业、科技服务业和专业服务业的外资市场准入。对标推广北京市服务业扩大开放综合试点和北京自贸区的政策,积极争取湖北自贸区在上述三个重点领域的外资市场准入、从业资格互认等方面取得突破。以日韩为重点方向,有效对接发达经济体的行业标准和规则,减少"边境后"壁垒。四是加快实施"第二总部"计划。通过所得税地方部分返还、适度减免租金等方式,重点针对长三角特别是上海的国际知名跨国公司开展高水平招商引资,鼓励在中西部地区有业务的跨国公司将结算中心、研发中心等在武汉布局。五是突出特色打造宜昌、襄阳等对外开放次区域枢纽。依托长江黄金水道通江达海的优势,积极推动宜昌扩大航运物流、航运金融等航运相关产业对外开放合作,深化宜昌港与上海港、武汉港、重庆港的合作,将宜昌打造成为江海联运国际航运中心。充分发挥襄阳文化旅游资源优势,打造基于本土优秀传统文化的、具有国际影响力的文化旅游精品,建设湖北对外文化旅游合作中心。六是扩大建筑设计等优势服务出口。针对建筑设计、管理咨询、设计服务等优势服务业,在高素质人才个人所得税减免、服务贸易出口信用保险以及服务贸易出口信贷等方面加大政策支持力度,有效促进相关行业拓展国际市场。

# 专题一：湖北发展壮大制造业
# 竞争优势思路研究

"十四五"时期，我国将开启建设社会主义现代化新征程，接近迈向高收入国家的重要关口。同时，国际产业竞争压力显著上升，国内需求不断升级，要素供给条件深刻变化，资源环境顶板效应趋于强化，高质量发展成为新时代主旋律，湖北制造业发展步入爬坡过坎的重要时期，亟待顺应未来大势、立足自身实际，协调推进改造升级传统主导产业、优化提升特色优势产业、梯度培育新兴未来产业，进一步增强制造业核心竞争优势，全面发力、综合施策，凝心聚力推进制造业强省建设。

## 一、当前湖北制造业发展基础和特点

湖北是在全国有影响力的制造业重地，制造业是湖北经济发展的主阵地。湖北制造业基础好、规模大、成体系，产业转型升级成效显著，部分行业分工优势明显，产业集群发展架构初步形成，是全国重要的汽车制造基地、消费品工业基地、原材料基地和电子信息制造基地，也是我国推进制造强国建设的重要支点、引领中部地区制造业高质量发展的领航地。

## （一）制造业规模体量庞大，对经济支撑作用显著

放在全国来看，湖北省制造业不管是资产、就业，还是收入、利润，全国占比都在4%—5%左右。2018年，湖北省制造业规模以上企业营业收入41562亿元，占全国的4.43%，排在全国第7位，居中部地区第2位，与河南（45480.09亿元）同处中部地区第一方阵，远高于第二方阵的江西（30685亿元）、安徽（34496亿元）、湖南（32466亿元）和第三方阵的山西（10275亿元）。2019年，湖北制造业规模以上企业营业收入42235.7万元，占全国制造业的4.48%；占湖北工业营业收入的92.91%，高于全国88.4%的平均水平。一批规模体量巨大的优势制造行业成为湖北经济发展的坚实支撑。2019年，湖北省产值1000亿级以上制造业行业15个，产值规模合计36993亿元，占规上制造业的83.43%；2000亿级以上制造业行业8个，产值规模合计27774亿元，占规上制造业的62.64%；7000亿级制造业行业1个，占规上制造业的16.35%。制造业上规模、强动能、增效率、提品质，对于推动湖北经济高质量发展、助力全国制造强国建设具有举足轻重的作用。

表1-1 湖北省制造业主要规模指标变化

| | 总产值（当年价格）（亿元） | 资产总计（亿元） | 营业收入（亿元） | 利润总额（亿元） | 从业人员平均人数（万人） |
|---|---|---|---|---|---|
| 2016 | 45809.56 | 32103.77 | 43587.43 | 2441.72 | 313.00 |
| 2019 | 44339.86 | 35660.96 | 42235.73 | 2714.02 | 260.64 |

资料来源：湖北省统计局。

表1-2 2018年湖北省制造业主要指标全国占比

| | 企业单位数（个） | 资产总计（亿元） | 营业收入（亿元） | 利润总额（亿元） | 平均用工人数（万人） |
|---|---|---|---|---|---|
| 全国 | 352754.00 | 881869.46 | 937798.01 | 61848.45 | 7497.26 |
| 湖北 | 14426.00 | 34866.79 | 41562.40 | 3410.95 | 293.64 |

续表

|  | 企业单位数<br>（个） | 资产总计<br>（亿元） | 营业收入<br>（亿元） | 利润总额<br>（亿元） | 平均用工人数<br>（万人） |
|---|---|---|---|---|---|
| 占比 | 4.09% | 3.95% | 4.43% | 5.52% | 3.92% |

资料来源：湖北省统计局。

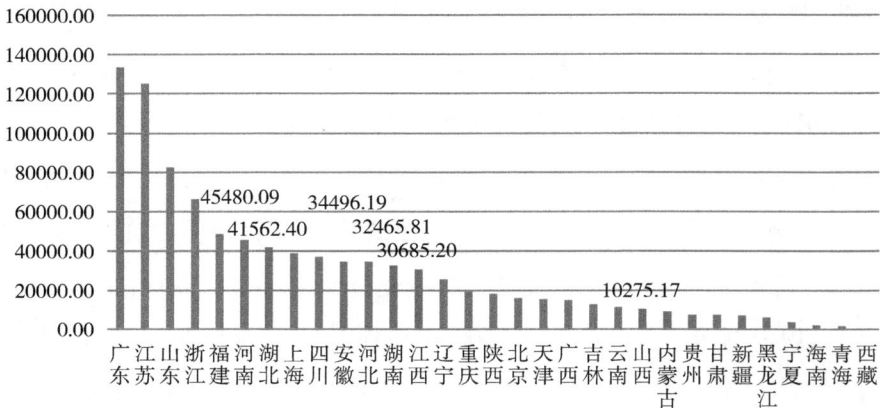

图1-1　2018年湖北省规上制造业营业收入比较（亿元）

资料来源：根据中国经济普查年鉴（2018）整理计算。

表1-3　2019年湖北省主要制造行业产值规模层级

| 产值规模 | 主要行业 | 数量 | 规模合计 | 制造业占比 |
|---|---|---|---|---|
| 5000—10000亿元 | 汽车制造业 | 1个 | 7248亿元 | 16.35% |
| 2000—5000亿元 | 农副食品加工业、化学原料和化学制品制造业、非金属矿物制品业、计算机、通信和其他电子设备制造业、电气机械和器材制造业、纺织业、黑色金属冶炼和压延加工业 | 7个 | 20526亿元 | 46.29% |
| 1000—2000亿元 | 金属制品业、通用设备制造业、专用设备制造业、医药制造业、酒、饮料和精制茶制造业、橡胶和塑料制品业、食品制造业 | 7个 | 9219亿元 | 20.79% |

资料来源：湖北省统计局。

## （二）产业结构不断调整，机械装备产业占比提高

湖北制造业结构呈现消费品降、原材料稳、装备增的变化特点，与全国制造业结构变化趋势一致。2016—2019 年，消费品工业产值占比从 35.19% 下降到 31.48%，减少 3.72 个百分点；原材料工业相对稳定，保持在 28% 左右；机械装备工业占比从 36.08% 提高到 39.52%，增加 3.44 个百分点。具体来看，汽车制造业产值从 2016 年的 6760 亿元增长到 2019 年的 7222 亿元，占规上制造业的 16.46%，相比 2016 年提高 1.71 个百分点；黑色金属冶炼及压延加工业、计算机、通信和其他电子设备制造业、电气机械和器材制造业、非金属矿物制品业等支柱产业规模进一步扩张，占比分别提高 0.91、0.67、0.60、0.43 个百分点。淘汰落后产能和化解过剩产能也是产业结构调整的重要内容。湖北省仅 2016 年就淘汰钢铁落后产能 476 万吨，超额完成国务院布置的 2016—2018 年 299 万吨的化解钢铁过剩产能任务。针对"化工围江"问题，对环保不达标等行为"零容忍"，积极推进沿江化工企业"关改搬转"，2018 年和 2019 年完成关改搬转 101 家和 160 家。

表 1-4　湖北省制造业产值结构变化

|  | 2016 年 | 2019 年 | 变化（%） |
|---|---|---|---|
| 汽车制造业 | 14.76 | 16.46 | 1.71 |
| 黑色金属冶炼和压延加工业 | 3.95 | 4.86 | 0.91 |
| 文教、工美、体育和娱乐用品制造业 | 0.52 | 1.29 | 0.77 |
| 计算机、通信和其他电子设备制造业 | 5.09 | 5.77 | 0.67 |
| 废弃资源综合利用业 | 0.35 | 1.02 | 0.67 |
| 电气机械和器材制造业 | 4.54 | 5.14 | 0.60 |
| 印刷和记录媒介复制业 | 0.89 | 1.46 | 0.57 |
| 金属制品业 | 3.52 | 4.05 | 0.53 |
| 非金属矿物制品业 | 7.64 | 8.10 | 0.46 |
| 专用设备制造业 | 2.71 | 3.02 | 0.32 |

续表

| | 2016 年 | 2019 年 | 变化（%） |
|---|---|---|---|
| 烟草制品业 | 1.27 | 1.54 | 0.26 |
| 通用设备制造业 | 3.17 | 3.37 | 0.20 |
| 仪器仪表制造业 | 0.45 | 0.60 | 0.16 |
| 医药制造业 | 2.76 | 2.91 | 0.15 |
| 金属制品、机械和设备修理业 | 0.13 | 0.23 | 0.10 |
| 皮革、毛皮、羽毛及其制品和制鞋业 | 0.54 | 0.62 | 0.08 |
| 家具制造业 | 0.49 | 0.55 | 0.05 |
| 造纸和纸制品业 | 1.28 | 1.30 | 0.02 |
| 化学纤维制造业 | 0.16 | 0.14 | -0.02 |
| 有色金属冶炼和压延加工业 | 2.07 | 2.01 | -0.06 |
| 木材加工和木、竹、藤、棕、草制品业 | 1.09 | 0.99 | -0.10 |
| 其他制造业 | 0.33 | 0.13 | -0.20 |
| 纺织服装、服饰业 | 2.30 | 2.03 | -0.27 |
| 纺织业 | 5.34 | 5.01 | -0.33 |
| 橡胶和塑料制品业 | 2.85 | 2.50 | -0.35 |
| 石油加工、炼焦和核燃料加工业 | 1.76 | 1.25 | -0.51 |
| 食品制造业 | 2.93 | 2.37 | -0.56 |
| 铁路、船舶、航空航天和其他运输设备制造业 | 1.72 | 0.87 | -0.85 |
| 化学原料和化学制品制造业 | 9.62 | 8.66 | -0.96 |
| 酒、饮料和精制茶制造业 | 4.28 | 2.66 | -1.62 |
| 农副食品加工业 | 11.48 | 9.08 | -2.40 |

资料来源：湖北省统计局。

表 1-5　湖北制造业产值分类结构变化　　　　单位:%

| | 2016 年 | 2019 年 | 变化 |
|---|---|---|---|
| 消费品工业 | 35.19 | 31.81 | -3.39 |
| 原材料工业 | 28.39 | 28.53 | 0.14 |
| 机械装备工业 | 36.08 | 39.52 | 3.44 |

资料来源：根据湖北省统计局数据整理。

表 1-6　2019 年湖北省主要制造业行业产值占比

| | 总产值（亿元） | 占比（%） |
|---|---|---|
| 制造业 | 44339.86 | |
| 汽车制造业 | 7247.53 | 16.35 |
| 农副食品加工业 | 3982.05 | 8.98 |
| 化学原料和化学制品制造业 | 3801.58 | 8.57 |
| 非金属矿物制品业 | 3576.89 | 8.07 |
| 计算机、通信和其他电子设备制造业 | 2577.05 | 5.81 |
| 电气机械和器材制造业 | 2258.18 | 5.09 |
| 纺织业 | 2200.06 | 4.96 |
| 黑色金属冶炼和压延加工业 | 2130.45 | 4.80 |
| 金属制品业 | 1822.49 | 4.11 |
| 通用设备制造业 | 1490.12 | 3.36 |
| 专用设备制造业 | 1326.3 | 2.99 |
| 医药制造业 | 1276.13 | 2.88 |
| 酒、饮料和精制茶制造业 | 1167.31 | 2.63 |
| 橡胶和塑料制品业 | 1098.1 | 2.48 |
| 食品制造业 | 1039.04 | 2.34 |
| 纺织服装、服饰业 | 888.84 | 2.00 |
| 有色金属冶炼和压延加工业 | 882.96 | 1.99 |
| 烟草制品业 | 673.99 | 1.52 |
| 印刷和记录媒介复制业 | 641.26 | 1.45 |
| 造纸和纸制品业 | 571.77 | 1.29 |
| 文教、工美、体育和娱乐用品制造业 | 568.04 | 1.28 |
| 石油加工、炼焦和核燃料加工业 | 547.95 | 1.24 |
| 废弃资源综合利用业 | 445.9 | 1.01 |
| 木材加工和木、竹、藤、棕、草制品业 | 436.21 | 0.98 |
| 铁路、船舶、航空航天和其他运输设备制造业 | 650.55 | 1.47 |
| 皮革、毛皮、羽毛及其制品和制鞋业 | 272.75 | 0.62 |
| 仪器仪表制造业 | 280.54 | 0.63 |
| 家具制造业 | 239.19 | 0.54 |
| 金属制品、机械和设备修理业 | 99.21 | 0.22 |
| 化学纤维制造业 | 60.82 | 0.14 |
| 其他制造业 | 86.6 | 0.20 |

资料来源：湖北省统计局。

## （三）支柱行业竞争优势突出，标志性产业正在形成

湖北省汽车制造及消费品工业在全国的分工优势明显，是全国重要的汽车制造基地、消费品工业基地、原材料基地和电子信息制造基地，汽车、电子信息、纺织服装、绿色食品等标志性产业链正在形成。2019 年，湖北省汽车制造业营业收入占全国的 8.48%，纺织业占 8.35%，农副食品加工业占 7.76%，烟草制品业占 6.96%，酒、饮料和精制茶制造业占 6.51%，非金属矿物制品业占 6.08%，化学原料和化学制品制造业占 5.40%，纺织服装服饰业占 5.37%，食品制造业占 5.20%。从重点行业全国排位来看，农副食品加工业处在全国第 3 位，纺织业处在第 5 位，汽车制造业处在第 5 位，计算机、通信和其他电子设备制造业处在全国 13 位。从区位商来看，2018 年，汽车制造业区位商为 1.92，其中，改装汽车占全国的 16.18%、汽车车身及挂车占全国的 28.54%。此外，区位商较高的还有纺织业 1.86、农副食品加工业 1.73、印刷和记录媒介复制业 1.71、烟草制品业 1.63、酒、饮料和精制茶制造业 1.39、非金属矿物制品业 1.38、医药制造业 1.20、食品制造业 1.20、纺织服装、服饰业 1.12，这些行业在全国也有一定分工优势。湖北在部分细分产品领域也占有较高比重，如电子器件制造占全国的 4.31%。

### 专栏 1-1　湖北重点制造行业发展情况

汽车产业。湖北是汽车工业大省，汽车产业是湖北第一大支柱产业，是湖北制造业的基本盘。湖北的武汉、襄阳、十堰、随州等都是重要的汽车基地，集中了神龙汽车、东风本田、东风雷诺、东风日产、东风英菲尼迪、东风商用车、东风越野车等整车企业，以及博世、电装、李尔、法雷奥、康明斯、采埃孚、伟世通、佛吉亚等关键零部件企业。2019 年，汽车规上企业 1548 家，汽车产量 224 万辆，占全国份额达 8.8%，主营业务收入占湖北工业主营业务收入的

15.3%,增加值占全省工业的比重达 13.1%;汽车消费在湖北社会消费品零售总额中占比约 10%,直接带动消费超 2000 亿元。

电子信息产业。湖北电子信息产业产值超过 6000 亿元,成为全省发展最快的支柱产业,连续多年增幅保持在 20% 以上,光通信、软件、激光、智能终端等领域呈现加速增长态势。其中,"光芯屏端网"世界级产业集群建设成效显著,形成芯、屏、端、网全覆盖的生产企业和产品布局,相关企业近 400 家,产业规模超过 3000 亿元。涌现出长江存储、武汉新芯、烽火通信等一批拥有自主知识产权的研发生产企业,京东方、华星光电、天马、华为、小米、联想等知名领军企业也纷纷布局落地湖北,一大批外资和本土企业研发中心已经建成或正在建设中,集聚发展趋势明显。

食品产业。食品工业是湖北的传统优势产业之一。2018 年,食品工业规上企业 2600 家,全行业实现主营业务收入 6165 亿元,同比增长 8.3%,实现利润 443 亿元,同比增长 21.3%,对全省工业增长的贡献率达 18%。劲酒集团、宜昌稻花香、真巧、白云边、良品铺子、国宝桥米、红牛等重点企业竞争力进一步增强,福娃集团、神丹健康食品、仟吉食品、小胡鸭食品、萧氏茶业等企业成为省级细分领域隐形冠军示范企业和科技小巨人。通过大力实施"三品"战略,增品种、提品质、创品牌取得显著成效,特色和绿色食品的知名度、美誉度和影响力不断攀升。借助互联网+食品营销模式创新,部分优势食品加工制造企业电商网销效果良好。

纺织服装产业。随着产业转移和企业转型步伐加快,湖北纺织服装产业稳步增长、经济效益稳步提升。2018 年,规模以上纺织企业实现主营业务收入 3264.1 亿元,同比增长 10.6%,高于全国同行业 7.7 个百分点;利润总额 144.5 亿元,同比增长 29.4%,高于全国同行业 21.4 个百分点;出口创汇 35.2 亿美元,同比增长 18.2%。

提升纺织装备的数字化、智能化技术水平成为提高劳动生产率和产品质量的重要手段。在品牌建设上,乔万尼、爱帝、猫人、佐尔美、际华三五四二入选工信部120家重点跟踪自主品牌企业名单,红T时尚创意园区集聚了近100家设计师工作室,成为设计师众创、品牌孵化、时尚设计展示交易、设计人才培育的重要平台。

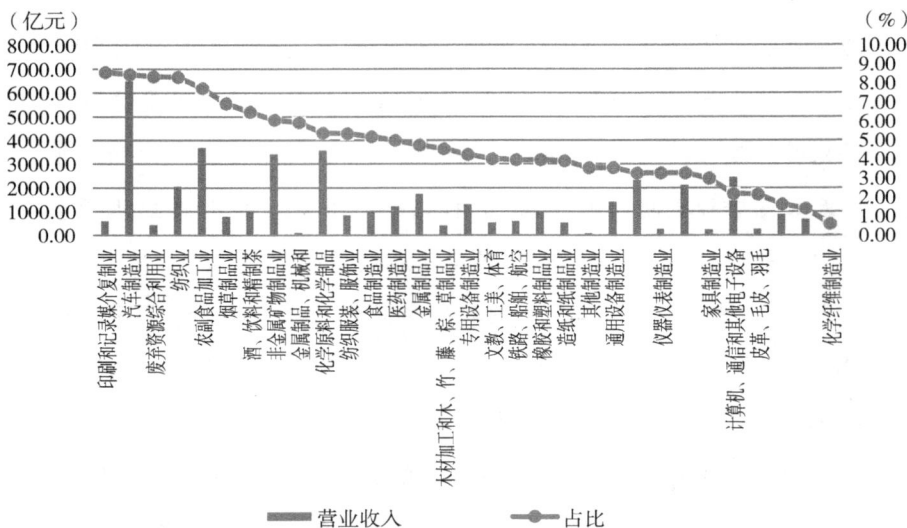

图1-2　2019年湖北省规上制造业行业营业收入全国占比

资料来源:湖北省统计局。

表1-7　2018年湖北省重点制造业行业营业收入全国排位情况　单位:亿元

| | 制造业 | 农副食品加工业 | 纺织业 | 汽车制造业 | 计算机、通信和其他电子设备制造业 |
|---|---|---|---|---|---|
| 全国 | 937798.01 | 46867.7 | 25242.21 | 84491.79 | 110454.23 |
| 湖北 | 41562.4 | 3598.49 | 2075.48 | 7175.69 | 2337.2 |
| 前位省份 | 广东、江苏、山东、浙江、福建、河南 | 山东、河南 | 江苏、浙江、福建、广东 | 上海、广东、江苏、吉林 | 广东、江苏、上海、四川、重庆、浙江、福建、河南、山东、北京、江西、安徽 |

|  | 制造业 | 农副食品加工业 | 纺织业 | 汽车制造业 | 计算机、通信和其他电子设备制造业 |
|---|---|---|---|---|---|
| 排位 | 第7位 | 第3位 | 第5位 | 第5位 | 第13位 |

资料来源:湖北省统计局。

表1-8　2018年湖北部分重点产业细分领域营业收入全国占比

|  | 湖北(亿元) | 全国(亿元) | 占比(%) |
|---|---|---|---|
| 汽车制造业 | 7175.69 | 84491.79 | 8.49 |
| 汽车整车制造 | 3140.02 | 42061.16 | 7.47 |
| 改装汽车制造 | 337.99 | 2088.44 | 16.18 |
| 低速汽车制造 | 0.23 | 82.78 | 0.28 |
| 电车制造 | 8.43 | 163.22 | 5.16 |
| 汽车用发动机制造 | 104.24 | 1978.06 | 5.27 |
| 汽车车身、挂车制造 | 354.84 | 1243.42 | 28.54 |
| 汽车零部件及配件制造 | 3229.95 | 36874.71 | 8.76 |
| 计算机、通信和其他电子设备制造业 | 2337.20 | 110454.23 | 2.12 |
| 计算机制造 | 363.02 | 19156.13 | 1.90 |
| 通信设备制造 | 725.15 | 37707.14 | 1.92 |
| 广播电视设备制造 | 24.20 | 1309.07 | 1.85 |
| 雷达及配套设备制造 | 8.56 | 507.21 | 1.69 |
| 非专业视听设备制造 | 55.67 | 7700.96 | 0.72 |
| 智能消费设备制造 | 91.20 | 3228.57 | 2.82 |
| 其他电子设备制造 | 72.39 | 3302.31 | 2.19 |
| 电子器件制造 | 838.10 | 19433.63 | 4.31 |
| 电子元件及电子专用材料制造 | 158.91 | 18109.21 | 0.88 |

资料来源:湖北省统计局。

表1-9　2018年湖北省各制造业行业区位商分析

|  | 全国 | 湖北省 | 区位商 |
|---|---|---|---|
| 废弃资源综合利用业 | 0.44 | 0.87 | 2.01 |
| 汽车制造业 | 9.01 | 17.26 | 1.92 |
| 纺织业 | 2.69 | 4.99 | 1.86 |

续表

| | 全国 | 湖北省 | 区位商 |
|---|---|---|---|
| 农副食品加工业 | 5.00 | 8.66 | 1.73 |
| 印刷和记录媒介复制业 | 0.71 | 1.21 | 1.71 |
| 烟草制品业 | 1.11 | 1.82 | 1.63 |
| 酒、饮料和精制茶制造业 | 1.62 | 2.25 | 1.39 |
| 非金属矿物制品业 | 5.36 | 7.39 | 1.38 |
| 金属制品、机械和设备修理业 | 0.13 | 0.17 | 1.30 |
| 医药制造业 | 2.55 | 3.07 | 1.20 |
| 食品制造业 | 1.99 | 2.39 | 1.20 |
| 纺织服装、服饰业 | 1.85 | 2.06 | 1.12 |
| 其他制造业 | 0.23 | 0.24 | 1.07 |
| 金属制品业 | 3.67 | 3.82 | 1.04 |
| 化学原料和化学制品制造业 | 7.51 | 7.78 | 1.03 |
| 木材加工和木、竹、藤、棕、草制品业 | 0.92 | 0.95 | 1.03 |
| 铁路、船舶、航空航天和其他运输设备制造业 | 1.62 | 1.56 | 0.96 |
| 专用设备制造业 | 3.21 | 2.93 | 0.91 |
| 橡胶和塑料制品业 | 2.72 | 2.43 | 0.89 |
| 文教、工美、体育和娱乐用品制造业 | 1.43 | 1.22 | 0.85 |
| 造纸和纸制品业 | 1.49 | 1.23 | 0.83 |
| 黑色金属冶炼和压延加工业 | 7.20 | 5.72 | 0.79 |
| 电气机械和器材制造业 | 6.95 | 5.26 | 0.76 |
| 通用设备制造业 | 4.14 | 2.99 | 0.72 |
| 家具制造业 | 0.77 | 0.47 | 0.62 |
| 仪器仪表制造业 | 0.82 | 0.48 | 0.58 |
| 石油、煤炭及其他燃料加工业 | 5.08 | 2.50 | 0.49 |
| 计算机、通信和其他电子设备制造业 | 11.78 | 5.62 | 0.48 |
| 皮革、毛皮、羽毛及其制品和制鞋业 | 1.29 | 0.60 | 0.46 |
| 有色金属冶炼和压延加工业 | 5.81 | 1.92 | 0.33 |
| 化学纤维制造业 | 0.92 | 0.13 | 0.14 |

注:区位商=湖北某行业营业收入占制造业的比重/全国该行业营业收入占制造业的比重,区位商大于1,表明该行业在全国有分工优势。

资料来源:湖北省统计局。

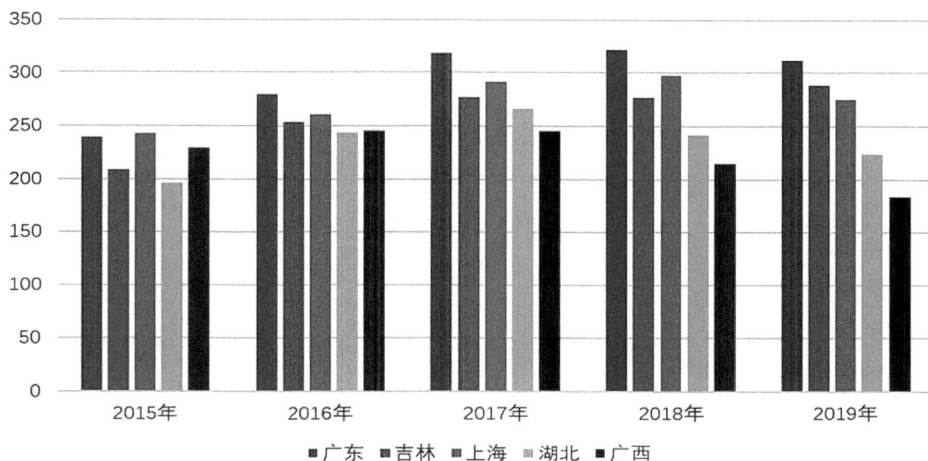

图 1-3　湖北省汽车产量比较及在全国位次变化(万辆)

资料来源:国家统计局。

### (四)技术水平逐步提升,研发创新投入不断加大

近年来,湖北省制造业创新能力进一步增强,对产业新旧动能转换形成有力支撑。围绕重点和主导产业,湖北省建立了一系列技术研究院、创新战略联盟和产学研创新中心,对关键领域核心技术"卡脖子"攻关和自主创新产品研发的支持力度不断加大。到 2018 年底,拥有国家级制造业创新中心 2 家、国家重点实验室 28 个、国家级工程技术中心 19 个、国家级企业技术中心 64 家,制造业研发经费投入强度为 1.33%,相比 2016 年(1.01%)提高0.32 个百分点。其中,机械装备类产业及医药制造业研发投入强度最高,计算机、通信和其他电子设备制造业达到 4.14%,铁路、船舶、航空航天和其他运输设备制造业为 3.62%,医药制造业为 2.88%,仪器仪表制造业为2.44%,电气机械和器材制造业为 1.89%。2018 年,制造业每亿元营业收入的研发人员全时当量为 2.49 人年/亿元,最高的铁路、船舶、航空航天和其他运输设备制造业 6.60 人年/亿元,仪器仪表制造业为 6.26 人年/亿元,

医药制造业为 5.11 人年/亿元,计算机、通信和其他电子设备制造业为 4.54 人年/亿元。

表 1-10　湖北省规上制造业行业研发经费投入强度变化　单位:%

| | 2016 年 | 2018 年 | 2018/2016 |
|---|---|---|---|
| 制造业 | 1.01 | 1.33 | 1.31 |
| 农副食品加工业 | 0.40 | 0.57 | 1.40 |
| 食品制造业 | 0.99 | 0.86 | 0.87 |
| 酒、饮料和精制茶制造业 | 0.54 | 1.02 | 1.89 |
| 烟草制品业 | 0.14 | 0.34 | 2.35 |
| 纺织业 | 0.24 | 0.42 | 1.74 |
| 纺织服装、服饰业 | 0.21 | 0.24 | 1.18 |
| 皮革、毛皮、羽毛及其制品和制鞋业 | 0.29 | 0.66 | 2.26 |
| 木材加工和木、竹、藤、棕、草制品业 | 0.41 | 0.80 | 1.94 |
| 家具制造业 | 0.09 | 0.33 | 3.56 |
| 造纸和纸制品业 | 0.52 | 0.90 | 1.71 |
| 印刷和记录媒介复制业 | 0.54 | 0.78 | 1.45 |
| 文教、工美、体育和娱乐用品制造业 | 0.48 | 0.62 | 1.28 |
| 石油加工、炼焦和核燃料加工业 | 1.17 | 0.09 | 0.07 |
| 化学原料和化学制品制造业 | 1.53 | 1.56 | 1.02 |
| 医药制造业 | 1.72 | 2.88 | 1.67 |
| 化学纤维制造业 | 0.89 | 1.26 | 1.41 |
| 橡胶和塑料制品业 | 0.68 | 0.73 | 1.07 |
| 非金属矿物制品业 | 0.52 | 0.74 | 1.42 |
| 黑色金属冶炼和压延加工业 | 1.03 | 0.91 | 0.88 |
| 有色金属冶炼和压延加工业 | 0.89 | 1.23 | 1.39 |
| 金属制品业 | 0.69 | 1.07 | 1.56 |
| 通用设备制造业 | 1.19 | 1.40 | 1.18 |
| 专用设备制造业 | 1.21 | 1.34 | 1.11 |
| 汽车制造业 | 1.13 | 1.52 | 1.35 |
| 铁路、船舶、航空航天和其他运输设备制造业 | 2.15 | 3.62 | 1.68 |
| 电气机械和器材制造业 | 1.70 | 1.89 | 1.11 |

续表

| | 2016 年 | 2018 年 | 2018/2016 |
|---|---|---|---|
| 计算机、通信和其他电子设备制造业 | 2.71 | 4.14 | 1.53 |
| 仪器仪表制造业 | 2.74 | 2.44 | 0.89 |
| 其他制造业 | 1.70 | 1.66 | 0.98 |
| 废弃资源综合利用业 | 0.35 | 0.74 | 2.11 |
| 金属制品、机械和设备修理业 | 1.42 | 1.69 | 1.19 |

资料来源:湖北省统计局。

### 表 1-11　2018 年湖北省各制造业行业研发投入情况

| | 营业收入（亿元） | R&D 人员折合全时当量（人年） | R&D 经费支出（亿元） | 研发经费投入强度 | R&D 人员投入强度（人年/亿元） |
|---|---|---|---|---|---|
| 制造业 | 41562.4 | 103581.00 | 551.07 | 1.33 | 2.49 |
| 农副食品加工业 | 3598.49 | 4697.00 | 20.34 | 0.57 | 1.31 |
| 食品制造业 | 992.68 | 1788.00 | 8.58 | 0.86 | 1.80 |
| 酒、饮料和精制茶制造业 | 935.14 | 1750.00 | 9.58 | 1.02 | 1.87 |
| 烟草制品业 | 756.34 | 528.00 | 2.54 | 0.34 | 0.70 |
| 纺织业 | 2075.48 | 4493.00 | 8.72 | 0.42 | 2.16 |
| 纺织服装、服饰业 | 855.58 | 858.00 | 2.09 | 0.24 | 1.00 |
| 皮革、毛皮、羽毛及其制品和制鞋业 | 247.90 | 560.00 | 1.65 | 0.66 | 2.26 |
| 木材加工和木、竹、藤、棕、草制品业 | 394.76 | 698.00 | 3.15 | 0.80 | 1.77 |
| 家具制造业 | 197.39 | 237.00 | 0.65 | 0.33 | 1.20 |
| 造纸和纸制品业 | 512.87 | 879.00 | 4.60 | 0.90 | 1.71 |
| 印刷和记录媒介复制业 | 501.92 | 1214.00 | 3.94 | 0.78 | 2.42 |
| 文教、工美、体育和娱乐用品制造业 | 505.46 | 891.00 | 3.14 | 0.62 | 1.76 |
| 石油、煤炭及其他燃料加工业 | 1037.64 | 225.00 | 0.90 | 0.09 | 0.22 |
| 化学原料和化学制品制造业 | 3232.37 | 9568.00 | 50.38 | 1.56 | 2.96 |
| 医药制造业 | 1277.15 | 6530.00 | 36.73 | 2.88 | 5.11 |
| 化学纤维制造业 | 55.12 | 189.00 | 0.69 | 1.26 | 3.43 |

续表

| | 营业收入（亿元） | R&D人员折合全时当量（人年） | R&D经费支出（亿元） | 研发经费投入强度 | R&D人员投入强度（人年/亿元） |
|---|---|---|---|---|---|
| 橡胶和塑料制品业 | 1010.55 | 1950.00 | 7.38 | 0.73 | 1.93 |
| 非金属矿物制品业 | 3073.50 | 5191.00 | 22.81 | 0.74 | 1.69 |
| 黑色金属冶炼和压延加工业 | 2378.26 | 2941.00 | 21.66 | 0.91 | 1.24 |
| 有色金属冶炼和压延加工业 | 799.36 | 1402.00 | 9.86 | 1.23 | 1.75 |
| 金属制品业 | 1589.70 | 4059.00 | 17.02 | 1.07 | 2.55 |
| 通用设备制造业 | 1241.61 | 4959.00 | 17.36 | 1.40 | 3.99 |
| 专用设备制造业 | 1215.85 | 4684.00 | 16.28 | 1.34 | 3.85 |
| 汽车制造业 | 7175.69 | 18550.00 | 109.09 | 1.52 | 2.59 |
| 铁路、船舶、航空航天和其他运输设备制造业 | 646.84 | 4268.00 | 23.39 | 3.62 | 6.60 |
| 电气机械和器材制造业 | 2184.54 | 7454.00 | 41.36 | 1.89 | 3.41 |
| 计算机、通信和其他电子设备制造业 | 2337.20 | 10619.00 | 96.77 | 4.14 | 4.54 |
| 仪器仪表制造业 | 199.49 | 1249.00 | 4.86 | 2.44 | 6.26 |
| 其他制造业 | 100.94 | 462.00 | 1.68 | 1.66 | 4.58 |
| 废弃资源综合利用业 | 363.37 | 468.00 | 2.69 | 0.74 | 1.29 |
| 金属制品、机械和设备修理业 | 69.23 | 220.00 | 1.17 | 1.69 | 3.18 |

资料来源：湖北省统计局。

　　放在全国及中部地区来看，湖北制造业创新能力具有一定基础和优势，有助于推动产业转型升级、进一步增强核心竞争力。2018年，湖北省规上工业研发经费内部支出占营业收入比例为1.18%，略低于全国平均水平（1.23%），居第11位，在中部地区仅次于湖南省（1.47%）和安徽省（1.31%），高于河南省（1.04%）、江西省（0.82%）和山西省（0.64%）。2018年，湖北省规上工业新产品销售收入占营业收入的19.86%，高于全国平均水平（18.64%），居全国第9位，在中部地区仅次于安徽省（25.10%）和湖南省（21.71%），高于河南省（15.05%）、江西省（13.75%）和山西省（9.48%）。

2017—2018 年湖北省吸纳技术成交额全国占比为 4.86%，大幅领先于其他中部省份。

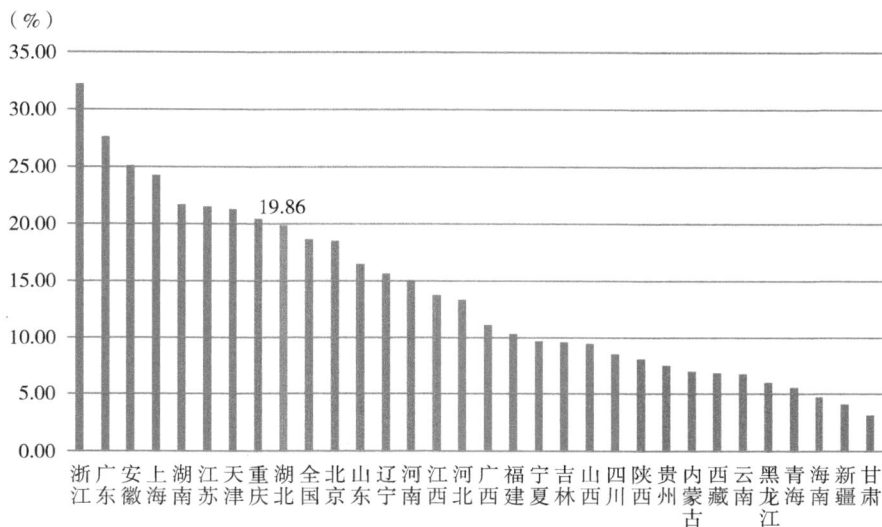

（％）

图 1-4　2018 年湖北省规上工业新产品销售收入占营业收入比例比较

资料来源：湖北省统计局。

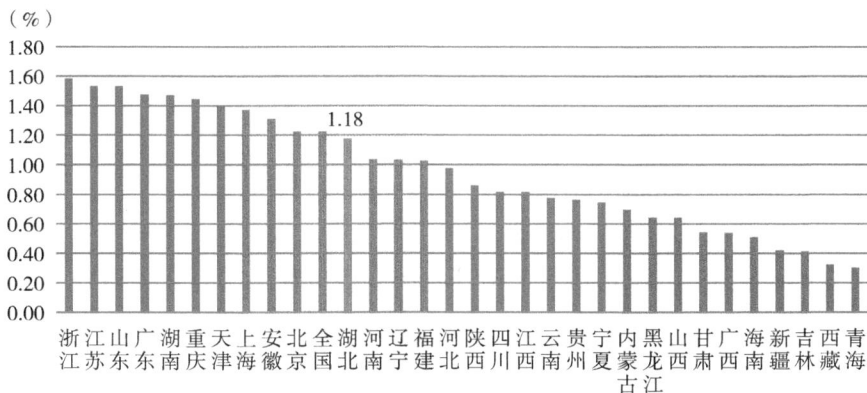

（％）

图 1-5　2018 年湖北省规上工业研发经费内部支出占营业收入比例比较

资料来源：湖北省统计局。

53

表 1-12　2017—2018 年湖北省吸纳技术成交额占比比较　　　单位:%

| | 2017 年 | 2018 年 | 平均占比 |
|---|---|---|---|
| 湖北 | 5.05 | 4.68 | 4.86 |
| 四川 | 4.00 | 3.33 | 3.66 |
| 陕西 | 3.89 | 3.34 | 3.61 |
| 重庆 | 1.74 | 2.93 | 2.34 |
| 贵州 | 1.44 | 2.90 | 2.17 |
| 安徽 | 2.02 | 2.01 | 2.01 |
| 吉林 | 1.48 | 2.44 | 1.96 |
| 辽宁 | 2.17 | 1.54 | 1.86 |
| 山西 | 1.85 | 1.42 | 1.64 |
| 云南 | 1.32 | 1.85 | 1.59 |
| 江西 | 1.48 | 1.37 | 1.43 |
| 河南 | 0.60 | 2.11 | 1.36 |
| 内蒙古 | 1.18 | 1.28 | 1.23 |
| 湖南 | 1.33 | 1.10 | 1.21 |
| 甘肃 | 1.10 | 1.03 | 1.06 |
| 黑龙江 | 0.86 | 0.91 | 0.88 |
| 广西 | 0.58 | 1.08 | 0.83 |
| 新疆 | 0.74 | 0.85 | 0.79 |
| 宁夏 | 0.57 | 0.54 | 0.56 |
| 青海 | 0.58 | 0.43 | 0.51 |
| 西藏 | 0.16 | 0.41 | 0.29 |

资料来源:根据 2018 年、2019 年全国技术市场统计年报计算而得。

全国比较来看,湖北省在全国具有创新发展优势的行业分布相对多元,既有机械装备产业,也有原材料产业,还有消费品工业。2018 年,湖北省在计算机、通信和其他电子设备制造业,有色金属冶炼及压延加工业,酒、饮料和精制茶制造业,皮革、毛皮、羽毛及其制品和制鞋业,木材加工和木、竹、藤、棕、草制品业,化学原料和化学制品制造业,铁路、船舶、航空航天和其他运输设备制造业,烟草制品业,医药制造业等行业,研发经费投入强度超过全国平均水平,分别为全国的 1.78、1.50、1.48、1.35、1.25、1.19、1.17、1.16 和 1.01 倍。

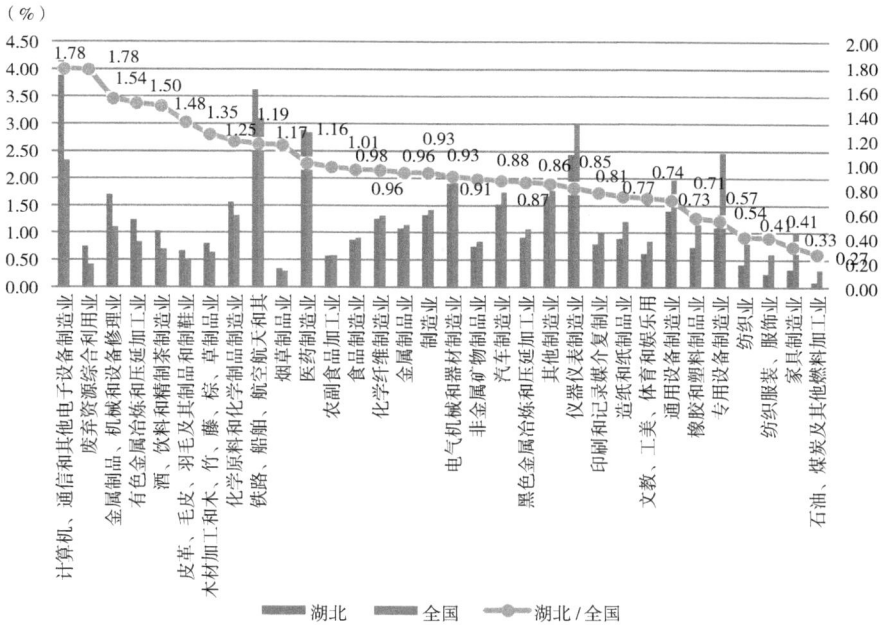

图 1-6　2018 年湖北省规上制造业行业研发经费投入强度全国比较

资料来源:湖北省统计局。

从要素产出效率来看,湖北制造业整体上投入产出效率较高,劳动生产率和资金产出率均高于全国平均水平。2018 年,湖北省制造业劳动生产率为 149.42 万元/人,是全国平均水平(100.94 万元/人)的 1.48 倍,31 个制造业行业中有 29 个行业超过全国平均水平,其中,文教、工美、体育和娱乐用品制造业是 2.19 倍、印刷和记录媒介复制业是 2.03 倍、石油、煤炭及其他燃料加工业是 2.01 倍。从每百元资产实现的营业收入来看,湖北省制造业为 119.20 元,是全国平均水平(99.12 元)的 1.2 倍,31 个制造业行业中有 26 个行业超过全国平均水平,其中,石油、煤炭及其他燃料加工业是全国的 2.5 倍。较高的要素产出效率能够使湖北制造业保持较强的投资吸引力,也使制造业在同等条件下具有较强的效率竞争优势。

表 1-13　湖北省各制造业行业生产效率变化情况

| | 人均营业收入（万元/人） | | | 每百元资产实现的营业收入（元） | | |
|---|---|---|---|---|---|---|
| | 2016 年 | 2019 年 | 2019/2016 | 2016 年 | 2019 年 | 2019/2016 |
| 制造业 | 139.3 | 163.7 | 1.18 | 135.8 | 121.7 | 0.90 |
| 农副食品加工业 | 218.0 | 216.0 | 0.99 | 268.1 | 233.5 | 0.87 |
| 食品制造业 | 125.2 | 132.2 | 1.06 | 218.7 | 162.9 | 0.75 |
| 酒、饮料和精制茶制造业 | 161.5 | 142.4 | 0.88 | 149.8 | 87.6 | 0.58 |
| 烟草制品业 | 761.8 | 1059.2 | 1.39 | 142.6 | 133.3 | 0.93 |
| 纺织业 | 90.9 | 30.6 | 0.34 | 250.6 | 220.5 | 0.88 |
| 纺织服装、服饰业 | 58.3 | 68.4 | 1.17 | 238.9 | 225.3 | 0.94 |
| 皮革、毛皮、羽毛及其制品和制鞋业 | 60.9 | 81.6 | 1.34 | 235.2 | 283.6 | 1.21 |
| 木材加工和木、竹、藤、棕、草制品业 | 112.2 | 116.5 | 1.04 | 181.8 | 139.5 | 0.77 |
| 家具制造业 | 97.2 | 98.2 | 1.01 | 145.8 | 108.4 | 0.74 |
| 造纸和纸制品业 | 123.7 | 157.3 | 1.27 | 142.2 | 113.8 | 0.80 |
| 印刷和记录媒介复制业 | 107.8 | 113.4 | 1.05 | 162.4 | 157.8 | 0.97 |
| 文教、工美、体育和娱乐用品制造业 | 84.2 | 125.4 | 1.49 | 94.5 | 139.5 | 1.48 |
| 石油加工、炼焦和核燃料加工业 | 851.9 | 967.1 | 1.14 | 307.4 | 331.7 | 1.08 |
| 化学原料和化学制品制造业 | 193.0 | 198.7 | 1.03 | 135.8 | 111.6 | 0.82 |
| 医药制造业 | 105.5 | 106.5 | 1.01 | 97.1 | 91.8 | 0.95 |
| 化学纤维制造业 | 128.6 | 96.7 | 0.75 | 118.8 | 133.2 | 1.12 |
| 橡胶和塑料制品业 | 116.2 | 133.8 | 1.15 | 184.9 | 181.5 | 0.98 |
| 非金属矿物制品业 | 127.1 | 155.6 | 1.22 | 157.2 | 160.9 | 1.02 |
| 黑色金属冶炼和压延加工业 | 157.2 | 295.1 | 1.88 | 76.2 | 93.6 | 1.23 |
| 有色金属冶炼和压延加工业 | 315.2 | 234.8 | 0.74 | 241.5 | 238.4 | 0.99 |
| 金属制品业 | 131.5 | 148.4 | 1.13 | 149.3 | 155.6 | 1.04 |
| 通用设备制造业 | 109.6 | 135.5 | 1.24 | 86.0 | 130.6 | 1.52 |
| 专用设备制造业 | 104.3 | 123.6 | 1.19 | 109.8 | 112.5 | 1.02 |
| 汽车制造业 | 154.6 | 185.5 | 1.20 | 100.3 | 94.5 | 0.94 |
| 铁路、船舶、航空航天和其他运输设备制造业 | 92.6 | 103.6 | 1.12 | 75.7 | 104.9 | 1.39 |

| | 人均营业收入（万元/人） | | | 每百元资产实现的营业收入（元） | | |
|---|---|---|---|---|---|---|
| | 2016 年 | 2019 年 | 2019/2016 | 2016 年 | 2019 年 | 2019/2016 |
| 电气机械和器材制造业 | 124.5 | 160.3 | 1.29 | 131.6 | 126.4 | 0.96 |
| 计算机、通信和其他电子设备制造业 | 142.3 | 138.2 | 0.97 | 97.3 | 60.4 | 0.62 |
| 仪器仪表制造业 | 73.6 | 92.8 | 1.26 | 107.3 | 139.7 | 1.30 |
| 其他制造业 | 96.8 | 128.0 | 1.32 | 152.1 | 196.3 | 1.29 |
| 废弃资源综合利用业 | 173.1 | 326.7 | 1.89 | 132.9 | 118.0 | 0.89 |
| 金属制品、机械和设备修理业 | 52.8 | 88.7 | 1.68 | 147.7 | 121.1 | 0.82 |

资料来源:湖北省统计局。

### （五）质量品牌建设持续推进,效益水平保持高位

随着技术改造和转型升级步伐加快,湖北制造业质量水平不断提高。2018 年,湖北省产品质量合格率为 94.13%,高于全国平均水平(93.93%),与安徽省(94.12%)相当,也高于河南省(93.74%)、江西省(93.76%)、湖南省(93.80%)、山西省(93.80%),优等率为 53.20%,也高于全国平均水平(51.34%)。国家市场监管总局质量效益研究基地的报告显示,湖北制造业质量竞争力指数逐年上升,相对全国的领先优势从 2014 年的 1.19 增加到 2018 年的 1.77,呈现出稳中有进、逐步提升的总体态势。在中国企业联合会、中国企业家协会发布的 2019 中国企业 500 强榜单中,东风公司等 10 家湖北企业上榜,居中部六省第一位;在全国工商联发布的中国民营企业制造业 500 强,湖北有 12 家企业跻身入列,居全国第八位、中部第二位。这主要是得益于技术改造、品牌建设、质量提升等系列工作。通过深入实施"万企万亿技改工程",三年累计实施技改项目 1.16 万个,完成投资 1.2 万亿元。制造企业加大新技术、新设备和新工艺应用,实施"机器换人、设备换芯、生产换线",近三年累计对 1100 多家企业实施智能化改造。湖北省积极推进

"三品"建设,实施千项精品工程行动,建成一批国家级工业设计中心,一批企业获国家技术创新示范企业、全国质量标杆。针对中小微企业占比达95%以上的实际,湖北全面推进中小企业质量提升,持续开展"万千百"质量提升工程,每年推动10000家企业开展质量提升行动,树立100家质量标杆企业。以技术改造和质量效率提升为支撑,湖北制造业保持了较高的利润水平。2019年,湖北省规上制造业营业收入利润率为6.43%,高于全国平均水平(5.86%)0.57个百分点,是全国的1.1倍。2019年,在31个细分行业中,湖北省有10个行业利润率高于全国水平,其中,烟草制品业是1.67倍,农副食品加工业是全国的1.42倍,汽车制造业是1.32倍,橡胶和塑料制品业是1.17倍,非金属矿物制造业是1.08倍。

表1-14　2019年湖北省规上制造业行业营业收入利润率比较　　单位:%

| | 全国 | 湖北 | 湖北/全国 |
|---|---|---|---|
| 制造业 | 5.86 | 6.43 | 1.10 |
| 烟草制品业 | 8.38 | 13.97 | 1.67 |
| 农副食品加工业 | 4.33 | 6.13 | 1.42 |
| 汽车制造业 | 6.34 | 8.37 | 1.32 |
| 橡胶和塑料制品业 | 5.54 | 6.49 | 1.17 |
| 家具制造业 | 6.65 | 7.62 | 1.15 |
| 非金属矿物制品业 | 8.69 | 9.42 | 1.08 |
| 纺织业 | 4.59 | 4.93 | 1.07 |
| 木材加工和木、竹、藤、棕、草制品业 | 4.81 | 5.12 | 1.06 |
| 金属制品业 | 4.89 | 5.10 | 1.04 |
| 印刷和记录媒介复制业 | 6.90 | 7.07 | 1.02 |
| 黑色金属冶炼和压延加工业 | 4.05 | 4.05 | 1.00 |
| 纺织服装、服饰业 | 5.62 | 5.51 | 0.98 |
| 文教、工美、体育和娱乐用品制造业 | 5.88 | 5.63 | 0.96 |
| 化学原料和化学制品制造业 | 5.73 | 5.49 | 0.96 |
| 电气机械和器材制造业 | 6.07 | 5.80 | 0.95 |
| 造纸和纸制品业 | 5.49 | 4.91 | 0.89 |

| | 全国 | 湖北 | 湖北/全国 |
|---|---|---|---|
| 医药制造业 | 13.33 | 11.25 | 0.84 |
| 废弃资源综合利用业 | 5.39 | 4.50 | 0.84 |
| 食品制造业 | 9.17 | 7.48 | 0.82 |
| 皮革、毛皮、羽毛及其制品和制鞋业 | 6.75 | 5.36 | 0.79 |
| 酒、饮料和精制茶制造业 | 14.91 | 11.72 | 0.79 |
| 通用设备制造业 | 6.70 | 5.06 | 0.75 |
| 专用设备制造业 | 7.69 | 5.70 | 0.74 |
| 金属制品、机械和设备修理业 | 5.77 | 4.27 | 0.74 |
| 其他制造业 | 6.44 | 4.63 | 0.72 |
| 仪器仪表制造业 | 9.91 | 7.00 | 0.71 |
| 计算机、通信和其他电子设备制造业 | 4.80 | 3.38 | 0.70 |
| 有色金属冶炼和压延加工业 | 2.93 | 1.96 | 0.67 |
| 化学纤维制造业 | 3.95 | 1.31 | 0.33 |
| 石油、煤炭及其他燃料加工业 | 2.58 | 0.78 | 0.30 |
| 铁路、船舶、航空航天和其他运输设备制造业 | 5.36 | 0.62 | 0.12 |

资料来源:湖北省统计局。

### (六)优势产业链条延伸拓展,集群建设取得进展

近年来,湖北围绕汽车、电子信息、纺织服装、智能终端、新材料等领域建设了一批重点成长型产业集群,产业链条协作和整体竞争力显著增强。截至2018年底,全省国家级高新技术开发区12个、国家级经济技术开发区7个,建成16家国家级和26家省级新型工业化示范基地,省级重点成长型产业集群达到110个,其中,销售收入过百亿元的达到53个。2019年,武汉市集成电路、新型显示器件、下一代信息网络和生物医药四个产业集群入选国家级战略性新兴产业集群名单,与上海市并列第一。目前,湖北汽车产业高度集聚,2018年,湖北省汽车用发动机、车身、零部件等领域产值合计

3689 亿元,与汽车整车、低速汽车、电车制造等整车领域的比值为 1.06,高于全国 0.90 的平均水平。电子信息产业在武汉及周边地区形成强大"芯——屏——端——网"产业集群,通过国家首批世界级先进制造业集群初选,是全国最大的新型显示产业基地、第三大印制电路板产业集聚区。2018 年,电子器件、元件及专用材料产值合计 997 亿元,与计算机、通信设备、智能消费设备等整机产品的比值为 0.74,高于全国 0.51 的平均水平。纺织服装产业形成了一批特色产业集群,孝感市纺织服装产业集群、天门棉花产业集群等12 个产业集群被评为省级重点成长型产业集群,马口镇——"中国制线名镇"、岑河镇——"中国针织名镇"、"中国婴童装名镇"等唱响全国。

表 1-15　2018 年部分制造业行业上下游关系比较　　　单位:亿元

| | 湖北 | 全国 |
|---|---|---|
| 农副食品加工业 | 3598.49 | 46867.70 |
| 食品制造业 | 992.68 | 18668.63 |
| 上下比 | 0.28 | 0.40 |
| 纺织业 | 2075.48 | 25242.21 |
| 纺织服装、服饰业 | 855.58 | 17302.97 |
| 上下比 | 0.41 | 0.69 |
| 汽车制造业 | 7175.69 | 84491.79 |
| 　汽车整车制造 | 3140.02 | 42061.16 |
| 　改装汽车制造 | 337.99 | 2088.44 |
| 　低速汽车制造 | 0.23 | 82.78 |
| 　电车制造 | 8.43 | 163.22 |
| 　汽车用发动机制造 | 104.24 | 1978.06 |
| 　汽车车身、挂车制造 | 354.84 | 1243.42 |
| 　汽车零部件及配件制造 | 3229.95 | 36874.71 |
| 整零比 | 1.06 | 0.90 |
| 计算机、通信和其他电子设备制造业 | 2337.20 | 110454.23 |
| 　计算机制造 | 363.02 | 19156.13 |
| 　通信设备制造 | 725.15 | 37707.14 |

续表

|  | 湖北 | 全国 |
|---|---|---|
| 广播电视设备制造 | 24.20 | 1309.07 |
| 雷达及配套设备制造 | 8.56 | 507.21 |
| 非专业视听设备制造 | 55.67 | 7700.96 |
| 智能消费设备制造 | 91.20 | 3228.57 |
| 其他电子设备制造 | 72.39 | 3302.31 |
| 电子器件制造 | 838.10 | 19433.63 |
| 电子元件及电子专用材料制造 | 158.91 | 18109.21 |
| 整零比 | 0.74 | 0.51 |

资料来源:湖北省统计局。

## 二、湖北制造业发展存在的突出问题

对比来看,湖北技术密集型产业发展滞后,优势产业缺乏关键核心技术、创新水平依然有较大差距,产业链控制力竞争力不强、不稳不牢甚至存在风险。尽管在生产效率和质量效益指标上优于全国水平,但是在研发投入、专利申请等创新指标上相比全国还有差距,部分重点产业增量不提质,部分新兴产业有亮点无体量,对制造业持续增长和竞争力提升构成较大挑战。

### (一)传统制造业比重较高,技术密集型产业发展滞后

湖北在全国具有分工优势的制造行业,除汽车制造业、医药制造业外,其余行业主要是轻工食品产业,高加工度和高技术密集度的装备制造业实力相对较弱。2018 年,湖北省轻纺工业营业收入占比 30.92%,比全国平均水平高 7.50 个百分点;机械装备工业占比 40.08%,比全国平均水平低 1.24 个百分点;原材料工业占比 28.75%,比全国平均水平低 6.28 个百分点。

2019年,汽车、建材、化工三个行业对工业增长的贡献率达24.5%,比2018年提高5个百分点。2018年,计算机、通信和其他电子设备制造业区位商为0.48,仪器仪表制造业为0.58,通用设备制造业为0.72,电气机械和器材制造业为0.76,专用设备制造业为0.91,这些技术密集、附加值高的产业在全国的分工优势不明显。2019年,高技术制造业对湖北工业增长的贡献率仅17%,远低于沿海发达地区50%以上的增长贡献率;高技术制造业增加值占规上工业的比重仅9.5%,不仅低于全国14.4%的平均水平,也低于河南省(9.9%)和湖南省(11.3%)。

表1-16 2019年湖北省规上工业增加值结构比较   单位:%

|  | 高技术制造业占比 | 高耗能行业占比 |
|---|---|---|
| 湖北 | 9.5 | 27.0 |
| 河南 | 9.9 | 35.3 |
| 江西 | — | 38.7 |
| 湖南 | 11.3 | 29.1 |
| 安徽 | — | 31.7 |
| 全国 | 14.4 | 33.4 |

注:湖北省、安徽省及全国高能耗行业占比为2018年营业收入数据。
资料来源:根据各地国民经济和社会发展公报等整理。

### (二)多数制造业缺乏关键核心技术,产业控制力不强

对标发达地区,湖北省制造业创新能力还有较大差距,关键技术自给率低,高端原创性和引领性创新成果相对较少,产业链核心环节和关键技术对外依赖度高,难以满足产业高质量发展的需要。受创新能力影响,制造业产品多处于产业链中低端,相比国内外先进地区存在很大差距。如,湖北建立起了规模巨大的"光芯屏端网"产业,但是高端芯片、传感器、核心元器件、系统集成等基础共性技术短板依然非常突出,链条不稳不强、运行风险较大。从发展模式来看,湖北企业多以代工嵌入国内外产业分工体系或是承

接国内外加工组装产业转移,缺少产业链主企业和生态主导型企业,在技术创新、产品开发、供应链管理上出于被动地位。由于上下游企业的市场势力不对等,跨国企业会凭借技术垄断实力进行垄断定价,一旦外方中断合作,下游规模巨大的组装和加工企业将受到严重冲击。虽然湖北高校和科研院所等创新资源丰富,但是科技成果本地转化率不高,创新能力尚未得以有效释放,科技进步贡献率与全国平均水平相比仍有差距,未能为产业自主创新发展提供强大的内源支撑。

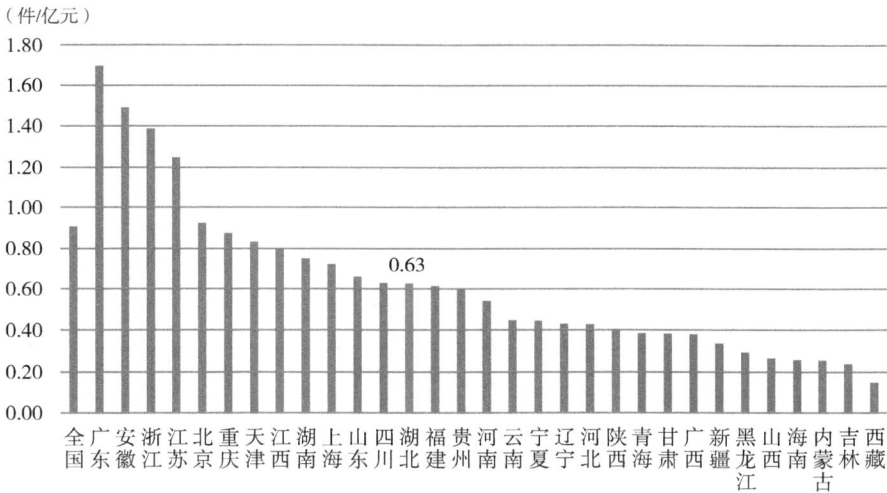

图1-7  2018年湖北省规上工业专利申请强度比较(件/亿元)

注:指标为专利申请数/营业收入。

资料来源:湖北省统计局。

### (三)重点行业效率优势不明显,盈利能力和附加值偏低

湖北省重点主导产业的生产效率优势不明显,对于优势行业能否实现持久增长、获取更大发展收益造成很大挑战。2018年,汽车制造业劳动生产率和资金产出率仅为全国平均水平的1.22倍和0.99倍,计算机、通信和其他电子设备制造业为1.20倍和0.70倍,化学原料和化学制品制造业为

1.16倍和1.24倍,黑色金属冶炼和压延加工业为1.16倍和0.88倍,几乎全部低于湖北省制造业相比全国的总体水平(1.48倍和1.20倍)。从发展效益来看:一是部分产业营业收入利润率偏低,计算机、通信和其他电子设备制造业、医药制造业、有色金属冶炼及压延加工业等产业,2019年利润率分别为全国平均水平的0.70、0.84、0.67;二是部分重点行业增量不提质,效益水平甚至呈现下降趋势,如汽车制造业营业收入利润率从2016年的9.23%下降至2019年的8.37%,计算机、通信和其他电子设备制造业从2016年的4.51%下降至2019年的3.38%,纺织业从2016年的5.26%下降至2019年的4.93%。对比江苏、广东、吉林等汽车制造大省,湖北汽车制造业资产和劳动生产效率都有待提高,否则目前较高的行业利润率也难以持续。对比江苏、广东、浙江等电子行业大省,湖北省在资本、劳动生产效率都存在很大差距,利润水平也显著偏低。

表1-17　湖北省制造业营业收入利润率变化　　　　　单位:%

| | 2016年 | 2019年 | 变化 |
|---|---|---|---|
| 制造业 | 5.60 | 6.43 | 0.83 |
| 农副食品加工业 | 4.78 | 6.13 | 1.35 |
| 食品制造业 | 5.85 | 7.48 | 1.63 |
| 酒、饮料和精制茶制造业 | 6.59 | 11.72 | 5.13 |
| 烟草制品业 | 14.35 | 13.97 | -0.38 |
| 纺织业 | 5.26 | 4.93 | -0.33 |
| 纺织服装、服饰业 | 4.68 | 5.51 | 0.83 |
| 皮革、毛皮、羽毛及其制品和制鞋业 | 3.64 | 5.36 | 1.72 |
| 木材加工和木、竹、藤、棕、草制品业 | 5.75 | 5.12 | -0.63 |
| 家具制造业 | 6.16 | 7.62 | 1.46 |
| 造纸和纸制品业 | 4.69 | 4.91 | 0.22 |
| 印刷和记录媒介复制业 | 6.03 | 7.07 | 1.04 |
| 文教、工美、体育和娱乐用品制造业 | 5.99 | 5.63 | -0.36 |
| 石油加工、炼焦和核燃料加工业 | 2.22 | 0.78 | -1.44 |

续表

| | 2016 年 | 2019 年 | 变化 |
|---|---|---|---|
| 化学原料和化学制品制造业 | 4.25 | 5.49 | 1.24 |
| 医药制造业 | 8.39 | 11.25 | 2.86 |
| 化学纤维制造业 | 4.17 | 1.31 | −2.86 |
| 橡胶和塑料制品业 | 6.12 | 6.49 | 0.37 |
| 非金属矿物制品业 | 6.57 | 9.42 | 2.85 |
| 黑色金属冶炼和压延加工业 | 1.96 | 4.05 | 2.09 |
| 有色金属冶炼和压延加工业 | 0.82 | 1.96 | 1.14 |
| 金属制品业 | 4.39 | 5.10 | 0.71 |
| 通用设备制造业 | 5.09 | 5.06 | −0.03 |
| 专用设备制造业 | 4.08 | 5.70 | 1.62 |
| 汽车制造业 | 9.23 | 8.37 | −0.86 |
| 铁路、船舶、航空航天和其他运输设备制造业 | 2.83 | 0.62 | −2.21 |
| 电气机械和器材制造业 | 5.04 | 5.80 | 0.76 |
| 计算机、通信和其他电子设备制造业 | 4.51 | 3.38 | −1.13 |
| 仪器仪表制造业 | 7.72 | 7.00 | −0.72 |
| 其他制造业 | 8.02 | 4.63 | −3.39 |
| 废弃资源综合利用业 | 1.75 | 4.50 | 2.75 |
| 金属制品、机械和设备修理业 | 4.94 | 4.27 | −0.67 |

资料来源:湖北省统计局。

### 表 1-18　2018 年湖北省汽车制造业主要指标比较

| | 资产总计<br>(亿元) | 营业收入<br>(亿元) | 利润总额<br>(亿元) | 全部从业人员年平均人数(万人) | 资产收入率<br>(%) | 劳动生产率<br>(万元/人) |
|---|---|---|---|---|---|---|
| 湖北 | 7214.56 | 7175.69 | 733.53 | 42.00 | 99.46 | 170.85 |
| 江苏 | 6639.93 | 7023.03 | 502.79 | 46.90 | 105.77 | 149.74 |
| 广东 | 6149.05 | 8427.55 | 632.70 | 43.56 | 137.05 | 193.47 |
| 吉林 | 5965.30 | 6967.95 | 565.23 | 25.99 | 116.81 | 268.10 |

注:江苏省、吉林省营业收入数据为主营业务收入数据。

资料来源:根据各省统计年鉴整理计算。

表 1-19　2018 年湖北省计算机、通信和其他电子设备制造业主要指标比较

| | 资产总计（亿元） | 营业收入（亿元） | 利润总额（亿元） | 全部从业人员年平均人数（万人） | 资产收入率（%） | 劳动生产率（万元/人） |
|---|---|---|---|---|---|---|
| 湖北 | 3381.95 | 2337.20 | 94.54 | 18.26 | 69.11 | 128.00 |
| 江苏 | 15465.03 | 17448.26 | 766.91 | 162.18 | 112.82 | 107.59 |
| 广东 | 33519.91 | 38755.62 | 1690.41 | 311.71 | 115.62 | 124.33 |
| 浙江 | 5185.88 | 4449.88 | 372.75 | 45.53 | 85.81 | 97.74 |

资料来源：根据各省统计年鉴整理计算。

## （四）外资企业占比偏低，对外开放度仍需提高

湖北产业外向度和外贸依存度低，利用外资和出口规模较小，"引进来""走出去"的少，距离更大范围更高水平的对外开放发展要求还有较大差距。2018 年，湖北省国有企业和私营企业比重高于全国平均水平，其营业收入占规上工业比重分别为 3.00% 和 39.07%，高于全国平均水平 1.01 和 6.05 个百分点，但有限责任公司、港澳台和外商投资企业占比均低于全国平均水平，分别为 30.77%、4.45% 和 11.73%，比全国平均水平低 1.52、4.39 和 1.85 个百分点。尽管湖北和我国港澳台及外商投资企业营业收入占比居中部地区首位，但是相比北上广、苏闽浙等省市还有很大差距，相比周边的重庆也相差 8 个百分点。从进出口来看，湖北出口外向度不仅低于全国，而且低于河南、安徽、重庆等周边省区。2018 年，湖北货物进出口总额 3485.8 亿元，占 GDP 的 8.85%，比全国低 25.0 个百分点；出口总额 2252.1 亿元，占 GDP 的 5.72%，比全国低 12.5 个百分点；规上工业出口交货值 1877.6 亿元，占规上工业营业收入的 4.21%，比全国低 7.7 个百分点。更严峻的是，近年来，湖北制造业出口交货值一直呈现负增长。这既与外资占比偏低有关，更大程度上是因为没有大的优势产业或承接产业转移项目转化为出口成果，出口产品集中在液晶显示器、计算机零件、印刷电路板等

部分机电领域,没有在更多产业和产品领域形成出口优势。

表 1-20　2018 年湖北省规上工业所有制结构比较　　　单位:%

| | 营业收入占比 | | 营业收入利润率 | |
|---|---|---|---|---|
| | 湖北 | 全国 | 湖北 | 全国 |
| 国有企业 | 3.00 | 1.99 | 8.41 | 6.77 |
| 集体企业 | 0.18 | 0.16 | −0.49 | 2.36 |
| 股份合作企业 | 0.00 | 0.07 | 7.03 | 6.42 |
| 联营企业 | 0.01 | 0.01 | −2.01 | 5.04 |
| 有限责任公司 | 30.77 | 32.29 | 5.90 | 6.52 |
| 股份有限公司 | 10.76 | 10.53 | 7.31 | 6.49 |
| 私营企业 | 39.07 | 32.52 | 12.98 | 9.06 |
| 港、澳、台商投资企业 | 4.45 | 8.83 | 8.76 | 6.33 |
| 外商投资企业 | 11.73 | 13.58 | 8.87 | 6.75 |

资料来源:湖北省统计局。

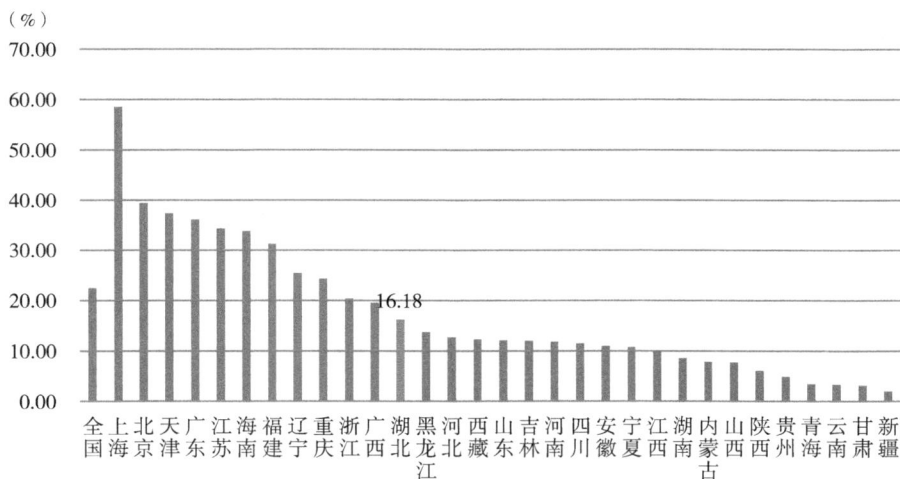

图 1-8　2018 年湖北省港澳台及外商投资企业营业收入占比比较(%)

资料来源:根据中国经济普查年鉴(2018)整理计算。

## （五）产业要素供给支撑不足，产业生态有待优化完善

从产业创新发展与转型升级来看，湖北在汇聚高端资源、做强企业主体、创新政策机制等方面还存在很大不足，有利于制造业高质量发展的新生态尚待构建和完善。目前，湖北一些具有规模优势的制造行业研发投入偏低，核心竞争力提升存在很大制约。其中，电气机械和器材制造业、非金属矿物制品业、汽车制造业、黑色金属冶炼及压延加工业、纺织业等重点产业研发投入强度偏低，2018 年仅有全国平均水平的 0.91、0.88、0.87、0.86、0.41。2018 年，湖北省制造业 R&D 人员投入强度为 2.49 人年/亿元，低于全国 3.08 人年/亿元的平均水平。在 31 个制造业行业中，只有 11 个行业研发人员投入强度超过全国平均水平，计算机、通信和其他电子设备制造业、汽车制造业、非金属矿物制品业、纺织业、电气机械和器材制造业 R&D 人员投入强度仅有全国平均水平的 0.91、0.84、0.81、0.73 和 0.73。

表 1-21　2018 年湖北省各制造业行业生产效率比较

| | 劳动生产率（万元/人） | | | 每百元资产实现的营业收入（元） | | |
|---|---|---|---|---|---|---|
| | 全国 | 湖北 | 湖北/全国 | 全国 | 湖北 | 湖北/全国 |
| 制造业 | 100.94 | 149.42 | 1.48 | 99.12 | 119.20 | 1.20 |
| 农副食品加工业 | 120.34 | 210.07 | 1.75 | 136.96 | 210.17 | 1.53 |
| 食品制造业 | 82.38 | 124.24 | 1.51 | 104.80 | 158.88 | 1.52 |
| 酒、饮料和精制茶制造业 | 93.76 | 124.35 | 1.33 | 78.09 | 89.55 | 1.15 |
| 烟草制品业 | 634.54 | 1036.08 | 1.63 | 95.37 | 140.25 | 1.47 |
| 纺织业 | 66.79 | 94.81 | 1.42 | 116.08 | 214.40 | 1.85 |
| 纺织服装、服饰业 | 40.50 | 64.72 | 1.60 | 128.25 | 220.34 | 1.72 |
| 皮革、毛皮、羽毛及其制品和制鞋业 | 48.04 | 77.47 | 1.61 | 165.74 | 248.57 | 1.50 |
| 木材加工和木、竹、藤、棕、草制品业 | 61.03 | 113.44 | 1.86 | 146.09 | 151.09 | 1.03 |
| 家具制造业 | 49.49 | 88.12 | 1.78 | 113.97 | 107.27 | 0.94 |
| 造纸和纸制品业 | 96.62 | 151.29 | 1.57 | 94.32 | 132.71 | 1.41 |

续表

| | 劳动生产率(万元/人) | | | 每百元资产实现的营业收入(元) | | |
|---|---|---|---|---|---|---|
| | 全国 | 湖北 | 湖北/全国 | 全国 | 湖北 | 湖北/全国 |
| 印刷和记录媒介复制业 | 57.48 | 116.73 | 2.03 | 105.72 | 147.84 | 1.40 |
| 文教、工美、体育和娱乐用品制造业 | 53.49 | 117.00 | 2.19 | 134.19 | 138.08 | 1.03 |
| 石油、煤炭及其他燃料加工业 | 521.78 | 1048.12 | 2.01 | 137.61 | 344.52 | 2.50 |
| 化学原料和化学制品制造业 | 158.69 | 184.18 | 1.16 | 87.33 | 108.43 | 1.24 |
| 医药制造业 | 106.94 | 106.79 | 1.00 | 67.82 | 75.45 | 1.11 |
| 化学纤维制造业 | 182.03 | 91.87 | 0.50 | 104.01 | 135.00 | 1.30 |
| 橡胶和塑料制品业 | 68.48 | 128.57 | 1.88 | 104.75 | 174.83 | 1.67 |
| 非金属矿物制品业 | 83.96 | 134.68 | 1.60 | 89.61 | 157.09 | 1.75 |
| 黑色金属冶炼和压延加工业 | 279.39 | 325.34 | 1.16 | 105.92 | 93.72 | 0.88 |
| 有色金属冶炼和压延加工业 | 277.88 | 210.91 | 0.76 | 121.98 | 208.33 | 1.71 |
| 金属制品业 | 70.03 | 133.93 | 1.91 | 109.69 | 135.77 | 1.24 |
| 通用设备制造业 | 70.60 | 121.25 | 1.72 | 85.23 | 116.95 | 1.37 |
| 专用设备制造业 | 71.41 | 120.14 | 1.68 | 72.17 | 114.76 | 1.59 |
| 汽车制造业 | 158.16 | 176.48 | 1.12 | 100.97 | 99.46 | 0.99 |
| 铁路、船舶、航空航天和其他运输设备制造业 | 86.50 | 100.91 | 1.17 | 58.92 | 55.10 | 0.94 |
| 电气机械和器材制造业 | 98.15 | 155.59 | 1.59 | 89.30 | 121.73 | 1.36 |
| 计算机、通信和其他电子设备制造业 | 113.31 | 135.88 | 1.20 | 98.72 | 69.11 | 0.70 |
| 仪器仪表制造业 | 71.38 | 78.54 | 1.10 | 78.58 | 110.26 | 1.40 |
| 其他制造业 | 48.72 | 106.25 | 2.18 | 87.82 | 106.74 | 1.22 |
| 废弃资源综合利用业 | 175.04 | 305.35 | 1.74 | 129.01 | 119.35 | 0.93 |
| 金属制品、机械和设备修理业 | 43.80 | 108.17 | 2.47 | 64.86 | 156.88 | 2.42 |

资料来源:湖北省统计局。

表1-22　2018年湖北省R&D人员投入强度比较　单位:人年/亿元

| | 湖北 | 全国 | 湖北/全国 |
|---|---|---|---|
| 制造业 | 2.49 | 3.08 | 0.81 |
| 农副食品加工业 | 1.31 | 1.09 | 1.20 |
| 食品制造业 | 1.80 | 2.11 | 0.85 |

续表

| | 湖北 | 全国 | 湖北/全国 |
|---|---|---|---|
| 酒、饮料和精制茶制造业 | 1.87 | 1.56 | 1.20 |
| 烟草制品业 | 0.70 | 0.46 | 1.51 |
| 纺织业 | 2.16 | 2.95 | 0.73 |
| 纺织服装、服饰业 | 1.00 | 2.27 | 0.44 |
| 皮革、毛皮、羽毛及其制品和制鞋业 | 2.26 | 1.94 | 1.16 |
| 木材加工和木、竹、藤、棕、草制品业 | 1.77 | 1.67 | 1.06 |
| 家具制造业 | 1.20 | 3.54 | 0.34 |
| 造纸和纸制品业 | 1.71 | 2.35 | 0.73 |
| 印刷和记录媒介复制业 | 2.42 | 3.33 | 0.73 |
| 文教、工美、体育和娱乐用品制造业 | 1.76 | 3.07 | 0.57 |
| 石油、煤炭及其他燃料加工业 | 0.22 | 0.29 | 0.74 |
| 化学原料和化学制品制造业 | 2.96 | 2.39 | 1.24 |
| 医药制造业 | 5.11 | 5.26 | 0.97 |
| 化学纤维制造业 | 3.43 | 2.26 | 1.51 |
| 橡胶和塑料制品业 | 1.93 | 3.75 | 0.51 |
| 非金属矿物制品业 | 1.69 | 2.08 | 0.81 |
| 黑色金属冶炼和压延加工业 | 1.24 | 1.16 | 1.06 |
| 有色金属冶炼和压延加工业 | 1.75 | 1.18 | 1.49 |
| 金属制品业 | 2.55 | 3.43 | 0.75 |
| 通用设备制造业 | 3.99 | 5.62 | 0.71 |
| 专用设备制造业 | 3.85 | 6.46 | 0.60 |
| 汽车制造业 | 2.59 | 3.08 | 0.84 |
| 铁路、船舶、航空航天和其他运输设备制造业 | 6.60 | 5.89 | 1.12 |
| 电气机械和器材制造业 | 3.41 | 4.70 | 0.73 |
| 计算机、通信和其他电子设备制造业 | 4.54 | 5.00 | 0.91 |
| 仪器仪表制造业 | 6.26 | 9.13 | 0.69 |
| 其他制造业 | 4.58 | 5.64 | 0.81 |
| 废弃资源综合利用业 | 1.29 | 0.88 | 1.47 |
| 金属制品、机械和设备修理业 | 3.18 | 3.50 | 0.91 |

资料来源:湖北省统计局。

# 三、"十四五"时期湖北制造业
## 发展形势、思路和目标

"十四五"时期,全球产业分工格局加快重构,国内产业发展条件深刻变化,制造强国建设将深入推进,制造业高质量发展将成为时代主基调,新格局下面对重大机遇和严峻挑战,湖北制造业发展进入扩能提质期,亟待由要素驱动向创新驱动转变。

### (一)重大机遇

制造强国战略向纵深推进将为湖北制造业发展开启新篇章。党的十八大以来,习近平总书记把制造业的重要地位提升到前所未有的新高度,对推动制造业高质量发展作出一系列重要论述,强调制造业是立国之本、强国之基,明确了制造业在国民经济和中华民族伟大复兴中的战略地位。"十四五"时期,国家将继续坚定不移地推动制造强国建设,加快健全发展先进制造业、振兴实体经济的体制机制,着力提升产业基础能力和产业链现代化水平,坚决维护产业链、供应链安全稳定,不断增强制造业创新力和竞争力,持续提升制造业在国民经济中的支柱地位和辐射带动作用,推动我国由制造大国向制造强国迈进。湖北作为我国中部地区重要的制造基地,积累了扎实的制造基础和优势要素资源条件,随着市场和要素条件深刻变化,东部地区产业溢出效应将不断增强,区域产业转移已经进入密集高发时期,湖北依托自身的要素资源和交通区位优势,有望成为承接产业转移的先行阵地。湖北在未来的制造强国建设中将被赋予重要使命,也将开启制造业高质量发展新篇章。

以国内大循环为主体、国内国际双循环相互促进的新发展格局将提升中部地区战略地位,为湖北加快追赶带来新机遇。在外部环境深刻复杂变化的背景下,国内超大规模市场优势持续显现。与此同时,新发展格局将重塑我国产业分工新版图,处于我国内陆的中部地区的经济地位将继续提升,追赶步伐有望显著加快。2016 至 2019 年中部地区生产总值(按名义值计算)年均增长 10.5%,在四大区域板块中增速最高。中部地区占全国经济总量比重达到 22.2%,比 2015 年提高 1.9 个百分点,其中,第二产业增加值占全国的比重提高了 2.3 个百分点,与"十一五"、"十二五"时期相比提升幅度明显增加。其中,中部地区"十四五"时期,国内区域间产业协同互动将不断强化,随着长江经济带等区域重大战略深入推进,中西部产业配套环境和承接能力将不断提升,东部地区制造业转移和协作效应将不断释放,从而为湖北制造业高质量发展带来新的动力。

新一轮科技革命和产业变革将为新旧动能转换提供战略契机。未来,新一代信息技术、新能源、新材料、生命科学、航空航天等前沿技术不断取得重大突破,数字经济、生命健康、新材料等战略性新兴产业将进入加速发展期。特别是数字技术加快创新应用和融合渗透,数据作为新生产要素的引领和乘数作用日益凸显,数字产业化和产业数字化加速推进,从而极大提高制造业发展质量效率、提升产品和服务水平,不断催生新模式、新业态、新产业,也为培育竞争新优势、迈向中高端提供了动力源泉。"十四五"时期,新型基础设施将加快建设和完善,新基建不仅将形成更高层次的产业支撑体系,驱动制造业模式加快转型;也将形成新的市场需求,为湖北布局未来产业、培育发展新动能提供战略契机。

深化改革和扩大开放将不断释放新活力。"十四五"时期,国家将坚定不移深化市场化改革,社会主义市场经济体制将更加完善,产业发展制度环境将不断优化。高标准市场体系将加快建立,劳动力、资本、技术、数据等要素市场将更加完善、流动将更加自主有序、配置更加高效公平,企业负担将进一步减轻,市场准入将不断放宽,各种显性隐性壁垒将持续破除,公平竞争审查制度逐步完善,以信用为核心的新型监管机制加快建立。步入新时代,湖北将更加坚定地全面深化改革开放,大力弘扬"筚路蓝缕,以启山林"的创业精神,营商环境将进一步优化改善,高水平开放新格局将全面形成,创新创业活力和企业家精神将不断激发,从而为制造业高质量发展创造新生态。

### (二)主要挑战

国际环境不稳定性不确定性明显增强。全球单边主义抬头,特别是美国一系列贸易保护行动持续发酵,贸易和非贸易壁垒日益提高,部分国家针对我国的贸易制裁呈现常态化和长期化趋势。全球价值链呈现收缩趋势,尤其是突如其来的新冠疫情在全球范围蔓延,对国际贸易投资造成巨大冲击,未来全球经济增长动力受到削弱,国际市场走低将对我国原材料产品需求造成直接和间接抑制作用。国际产业竞争版图面临战略性调整,发达国家对我国国际分工地位提升的压制效应日趋增大,我国利用外部技术渠道受阻,国际技术合作的难度逐步加大;而新兴经济体追赶步伐也不断加快,挤占效应逐步显现,湖北制造业发展将面临更高层级、更为激烈的国内外市场竞争。

湖北传统主导产业增长压力持续加大。湖北第一支柱的汽车产业面临多重挑战,国内汽车市场进入阶段性降速调整时期,市场低速甚至波动增长将成为新常态,汽车产业加快向电动化、智能化、网联化转型,同时,产业对外开放将不断扩大,外资汽车品牌和企业对国内市场的冲击将显著增大,汽车市场可能进入激烈的洗牌重组时期,湖北车企将面临日趋严峻的市场竞争,增长难度明显提高。我国新一轮重化工业快速发展阶段接近尾声,一方面,传统基础设施投资、房地产业等下游需求趋于放缓,建材、钢铁、有色金属等大宗和普通制造产品需求将达到或接近拐点,将逐步步入平台调整期和优化发展阶段。未来化工产品市场需求将呈现较明显的差异化增长特征,由于湖北地处长江中游,肩负着保护长江生态安全的历史重任,生态环境约束不断加大,能源资源供给的顶板效应逐步显现,化工产业改造升级和转型调整的任务更趋紧迫。此外,新兴产业和高新技术产业领域的竞争将不断升级,国际形势变化将显著增加技术获取的难度,电子信息、装备制造等技术密集型产业步入爬坡过坎的重要关口。

生态环境约束强化将对产业绿色化提出更高要求。气候变化已然成为全球主要威胁,生态环境风险正在明显加剧,对清洁生产和全产业链绿色化的要求越来越高。针对日益严峻的环保安全形势,国家将生态文明建设提升到空前高度,"绿水青山就是金山银山"理念深入人心,未来将以更加严格的环保标准加强生态保护。新时代深入推动长江经济带发展,将坚持以"共抓大保护、不搞大开发"为规矩和导向,正确把握生态环境保护和经济发展的平衡关系。此外,安全生产形势依然严峻,一系列安全生产事故给人民生命财产安全和生态环境带来严重影响。湖北地处长江中游,肩负着保护长江生态安全的历史重任,而湖北制造业发展总体上仍未彻底摆脱粗放型发展方式,部分行业发展具有显著的能源资源环境依赖型特征,未来面临的资源环境约束将不断加大,走集约节约、绿色安全发展之路成为不二选择和迫切任务。

### (三)壮大制造业竞争优势的总体思路和目标

顺应国际国内产业发展新变局、新趋势,依托深厚制造底蕴和要素资源优势,立足加快建设制造强省,以供给侧结构性改革为主线,以深化改革、扩大开放为动力,以制造业扩容赋能提质为导向,以增强市场主体内在动能为核心,促转型、强链群、构体系全面发力,大力推动产业链现代化、产业基础高级化、产业生态优质化,坚持传统升级与新兴培育相结合、外源带动与内生驱动相结合、产业文明与生态文明相结合,改造升级传统主导产业,做强做优特色优势产业,培育壮大新兴未来产业,打造一批竞争优势企业,塑造一批知名制造品牌,建设一批先进制造集群、全面实现制造业规模上台阶、质量上层级、效率上水平，大幅增强经济支撑力、核心竞争力、辐射带动力，全面推动制造业迈上高质量发展之路。

**"十四五"时期发展目标：**

——制造规模较快增长。力争制造业增速高于地区生产总值增速，制造业增加值年均增长 7% 左右，制造业增加值占地区生产总值的比重保持在 30% 左右。

——产业结构优化升级。化解过剩产能和淘汰落后产能取得重要进展，传统产业改造升级基本完成。新技术、新产业、新业态、新模式蓬勃发展，先进制造业发展焕发新活力，特色优势产业品牌影响力明显提高，新兴未来产业新动能持续增强，建成若干世界级先进制造和战略性新兴产业集群。到 2025 年，高技术制造业增加值占工业增加值比重达到 13% 左右。

——创新能力显著增强。重点行业形成强大技术创新能力，创新型经济日趋活跃，培养壮大一批创新型企业，打造一批关键装备、核心部件、系统软件单项冠军，掌握一批国家和行业标准，突破一批"卡脖子"的关键装备、核心部件与工业软件，在部分领域成为技术创新策源地和输出地。到 2025 年，规模以上工业企业研发支出与营业收入比达到 1.5% 左右，规上制造业企业研发投入占营业收入比达到 1.7% 左右。

——质量效率明显提升。重点产业领域智能化水平显著提升，智能制造新模式进一步推广应用，培育一批智能车间和智能工厂，重点行业的智能制造水平显著提升，人工智能、5G、互联网、大数据与制造业、服务业深度融合，全要素生产率稳步提高。到 2025 年，制造业人均营业收入达到 180 万元以上。

——绿色水平持续提高。重点行业绿色化改造基本完成，产业绿色发展模式全面形成，单位产值能耗、水耗、地耗和废水、废气排放等明显降低，环保水平居于国内前列，长江经济带生态环保成效显著。

表 1-23　"十四五"时期湖北省制造业高质量发展的主要目标

| | 指标 | 2019 年 | 2025 年 |
|---|---|---|---|
| 规模增长 | 制造业增加值增速（%） | 7.9 | ［7］ |
| | 制造业增加值占地区生产总值比重（%） | — | >30 |
| 结构优化 | 高技术制造业增加值占工业增加值比重（%） | 9.5 | 13 |
| 创新驱动 | 规上工业企业研发投入占营业收入比（%） | 1.21 | 1.5 |
| | 规上制造业企业研发投入占营业收入比（%） | 1.33（2018） | 1.7 |
| 效率提升 | 制造业人均营业收入（万元/人） | 163.7 | >180 |

注：［　］代表年均增速；制造业人均营业收入以 2019 年不变价计算。

# 四、加快建设制造强省的重点任务

"十四五"时期,国际产业竞争格局加快重构,国内发展条件发生阶段性变化,我国建设制造强国进入关键期。站在新起点,湖北推动制造业高质量发展、重塑竞争新优势也步入窗口期。未来建设制造强省,既要立足既有基础,改造升级传统主导产业和优化提升特色优势产业,又要抢抓战略机遇,梯度培育新兴未来产业。

## （一）做大做强主导产业集群

——坚定不移做大做强汽车产业集群。提升层级、做大集群、加快转型、打造生态,探索汽车产业升级发展新路径。一是提升传统汽车产业链群辐射效应。引导汽车产业在相关城市间差异化、专业化发展,提高优势乘用车、商用车等整车发展水平,支持拓展汽车产品系列,提高企业核心竞争力和品牌影响力。发挥整车企业辐射带动作用,推进核心和关键零部件企业集聚,提高汽车零部件就地配套水平,打造专业分工、优势互补的汽车零部件配套体系。二是积极布局新能源汽车产业链,促进电动化、智能化、网联化发展。发挥传统汽车产业基础和配套优势，引导和支持传统汽车企业向新能源汽车领域延伸和升级，多元共进、扶优扶强，积极发展插电式混合动力汽车、纯电动车和燃料电池等新能源汽车及相关零部件产业，促进汽车与能源、交通、通信等相关产业深度融合发展。三是建设协同高效、开放共享的汽车产业创新体系。依靠优势整车和零部件企业整合产业链各方资源，汇聚创新发展合力，支持低碳化、信息化、智能化等关键共性和前瞻性技术研发和产业化，支持汽车与新型能源、信息通信、人工智能、互联网等产业协同创新，集中力量开展核心技术突破，逐步补齐产业链短板、打通创新链环节、迈向汽车产业价值链中高端。四是完善汽车产业后市场服务体系，打造汽车产业生态圈。健全集汽车展示、租赁、保险、技术培训、消费信贷、检测检验、售后服务、报废回收、生产性物流、二手车交易和汽车文化于一体的汽车服务产业体系。

——培育世界级电子信息产业集群。发挥新型基础设施带动作用，瞄准"光芯屏端网"等优势细分领域，构筑特色化优势产业链。依托武汉东湖高新区，进一步巩固强化光通信、地球空间信息、光纤光缆等产业优势，不断提升核心技术攻关能力和产业掌控力。鼓励现有企业和科研院所加大集成电路研发投入，稳步提升芯片设计能力，引进培育优势人才团队和龙头企业，推动新一代半导体材料及器件研发产业化，延伸发展集成电路封装测试产业。提升新型显示产业水平，以先进背板技术为基础，加强与国内外高世代显示面板生产商合作，引进高世代薄膜晶体管液晶显示面板生产线，提升关键配套产品的本地保障能力，积极推动可折叠显示、柔性显示等新产品研发及产业化，逐步打造显示面板—触控屏—智能终端的完整产业链。围绕新型显示产品需求，提升玻璃基板、柔性基板、高性能液晶材料、有机发光材料、靶材等相关材料配套水平，打造基础材料供给优势。抢抓第五代移动通信技术(5G)商用、人工智能等带来的机遇，培育引进手机、车载显示、可穿戴设备等智能终端骨干企业，构建覆盖高中低档的移动智能终端产品体系，不断提升关键零部件的本地配套能力。

——壮大特色农副食品产业集群。持续推进"三品"战略,充分利用丰富的地域特色农林产品资源,培育龙头企业和产业园区,建设若干优质农特产品生产和加工基地,打造若干绿色安全食品示范区和品牌产品。一是不断丰富产品品种。发挥资源优势,提高产品深加工能力。围绕保障国家粮食安全和食品安全的战略要求,应用现代生化技术,开发淀粉深加工产品类食品原料,大力发展冷鲜肉和各类熟肉精制品,以及精制食用油、果蔬制品、乳制品、速冻食品等深加工业;适应和满足不同群体消费需求差异性和消费升级多样性,不断提高绿色食品、有机食品、特色食品、功能食品的比重。提高产品质量和附加值。二是加快推动品质革命。建立健全全面质量管理体系,规范企业生产流程和管理标准,大幅提高产品质量和附加值,不断提高科技含量和引导消费的能力。建设与东部地区对接的农产品和食品质量安全检测体系、物流配送体系和网络化信息服务平台。按照方便营养、安全卫生和天然保健的发展方向,提升食品绿色安全水平。三是全力锻造强势品牌。大力推进产品原产地认证工作,创建一批在全国有影响的知名产品品牌和地域品牌,不断提高品牌竞争力、品牌美誉度。以产业链为纽带,合理承接产业转移,在若干农副产品加工和食品制造领域形成一批有竞争力的农产品加工龙头企业和农产品加工园区。

## (二)优化发展传统优势产业

——推动化工和冶金产业集约高效发展。一是促进化工产业高端集聚发展。继续推进沿江化工企业"关改搬"和产业转型升级力度。按照"炼化一体化、装置大型化、链群集成化、生态循环化"要求,以高端化、差异化、专用化、精细化为方向,壮大源头,推动炼油、乙烯项目扩能改造,多元化增强基础化工原料供给能力;链式延伸,延伸拉长石化和化工产业链;面向高端,重点发展国内紧缺的专用合成树脂和精细化工产品;绿色低碳,依托园区配套设施形成互供耦合、生态高效的循环经济模式，打造以基础石化原料为牵引、多条深加工产业链为主体的产业格局。二是优化调整钢铁、有色金属产业布局，提升产业经济社会综合效益。综合考虑城区功能定位、环境容量、土地资源价值、税收就业贡献等方面，加快产业布局优化调整。引导企业结合地区实际主动确立更高的环保、能耗和安全标准，退出占地多、能耗高、污染重的生产环节，压减社会库存过高、优势消退、经营亏损的产品品种。支持企业开展产品对标、协同创新、智能制造和绿色制造，提高柔性化生产组织与成本综合控制能力，加大节能环保研发投入，开发推广绿色、低碳、可循环的制造流程技术，采用利于能源高效利用、污染减量排放、废弃物资源化利用及无害化处理的生产工艺和技术装备，提高资源能源利用效率，降低全周期能源消耗。

——推动装备制造业专业化、链群化发展。围绕各类专用、通用装备及高端装备，引进增量和优化存量相结合，按照"壮大规模、完善链条、提升层次"的发展思路，实现专业化、高端化、链群化发展。一是壮大产业规模。发挥要素低成本后发优势，利用长江黄金水道及立体交通优势，积极承接国际和东部沿海地区装备制造企业产业转移；同时，强化与中西部老工业基地合作，聚集一批整机设计和总成龙头企业，发展一批具有较强竞争力的整机产品。二是完善产业链条。以优势产品为突破口，依托装备整机和总成龙头企业，引进和培育一批相关基础零部件及服务等配套企业，不断完善产业链条，形成一批"专、精、特、新"的中小企业配套群，形成整机及配套产品与服务协同共进的产业发展格局。三是增强核心基础能力。实施产业基础再造工程，利用武汉等地雄厚的科技人才资源，深化与国际国内科研院所的交流合作，强化产业链上下游协同配套，建立产业协作联盟，推动协同攻关和应用示范，提高关键零部件技术、重大产品技术、专利核心技术创新能力。推动军民融合发展，加快发展航空航天、北斗导航、海洋装备、应急装备等重点产业。

——积极发展特色轻工纺织产业集群。依托本地丰富的劳动力资源,内育和外引相结合,扶持发展纺织服装、轻工机电等劳动密集型产业,协同推进产业发展与就业增长。一是改造提升现有的传统优势企业。引导和推进现有纺织服装、轻工电子等骨干企业装备更新、工艺革新和产品创新,采用高新技术、先进适用技术和先进管理模式,提升装备技术含量、产品附加值和节能环保水平。在纺织服装行业,鼓励企业推广应用先进纺织设备和技术,开发高档纱及面料产品,扩大家用纺织和产业用纺织产品比重,积极发展天丝、竹碳纤维等新型纺织产品;鼓励服装企业提高设计、生产和营销水平,逐步培育和提升自主品牌形象;着力提升印染行业节能环保水平。二是积极承接国际和东部发达地区劳动密集型产业转移。纺织服装行业,重点承接发展高档精梳纱线、丝光纱线、色纺纱线,多功能、环保型差别化纤维和天然环保纤维,交织织物、装饰用布、产业用布制造等领域;积极承接发展服装、鞋帽、箱包制造等产业,引进面料、辅料、配件生产企业。承接发展各类电子消费品、元器件及应用软件等劳动密集型电子产品制造业;引进各类家电企业和品牌,积极建设家电及配套产品制造基地、研发中心和物流配送中心。三是建设劳动密集型产业园区。积极承接产业转移,强化与东部沿海地区产业园区合作,通过联合共建、"飞地园区"等多种模式,规划建设电子信息、纺织服装等劳动密集型产业园区,引导产业规范化、集群化发展。

——节能环保产业。面向周边地区和国内外节能环保需求,支持企业发展新型环保设备、节能产品和综合利用产业,建设循环经济产业园区,建成全国重要的节能环保产业发展先导区和示范基地。一是建设循环经济产业园区,构建废旧物资回收利用体系。以废旧产品回收和资源循环利用为主题的产业园区建设,高效发展废旧高分子材料综合利用、再生废旧金属循环利用、废纸再生利用等废旧产品回收利用产业,建设金属矿产和工业固体废弃物资源化利用项目,推进金属矿产废渣和尾矿等综合利用和开发。二是支持企业发展节能环保装备和产品。面向冶金、化工、煤炭企业,开发生产静电除焦油塔、旋风除尘器等专用环保生产设备，积极发展电热锅炉、余热回收器等新型节能、环保锅炉及热能设备，新型物理多级循环废水处理设备，烟气、煤气脱硫专用设备。三是推进节能环保技术研发及产业化。依托高校和科研院所的专业力量，引进高水平的科研团队，建设若干节能环保技术研究实验室，着重开展大气及水域污染自动监测、污染防控等技术和设备研发及产业化，积极开展水域油污染防控设备、地表水在线监测设备、环境监测仪器等产品的研发生产。加快发展加热辐射和蓄热节能技术、单杆压缩机技术、电力电气安全节能技术。

### （三）培育壮大新兴未来产业

——数字经济。抢抓未来数字经济发展新机遇，加快建设新型基础设施，积极布局、抢占数字经济发展先机。推进工业互联网网络建设改造与优化，加快发展工业互联网平台，提升产业关键支撑能力与综合集成水平，促进工业互联网融合应用和产业化推广。奋力抢占流量风口，建设成为重要数据枢纽，大力发掘数据资源要素新价值，推动政府数据资源共建共享共用，加快政府数据开放，创新各领域大数据应用。构建开放共享平台，加快人工智能场景应用，推动人工智能技术应用示范，培育发展无人驾驶、智能家居、图像识别等人工智能产业。以龙头企业和项目为抓手，面向智能手机、消费电子等成熟应用领域以及 5G 通信、汽车电子、超高清视频等新兴市场领域，逐步提升芯片研发设计及加工生产能力，形成产业集聚效应和规模效应。引进和培育优势云服务提供商，推动公有云、私有云、混合云等多种模式协同发展。支持区块链技术创新和研究攻关，推进区块链技术应用及产业发展。瞄准集成电路、新型显示、光通信、新能源和智能网联汽车等细分领域，培植一批龙头企业，培育壮大以"光芯屏端网"为重点的世界级产业集群。

——生物产业。面向生命健康需求，积极扶持生物医药等产业发展，构筑现代化生物产业集群。一是加快发展生物医药产业。依托中科院武汉病毒所、武汉生物制品研究所等科研院所,建设国家级生物安全平台,实施一批生物医药领域重大科学计划,加快新冠疫苗研发生产,支持生物医药产业技术和临床研究,针对重大疾病领域推动新型疫苗、抗体药物等产品开发及产业化,加快对传统中药产品的二次开发,建立生物医药加工体系,鼓励高端和精密医疗器械研制及推广应用。二是创新生物资源种植和开发模式。依托丰富独特的生物资源特别是中药材资源潜力,引导各城市根据各自条件,探索"公司+科研+基地+农户"的模式,加强道地药材和特色生物资源的规范化、规模化种植,争取更多中药材和生物资源得到国家地理标志认证,培育一批特色化生物医药及保健食品知名品牌,打造中药材业→中药饮片、提取加工业→中成药及保健品、化妆品及相关产业链。三是促进各类要素资源向园区聚集。建设现代生物产业园区,建设区域性生物医药的创新产品制造中心、药品物流中心、研发中心,完善中药材和生物制品检验和服务体系,实现产业集聚化发展。四是培育生物化工和生物能源产业链。依托玉米、大豆等农产品资源,积极探索生物质能源及副产品综合利用新工艺、新技术和新应用。

——新材料产业。围绕化工新材料、金属新材料、建筑新材料、电子新材料等领域,创建一批特色新材料产业集群品牌,打造绿色新材料产业基地。一是引导传统原材料企业实现品质革命、创新突破和高端升级。推进冶金建材、化工医药等领域的传统原材料企业加速产品结构提档升级,开展矿产资源深度开发和综合利用,积极向新材料领域延伸拓展和转型升级,培育壮大新材料优势企业。二是引进和培育新材料优势企业。利用本地矿产资源原料,依托石化、冶金等传统原材料产业基础,吸引国际国内优势企业开展新材料产品开发和生产,积极利用武汉等优势新材料研发资源,加强与国内外新材料科研院校开展产学研合作,建设新材料科技成果产业化和商业化基地,培育一批具有专业优势的新材料细分行业"隐形冠军"。三是壮大一批专业化新材料产业集群。围绕新材料产业重点领域,建立健全支持新材料产业发展的政策、信息、人才、成果转化和中介服务等支撑平台,邀请中科院、清华大学等相关科研院所及高校,共建新材料公共研发、公共检测平台,为企业自主创新提供企业孵化、技术评估等公共服务。

# 五、对策建议

湖北发展壮大制造业竞争优势是一项系统工程,需要全面发力、综合施策,核心动力来自市场主体成长内生化,战略方向是实现产业链现代化,关键支撑是突进产业基础高级化,根本保障是推动产业生态优质化。

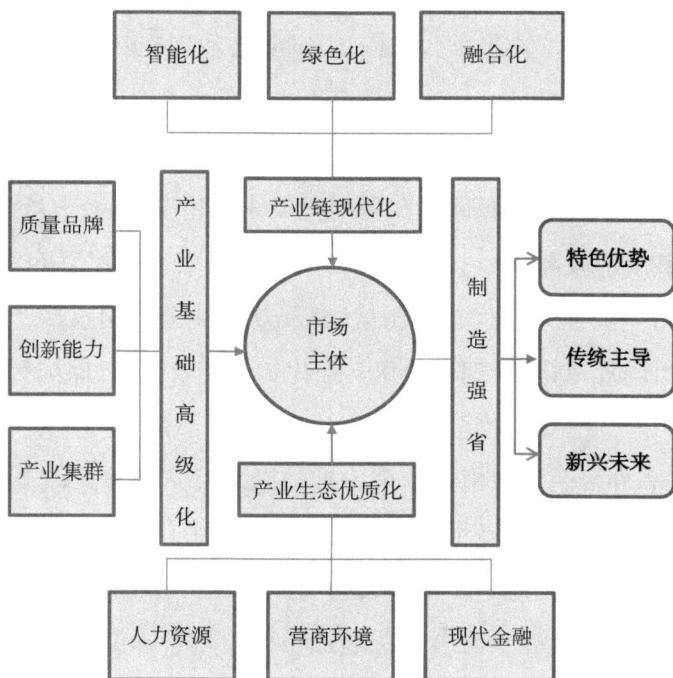

图 1-9　湖北建设制造强省的思路路径

### （一）激活市场主体动能，实现产业成长内生化

一是激发国有企业发展新活力。深化与央企战略合作，优化调整省属国有经济结构，推进钢铁、石化、装备等国有企业战略性重组，大幅提升企业国际竞争力。加快国有资产证券化步伐，更好发挥国有资本投资运营平台功能，改革国有资本授权经营体制，健全市场化激励机制和债务约束机制，鲜明确立经营业绩导向，加快推进国有企业创新发展。深入开展地方国有企业混合所有制改革，积极发展国有资本、集体资本、非公有资本等交叉持股、相互融合的混合所有制经济，探索分类分层推进混合所有制改革的路径模式。

二是增强民营经济发展动力。全面落实中央支持民营企业改革发展系列政策举措，深入实施市场准入负面清单制度，清理废除妨碍统一市场和公平竞争的各种规定和做法，切实增强民企投资的安全感、获得感。深入落实更大规模减税降费政策，切实降低企业经营成本，大幅清理和减免涉企收费，加快推进中小企业服务体系和信用担保体系建设，下大力量缓解民营企业融资难、破解应收账款回收难等突出问题。全面提升民营企业核心竞争力，支持民营企业建立现代企业制度，开展规范化公司制改造，实现企业产权多元化、治理规范化、管理科学化。强化知识产权创造、保护和运用，发挥企业家精神和工匠精神，培育一批"专精特新"中小企业。

三是提高外资企业根植性。全力推动湖北自贸试验区改革创新，对接国际先进规则，探索实行高水平的贸易和投资自由化便利化政策模式，建设国际一流营商环境，构建制度型开放新优势，大幅提升外商投资企业吸引力和集聚力。围绕实行准入前国民待遇加负面清单管理制度，完善事中事后监管制度，加强对外商投资企业的产权和知识产权保护，严格履行依法作出的政策承诺和依法订立的各类合同，完善外商投资企业投诉维权机制。引导外商投资企业拓展和延伸制造链条，加大研发投入，提升本地零部件供

应、生产服务等配套比重,鼓励跨国企业设立国际总部和区域总部,不断提升外资企业投资水平和辐射带动作用。

### (二)促进发展模式转型,实现产业链现代化

一是促进产业智能化升级。实施智能制造工程和制造业数字化转型行动,推进互联网、大数据、云计算、人工智能等数字技术在制造业渗透融合,在传统制造领域支持建设一批智能车间和智能工厂,鼓励企业运用智能化装备和技术,推动生产设备互联,加快推动新一代信息技术在企业研发设计、生产制造、运营管理、售后服务中的推广应用。推动制造企业开展工厂内网络升级改造,加快工业互联网创新应用,逐步实现人机之间、机器之间、工厂之间互联,推动个性化定制、远程监控、智能产品服务等全新模式,推进网络协同制造、大力发展个性化定制,促进制造业产业链、供应链、价值链的融合贯通,推动制造效率变革。开展工业企业"上云"行动,培育建设各类工业云服务和大数据平台,健全在线设计研发、协同开发等工业云计算服务体系。建设工业机器人、智能装备测试与评定、质量监督检验平台,促进系统集成商、软件开发商、设备制造商和用户间对接合作。

二是促进产业绿色化转型。把修复长江生态环境摆在压倒性位置,深入贯彻"共抓打保护、不搞大开发"的战略思想,落实湖北长江经济带产业转型升级行动计划,实施产业护江和绿色引擎工程。强化能耗、环保、安全等功能性产业准入管理,整治重点行业超标排放企业,淘汰退出高污染、高能耗企业和产能,限制低端、低效企业和项目落地,禁止高能耗、高污染和低端制造业发展。创建一批绿色工厂,开展清洁生产技术改造,推广绿色基础制造工艺,鼓励企业使用清洁原料,选用先进的清洁生产技术和高效末端治理装备,推动水、气、固体污染物资源化和无害化利用。引导企业建立全方位绿色管理体系,实现生产经营管理全过程绿色化。优化工业用地布局和结构,整合取缔散、乱、污工业园区,引导和推进园区绿色、循环、低碳转型发

展。加快建立循环型工业体系,促进园区内企业之间废物资源的交换利用,在企业、园区之间通过链接共生、原料互供和资源共享,实现产业耦合共生和链接协同循环发展。

三是促进产业融合化互动。促进制造业向服务业延伸拓展,引导制造企业由生产型向生产服务型延伸,促进制造企业向创意孵化、研发设计、售后服务等产业链两端拓展,不断探索产品、服务协同盈利新模式。培育壮大一批制造系统解决方案供应商,鼓励制造企业向一体化服务总集成总承包商转变,支持领军制造企业"裂变"专业服务优势。强化服务业对制造业渗透支撑,鼓励服务企业开展批量定制服务,推动生产制造环节组织调整和柔性化改造。支持服务企业利用信息、营销渠道、创意等优势,向制造环节拓展业务范围,实现服务产品化发展。构建信息、营销、售后等个性化服务体系,柔性制造、智慧工厂等智能化生产体系,电子商务、金融、物流等社会化协同体系。

### (三)夯实创新发展基石,实现产业基础高级化

一是构筑技术协同创新网络。建立以综合性创新中心为引领、区域创新中心为支撑,高新区、经济技术开发区以及产业园区和创新平台为节点的区域创新体系,支持武汉创建综合性国家科学中心,支持襄阳、宜昌建设区域性创新中心,推动创新型城市和创新型县市建设。围绕存储芯片、高端数控机床、工业机器人、北斗导航等领域技术创新需求,布局建设技术创新中心和产业化服务平台,组织实施一批重大科技创新项目,加快实现重大技术突破。推动重大创新平台、大型科研仪器设备和专利基础信息等资源面向社会开放共享,补齐创新链共性技术突出短板。引导各类创新要素向企业集聚,鼓励上下游企业加强技术合作攻关,支持发展一批产学研用紧密结合的产业技术创新联盟,促进制造业整机、零部件、系统集成企业与用户对接协作,支持大型企业开放供应链资源和市场渠道,开展内部创新创业,带动

产业链上下游、大中小微企业技术协作和融通发展。强化科技创新与产业对接,加快建设各类创新创业孵化载体,鼓励发展创客空间、创新工场等新型众创空间,梯度培育和精准扶持一批科技领军企业。

二是提升质量水平和品牌价值。深入实施质量强省、品牌强省战略,增强产品和服务质量提升动力,实现品质革命和品牌重塑。落实企业质量主体责任,引导企业全面加强质量管理,组织重点行业质量共性技术攻关,推广可靠性设计、试验与验证、可制造性设计等质量工程技术,提高产品质量可靠性和先进制造水平,围绕人工智能等战略新兴产业,加强建设标准制定、检验检测等方面的质量基础能力。全力打响"湖北制造"品牌,加强企业质量品牌升级公共服务和政策指引,实施振兴老字号工程,重振湖北老字号雄风,新创一批知名产品、企业品牌,发挥龙头企业带动作用,建设一批湖北特色、优势突出的产业集群区域品牌。

三是高水平建设产业园区。引导制造企业向专业化产业园区集中,支持生态地区和旅游景区的企业向产业园区转移,鼓励传统加工企业向市场集散地园区集聚。聚焦经济管理和投资服务,加大力度整合归并园区内设机构,激发园区体制机制活力。加强对园区与行政区的统筹协调,完善园区财政预算管理和独立核算机制,充分依托所在地政府开展社会管理、公共服务和市场监管,精简园区机构设置。推动园区政企分开、政资分开,分离管理机构与开发运营企业。科学制定园区权责清单,优化园区行政管理流程,积极推动并联审批、网上办理等模式创新,提高审批效率。积极探索建立统一协调机制,避免园区同质化竞争,构建特色化、差异化产业集群发展格局。

**(四)优化政策要素环境,实现产业生态优质化**

一是着力打造一流营商环境。借鉴国际先进经验,引入国际规则、惯例和管理标准,建立与国际接轨的营商规则体系。落实公平竞争审查制度,深入实施市场准入负面清单制度,推动"非禁即入"普遍落实。加快完善市政务服务大平台功能,推广建设整体联动、部门协同的"互联网+政务服务"体系,全面推行"一网通办、一站办理、一次办好"。加快社会信用体系建设,完善以信用承诺、信息公示、联合奖惩为核心机制的信用监管体系,为守信者提供"容缺受理""绿色通道"便利措施。

二是提升人力资源供给水平。深入实施"楚才引领"计划,完善培养和引进技术转移人才的政策措施,完善创新型、技能型技术保障体系,在居留、安居、子女入学、配偶安置以及医疗等方面提供便利条件。鼓励在校大学生、科研院所科技人员、大企业科技人员等创办创新型企业,鼓励科技人员向创新型初创企业流动。探索人才"柔性流动"配置机制,鼓励高级产业人才通过兼职、合作攻关、项目引进等多种方式发挥作用。依托重点园区、科研机构和龙头企业等载体,引进培育并重点支持一批海外高层次人才和高端创业团队。对接本地重点项目和产业发展需求,依托相关职业技术学院和重点企业,联合构建应用型现代职业技术人才培养体系,培育壮大知识型、技能型、创新型"湖北工匠"队伍。

三是提升现代金融支撑能力。加快发展区域性地方银行,积极推动信用合作银行向农商股份制银行的改制,争取设立地方民营资本为主体的股份制银行,鼓励发展服务中小企业的县市金融机构。鼓励设立信贷风险补偿基金、过桥转贷资金池、科技金融风险补偿资金等,支持金融机构创新和丰富循环贷款等金融产品,着力解决对企业抽贷、压贷、断贷等融资难题。支持一批优质企业在境外融资,推动一大批创新企业在科创板、创业板上市,健全区域性股权市场等融资体系。拓展科技信贷产品,支持银行等金融机构为中小企业提供股权质押、知识产权质押、信用贷款、出口信用保险、首台套保险等金融创新产品和服务,探索"股权+银行贷款"和"银行贷款+认股权证"等投贷联动融资服务方式。健全信用评估和担保体系,打通不同部门间的"数据鸿沟",构建面向中小企业的担保平台,多渠道强化对中小企业融资支持。

# 专题二:湖北推进服务业高质量发展研究

推进服务业高质量发展关系湖北省整体经济高质量发展。近五年来,湖北省服务业规模接近实现翻番,产业结构发生历史性变化,新兴服务业成长加快,企业效益提升明显,服务业信息化、数字化转型提速。但也存在服务业比重偏低、生产性服务业支撑能力不足、有国际竞争力的服务企业偏少、投资结构和区域结构亟待优化等问题。"十四五"时期,湖北省将迈入工业化后期中后期阶段,服务业发展将进入发展提质关键阶段,服务经济特征更加显著。湖北省推动服务业发展,要围绕建设制造强省和培育中部强大市场战略基点,以高质量发展为主题,以供给侧结构性改革为主线,补齐服务业特别是生产性服务业短板,推进生产性服务业与制造业深度融合,以品质化、精细化的生活性服务业促进消费结构升级,培育若干特色鲜明、综合功能强大的服务业中心,优化营商环境,加快形成科技创新驱动和现代服务业驱动的现代产业体系,建设中部服务业强省。

党的十九大报告指出,我国经济已由高速增长阶段转向高质量发展阶段。建设现代化经济体系必须坚持质量第一、效益优先,推动经济发展质量变革。服务业已占据我国国民经济的半壁江山,是经济发展的主动力,2019年全国服务业增加值占国内生产总值的比重为53.9%,对国民经济增长的贡献率为59.4%。服务业高质量发展是实现整体经济高质量的重要内容。

近年来,湖北省经济实现平稳健康发展,服务业规模不断壮大,服务业增加值占比首次跨越50%大关,为"十四五"时期湖北省推动现代化强省和高质量发展奠定了良好基础。湖北省第四次全国经济普查(以下简称"四经普")数据客观展现湖北省服务业发展成就,昭示着未来迈向高质量发展的新图景。

# 一、湖北省服务业发展的基本特征

湖北省服务业总体规模庞大,结构趋优、效益提升、创业活跃特征明显,服务业发展质量水平持续提升。但服务业增加值比重在全国的位次偏后,生产性服务业对制造强省建设和产业转型升级的支撑能力不足,与高质量发展要求还有差距。根据全国、湖北省"四经普"数据和最新统计数据,近五年来,湖北省服务业发展呈现出如下基本特征。

## (一)主要成绩

1. 服务业规模接近翻番,增加值占比首次跨越50%大关

2019年,湖北省服务业增加值达22920.6亿元,是2013年的2.15倍,年均名义增速达13.6%,不仅远高于同期湖北省地区生产总值和第二产业增加值增速,也比全国服务业增加值增速高2.1个百分点。湖北服务业增加值占全国服务业增加值份额为4.29%,在全国排第9位,前8位分别为广东、江苏、山东、浙江、河南、四川、北京、上海,居中部第二位,与河南的差距呈缩小态势。

表 2-1　湖北省和全国三次产业增加值及增速比较

| | 湖北省 | | | | 全国 | | | |
|---|---|---|---|---|---|---|---|---|
| | 2019 年（亿元） | 2013 年（亿元） | 累计增长（%） | 年均增速（%） | 2019 年（亿元） | 2013 年（亿元） | 累计增长（%） | 年均增速（%） |
| 第一产业 | 3809.09 | 2883.73 | 32.1 | 4.7 | 70466.7 | 53028.1 | 32.9 | 4.8 |
| 第二产业 | 19098.62 | 11846.30 | 61.2 | 8.3 | 386165.3 | 261951.6 | 47.4 | 6.7 |
| 第三产业 | 22920.60 | 10647.98 | 115.3 | 13.6 | 534233.1 | 277983.5 | 92.2 | 11.5 |
| GDP | 45828.31 | 25378.01 | 80.6 | 10.4 | 990865.1 | 592963.2 | 67.1 | 8.9 |

资料来源:《中国统计年鉴 2020》《湖北省统计年鉴 2020》。

从产业结构和经济增长贡献率看,服务业增加值占 GDP 比重和对 GDP 增长贡献率均跨越"50%"大关,表明服务业在国民经济中的地位和作用举足轻重,服务业主体作用进一步巩固。2019 年,湖北省服务业增加值占 GDP 比重达 50.01%,首次跨越 50% 大关,较 2013 年上升 9.91 个百分点,超过"十三五"规划目标值 2 个百分点;湖北省服务业对 GDP 增长贡献率为 49.3%,拉动 GDP 增长 3.7 个百分点。

2. 新兴服务业成长较快,推动服务业内部结构趋于优化

与 2013 年末相比,2018 年湖北省传统服务业比重明显下降,新兴现代服务业比重显著上升,服务业内部结构呈现出逐步优化的基本态势。其中,传统服务业的企业单位数、资产总额、营收总额、从业人员数量在服务业中的比重分别下降 11.4、2.89、6.49 和 15.96 个百分点。新兴现代服务业的企业单位数、营收总额、从业人员数量在服务业中的比重分别上升 10.33、4.89 和 14.85 个百分点。公共服务业的企业单位数、资产总额、营收总额、从业人员数量在服务业中的比重分别上升 1.11、4.16、1.60 和 1.11 个百分点。2019 年,湖北省高新技术服务业增加值达 1520.48 亿元,共享经济、数字支付、跨界电商等一大批新产业新业态新模式不断涌现。

表 2-2　湖北省传统服务业、新兴现代服务业、公共服务业占比变化情况

| | 企业单位数占服务业企业单位总数比重(%) | | | 资产总额占服务业企业资产总额比重(%) | | | 营业收入总额占服务业企业营业收入总额比重(%) | | | 从业人员数量占服务业企业从业人员总数比重(%) | | |
|---|---|---|---|---|---|---|---|---|---|---|---|---|
| | 2018 年 | 2013 年 | 变化 | 2018 年 | 2013 年 | 变化 | 2018 年 | 2013 年 | 变化 | 2018 年 | 2013 年 | 变化 |
| 传统服务业 | 56.58 | 68.02 | -11.44 | 20.33 | 23.22 | -2.89 | 70.87 | 77.36 | -6.49 | 51.86 | 67.83 | -15.96 |
| 新兴现代服务业 | 32.55 | 22.22 | 10.33 | 72.11 | 73.38 | -1.28 | 24.76 | 19.86 | 4.89 | 37.64 | 22.78 | 14.85 |
| 公共服务业 | 10.86 | 9.76 | 1.11 | 7.56 | 3.40 | 4.16 | 4.37 | 2.77 | 1.60 | 10.50 | 9.39 | 1.11 |

注:传统服务业包括批发业,零售业,住宿业,餐饮业,交通运输、仓储和邮政业,房地产业;新兴现代服务业包括信息传输、软件和信息技术服务业,金融业,租赁和商务服务业,科学研究和技术服务业;公共服务业包括水利、环境和公共设施管理业,居民服务、修理和其他服务业,教育,卫生和社会工作,文化、体育和娱乐业。

资料来源:湖北省统计局。

从细分行业看,2013—2018 年信息传输、软件和信息技术服务业,金融业,科学研究和技术服务业以及居民服务、修理和其他服务业相比服务业内其他行业规模扩大明显。五年来,企业单位数占比上升最快的为信息传输、软件和信息技术服务业,租赁和商务服务业,分别上升了 3.62 和 3.52 个百分点;营业收入占比上升最多的为信息传输、软件和信息技术服务业,科学研究和技术服务业,租赁和商务服务业,分别为 1.46、1.14 和 1.10 个百分点;从业人员增加最多的为金融业,占比提高了 8.56 个百分点。与此同时,传统服务业中的批发零售业在服务业中所占比重下降明显,五年间批发业企业单位数、营收总额、从业人员数量在服务业中的比重分别下降 3.86、5.20 和 2.41 个百分点,零售业分别下降 5.39、1.62 和 5.68 个百分点。

3. 服务企业效益明显提升,持续领跑中部六省

近年来,湖北省服务业步入质、量双升的轨道,服务业企业效益效率明显提升。从人均营收看,2018 年湖北省服务业企业法人单位人均营收 76.34 万元,高出全国平均水平 4.76 万元,在中部地区处于最高水平,分别是安徽省

(74.00万元)、江西省(67.08万元)、湖南省(63.65万元)、河南省(53.60万元)和山西省(34.43万元)的1.03、1.14、1.20、1.42和2.22倍;从人均资产看,湖北省企业法人单位人均资产规模为245.01万元,在中部地区仅次于江西省(340.68万元),分别是河南省(210.40万元)、山西省(168.04万元)、安徽省(125.77万元)和湖南省(107.26万元)的1.16、1.46、1.95和2.28倍。2018年末,湖北省服务业资产负债率仅为30.41%,远低于全国73.49%的水平。2019年,全省19家企业入围中国服务业500强。

表2-3 2018年中部六省服务业企业人均营收、人均资产规模

| | 服务业企业人均营业收入 | | 服务业企业人均资产规模 | |
|---|---|---|---|---|
| | 数值(万元) | 地区排序 | 数值(万元) | 地区排序 |
| 湖北省 | 76.34 | 1 | 302.69 | 2 |
| 山西省 | 34.43 | 6 | 168.04 | 4 |
| 安徽省 | 74.00 | 2 | 125.77 | 5 |
| 湖南省 | 63.65 | 4 | 107.26 | 6 |
| 河南省 | 53.60 | 5 | 210.40 | 3 |
| 江西省 | 67.08 | 3 | 340.68 | 1 |

资料来源:各省第四次经济普查公报。

4. 民营经济占据主体地位,服务业市场化水平更高

从所有制性质看,民营服务业企业在湖北省服务业发展中占据绝对主体地位,2018年湖北省民营服务业企业的企业法人单位数、资产总额、营收总额、从业人员数量占比分别达到98.59%、94.40%、89.94%、93.62%,比2013年分别提高1.73、9.66、5.41、5.22个百分点,是唯一实现4个指标均提高的所有制类型。五年间,国有企业、集体企业的企业法人单位数、资产总额、营收总额、从业人员数量占比均呈现下降态势,如国有企业营收占比从10.05%下降至3.53%、资产总额从6.11%下降至2.81%,服务业市场化水平进一步提高。

表 2-4　2013—2018 年湖北省各类型服务业企业占比情况

| | 企业法人单位数(%) | | | 资产总额(%) | | | 营业收入总额(%) | | | 从业人员数量(%) | | |
|---|---|---|---|---|---|---|---|---|---|---|---|---|
| | 2013 年 | 2018 年 | 变化 | 2013 年 | 2018 年 | 变化 | 2013 年 | 2018 年 | 变化 | 2013 年 | 2018 年 | 变化 |
| 内资企业 | 99.62 | 99.82 | 0.2 | 95.92 | 97.64 | 1.72 | 95.57 | 93.99 | -1.58 | 96.99 | 97.34 | 0.35 |
| 国有企业 | 1.69 | 0.59 | -1.1 | 6.11 | 2.81 | -3.3 | 10.05 | 3.53 | -6.52 | 5.54 | 2.98 | -2.56 |
| 集体企业 | 1.07 | 0.64 | -0.43 | 0.59 | 0.43 | -0.16 | 1.02 | 0.52 | -0.5 | 1.65 | 0.74 | -0.91 |
| 民营企业 | 96.86 | 98.59 | 1.73 | 84.74 | 94.40 | 9.66 | 84.53 | 89.94 | 5.41 | 88.40 | 93.62 | 5.22 |
| 港澳台投资企业 | 0.18 | 0.09 | -0.09 | 1.94 | 1.49 | -0.45 | 1.67 | 2.71 | 1.04 | 1.41 | 1.84 | 0.43 |
| 外商投资企业 | 0.20 | 0.09 | -0.11 | 6.63 | 0.88 | -5.75 | 2.73 | 3.31 | 0.58 | 3.00 | 0.81 | -2.19 |

注:金融业相关数据缺失,故上述指标不含金融业。

资料来源:湖北省统计局。

### 5. 服务业创业创新活跃,信息化、数字化转型提速

随着"放管服"改革持续深化,市场准入门槛和制度性交易成本进一步降低,营商环境不断优化,湖北省服务业创业活动活跃,市场主体大幅增长。2018 年末湖北省服务业企业单位数总计 56.54 万家,较 2013 年末增加 34.74 万家,年均增长率为 26.90%,相当于每天净增加 190 家服务业企业。其中,新兴现代服务业企业单位数增速最快,由 2013 年末的 4.84 万家增长到 2018 年末的 18.41 万家,年均增长率为 39.62%,相当于每天新增开办企业 74.3 家。

"互联网+"赋能湖北省服务业更加普遍。2018 年,湖北省服务业使用互联网的企业占比达 99.68%,信息化管理程度、使用互联网开展活动的企业比重接近 100%。不仅新兴现代服务业信息化程度较高,传统服务业企业信息化管理程度也普遍较高,批发零售、住宿餐饮等传统业态通过嫁接互联网实现转型升级,批发零售业 B2B、B2C 的交易额达到 1844.5 亿元。2018 年湖北数字经济年产值近 1.4 万亿元,居全国第 8 位。①

---

①　中国信通院:《中国数字经济发展与就业白皮书(2019)》,2019 年 4 月。

## （二）存在问题

**1. 服务业发展仍相对滞后，服务业增加值比重偏低**

虽然湖北省服务业增加值规模位居全国第 9 位，但服务业增加值占 GDP 比重明显偏低，在全国排第 26 位。从发展水平和阶段看，全国人均 GDP 为 10276 美元，湖北为 11227 美元，略低于广东 13756 美元（55.5%）、天津 13109 美元（63.5%），略高于重庆 11032 美元（53.2%）、山东 10253 美元（53.0%），但服务业比重（50.0%）却分别比广东、天津、重庆、山东低 5.5、13.5、3.2 和 3.0 个百分点，低于全国平均水平（53.9%）3.9 个百分点。

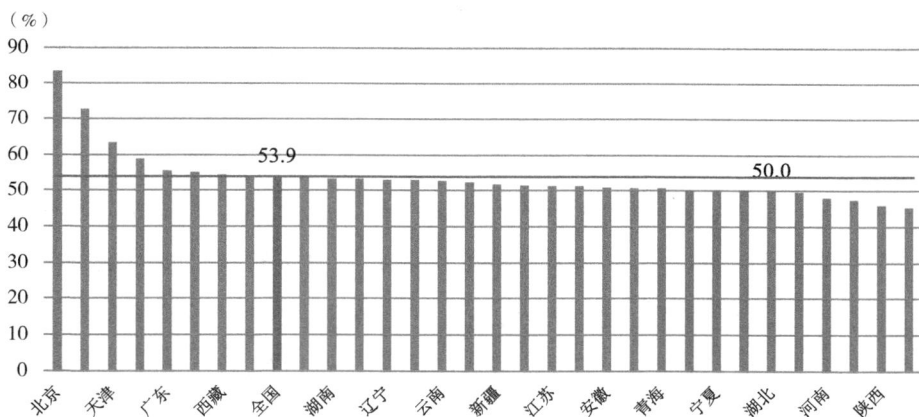

图 2-1　2019 年全国各省服务业增加值占比情况

资料来源：《中国统计年鉴 2019》。

**2. 服务业内部结构仍不优，生产性服务业支撑能力不足**

传统服务业依然占主导地位，在服务业中的比重为 56.58%，超过新兴现代服务业和公共服务业之和。与全国平均水平相比，湖北省零售业的企业单位数、资产总额、营收总额、从业人员占比分别为 23.42%、3.47%、19.78%、16.44%，分别高出全国 3.01、1.84、9.21 和 5.22 个百分点。湖北省批发零售、住宿餐饮、交通运输、房地产业 4 个行业营业收入占全部服务业营业收入比重,在中部六省排第2位,高于安徽、江西、河南、湖南四省。基于数字经济、平台经济、共享经济的新兴服务业发展速度虽快,但总量规模不大、发展不够充分,应用"互联网"等新技术改造提升传统服务业的任务依然艰巨。

特别是金融、信息、研发等生产性服务业发展不充分,生产性服务业与制造业融合程度不高。2019年,湖北省生产性服务业①增加值为1.05万亿元,占GDP的22.92%,低于江苏24.58%、广东26.77%、浙江29.58%的水平②。从供给角度看,金融是实体经济的血脉,2019年湖北省金融业增加值占GDP的比重为6.1%,低于全国平均水平1.7个百分点,低于广东、江苏、浙江等经济大省和制造强省。创新是产业发展的灵魂,尽管湖北省是科教大省,但科技服务、研发设计等生产性服务业发展不足,2019年湖北省技术合同成交金额为1449.6亿元,仅占全国的6.47%;软件业务收入2155.85亿元,仅占全国的2.99%。专业物流服务相对薄弱,产业协作配套体系不完整,不能满足现代制造业企业发展需求。服务外包企业受知识和技术限制,主要从事低附加值、技术含量不高的低端服务外包业务,难以满足制造业发展需要。从需求角度看,长期以来,湖北省制造业中间投入中物质产品投入比例较高、服务投入偏低,生产性服务业投入比重更低,生产性服务业与制造业融合③不够紧密,未能对制造业形成强大支撑。2017年湖北省制造业中服务业中间投入占总产出的比重约12.8%、生产性服务业中间投入占总

---

① 由于缺乏按照《生产性服务业统计分类(2019)》的具体行业统计数据,根据生产性服务业的概念及内涵界定,以及《国务院关于加快发展生产性服务业促进产业结构调整升级的指导意见》(国发〔2014〕26号),在综合考虑《中国统计年鉴》数据取得的便利性和科学性,批发业,交通运输、仓储和邮政业,信息传输、软件和信息技术服务业,金融业,租赁和商务服务业,科学研究和技术服务业6个门类作为生产性服务业的统计范围。

② 江苏为2017年数据,广东、浙江为2019年数据。

③ 参考相关学者的研究,在衡量服务业与制造业融合程度中,多采用投入产出表所提供的数据进行分析。选用制造业服务化程度来说明我国服务业与制造业融合发展的情况,制造业服务化率是反映服务业作为制造业中间投入在制造业行业中的重要程度,该指数可以用制造业行业中服务投入占全部中间投入的比重、制造业行业中服务业投入占总投入的比重两个指标来反映。

产出的比重约 11.2%,而美国生产性服务业投入占整个制造业产出普遍在 20%—25%①,差距其远。

表 2-5 湖北省制造业服务业中间投入情况

| | 服务业中间投入占全部中间投入的比重(%) | 生产性服务业中间投入占全部中间投入的比重(%) | 服务业中间投入占总产出比重(%) | 生产性服务业中间投入占产出比重(%) |
|---|---|---|---|---|
| 食品和烟草 | 13.52 | 11.75 | 9.87 | 8.58 |
| 纺织品 | 11.35 | 9.81 | 8.31 | 7.19 |
| 纺织服装、鞋、帽、皮革、羽绒及其制品 | 11.44 | 9.94 | 8.77 | 7.62 |
| 木材加工品和家具 | 17.94 | 14.74 | 13.30 | 10.93 |
| 造纸印刷和文教体育用品 | 19.26 | 16.54 | 13.61 | 11.68 |
| 石油、炼焦产品和核燃料加工品 | 44.93 | 43.34 | 30.59 | 29.51 |
| 化学产品 | 18.80 | 16.67 | 13.79 | 12.22 |
| 非金属矿物制品 | 20.83 | 18.27 | 13.97 | 12.26 |
| 金属冶炼和压延加工品 | 14.61 | 13.06 | 11.55 | 10.32 |
| 金属制品 | 20.39 | 17.67 | 15.19 | 13.17 |
| 通用设备 | 21.88 | 18.12 | 16.24 | 13.44 |
| 专用设备 | 22.97 | 19.07 | 16.46 | 13.66 |
| 交通运输设备 | 13.93 | 11.77 | 10.73 | 9.06 |
| 电气机械和器材 | 18.42 | 15.76 | 14.28 | 12.22 |
| 通信设备、计算机和其他电子设备 | 21.04 | 17.64 | 17.59 | 14.74 |
| 仪器仪表 | 25.79 | 20.15 | 18.22 | 14.23 |
| 均值 | 19.82 | 17.14 | 14.53 | 12.55 |

注:根据湖北省 2017 年投入产出表计算所得。

---

① 陈永广:《发达国家推动制造业服务化的经验及启示》,《中国工业评论》2015 年第 11 期。

3. 服务业在全国的竞争力仍然不强,民营企业与外资企业的发展差距较大

尽管湖北省服务企业效益在中部地区处于领先位置,但放在全国相比,整体发展效益和竞争力不强。2018 年,湖北省企业法人单位人均营收76.34 万元,仅相当于广东省的 75.64%、天津的 43.06%;从企业规模看,湖北省服务业户均企业资产为 3377.58 万元,明显低于重庆的 3901.84 万元、天津的 8614.54 万元;湖北省服务业人均资产为 302.69 万元,明显低于重庆的 351.11 万元、广东的 421.33 万元和天津的 772.05 万元。

尽管湖北省服务业民营经济占比高,但民营经济和外资企业的发展差距正在拉大,本土服务业企业竞争力不强。2013 年湖北省服务业民营企业人均营业收入相当于港澳台资企业、外商投资企业的 72.0%、85.9%,但到2018 年仅相当于港澳台资、外商投资企业的 65.4%、23.5%。

表 2-6　2013—2018 年湖北省各类型企业资产负债率、人均营业收入、人均资产

| | 资产负债率 | 人均营业收入 | | | 人均资产 | | |
|---|---|---|---|---|---|---|---|
| | 2018 年（%） | 2018 年（万元） | 2013 年（万元） | 增长（%） | 2018 年（万元） | 2013 年（万元） | 增长（%） |
| 内资企业 | 55.28 | 66.54 | 70.67 | -5.84 | 130.37 | 108.53 | 20.13 |
| 国有企业 | 53.41 | 81.62 | 128.15 | -36.31 | 122.51 | 119.22 | 2.75 |
| 集体企业 | 56.65 | 47.90 | 42.81 | 11.90 | 75.05 | 37.72 | 98.98 |
| 民营企业 | 55.33 | 66.21 | 68.61 | -3.50 | 131.06 | 110.80 | 18.29 |
| 港、澳、台投资企业 | 59.84 | 101.09 | 95.30 | 6.08 | 104.67 | 118.02 | -11.32 |
| 外商投资企业 | 73.14 | 281.32 | 79.88 | 252.19 | 140.59 | 121.75 | 15.47 |

资料来源:湖北省统计局。

4. 服务业增长后劲仍显不足,投资力度亟待加大

近三年来,湖北省服务业固定资产投资保持平稳增长,2019 年服务业投资占全社会固定资产投资的比重达到 60.3%,低于全国 7.8 个百分点。

从结构上看,房地产业投资额占到全部投资的24.4%,生产性服务业和新兴服务业的投资增速快,如2019年信息传输、软件和信息技术服务业与科学研究和技术服务业投资增速分别达58.6%和27.5%,但投资占比仅为0.8%和0.6%,投资对支撑服务业结构转型、培育增长后劲的作用还非常有限。

表2-7 湖北省服务业固定资产投资情况及全国比较 单位:%

| | 湖北省 | | | | | | 全国 | |
|---|---|---|---|---|---|---|---|---|
| | 2017 年 | | 2018 年 | | 2019 年 | | 2019 年 | |
| | 增速 | 占比 | 增速 | 占比 | 增速 | 占比 | 增速 | 占比 |
| 第一产业 | 2.5 | 2.9 | -2.3 | 2.1 | 18.6 | 2.3 | 0.6 | 2.3 |
| 第二产业 | 12.1 | 41.5 | 14.5 | 38.9 | 6.2 | 37.4 | 3.2 | 29.6 |
| 第三产业 | 10.6 | 55.6 | 9.4 | 58.9 | 13.2 | 60.3 | 6.5 | 68.1 |

资料来源:《湖北省统计年鉴》《中国统计年鉴》。

5. 服务业趋于发展不平衡,城市之间发展差距较大

从服务业区域空间看,武汉是湖北省的服务业中心,服务业增加值规模将近1万亿元,占全省服务业的43.0%。宜昌、襄阳两个省域副中心城市的服务业增加值为2000亿元上下,分别占全省服务业增加值的8.9%和8.7%。一些城市具有良好的区位条件和资源禀赋,但却没有转化为服务业发展的优势,服务业总量偏小,发展水平也不高。

与国内代表性省份相比,湖北省服务业空间格局与四川最为相似,呈现省会城市遥遥领先、第二和第三位城市支撑不足的特点。2019年,成都市服务业增加值占全省服务业增加值比重接近五成,但排名第二、第三位的绵阳和德阳均不足一成。广东省服务业空间格局呈现广州、深圳"双轮驱动"格局,2019年广州、深圳服务业增加值占全省服务业增加值比重分别为28.3%和27.4%;江苏形成苏州、南京、无锡"三驾马车"齐头并进,苏州、南京、无锡服务业增加值占全省服务业增加值比重均为一至两成;浙江则形成

杭州领先,宁波和温州紧跟的格局,2019年杭州、宁波、温州服务业增加值占全省比重分别为30.2%、17.4%和10.8%。各地区服务业空间格局与历史条件、城市格局、人口规模、地理环境等诸多因素相关,发展模式各具特色,但副中心城市、次位城市服务业发展水平不高,将会影响全省服务业高质量发展。

# 二、湖北省服务业高质量发展面临的形势

## (一)服务业高质量发展面临的普遍性制约

1. 国内外环境发生较大变化,不确定性明显增多

从外部看,受逆全球化、贸易保护主义、新冠肺炎疫情等因素影响,全球经济下行风险增加。发达国家服务业竞争力强,在金融、科技等诸多领域形成了国际竞争规则,外商投资审查加严,影响我国高效利用服务业外资;从国内看,我国工业经济下行压力仍然较大,高端服务业供给不足和部分制造业外迁转移可能导致相应服务业需求"外流"。疫情使居民需求潜力明显下滑,对未来收入信心下降,限制了服务消费需求持续快速增长的空间。

2. 服务业领域改革进入深水区,改革难度加大

民间资本进入金融、电信、航空等垄断性行业仍面临"玻璃门""天花板"的困难。部分领域的市场化改革由于涉及面广、影响力大,改革进程缓慢,牵制了服务业的发展与壮大。例如,包括医疗、科研机构在内的涉及4000多万人的事业单位改革的进展,直接关系到我国医疗、科研等服务行业发展,进而影响服务业发展。

3. 服务业全面开放加剧行业竞争,部分领域可能面临冲击

"十四五"时期,我国服务业开放将达到一个前所未有的水平,一方面有利于引进国外先进资金、管理、技术,另一方面可能给我国竞争力较弱的

服务业市场带来明显冲击。例如,金融服务领域,将允许境外资产管理机构与中资银行或保险公司的子公司合资设立由外方控股的理财公司,人身险外资股比限制从 51% 提高至 100% 的过渡期由原定 2021 年提前到 2020 年等。外资金融机构在混业经营、市场化机制、机构客户服务、产品定价能力等领域具备优势,中资金融机构与国际先进同业存在不小差距,特别是一些中小金融机构、地方性金融机构可能受到较大冲击。

4. 服务业人才结构不合理,人力资本积累不充足

我国劳动年龄人口已出现拐点,就业人口总量出现下降。[①] 人口老龄化较快增长加剧了对养老服务、医疗卫生等服务业的需求,劳动力需求也相应加大。2019 年底,我国 60 周岁及以上人口 2.54 亿,全国失能、半失能老人超过 4000 万[②],人口老龄化较快增长加剧了对养老服务、医疗卫生等服务业的需求,劳动力需求也相应加大。按照国际上失能老人与护理员 3∶1 的配置标准推算,我国至少需要 1300 万名护理员,目前鉴定合格的养老护理员只有不到 5 万人。由于这些行业的社会地位不高、工作压力较大、传统观念形成的职业歧视,许多劳动力特别是"90 后""00 后"的独生子女不愿意从事这些行业。服务业复合型、专业化人才缺乏同样存在,如全球拥有注册金融分析师认证的约 10 万人,我国内地仅约 2000 人。

### (二)湖北省服务业发展面临的特殊性挑战

1. 疫情影响和疫后恢复建设的挑战

新冠肺炎疫情给湖北省带来巨大冲击,2019 年湖北省与排名前一位的四川省 GDP 差距仅为 787.5 亿元,领先排名后一位的福建省 3433.31 亿元。2020 年上半年,四川、福建 GDP 分别超过湖北 4649.76 亿元、2420.88

---

① 2019 年我国劳动年龄人口降至 8.96 亿人,占总人口的 64.0%,从 2011 年劳动年龄人口达到峰值以来已连续第八年"双降"。

② 《2018 中国民政统计年鉴》。

亿元,湖南、安徽也超过湖北,湖北力争上游、迎头赶上面临巨大压力。同时,新冠肺炎疫情影响了地方财力、企业效益、居民收入,必然制约了服务业领域投资和消费扩张。

2. 传统优势弱化、新优势尚未形成,甚至出现"断档"的挑战

商贸服务是湖北的传统优势,随着电商和新零售业态的快速发展,传统的商贸服务业受到较大冲击和影响,特别是高铁、高速公路、航空等现代交通发展后,湖北亟待加快打造新时代的"九省通衢"。湖北的旅游文化生态资源丰富,三国文化闻名于世,但资源优势没有充分转化为产业优势。2019年,一江之隔、文化同源的湖南省旅游收入 9762.3 亿元,湖北省仅为 6927.38 亿元。

3. 新形势下区域竞争的挑战

一方面是国内区域格局形势,粤港澳、长三角等地区在国家强大战略支撑下的综合优势进一步凸显,特别是服务业全面开放步伐加快将塑造新的竞争优势;另一方面是科技革命和产业变革以及服务消费方式变化,正在改变服务业发展传统路径,以往服务业主要是面对面、本地化服务,未来服务业数字化、生产性服务业异地化的趋势将进一步强化,许多服务业需求,包括远程医疗、网络教育等生活性服务需求,都可以通过信息技术在异地得到实现。

# 三、推进湖北省服务业高质量发展的思路、重点和建议

## (一)总体思路

"十四五"时期,湖北省将迈入工业化后期中后期阶段,高质量发展的特征更加明显,湖北省服务业发展将进入发展提质的关键阶段,服务业内部

结构加速优化、服务业与一、二产业加速融合,服务经济特征更加显著。无论是从经济发展阶段的客观规律看,还是从建设中部强省的目标要求和补齐产业体系短板的现实问题看,湖北省推动服务业发展的任务十分紧迫。"十四五"时期,湖北省服务业发展的基本思路是:围绕建设制造强省和培育中部强大市场战略基点,以高质量发展为主题,以供给侧结构性改革为主线,提升科技创新引领服务业发展的水平,推进服务业体制机制创新,打造高能级服务业发展平台,培育服务业龙头企业,优化服务业产业结构和区域结构,以高端化、专业化的生产性服务业支撑先进制造业高质量发展,以品质化、精细化的生活性服务业促进消费结构升级,推动服务业扩规模、提速度、优结构、上水平,塑造现代服务业竞争新优势,构建支撑湖北经济社会高质量发展的现代服务业体系,打造全国重要的科技创新中心、商贸物流中心、区域金融中心和世界知名、全国一流的文化旅游目的地,建设中部服务业强省。

"十四五"时期,湖北省应着力提升五大优势转化效率,培育五大优势服务业竞争力。一是将交通区位优势转化为物流服务业发展优势,重塑新时期"九省通衢"区位交通优势,增强全国中部物流服务连通南北、贯通东西的强大功能;二是将科教资源优势转化为科技服务业发展优势,促进科教资源高效转化,打造全国性创新成果集散中心,培育壮大研究开发、技术转移、检验检测、创业孵化、知识产权、科技金融等科技服务业,建设全国高技术服务业高地;三是将文化资源优势转化为文化旅游业发展优势,深度挖掘楚文化底蕴和内涵,实施全域旅游战略,建设文化旅游强省;四是将中部市场优势转化为商贸服务业发展优势,激发中部地区庞大市场优势,着力优化消费网络布局,提升商贸服务业发展水平,建设武汉国际消费中心城市;五是将抗疫经验优势转化为生命健康产业发展优势,充分发挥抗击新冠肺炎疫情成功经验,培育世界一流生命健康产业集群,创建国家生命健康创新发展示范试验区。

　　"十四五"时期,湖北省服务业高质量发展的路径:一是产业融合路径,即以高端制造业发展和农业产业链延伸为引导,推动服务业与制造业、农业深度融合,加快建立适应国内大循环要求的服务业功能和产业生态系统;二是结构优化路径,即以市场为导向,优化服务业品质、类别和空间结构,培育满足现代生产生活需求的新业态新模式,增加有效供给;三是体制创新路径,即以供给侧结构性改革为着力点,加快推进服务业重点领域体制机制改革,率先推出一批涉及服务业的重大改革措施,着力提升服务业要素产出效率。

　　力争到 2025 年,湖北省服务业高质量发展体系基本建立,服务经济格局基本形成,发展水平进一步提高、结构进一步优化、竞争力进一步增强,中部服务业强省建设初步建成。服务业增加值占 GDP 比重达 52% 左右,生产性服务业营业收入占服务业营业收入比重有明显提升,服务业在促进产业转型升级、带动就业创业、释放消费动力、提供可持续财力等方面发挥作用明显作用,涌现出一批在全国乃至全球有竞争力和影响力的服务业领军企业,建设一批全国知名的服务业示范园区和服务贸易创新发展基地,塑造一批"湖北服务"知名品牌,形成 1—2 个具有全球影响力服务业产业集群,武汉国家级现代服务业经济中心和国际消费中心城市基本建成,服务业企业效益在中部省份持续领先。

### (二)重点任务

　　1. 推动生产性服务业与制造业深度融合,为实现湖北由制造业大省向制造业强省转变提供支撑和动力

　　围绕制造业强省建设,实施先进制造业和现代服务业融合工程,重点发展现代物流、工业设计、科技服务、金融服务、软件和信息、电子商务、检验检测认证等生产性服务业,补齐服务业短板。

　　建设 100 个生产性服务业集聚发展示范区。借鉴上海、深圳的有益经

验，围绕光芯屏端网、汽车、装备制造、生物医药、航天航空等优势领域，推进生产性服务业和先进制造业深度融合，为制造业转型升级提供强力支撑。上海市把服务业载体建设作为推进生产性服务业加快发展的重要手段，从2009年起探索引导生产性服务业企业围绕传统工业基地和新兴制造业基地集聚发展，2018年专门印发《上海市生产性服务业功能区建设指引》，进一步推动功能区建设。深圳市着力加强生产性服务业公共服务平台建设，"十三五"时期认定9家生产性服务业公共服务平台，更好发挥生产性服务业对产业发展、技术支撑和创新能力的带动作用。湖北可依托开发区、产业园区和制造业集群，引导生产性服务企业集聚发展，打造100个以生产性服务业集聚为特色的发展示范区，打造一批现代金融、研发设计、检验检测、现代金融、现代物流、软件信息、高端商务、人力资源等知识密集型生产性服务业集群，重点支持公共服务平台、产业链整合和配套设施建设，提升产业综合竞争力。

打造高水平的工业设计平台和全产业链电商平台。发挥湖北科教资源优势，瞄准转型升级关键环节和突出短板，强化研发设计服务和制造业有机融合、互促共进，打造一批面向服务领域的关键共性技术平台和行业应用数据中心，加强工业设计数据资源中心、工业设计公共服务平台等建设。大力发展软件服务业，围绕自主操作系统、数据库、中间件等核心基础软件领域和芯片设计类、高端制造类、运维服务类、机器人操作系统等高端工业软件领域，支持高校、企业开展核心技术攻关和联合创新。在汽车、钢铁、化工、食品、装备、电子等领域，打造一批制造业电商服务平台，探索集现货交易、代理采购、仓储物流、交易结算及配套服务于一体的全产业链电商。

培育一批服务业和制造业融合示范企业。河南省把培育制造业和服务业融合企业作为推动产业转型的重要抓手，推动制造企业向创意孵化、研发设计、售后服务等产业链两端延伸，发展"制造+服务"协同盈利新模式，支持郑煤机、宇通重工等企业向系统总集成、设备总成套、工程总承包的综合性解决方案供应商转型。建议借鉴河南省的有益经验,支持东风、宝武、大冶有色、中国信息通信等一批企业加快服务化转型步伐,发展智能化系统解决方案、总集成总承包服务商,提供高附加值的精准"产品+服务"。充分运用大数据、云计算、"互联网+"等技术,培育智能化解决方案服务、柔性化定制、总集成总承包、全生命周期管理、供应链管理、服务衍生制造、工业文化旅游等业态和模式创新,在船舶、航空航天、纺织服装、家具等行业,打造柔性化制造、智慧工厂等智能化生产体系,推行定制化生产模式,打响"湖北定制"品牌;引导冶金、建材等行业龙头企业向提供设计、制造、安装及运维等一体化服务的系统集成商转变;鼓励产品量大面广、配套较为复杂的企业,联合零售商、物流商、供应商,开展供应链协同管理,形成有利于提升湖北制造核心竞争力的服务能力和服务业模式。

2. 推动生活性服务业向高品质和多样化升级,为培育形成中部强大国内市场提供重要支撑

面向人民美好生活和消费机构升级,聚焦旅游、文化、体育、健康、养老等幸福产业,持续改善供给结构和供给质量,打造中部强大国内市场。

建设文化旅游强省。实施全域旅游战略,积极推进文化旅游重大项目建设,完善文化旅游基础设施和配套服务,延伸文化旅游产业链,创建一批国家5A级旅游景区、国家级旅游度假区,丰富康养、生态、体育、避暑、休闲、研学等产品体系,打造"一江两山"旅游品牌,建设世界知名、全国一流的文化旅游目的地和长江国际黄金旅游带核心区。探索"云旅游"模式,实施"一部手机游湖北"工程,构建覆盖全省的"快旅慢游"智慧旅游体系。积极推进文化产业、旅游产业与体育、医疗、商贸、会展、金融等产业融合发展,促进视频分享、视频直播(点播)及视频门户等网络视听业态快速发展,积极开发移动互联网内容衍生产品、移动互联网教育及游戏等产品和服务。加强资源整合,探索建立全省统一文化旅游资源开发平台。引进国内外顶尖设计商、投资商,进行系统化谋划,围绕核心资源实施集中开发,着力开发

主题鲜明、带动性强的龙头项目和引擎项目。建设一批国家级、省级文化产业示范园区和示范基地。

支持武汉建设国家消费中心城市。主动融入新发展格局,适应居民消费升级需求,优化消费网络布局,完善促进消费体制机制,提高消费供给质量,激发消费潜力,推动形成强大的消费市场。完善商业网点布局规划,加强重点商圈、特色商业街建设,大力发展便利店、社区菜店、生鲜农产品市场等社区便民服务设施。加快推进社区电子商务应用体系建设,大力发展便利店和社区商业,丰富便利店服务功能。拓展天河国际机场口岸免税店,争取布局市内免税店。引进跨境电子商务,加强与跨国零售商、国际知名品牌企业合作,开展进口商品展示博览会。积极打造智能经济、夜经济、网红经济等新兴消费体验中心。

创建国家生命健康创新发展示范试验区。利用好国家强化公共卫生服务体系和应急体系能力建设的机遇,促进主动预防、产业创新及平战结合常态化,培育"医、教、研、产、养"深度融合的世界一流生命健康产业集群,率先创建以主动预防和创新发展为重点的国家生命健康创新发展示范试验区,为全国提升公共卫生服务应急保障能力和生命健康产业创新发展探索新路径、创造新经验。推进湖北健康云服务计划,推动医疗健康信息系统和公众医疗健康数据互联融合、开放共享,加快形成以健康需求为导向的医疗健康大数据产业体系。搭建远程医疗中心,实现远程医疗全覆盖,鼓励发展基于大数据的精准健康管理服务。

实施"互联网+"服务业行动计划。促进5G、物联网、区块链、大数据等技术转化应用,加快新技术对旅游、健康养老、文化娱乐、体育休闲、家政服务、商贸流通等传统生活性服务业的改造提升,大力发展"互联网+"旅游、文化、体育、医疗健康、家政养老等服务业态。鼓励共享出行、餐饮外卖、团购、在线购药、共享住宿、文化旅游等领域产品智能化升级和商业模式创新。优化线上经济发展生态,推动线上线下融合发展,聚焦电商零售、线上教育、线上医疗、智能配送、智慧旅游、线上文娱等领域,培育一批线上经济特色产业集群,打造一批全国领先线上经济平台,形成一批线上经济知名品牌。开发养老服务智慧平台,提供高效、便捷社区服务和智慧养老服务。

3. 优化服务业空间结构,培育若干特色鲜明、综合功能强大的服务业中心

顺应城镇化发展大趋势,结合"一主引领、两翼驱动、区域协同"的区域发展格局,以武汉市和武汉城市圈为重点,优化城市服务业空间结构,分类引导服务业在不同层级的城市合理布局、有序集聚,促进服务业联动发展和协同创新,形成区域服务业发展新枢纽。

提升武汉国家级服务业中心城市辐射能级。推进武汉实施服务业倍增计划,打造辐射中部、面向全国的现代服务经济中心,加快建设世界设计之都、国家物流枢纽、中国软件名城、国际滨水旅游名城、中部金融中心、国际会展中心城市、国家商贸中心、国家健康服务中心,提升生产性服务业、现代服务业比重,促进辐射半径由国家中部地区向全国延伸、服务功能由服务中心向服务枢纽转变,打造中国服务名城。支持建设服务业总部基地,重点发展科技研发、工业设计、信息软件、金融、现代物流、商务会展、数字经济、文化创意等现代新兴服务业和生产性服务业,以及高端、新兴生活性服务业。推动武汉城市圈生活性服务业网络化同城化发展。

培育宜昌、襄阳区域性服务业中心功能。壮大宜昌、襄阳副中心城市的服务业规模,增强"两翼"产业和社会的服务功能,打造区域性服务业中心。宜昌着力打造世界水电旅游名城,围绕生物医药、装备制造、电子信息、航空航天等新兴产业集群,发展港口物流、商贸物流、金融、会展、高技术服务业等服务业。襄阳聚焦建设文化旅游名城,围绕氢燃料电池汽车、智能制造、新能源新材料、新一代信息技术、生物、节能环保等先进制造业,发展信息服务、节能环保、商贸流通、商务、金融等服务业。推动"襄十随神""宜荆荆恩"城市群由点轴式向扇面式发展,打造南北"两翼"服务业联动发展支

撑带。

布局建设一批特色服务业城市、集聚区、特色小镇。根据各地区服务资源和需求实际，依托城市、交通枢纽、产业集群、重点开发区和商品集散地，培育壮大一批能够充分发挥比较优势、与生产生活配套的服务业聚集区、特色小镇、服务业平台等产业区块和大型服务业项目，发展各具特色的现代服务业，形成服务周边、带动农村的新支点。

4. 推进一批服务业改革举措和政策措施，营造良好发展环境

着力构建服务业对外开放高地。高水平建设湖北自贸区，借鉴国内其他自贸试验区、服务业扩大开放综合试点、深化服务贸易创新发展试点的经验，对照国家在各领域和各地最新开放改革举措，加大复制推广力度。在旅游、互联网、医疗健康、金融、会展等现代服务业对外开放方面进行先行先试，推动现代服务业进一步开放。深化服务贸易创新发展试点，探索与国际投资和贸易规则相衔接的制度体系。结合"五个一百"工程，加强服务业领域全球招商，引进一批重大外资项目，鼓励跨国（境外）生产性服务企业进入湖北市场。引导有条件的企业在全球范围配置资源，优化布局研发中心、生产基地、物流基地、营销中心等，积极承揽国际工程项目，承接跨国公司外包的业务流程，推动中国技术、检验检测、认证、物流等服务标准与国际接轨，推动服务业和制造业协同走出去。

培育一批服务业一流企业、做强"湖北服务"品牌。针对湖北省服务业企业竞争力不强、创新型不强的问题，分类推进，率先推动一批有国内外影响力的服务业企业，打造"湖北服务"品牌。把培育世界级民营企业作为全省发展战略，在商贸物流、文化旅游、数字经济、创意经济、等领域，加快培育本土创新标杆企业、"独角兽"企业。实施新一轮事业单位改革，加快研发、教育、培训、法律咨询等单位改制，支持具备条件的科技企业孵化器、检验检测认证、生产力促进中心等机构与行政部门脱钩、转企改制。支持行业组织联合地方政府开展服务品牌培育和塑造工作，加强服务品牌保护力度，依法

严惩假冒伪劣行为。鼓励服务企业将服务质量作为立业之本,坚持质量第一、诚信经营,强化质量责任意识。鼓励企业宣传、推广,提升湖北服务品牌的知名度。

实施服务满意度提升行动。围绕提升服务业质量,建立多层次、多形式、多渠道的服务业人才培养机制,加大服务业从业人员培训力度,提高服务业从业人员职业化水平。优化营商环境,开展服务业满意度评价。利用大数据等手段,建立开放的服务质量社会监管平台,针对旅游、医疗、电子商务、通信等消费者投诉较多的行业,重点加强服务质量和安全监测。积极探索服务业跨部门协同监管机制,强化行业自律管理。

# 专题三：湖北提升中心城市竞争力思路研究

　　湖北省第四次经济普查数据和其他相关统计数据显示，湖北已迈入城镇化快速发展中后期，区域经济仍处于发展动力极化阶段，城市体系呈现"强龙头、弱颈部、底部低水平均衡"的典型特征。通过构建包含 17 个核心指标的城市竞争力指数，基于对全国 298 个地级城市深入分析，研究将湖北省中心城市划分为成熟型、成长型、培育型和潜在型四种类型。与 15 个副省级城市对比发现，武汉呈现出"四强四弱"典型特征；与 12 个同水平典型省份第二梯队城市对比发现，襄阳和宜昌省域副中心城市凸显五大发展短板；与 76 个中部地区非省会城市对比发现，湖北培育型和潜在型中心城市城区功能相对较弱。基于对城市竞争力分析和典型中心城市发展的经验借鉴，研究提出"龙头提升、次级突破、多点支撑"的提升湖北中心城市竞争力的总体思路，即全面支持武汉做大做强，加快建设具有国际影响力的国家中心城市和国家科技创新中心，打造新发展格局的中部地区核心枢纽；推动襄阳和宜昌省域副中心城市夯实功能、提升能级，打造全省次区域强劲活跃增长极，建设成为国家内陆地区战略腹地城市；加快提升培育型和潜在型中心城市发展能级，重点提高中心城区综合承载能力，共同构建带动全省高质量发展的动力源系统。

　　城市是现代经济的载体。习近平总书记在 2019 年中央财经委员会第五次会议上明确指出要尊重客观规律,增强中心城市和城市群等经济发展优势区域的经济和人口承载能力,促进各类生产要素自由流动并向优势地区集中,提高资源配置效率,形成推动高质量发展的区域增长极和动力源。立足于提升湖北全省整体竞争力,围绕全面实施"一芯驱动、两带支撑、三区协同"区域和产业发展布局总体战略,最大化发挥不同类型和层级中心城市比较优势,突出功能定位和差异互补,本研究分析提出提升湖北不同类型中心城市竞争力的战略思路,推动加快形成带动全省高质量发展的动力源系统。

# 一、科学认识湖北省城市发展阶段性特征

## (一)城镇化迈入快速发展中后期,城市发展需要更加注重动力转换和质量提升

"十四五"时期,湖北城镇化速度将保持持续放缓趋势,对城市高质量发展提出了新要求。从国际经验看,大多数国家和地区在城镇化率达到60%后,城镇化进程出现放缓特征。2019年湖北省城镇化率达到61%,高于全国平均水平,位列东部省份首位,城镇化放缓趋势较为明显。湖北"十三五"时期城镇化率年均增长约1个百分点,分别低于同时期中部地区和全国增长水平约0.4个和0.1个百分点;与"十二五"时期相比,年均增长放缓0.4个百分点,放缓趋势显著高于全国平均水平和中部其他省份。

表3-1 中部地区城镇化水平变化 单位:%

| 省份 | 城镇化率 | | | 年均增长 | | |
|------|--------|--------|--------|----------|--------|----------|
| | 2010年 | 2015年 | 2019年 | "十二五" | "十三五" | 增速变化 |
| 湖北 | 49.7 | 56.9 | 61.0 | 1.4 | 1.0 | -0.4 |

| 省份 | 城镇化率 | | | 年均增长 | | |
|------|--------|--------|--------|--------|--------|--------|
| | 2010 年 | 2015 年 | 2019 年 | "十二五" | "十三五" | 增速变化 |
| 山西 | 48.1 | 55.0 | 59.6 | 1.4 | 1.1 | -0.3 |
| 江西 | 44.1 | 51.6 | 57.4 | 1.5 | 1.4 | -0.1 |
| 湖南 | 43.3 | 50.9 | 57.2 | 1.5 | 1.6 | 0.1 |
| 安徽 | 43.0 | 50.5 | 55.8 | 1.5 | 1.3 | -0.2 |
| 河南 | 38.5 | 46.9 | 53.2 | 1.7 | 1.6 | -0.1 |
| 中部地区 | 43.6 | 51.2 | 56.8 | 1.5 | 1.4 | -0.1 |
| 全国 | 50.0 | 56.1 | 60.6 | 1.2 | 1.1 | -0.1 |

资料来源:国家统计局。

在此背景下,为进一步释放城镇化对经济发展和社会进步的带动作用,湖北省城市发展需要更加注重动力转换和品质提升。一是城市发展加快进入动力转换期。推动城市快速发展的资源要素和人口红利等正在逐渐消退,服务业逐渐发展壮大成为吸纳就业的主导产业,国际市场不确定性不断增加,城市发展的动力机制产生了根本变化,软实力在城市的持续发展中发挥越来越重要的作用,科技创新、人力资源、制度环境、文化、消费、娱乐等吸引物和优质的公共服务将成为影响城市竞争力的核心因素。二是城市发展进入"城市病"等问题的集中爆发期和提高城市发展质量的关键期。从世界各国和地区城镇化历程看,在经历了消耗性的增长后,城镇人口大规模快速增加导致市政设施和公共服务供给短缺、生态环境恶化、城市规划和管理相对滞后、城市病集中凸显,如果在这个时期再不采取有效举措加以应对,巨大的锁定效应和沉没成本将显著增加后期的治理难度和成本。同时,随着城市人口结构发生变化,流动人口、中产阶层、老年人等不同群体的需求偏好大幅转变,城市发展需要加快从单维的经济增长目标向宜居宜业宜游的多维目标转变,更加注重营造绿色、韧性、包容的环境,更加注重实现城市"精明增长"。

**（二）城市体系呈现"强龙头、弱颈部、底部低水平均衡"特征，需要进一步激发次级城市"承上启下"作用**

长期以来，湖北省城市发展的梯队格局未发生明显变化，武汉"一城独大"和全省次级城市发育程度不足长期并存，与其他拥有 GDP 过万亿元城市省份相比，全省仍未有城市迈过 GDP 5000 亿元门槛。一是"龙头城市"武汉保持强劲发展势头，2019 年 GDP 和人均 GDP 分别位列全国城市第 8 位和第 9 位。二是"颈部城市"发展未能有所突破，襄阳和宜昌经济总量与武汉比重保持在 30% 左右，与武汉的差距没有明显缩小，与广东、江苏、浙江、山东、河南等省份第二梯队城市相比差距依然较大，在全省城市体系中"承上启下"作用未能充分发挥。三是其余 10 个市（州）经济总量徘徊在1000 亿—2500 亿元，整体呈现低水平均衡，缺少发展梯度差，容易导致各城市之间竞争日趋激烈，出现重复建设和同质化发展问题。

**（三）区域经济仍处于发展动力极化阶段，发展要素向武汉、襄阳和宜昌集聚态势明显**

从整体看，经济和人口向省会城市武汉和省域副中心城市宜昌和襄阳集聚态势明显。2019 年，武汉、襄阳和宜昌市集聚了全省 55.6% 的地区生产总值和35.5%的人口，较 2010 年 GDP 和人口占全省比重分别提高了 1.6 和 1.7 个百分点。其中，全省经济和人口向武汉进一步集聚态势尤为明显，2019 年经济和人口占全省比重分别为 35.4% 和 18.9%，较 2010 年人口和经济占比呈现双提高，分别提高了 0.4 和 1.8 个百分点。襄阳和宜昌经济总量占全省比重也呈现显著提高，2010—2019 年分别提高了 0.8 和 0.4 个百分点，增长幅度明显高于其他地区。

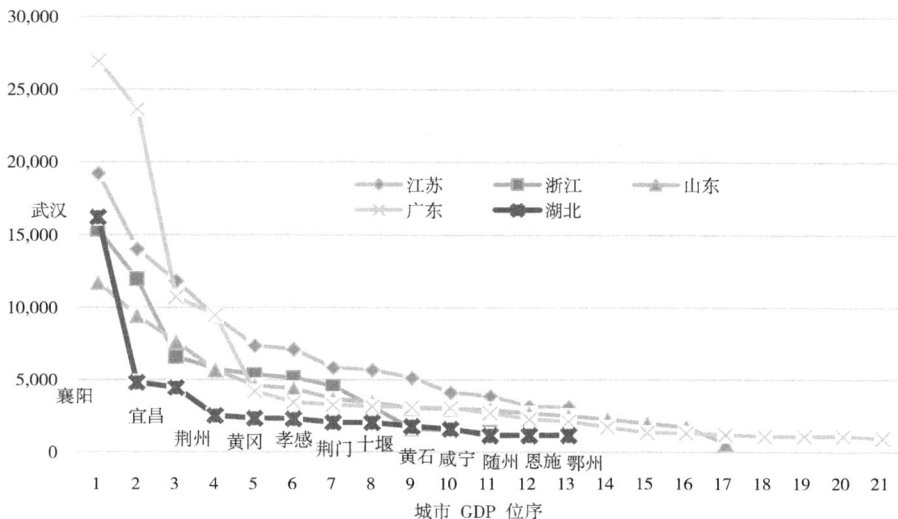

图 3-1　发达省份城市 GDP 位序对比(2019 年)

资料来源:国家统计局。

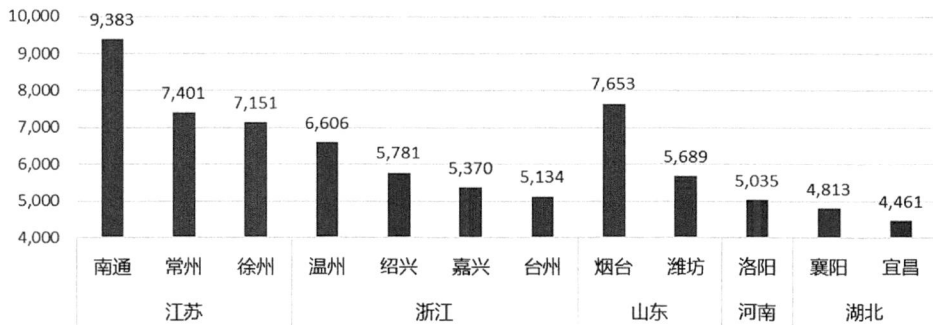

图 3-2　典型省份第二梯队城市 GDP 比较

资料来源:国家统计局。

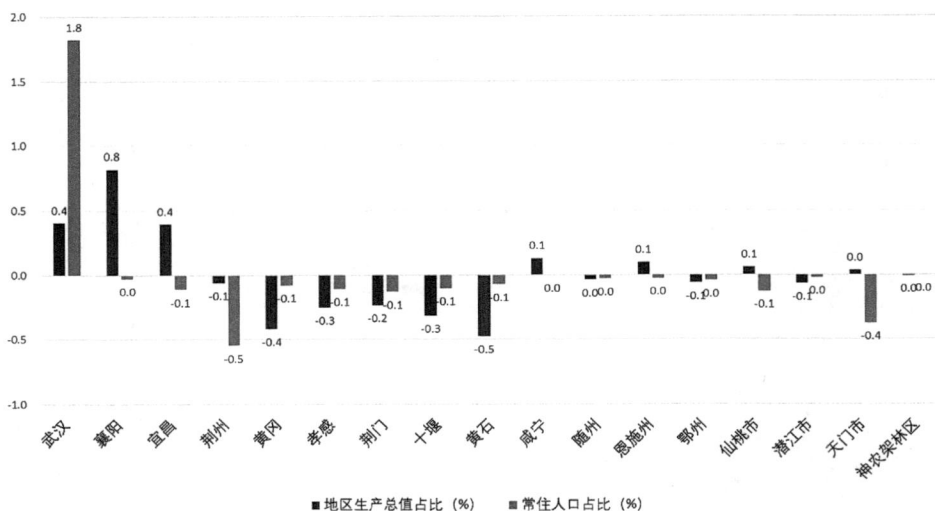

**图 3-3　各地区经济和人口占全省比重变化（2010—2019 年）**

资料来源：湖北省统计局。

**表 3-2　各地区经济和人口占全省比重**　　　　单位：%

| 城市 | GDP 占比（%） | | 人口占比（%） | | 占比变化<br>（2010 年—2019 年） | |
|---|---|---|---|---|---|---|
| | 2010 年 | 2019 年 | 2010 年 | 2019 年 | GDP | 人口 |
| 武汉 | 35.0 | 35.4 | 17.1 | 18.9 | 0.4 | 1.8 |
| 襄阳 | 9.7 | 10.5 | 9.6 | 9.6 | 0.8 | 0.0 |
| 宜昌 | 9.3 | 9.7 | 7.1 | 7.0 | 0.4 | −0.1 |
| 荆州 | 5.5 | 5.5 | 9.9 | 9.4 | −0.1 | −0.5 |
| 黄冈 | 5.5 | 5.1 | 10.8 | 10.7 | −0.4 | −0.1 |
| 孝感 | 5.3 | 5.0 | 8.4 | 8.3 | −0.3 | −0.1 |
| 荆门 | 4.7 | 4.4 | 5.0 | 4.9 | −0.2 | −0.1 |
| 十堰 | 4.7 | 4.4 | 5.8 | 5.7 | −0.3 | −0.1 |
| 黄石 | 4.3 | 3.9 | 4.2 | 4.2 | −0.5 | −0.1 |
| 咸宁 | 3.3 | 3.5 | 4.3 | 4.3 | 0.1 | 0.0 |
| 随州 | 2.6 | 2.5 | 3.8 | 3.7 | 0.0 | 0.0 |
| 恩施州 | 2.4 | 2.5 | 5.7 | 5.7 | 0.1 | 0.0 |
| 鄂州 | 2.5 | 2.5 | 1.8 | 1.8 | −0.1 | 0.0 |
| 仙桃市 | 1.8 | 1.9 | 2.1 | 1.9 | 0.1 | −0.1 |

| 城市 | GDP 占比（%） | | 人口占比（%） | | 占比变化<br>（2010 年—2019 年） | |
|---|---|---|---|---|---|---|
| | 2010 年 | 2019 年 | 2010 年 | 2019 年 | GDP | 人口 |
| 潜江市 | 1.8 | 1.8 | 1.7 | 1.6 | −0.1 | 0.0 |
| 天门市 | 1.4 | 1.4 | 2.5 | 2.1 | 0.0 | −0.4 |
| 神农架林区 | 0.1 | 0.1 | 0.1 | 0.1 | 0.0 | 0.0 |

资料来源：湖北省统计局。

从市场主体和就业来看，武汉市集聚了全省超过三成的法人单位数和法人单位就业总数，与襄阳和宜昌合计占比超过五成。湖北省第四次经济普查资料显示，武汉市分别集聚了全省 31.8% 的法人单位和 33.1% 的法人单位从业人员，襄阳和宜昌合计集聚了全省 18.6% 的法人单位和 17.7% 的法人单位从业人员，集聚程度显著高于其他地区。

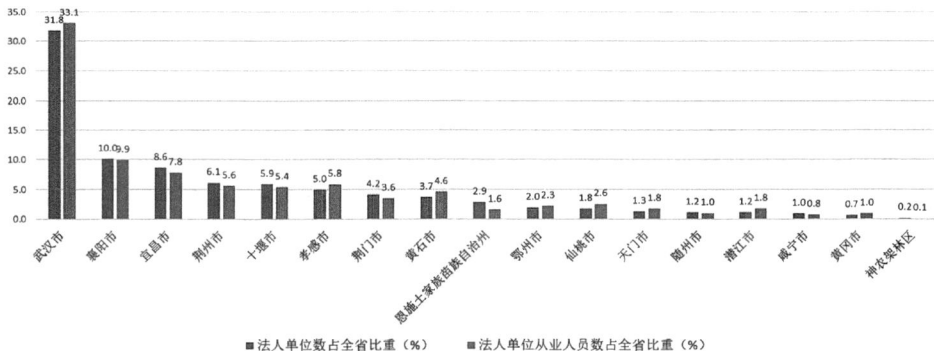

图 3-4　法人单位及从业人员数占全省比重

数据来源：湖北省第四次经济普查资料。

从分行业法人单位从业人数看，超过八成行业的全省从业人员主要集中在武汉，约三成行业的从业人员主要集中在襄阳和宜昌。按照 48 个行业计算①，全省有 40 个行业的法人单位从业人员超过 10% 集中在武汉市，其

①　制造业按照行业中类统计，其他行业按照行业大类统计。

中烟草业（87%）、金融业（75.1%）、信息传输、软件和信息技术服务业（68%）、计算机、通信和其他电子设备制造业（58%）、科学研究和技术服务业（52.5%）、黑色金属冶炼和压延加工业（50.9%）、房地产业（50.7%）、仪器仪表制造业（50.6%）超过 50% 的全省行业从业人员集中在武汉。分别有 14 个行业和 15 个行业超过 10% 的全省从业人员集中在宜昌和襄阳，其中襄阳集中了全省 59.4% 的化学纤维制造业法人单位从业人员。孝感、黄石和荆门分别有 7 个、6 个和 5 个行业超过 10% 的全省从业人员集中在本地，其中，全省 51.7% 的有色金属冶炼和压延加工业从业人员集中在黄石。

表 3-3　城市法人单位从业人员数占全省比重大于 10% 的行业　　单位:%

| 行业 | 比重 | 行业 | 比重 |
|---|---|---|---|
| **武汉市** | | **宜昌市** | |
| 烟草制品业 | 87.0 | 化学原料和化学制品制造业 | 20.0 |
| 金融业 | 75.1 | 酒、饮料和精制茶制造业 | 19.4 |
| 信息传输、软件和信息技术服务业 | 68.0 | 食品制造业 | 18.4 |
| 计算机、通信和其他电子设备制造业 | 58.0 | 采矿业 | 14.8 |
| 科学研究和技术服务业 | 52.5 | 印刷和记录媒介复制业 | 14.0 |
| 黑色金属冶炼和压延加工业 | 50.9 | 铁路、船舶、航空航天和其他运输设备制造业 | 13.6 |
| 房地产业 | 50.7 | 文教、工美、体育和娱乐用品制造业 | 12.9 |
| 仪器仪表制造业 | 50.6 | 非金属矿物制品业 | 12.5 |
| 电力、热力、燃气及水生产和供应业 | 46.5 | 造纸和纸制品业 | 11.3 |
| 金属制品、机械和设备修理业 | 44.9 | 文化、体育和娱乐业 | 11.1 |
| 租赁和商务服务业 | 44.9 | 其他制造业 | 11.0 |
| 交通运输、仓储和邮政业 | 42.0 | 医药制造业 | 10.5 |
| 住宿和餐饮业 | 42.0 | 仪器仪表制造业 | 10.2 |
| 建筑业 | 39.4 | 租赁和商务服务业 | 10.2 |
| 电气机械和器材制造业 | 38.2 | **襄阳市** | |

| 行业 | 比重 | 行业 | 比重 |
|---|---|---|---|
| 居民服务、修理和其他服务业 | 36.3 | 化学纤维制造业 | 59.4 |
| 文化、体育和娱乐业 | 35.9 | 汽车制造业 | 24.0 |
| 铁路、船舶、航空航天和其他运输设备制造业 | 35.6 | 其他制造业 | 21.7 |
| 石油、煤炭及其他燃料加工业 | 33.8 | 铁路、船舶、航空航天和其他运输设备制造业 | 21.1 |
| 水利、环境和公共设施管理业 | 32.5 | 纺织业 | 16.7 |
| 医药制造业 | 31.3 | 电气机械和器材制造业 | 16.7 |
| 专用设备制造业 | 31.1 | 居民服务、修理和其他服务业 | 12.4 |
| 批发和零售业 | 30.4 | 通用设备制造业 | 12.2 |
| 金属制品业 | 29.5 | 批发和零售业 | 11.5 |
| 教育 | 29.2 | 农副食品加工业 | 11.3 |
| 汽车制造业 | 29.1 | 化学原料和化学制品制造业 | 11.3 |
| 卫生和社会工作 | 28.6 | 文教、工美、体育和娱乐用品制造业 | 10.9 |
| 通用设备制造业 | 24.8 | 科学研究和技术服务业 | 10.8 |
| 印刷和记录媒介复制业 | 24.0 | 水利、环境和公共设施管理业 | 10.8 |
| 橡胶和塑料制品业 | 20.3 | 木材加工和木、竹、藤、棕、草制品业 | 10.4 |
| 废弃资源综合利用业 | 17.2 | 黄石市 | |
| 造纸和纸制品业 | 17.0 | 有色金属冶炼和压延加工业 | 51.7 |
| 食品制造业 | 16.6 | 皮革、毛皮、羽毛及其制品和制鞋业 | 22.7 |
| 其他制造业 | 14.0 | 黑色金属冶炼和压延加工业 | 18.5 |
| 家具制造业 | 13.8 | 采矿业 | 17.7 |
| 非金属矿物制品业 | 12.8 | 废弃资源综合利用业 | 14.7 |
| 酒、饮料和精制茶制造业 | 11.4 | 专用设备制造业 | 10.1 |
| 纺织服装、服饰业 | 11.2 | 十堰市 | |
| 木材加工和木、竹、藤、棕、草制品业 | 10.4 | 汽车制造业 | 30.2 |
| 农副食品加工业 | 10.3 | 鄂州市 | |
| 孝感市 | | 黑色金属冶炼和压延加工业 | 10.0 |
| 纺织服装、服饰业 | 18.5 | 荆门市 | |

119

| 行业 | 比重 | 行业 | 比重 |
|---|---|---|---|
| 皮革、毛皮、羽毛及其制品和制鞋业 | 18.3 | 石油、煤炭及其他燃料加工业 | 24.3 |
| 造纸和纸制品业 | 17.7 | 废弃资源综合利用业 | 13.4 |
| 文教、工美、体育和娱乐用品制造业 | 15.3 | 皮革、毛皮、羽毛及其制品和制鞋业 | 13.2 |
| 纺织业 | 14.3 | 化学原料和化学制品制造业 | 13.0 |
| 食品制造业 | 13.0 | 农副食品加工业 | 12.8 |
| 印刷和记录媒介复制业 | 11.0 | **荆州市** | |
| **潜江市** | | 农、林、牧、渔业 | 14.4 |
| 采矿业 | 20.6 | 农副食品加工业 | 12.9 |
| 石油、煤炭及其他燃料加工业 | 11.2 | 造纸和纸制品业 | 10.0 |
| 纺织服装、服饰业 | 10.8 | **仙桃市** | |
| | | 纺织业 | 24.0 |

资料来源:湖北省第四次经济普查资料。

从企业创新水平和活力看,武汉市创新动力源地位突出,襄阳和宜昌市优势明显。从规模以上工业企业 R&D 主要指标看,武汉市集中了全省18.7%有 R&D 活动的企业,29.1%的 R&D 人员、30.9%的 R&D 项目、34.8%的 R&D 经费内部支出和53.2%的有效发明专利。襄阳和宜昌处于全省创新第二梯队,各项规模以上工业企业 R&D 主要指标明显高于其他城市,合计集聚了全省26.5%有 R&D 活动的企业、26.4%的 R&D 人员、25.6%的 R&D 项目、27.6%的 R&D 经费内部支出和17.4%的有效发明专利。

从制造业和服务业企业营业收入看,武汉和襄阳全省制造业中心地位显著,武汉和襄阳、宜昌分别为全省服务业主、次中心。武汉市和襄阳市规模以上制造业企业营业收入占全省比重分别为32%和12.9%,显著高于其他城市。武汉市对全省要素资源的集聚和配置功能突出,重点服务业法人单位营业收入均占据全省半壁江山,交通运输、仓储和邮政业、信息传输、软

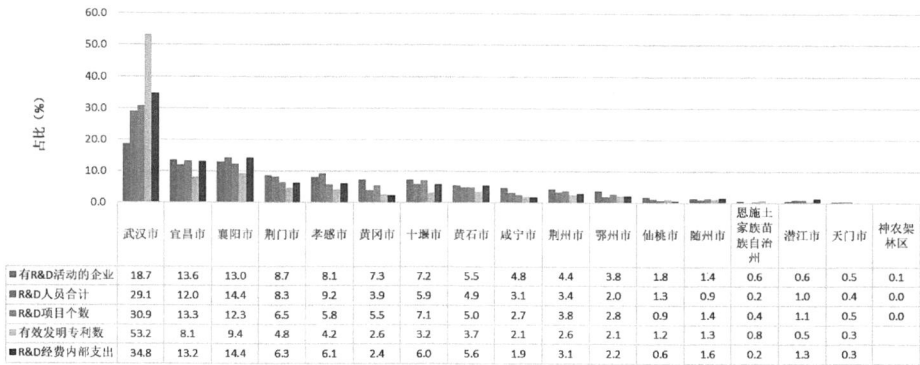

| | 武汉市 | 宜昌市 | 襄阳市 | 荆门市 | 孝感市 | 黄冈市 | 十堰市 | 黄石市 | 咸宁市 | 荆州市 | 鄂州市 | 仙桃市 | 随州市 | 恩施土家族苗族自治州 | 潜江市 | 天门市 | 神农架林区 |
|---|---|---|---|---|---|---|---|---|---|---|---|---|---|---|---|---|---|
| 有R&D活动的企业 | 18.7 | 13.6 | 13.0 | 8.7 | 8.1 | 7.3 | 7.2 | 5.5 | 4.8 | 4.4 | 3.8 | 1.8 | 1.4 | 0.6 | 0.6 | 0.5 | 0.1 |
| R&D人员合计 | 29.1 | 12.0 | 14.4 | 8.3 | 9.2 | 3.9 | 5.9 | 4.9 | 3.1 | 3.4 | 2.0 | 1.3 | 0.9 | 0.2 | 1.0 | 0.4 | 0.0 |
| R&D项目个数 | 30.9 | 13.3 | 12.3 | 6.5 | 8.5 | 5.5 | 7.1 | 5.0 | 2.7 | 3.8 | 2.8 | 0.9 | 1.4 | 0.4 | 1.1 | 0.3 | |
| 有效发明专利数 | 53.2 | 8.1 | 9.4 | 4.8 | 4.2 | 2.6 | 3.2 | 3.7 | 2.1 | 2.6 | 2.1 | 1.4 | 1.3 | 0.8 | 0.5 | 0.3 | |
| R&D经费内部支出 | 34.8 | 13.2 | 14.4 | 6.3 | 6.1 | 2.4 | 6.0 | 5.6 | 1.9 | 3.1 | 2.2 | 0.6 | 1.6 | 0.2 | 1.3 | 0.3 | |

**图 3-5　规模以上工业企业 R&D 主要指标占全省比重**

资料来源:湖北省第四次经济普查资料。

件和信息技术服务业、科学研究和技术服务业、文化、体育和娱乐业等重点服务业营业收入占全省比重超过 50%,租赁和商务服务业营业收入占全省比重达到 49.1%;同时,宜昌和襄阳市重点服务业法人单位营业收入占全省比重均分列全省第二和第三位,与其他城市相比优势明显。

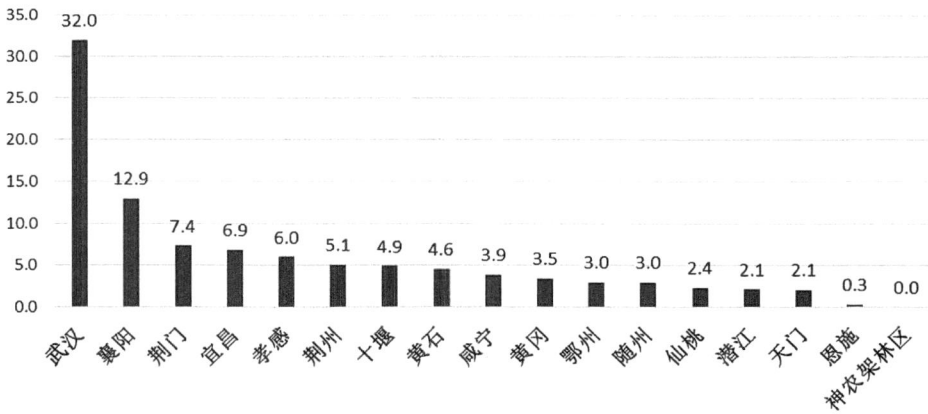

**图 3-6　规模以上制造业企业营业收入占全省比重**

资料来源:湖北省第四次经济普查资料。

表 3-4　重点服务业企业法人单位营业收入占全省比重

| | 交通运输、仓储和邮政业 | | 信息传输、软件和信息技术服务业 | | 租赁和商务服务业 | | 科学研究和技术服务业 | | 水利、环境和公共设施管理业企业 | | 教育企业 | | 文化、体育和娱乐业 | |
|---|---|---|---|---|---|---|---|---|---|---|---|---|---|---|
| | 排名 | 占全省比重(%) | 排名 | 占全省比重(%) | 排名 | 占全省比重(%) | 排名 | 占全省比重(%) | 排名 | 占全省比重(%) | 排名 | 占全省比重(%) | 排名 | 占全省比重(%) |
| 武汉 | 1 | 55.4 | 1 | 64.9 | 1 | 49.1 | 1 | 68.4 | 3 | 15.9 | 1 | 28.3 | 1 | 52.6 |
| 宜昌 | 2 | 8.7 | 3 | 4.4 | 2 | 9.2 | 3 | 4.6 | 2 | 24.6 | 3 | 8.8 | 2 | 10.0 |
| 襄阳 | 3 | 7.6 | 2 | 7.1 | 3 | 8.8 | 2 | 8.0 | 1 | 25.7 | 2 | 13.3 | 3 | 7.9 |
| 孝感 | 4 | 5.6 | 6 | 2.6 | 7 | 3.1 | 7 | 1.9 | 12 | 1.7 | 9 | 4.8 | 4 | 4.2 |
| 荆州 | 5 | 3.9 | 4 | 3.2 | 6 | 3.4 | 4 | 2.7 | 4 | 5.8 | 7 | 6.0 | 5 | 3.6 |
| 十堰 | 6 | 2.9 | 7 | 2.5 | 5 | 4.0 | 5 | 2.3 | 6 | 4.6 | 5 | 6.2 | 6 | 3.3 |
| 咸宁 | 11 | 2.0 | 5 | 2.9 | 4 | 4.2 | 11 | 1.2 | 9 | 2.7 | 8 | 5.9 | 7 | 3.3 |
| 黄冈 | 8 | 2.3 | 8 | 2.5 | 10 | 2.6 | 10 | 1.4 | 7 | 4.3 | 6 | 6.0 | 8 | 3.0 |
| 黄石 | 7 | 2.3 | 9 | 2.3 | 9 | 2.9 | 6 | 2.0 | 5 | 4.6 | 4 | 6.7 | 9 | 2.8 |
| 恩施 | 12 | 1.2 | 10 | 2.0 | 13 | 1.7 | 15 | 0.8 | 11 | 1.8 | 10 | 2.8 | 10 | 2.3 |
| 仙桃 | 15 | 0.9 | 13 | 0.9 | 14 | 1.6 | 9 | 1.7 | 14 | 0.5 | 13 | 2.0 | 11 | 1.6 |
| 荆门 | 9 | 2.2 | 11 | 1.6 | 11 | 2.5 | 8 | 1.7 | 13 | 1.6 | 14 | 1.9 | 12 | 1.6 |
| 鄂州 | 10 | 2.1 | 14 | 0.8 | 8 | 3.1 | 12 | 0.9 | 8 | 2.9 | 16 | 1.4 | 13 | 1.3 |
| 潜江 | 16 | 0.8 | 15 | 0.7 | 12 | 2.0 | 14 | 0.9 | 10 | 2.4 | 12 | 2.1 | 14 | 1.2 |
| 随州 | 13 | 1.1 | 12 | 1.0 | 15 | 1.2 | 16 | 0.5 | 16 | 0.3 | 15 | 1.5 | 15 | 0.7 |
| 天门 | 14 | 1.0 | 16 | 0.3 | 16 | 0.5 | 13 | 0.9 | 17 | 0.2 | 11 | 2.3 | 16 | 0.6 |
| 神农架林区 | 17 | 0.0 | 17 | 0.0 | 17 | 0.1 | 17 | 0.0 | 15 | 0.5 | 17 | 0.0 | 17 | 0.1 |

资料来源：湖北省第四次经济普查资料。

## （四）各具特色的城市职能体系基本形成，城市间呈现出协同联动发展态势

利用湖北省第四次经济普查资料，通过计算各市（州）法人单位从业人员数区位熵，同时结合各产业在全省的重要性分析，结果表明湖北省各市（州）基本已形成各具特色的比较优势和分工明确的城市职能体系。如武

汉市比较优势产业主要集中在金融业、信息传输、软件和信息技术服务业、科学研究和技术服务业等生产性服务业和计算机、通信和其他电子设备制造业等高新技术产业。宜昌市比较优势仍然集中在传统制造业，如化学原料和化学制品制造业，酒、饮料和精制茶制造业和食品制造业等传统制造业；襄阳市比较优势主要集中在化学纤维制造业，汽车制造业和铁路、船舶、航空航天和其他运输设备制造业。

十堰市汽车制造比较优势较为突出；黄石市资源型城市特征依然明显，比较优势主要集中在采矿业，有色金属冶炼和压延加工业，皮革、毛皮、羽毛及其制品和制鞋业，黑色金属冶炼和压延加工业等产业；荆州市优势产业主要集中在农、林、牧、渔业和农副食品加工业；黄冈市家具制造业、食品制造业、医药制造业等产业优势较为明显；随州市比较优势主要集中在汽车制造和金属制品业；荆门市优势产业主要为化学原料和化学制品制造业、农副食品加工业和通用设备制造业；孝感市纺织服装、服饰业、纺织业、食品制造业比较优势较为明显；鄂州市通用设备制造业、金属制品业和采矿业具备一定比较优势。

表 3-5　地级单元优势产业（企业法人单位从业人员数区位熵>1.5）

| 行业 | 区位熵 | 行业 | 区位熵 |
|---|---|---|---|
| 武汉市 | | 荆门市 | |
| 烟草制品业* | 2.6 | 石油、煤炭及其他燃料加工业* | 6.8 |
| 金融业* | 2.3 | 废弃资源综合利用业* | 3.8 |
| 信息传输、软件和信息技术服务业 | 2.1 | 皮革、毛皮、羽毛及其制品和制鞋业* | 3.7 |
| 计算机、通信和其他电子设备制造业 | 1.8 | 化学原料和化学制品制造业 | 3.7 |
| 科学研究和技术服务业 | 1.6 | 农副食品加工业 | 3.6 |
| 宜昌市 | | 通用设备制造业 | 2.1 |
| 化学原料和化学制品制造业 | 2.6 | 木材加工和木、竹、藤、棕、草制品业* | 2.0 |

续表

| 行业 | 区位熵 | 行业 | 区位熵 |
|---|---|---|---|
| 酒、饮料和精制茶制造业 | 2.5 | 非金属矿物制品业 | 1.7 |
| 食品制造业 | 2.4 | 农、林、牧、渔业 | 1.6 |
| 采矿业 | 1.9 | 铁路、船舶、航空航天和其他运输设备制造业* | 1.6 |
| 印刷和记录媒介复制业* | 1.8 | 文教、工美、体育和娱乐用品制造业* | 1.6 |
| 铁路、船舶、航空航天和其他运输设备制造业* | 1.7 | 采矿业 | 1.6 |
| 文教、工美、体育和娱乐用品制造业* | 1.7 | **孝感市** | |
| 非金属矿物制品业 | 1.6 | 纺织服装、服饰业 | 3.2 |
| **襄阳市** | | 皮革、毛皮、羽毛及其制品和制鞋业* | 3.1 |
| 化学纤维制造业* | 6.0 | 造纸和纸制品业* | 3.0 |
| 汽车制造业 | 2.4 | 文教、工美、体育和娱乐用品制造业* | 2.6 |
| 其他制造业* | 2.2 | 纺织业 | 2.4 |
| 铁路、船舶、航空航天和其他运输设备制造业* | 2.1 | 食品制造业 | 2.2 |
| 纺织业 | 1.7 | 印刷和记录媒介复制业* | 1.9 |
| 电气机械和器材制造业 | 1.7 | 橡胶和塑料制品业 | 1.7 |
| **十堰市** | | 农、林、牧、渔业 | 1.6 |
| 汽车制造业 | 5.6 | **鄂州市** | |
| **黄石市** | | 黑色金属冶炼和压延加工业* | 4.4 |
| 有色金属冶炼和压延加工业* | 11.3 | 通用设备制造业 | 3.2 |
| 皮革、毛皮、羽毛及其制品和制鞋业* | 4.9 | 金属制品业 | 2.7 |
| 黑色金属冶炼和压延加工业* | 4.0 | 废弃资源综合利用业* | 2.7 |
| 采矿业 | 3.9 | 采矿业 | 2.4 |
| 废弃资源综合利用业* | 3.2 | 铁路、船舶、航空航天和其他运输设备制造业* | 2.3 |
| 专用设备制造业 | 2.2 | 非金属矿物制品业 | 1.9 |
| 通用设备制造业 | 2.0 | 专用设备制造业 | 1.8 |

续表

| 行业 | 区位熵 | 行业 | 区位熵 |
|---|---|---|---|
| 非金属矿物制品业 | 2.0 | 橡胶和塑料制品业 | 1.7 |
| 纺织服装、服饰业 | 1.7 | 石油、煤炭及其他燃料加工业* | 1.6 |
| 酒、饮料和精制茶制造业 | 1.6 | **咸宁市** | |
| **荆州市** | | 木材加工和木、竹、藤、棕、草制品业* | 5.0 |
| 农、林、牧、渔业 | 2.6 | 印刷和记录媒介复制业* | 3.9 |
| 农副食品加工业 | 2.3 | 纺织业 | 2.2 |
| 造纸和纸制品业* | 1.8 | 废弃资源综合利用业* | 2.0 |
| 化学原料和化学制品制造业 | 1.6 | 水利、环境和公共设施管理业 | 2.0 |
| 木材加工和木、竹、藤、棕、草制品业* | 1.6 | 橡胶和塑料制品业 | 1.9 |
| **黄冈市** | | 卫生和社会工作 | 1.6 |
| 家具制造业* | 6.4 | **恩施土家族苗族自治州** | |
| 食品制造业 | 2.2 | 烟草制品业* | 4.0 |
| 建筑业 | 1.9 | 住宿和餐饮业 | 2.2 |
| 造纸和纸制品业* | 1.9 | 卫生和社会工作 | 1.9 |
| 医药制造业 | 1.8 | 酒、饮料和精制茶制造业 | 1.8 |
| 有色金属冶炼和压延加工业* | 1.7 | 居民服务、修理和其他服务业 | 1.7 |
| **随州市** | | 教育 | 1.7 |
| 汽车制造业 | 3.2 | 批发和零售业 | 1.6 |
| 金属制品业 | 2.2 | | |

注：加＊产业的全省企业法人从业人员数少于10万人（占全省比重低于0.5%）

资料来源：湖北省第四次经济普查资料。

# 二、中心城市竞争力及典型特征分析

## （一）中心城市的内涵特征和竞争力评价体系

中心城市是指在一定地域空间范围内在区域发展上占据主导和具有控

制性影响的城市,其主要表现为拥有区域内相对优势的经济实力,是区域各类生产要素(原料、劳力、资金、产品、技术、信息)的集散中心,并能影响区域经济的发展方向和进程。其主要职能主要包含三个方面:

——主导性:主要指中心城市经济和人口集聚程度较高,在区域经济中占据主导,是引领区域发展具有较高首位度的城市。

——先导性:是指技术、制度及组织管理体制等方面的创新能力,在区域经济发展中起着科技创新和组织管理的示范引导作用。

——集聚性:集聚性是指对资金、人才、劳动力、技术、信息以及其他物质性原材料的吸引能力。由于集聚所产生的内部和外部规模经济效益,促使上述生产要素从区域的其他地区向中心城市迁移,使中心城市发展为区域性的金融中心、商贸中心、信息中心、运输中心、技术创新中心、人才集聚地等。

——扩散性:是指经济中心城市向周围腹地的经济扩散和辐射影响力。扩散是经济中心与腹地之间与集聚力呈相反方向的经济联系形式,扩散的内容包括资金、人才、产品、技术、信息、观念、制度等。在经济中心发育的初级阶段,集聚作用远远强于扩散作用;随着经济中心的发展,其扩散作用或对腹地的经济带动作用会不断增强,从而发展成为区域经济循环的控制中心。

根据中心城市基本特征,综合考虑指标的科学性、实用性、系统性、可获得性和可比性,构建体现中心城市竞争力的指标体系,重点反映中心城市经济和人口集聚程度、创新策源能力(科技研发水平、智力资本水平)、要素配置和生产服务水平、门户枢纽功能,以及城市绿色宜居和公共服务等保障水平。

为提高城市间可比性,本研究统一利用《2019年中国城市统计年鉴》和《2018年中国城市建设统计年鉴》数据[①],通过将17个考察指标无量纲化

---

① 数据年份均为2018年。

处理，采取统一权重加总的方法，对全国 298 个地级城市开展竞争力评价分析。

表 3-6　中心城市竞争力指标体系

| 考察维度 | 考察内容 | 主要指标 |
|---|---|---|
| 现状基础 | 经济和人口集聚程度 | GDP（亿元） |
| | | 城区常住人口（万人） |
| | | 净流入人口（万人） |
| 成长潜力 | 科技研发 | 科学研究、技术服务和地质勘查业城镇单位就业人数占比（%） |
| | | 专利授权数（件） |
| | 智力资本 | 普通本专科在校学生数量（人） |
| | | 普通高等学校数量（个） |
| | 要素配置和生产服务功能 | 租赁和商务服务业城镇单位就业人数占比（%） |
| | | 信息传输、计算机服务和软件业城镇单位就业人数占比（%） |
| | | 社会消费品零售总额（亿元） |
| | 门户枢纽功能 | 客运量（万人） |
| | | 货运量（万吨） |
| | | 货物进出口总额（亿元） |
| 可持续发展 | 绿色宜居和生活保障 | 人均公园绿地面积（平方米） |
| | | 每万人医院床位数（张） |
| | | 公共图书馆图书藏量（万册） |
| | | 博物馆数（个） |

## （二）湖北省中心城市竞争力呈现四档分布

从综合竞争力看，根据城市竞争力综合指数，湖北省 12 个地级市可以大致划分为四类。

第一类：成熟型中心城市。主要包括武汉市，其在全国范围具有强大的

127

竞争力,是中部地区的龙头城市。武汉市综合竞争力排名中部地区第一位,在全国 298 个城市中位列第六,仅次于北京、上海、广州、深圳、重庆等城市。

第二类:成长型中心城市。主要包括宜昌市和襄阳市,其在全国范围具有一定竞争力,在中部地区具有较强竞争力。宜昌市和襄阳市综合竞争力在中部地区 80 个城市中位列第 8 和第 9,在全国 298 个城市中位列第 59 和 66 位。

第三类:培育型中心城市。主要包括十堰市、黄石市、咸宁市和荆州市,其竞争力水平位于全省和中部地区中游水平,具有加快培育成区域性中心城市的潜力。十堰市、黄石市、咸宁市和荆州市综合竞争力位于全国 100— 200 名以内,中部地区前 60 名,具有一定发展基础和条件,可作为继宜昌和襄阳之后重点培育的区域性中心城市。

第四类:潜在型中心城市。具体包括黄冈市、荆门市、孝感市、鄂州市和随州市。这些城市综合竞争力较弱,竞争力排名位于全国 200 名之后,中部地区 50 名之后。

表 3-7　湖北省地级市竞争力指数全国排名

| 类型 | 城市 | 全国排名<br>(298 个地级市) | 中部地区排名<br>(80 个地级市) | 全省排名 |
|---|---|---|---|---|
| 成熟型 | 武汉市 | 6 | 1 | 1 |
| 成长型 | 宜昌市 | 59 | 8 | 2 |
| | 襄阳市 | 66 | 9 | 3 |
| 培育型 | 十堰市 | 111 | 19 | 4 |
| | 黄石市 | 169 | 34 | 5 |
| | 咸宁市 | 183 | 40 | 6 |
| | 荆州市 | 190 | 45 | 7 |

| 类型 | 城市 | 全国排名（298个地级市） | 中部地区排名（80个地级市） | 全省排名 |
|---|---|---|---|---|
| 潜在型 | 黄冈市 | 221 | 57 | 8 |
| | 荆门市 | 222 | 58 | 9 |
| | 孝感市 | 239 | 67 | 10 |
| | 鄂州市 | 269 | 76 | 11 |
| | 随州市 | 282 | 79 | 12 |

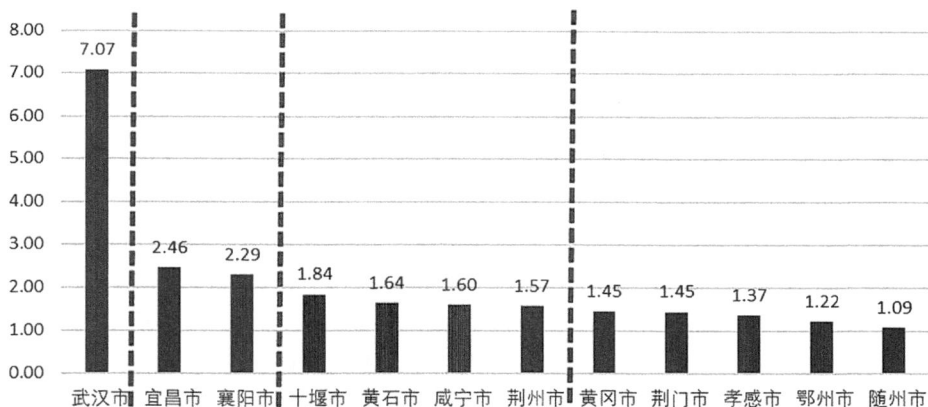

图3-7　湖北省地级市竞争力指数排名

从竞争力分项排名看,武汉、宜昌、襄阳在经济和人口集聚程度、科技研发、要素配置和生产服务功能、门户枢纽功能等方面占据全省核心地位,分项竞争力均位列全省前三。十堰市在智力资本和可持续发展方面具有一定优势,普通本专科在校学生数量和普通高等学校数量均位列全省第三,人均公园绿地面积位列全省第三、每万人医院床位数位列全省第二。荆州市在智力资本方面具有一定竞争力,全市普通本专科在校学生数和普通高等学校数量均位列全省第二。黄石市在科技研发和可持续发展方面具有一定竞争力(科学研究、技术服务和地质勘查业城镇单位就业人数占比和每万人医院床位数位列全省第四),咸宁市在要素配置和生产服务功能方面具有一定竞争力(信息传输、计算机服务和软件业城镇单位就业人数占比位列全省第二)。

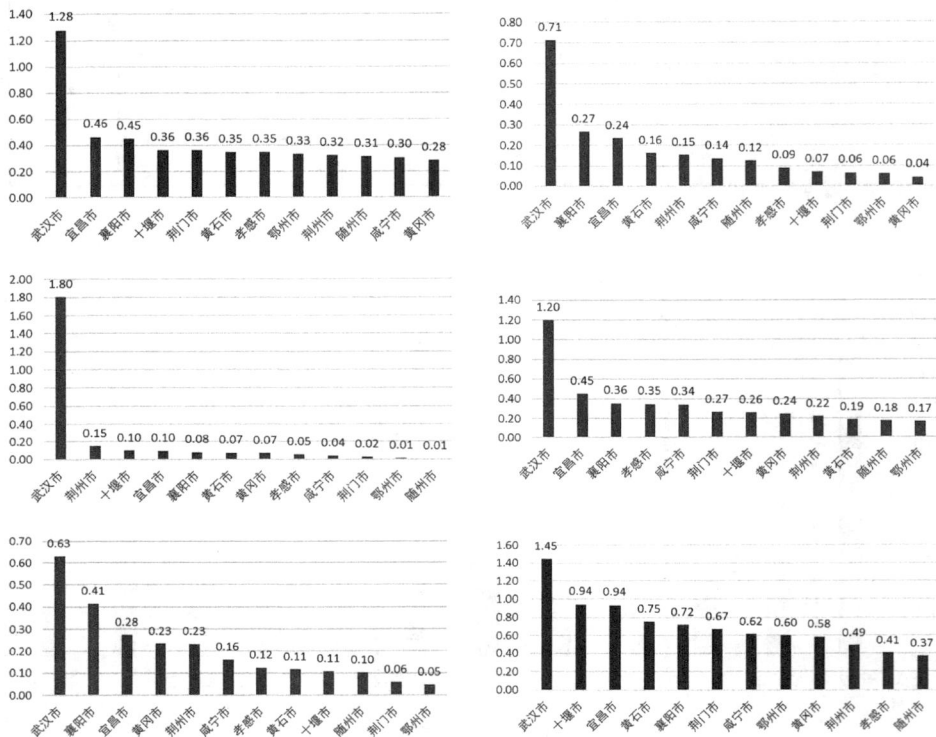

图 3-8　湖北省地级市竞争力指数分项排名

## (三)成熟型中心城市武汉呈现"四强四弱"典型特征:与副省级城市对比分析

从整体看,武汉市在副省级城市中具备较强竞争力,综合竞争力指数位列副省级城市第三名,落后于广州和深圳,与成都市水平相当。与副省级城市对比发现,武汉市呈现出"四强四弱"的典型特征。

表 3-8  副省级城市竞争力排名

| 省份 | 城市 | 排名 | 综合竞争力指数 | 经济和人口集聚程度 | 科技研发 | 智力资本 | 要素配置和生产服务功能 | 门户枢纽功能 | 可持续发展 |
|---|---|---|---|---|---|---|---|---|---|
| 广东省 | 广州市 | 1 | 10.1 | 1.9 | 1.1 | 1.9 | 1.8 | 1.7 | 1.6 |
| 广东省 | 深圳市 | 2 | 7.8 | 2.2 | 1.3 | 0.2 | 1.4 | 1.3 | 1.4 |
| 湖北省 | 武汉市 | 3 | 7.1 | 1.3 | 0.7 | 1.8 | 1.2 | 0.6 | 1.4 |
| 四川省 | 成都市 | 4 | 7.0 | 1.2 | 0.7 | 1.4 | 1.4 | 0.6 | 1.7 |
| 浙江省 | 杭州市 | 5 | 6.4 | 1.1 | 0.7 | 0.8 | 1.3 | 0.5 | 1.9 |
| 江苏省 | 南京市 | 6 | 6.4 | 1.1 | 0.7 | 1.2 | 1.6 | 0.5 | 1.3 |
| 陕西省 | 西安市 | 7 | 6.2 | 0.8 | 1.0 | 1.3 | 1.0 | 0.6 | 1.6 |
| 山东省 | 济南市 | 8 | 4.9 | 0.8 | 0.5 | 1.0 | 1.1 | 0.3 | 1.3 |
| 黑龙江省 | 哈尔滨市 | 9 | 4.7 | 0.7 | 0.2 | 1.0 | 1.2 | 0.2 | 1.4 |
| 辽宁省 | 大连市 | 10 | 4.6 | 0.8 | 0.3 | 0.6 | 1.2 | 0.6 | 1.2 |
| 辽宁省 | 沈阳市 | 11 | 4.5 | 0.8 | 0.5 | 0.9 | 0.7 | 0.4 | 1.3 |
| 吉林省 | 长春市 | 12 | 4.1 | 0.7 | 0.5 | 0.8 | 0.7 | 0.2 | 1.1 |
| 浙江省 | 宁波市 | 13 | 4.1 | 0.9 | 0.5 | 0.3 | 0.6 | 0.8 | 1.0 |
| 山东省 | 青岛市 | 14 | 4.0 | 0.9 | 0.4 | 0.6 | 0.6 | 0.5 | 0.9 |
| 福建省 | 厦门市 | 15 | 3.0 | 0.7 | 0.3 | 0.3 | 0.5 | 0.5 | 0.7 |

一是强智力资本、弱创新转化。武汉市普通高等学校数量和普通本专科在校学生数量分别位列副省级城市第一名和第二名,然而武汉市专利授权数仅排名第 7,分别仅为深圳、广州、成都的 23.1%、36.1%和 56.5%。

表 3-9  副省级城市科技研发和智力资本水平(2018 年)

| 城市 | 普通高等学校数量(个) | | 普通本专科在校学生数量(万人) | | 专利授权数(万件) | |
|---|---|---|---|---|---|---|
| | 排名 | 数量 | 排名 | 数量 | 排名 | 数量 |
| 广州市 | 2 | 82.0 | 1 | 108.6 | 2 | 9.0 |
| 武汉市 | 1 | 84.0 | 2 | 96.9 | 7 | 3.2 |
| 成都市 | 4 | 57.0 | 3 | 84.0 | 3 | 5.7 |

续表

| 城市 | 普通高等学校数量（个） | | 普通本专科在校学生数量（万人） | | 专利授权数（万件） | |
|------|------|------|------|------|------|------|
| | 排名 | 数量 | 排名 | 数量 | 排名 | 数量 |
| 南京市 | 5 | 53.0 | 4 | 72.7 | 6 | 4.4 |
| 西安市 | 3 | 63.0 | 5 | 71.3 | 8 | 3.2 |
| 济南市 | 8 | 43.0 | 6 | 56.8 | 11 | 2.1 |
| 哈尔滨市 | 6 | 51.0 | 7 | 50.4 | | |
| 长春市 | 9 | 40.0 | 8 | 44.7 | 14 | 1.0 |
| 杭州市 | 10 | 40.0 | 9 | 43.2 | 4 | 5.5 |
| 青岛市 | 12 | 25.0 | 10 | 39.8 | 9 | 2.3 |
| 沈阳市 | 7 | 47.0 | 11 | 39.1 | 12 | 1.3 |
| 大连市 | 11 | 30.0 | 12 | 28.0 | 13 | 1.1 |
| 厦门市 | 13 | 16.0 | 13 | 16.2 | 10 | 2.1 |
| 宁波市 | 14 | 13.0 | 14 | 15.0 | 5 | 4.5 |
| 深圳市 | 15 | 13.0 | 15 | 11.3 | 1 | 14.0 |

二是强消费市场潜力,弱高端生产服务。武汉市社会消费品零售总额列副省级城市第二位,仅次于广州市,反映了武汉的消费市场潜力巨大;然而,武汉高端生产服务功能相对较弱,租赁和商务服务业和信息传输、计算机服务和软件业城镇就业人数占比仅分别为3.4%和4.5%,分别低于成都2个和0.9个百分点,低于深圳2.5个和0.9个百分点,低于广州3.5个和1.7个百分点,反映武汉对高端要素资源的集聚和控制能力相对偏弱。

表3-10　副省级城市要素配置和生产服务功能主要指标（2018年）

| 城市 | 租赁和商务服务业城镇单位就业人数占比（%） | | 信息传输、计算机服务和软件业城镇单位就业人数占比（%） | | 社会消费品零售总额（亿元） | |
|------|------|------|------|------|------|------|
| | 排名 | 数量 | 排名 | 数量 | 排名 | 数量 |
| 哈尔滨市 | 1 | 7.2 | 10 | 3.7 | 11 | 4125.1 |
| 广州市 | 2 | 6.9 | 4 | 6.3 | 1 | 9256.2 |

续表

| 城市 | 租赁和商务服务业城镇单位就业人数占比(%) | | 信息传输、计算机服务和软件业城镇单位就业人数占比(%) | | 社会消费品零售总额(亿元) | |
|------|------|------|------|------|------|------|
| | 排名 | 数量 | 排名 | 数量 | 排名 | 数量 |
| 深圳市 | 3 | 6.0 | 6 | 5.5 | 4 | 6168.9 |
| 成都市 | 4 | 5.4 | 7 | 5.4 | 3 | 6801.8 |
| 南京市 | 5 | 4.6 | 1 | 8.5 | 5 | 5832.5 |
| 杭州市 | 6 | 4.5 | 5 | 5.7 | 6 | 5715.3 |
| 大连市 | 7 | 3.5 | 2 | 7.0 | 13 | 3880.1 |
| 武汉市 | 8 | 3.4 | 9 | 4.5 | 2 | 6843.9 |
| 长春市 | 9 | 3.4 | 11 | 2.9 | 14 | 3003.6 |
| 厦门市 | 10 | 3.0 | 12 | 2.5 | 15 | 1542.4 |
| 宁波市 | 11 | 2.8 | 15 | 0.9 | 10 | 4154.9 |
| 西安市 | 12 | 2.7 | 8 | 5.2 | 8 | 4658.5 |
| 沈阳市 | 13 | 2.6 | 13 | 2.0 | 12 | 4051.2 |
| 青岛市 | 14 | 2.2 | 14 | 1.4 | 7 | 4842.5 |
| 济南市 | 15 | 2.0 | 3 | 6.5 | 9 | 4404.5 |

三是强交通区位,弱枢纽组织。武汉是我国重要的综合交通枢纽,是内陆市场腹地和中部商品集散中心,具有承东启西、接南转北、吸引四面、辐射八方的区位优势。然而,武汉的枢纽门户作用未充分发挥。2018年,武汉市客运量仅列副省级城市第7位;航空枢纽功能尤为不足,2018年武汉民用航空客运量和货邮运量分别仅为成都的29.3%和29.8%;同时,开放短板明显,货物进出口总额列副省级城市第11位,仅为深圳的7.2%、广州的21.9%和成都的43.1%。

表3-11 副省级城市门户枢纽功能主要指标(2018年)

| 城市 | 客运量(万人) | 货运量(万吨) | 货物进出口总额(亿元) |
|------|------|------|------|
| 深圳市 | 11589.0 | 32707.8 | 29983.7 |
| 广州市 | 34693.0 | 124777.1 | 9811.6 |

续表

| 城市 | 客运量（万人） | 货运量（万吨） | 货物进出口总额（亿元） |
|---|---|---|---|
| 宁波市 | 5220.0 | 58759.6 | 8576.3 |
| 厦门市 | 7348.0 | 30838.6 | 6002.1 |
| 青岛市 | 7217.0 | 29955.0 | 5316.1 |
| 杭州市 | 12586.0 | 34901.1 | 5245.3 |
| 成都市 | 14769.0 | 28289.5 | 4983.2 |
| 大连市 | 8840.0 | 43002.5 | 4763.8 |
| 南京市 | 9574.0 | 29807.6 | 4317.2 |
| 西安市 | 20020.0 | 25722.3 | 3303.2 |
| 武汉市 | 10419.0 | 55144.8 | 2148.4 |
| 长春市 | 6793.0 | 12429.5 | 1054.6 |
| 沈阳市 | 15163.0 | 23040.0 | 984.3 |
| 济南市 | 4081.0 | 25646.6 | 870.5 |
| 哈尔滨市 | 6970.0 | 7378.5 | 209.7 |

四是强生态本底、弱环境质量。武汉所处地区位于国土地理核心区，以江汉平原、长江沿岸平原为主，地势低平，湖泊星罗，水网密布，被称为"百湖之市""湿地之城"，具有良好的生态本底。然而武汉市生态环境品质短板突出，人均公园绿地面积在副省级城市中排名最后，空气质量优良天数排名倒数第三，武汉公共图书馆图书藏量仅列副省级城市倒数第五，仅为深圳、广州、成都的17.7%、28.7%和36.5%，绿色城市、宜居城市、人文城市建设进展相对滞后。

**（四）成长型中心城市凸显五大发展短板：与典型省份第二梯队城市比较分析**

选取与襄阳和宜昌发展水平和综合竞争力接近或略强的城市，主要以江苏、浙江、山东、河南等省份10个典型省内第二梯队中心城市为样本，通过全面对标对表，研判湖北省成长型中心城市实现次级突破的关键环节。

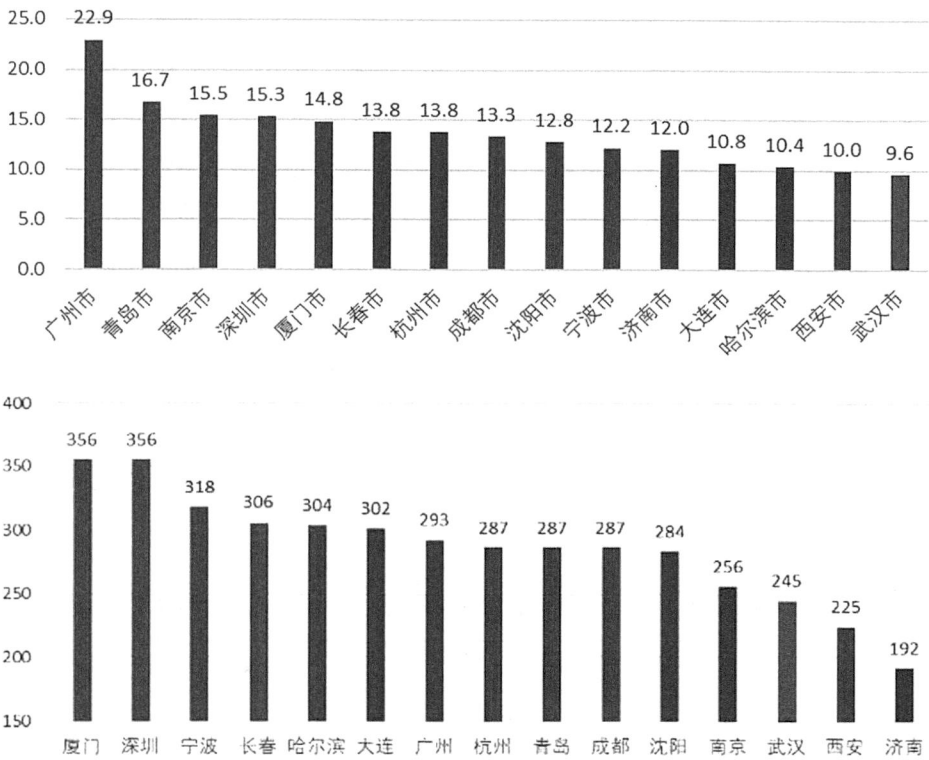

图 3-9 副省级城市生态环境主要指标（2018 年）

表 3-12 典型成长型中心城市分析样本

| 省份 | 城市 | 全国综合竞争力排名 | 2018 年城市 GDP（亿元） |
|---|---|---|---|
| 浙江省 | 温州市 | 36 | 6006.2 |
| 山东省 | 烟台市 | 39 | 7832.6 |
| 河南省 | 洛阳市 | 40 | 4640.8 |
| 山东省 | 潍坊市 | 41 | 6156.8 |
| 江苏省 | 常州市 | 43 | 7050.3 |
| 江苏省 | 南通市 | 46 | 8427.0 |
| 江苏省 | 徐州市 | 50 | 6755.2 |
| 浙江省 | 台州市 | 57 | 4874.7 |
| 湖北省 | 宜昌市 | 59 | 4039.3 |

| 省份 | 城市 | 全国综合竞争力排名 | 2018年城市GDP（亿元） |
|------|------|------------------|---------------------|
| 湖北省 | 襄阳市 | 66 | 4401.0 |
| 浙江省 | 绍兴市 | 69 | 5416.9 |
| 浙江省 | 嘉兴市 | 76 | 4872.0 |

一是中心城区综合承载能力不足。与典型城市相比,襄阳和宜昌城区人口规模较小短板突出,中心城区人口分别位列样本城市中倒数第4和倒数第2,城市对外来人口吸引力不足,襄阳呈现人口净流出态势,宜昌市净流入人口21.6万人,仅位列样本城市第七位。因此,宜昌和襄阳需要坚持做大做强中心城市,增加城市人口和经济综合承载能力,进一步激发城市经济集聚效应和规模效应。

表3-13　典型成长型中心城市人口集聚程度主要指标（2018年）单位:万人

| 城市 | 城区常住人口 | | 净流入人口 | |
|------|------|------|------|------|
| | 排名 | 数值 | 排名 | 数值 |
| 南通市 | 6 | 163.4 | 10 | −32.3 |
| 烟台市 | 4 | 218.6 | 4 | 56.6 |
| 常州市 | 2 | 234.1 | 3 | 90.3 |
| 徐州市 | 5 | 206.7 | 12 | −166.7 |
| 潍坊市 | 8 | 149.8 | 6 | 22.8 |
| 温州市 | 3 | 221.7 | 2 | 94.2 |
| 绍兴市 | 7 | 151.3 | 5 | 55.2 |
| 台州市 | 10 | 105.1 | 8 | 7.8 |
| 嘉兴市 | 12 | 79.7 | 1 | 109.1 |
| 洛阳市 | 1 | 236.0 | 11 | −54.6 |
| 襄阳市 | 9 | 132.6 | 9 | −25.9 |
| 宜昌市 | 11 | 93.1 | 7 | 21.6 |

二是城市创新动力不足,人才等智力资本整体规模较小。襄阳和宜昌

与典型城市相比，创新短板尤为突出，专利授权数位列 12 个样本城市倒数后两位，普通本专科在校生数量和普通高等学校数量均位列倒数第二和倒数第三。襄阳和宜昌专利授权量分别仅为温州的 10.8% 和 17.4%，仅为洛阳的 47.1% 和 75.8%；普通高等学校数量明显偏少，大部分样本城市具有10 个以上普通高等学校，而襄阳和宜昌各有 5 个普通高等学校。因此，需要进一步加强宜昌和襄阳高等教育发展，大力引建优质普通高校，吸引大学生等优质储备人才，激发城市创新活力。

表 3-14　典型成长型中心城市科技研发和智力资本主要指标（2018 年）

| 城市 | 科学研究、技术服务和地质勘查业城镇单位就业人数占比 | | 专利授权数（件） | | 普通本专科在校学生数量（人） | | 普通高等学校数量（个） | |
|---|---|---|---|---|---|---|---|---|
| | 排名 | 数值 | 排名 | 数值 | 排名 | 数值 | 排名 | 数值 |
| 洛阳市 | 1 | 3.2 | 9 | 8789.0 | 4 | 126250.0 | 8 | 7.0 |
| 常州市 | 2 | 2.6 | 6 | 23334.0 | 5 | 105017.0 | 6 | 10.0 |
| 襄阳市 | 3 | 2.3 | 12 | 4140.0 | 11 | 40808.0 | 11 | 5.0 |
| 宜昌市 | 4 | 1.9 | 11 | 6662.0 | 10 | 57661.0 | 10 | 5.0 |
| 嘉兴市 | 5 | 1.9 | 4 | 24589.0 | 9 | 70711.0 | 9 | 6.0 |
| 烟台市 | 6 | 1.9 | 10 | 7669.0 | 1 | 234714.0 | 2 | 12.0 |
| 徐州市 | 7 | 1.3 | 8 | 11247.0 | 3 | 130699.0 | 3 | 12.0 |
| 潍坊市 | 8 | 0.9 | 7 | 12765.0 | 2 | 184721.0 | 1 | 15.0 |
| 温州市 | 9 | 0.8 | 1 | 38181.0 | 8 | 88810.0 | 5 | 11.0 |
| 台州市 | 10 | 0.7 | 3 | 26288.0 | 12 | 35216.0 | 12 | 4.0 |
| 南通市 | 11 | 0.6 | 5 | 24578.0 | 7 | 95306.0 | 7 | 9.0 |
| 绍兴市 | 12 | 0.6 | 2 | 37288.0 | 6 | 99270.0 | 4 | 11.0 |

三是城市生产服务功能有待加强，城市消费市场活力有待进一步激发。襄阳生产性服务业就业占比处于样本城市中游，宜昌市信息传输、计算机服务和软件业就业占比位列样本城市倒数第四。同时，两个城市消费市场规模较小、活力不足，社会消费品零售总额位列样本城市末位。

表 3-15　典型成长型中心城市要素配置和生产服务功能主要指标（2018 年）

| 城市 | 租赁和商务服务业城镇单位就业人数占比 | | 信息传输、计算机服务和软件业城镇单位就业人数占比 | | 社会消费品零售总额（亿元） | |
|---|---|---|---|---|---|---|
| | 排名 | 数值 | 排名 | 数值 | 排名 | 数值 |
| 温州市 | 5 | 2.7 | 9 | 0.7 | 1 | 3337.1 |
| 徐州市 | 4 | 2.8 | 6 | 0.9 | 2 | 3102.0 |
| 南通市 | 8 | 1.5 | 12 | 0.4 | 3 | 3088.8 |
| 烟台市 | 9 | 1.1 | 4 | 1.1 | 4 | 3079.4 |
| 潍坊市 | 10 | 1.1 | 2 | 1.3 | 5 | 2702.7 |
| 常州市 | 3 | 2.8 | 3 | 1.2 | 6 | 2613.2 |
| 台州市 | 7 | 1.5 | 10 | 0.6 | 7 | 2366.9 |
| 洛阳市 | 11 | 1.1 | 1 | 1.8 | 8 | 2154.9 |
| 绍兴市 | 12 | 0.8 | 11 | 0.4 | 9 | 2007.6 |
| 嘉兴市 | 1 | 4.2 | 7 | 0.8 | 10 | 1938.6 |
| 襄阳市 | 6 | 2.2 | 5 | 1.0 | 11 | 1659.0 |
| 宜昌市 | 2 | 4.1 | 8 | 0.8 | 12 | 1484.0 |

四是交通枢纽功能较强,但对外开放短板突出。宜昌和襄阳在交通物流枢纽方面具备一定竞争力优势,两市客运量分别排名第二和第四,襄阳市货运量排名样本城市第一。然而,宜昌和襄阳对外开放短板突出,货物进出口总额位列样本城市倒数第三和倒数第二。

表 3-16　典型成长型中心城市门户枢纽主要指标（2018 年）

| 城市 | 客运量（万人） | | 货运量（万吨） | | 货物进出口总额（亿元） | |
|---|---|---|---|---|---|---|
| | 排名 | 数值 | 排名 | 数值 | 排名 | 数值 |
| 温州市 | 1 | 21446.0 | 10 | 15975.8 | 8 | 1507.2 |
| 宜昌市 | 2 | 11259.0 | 9 | 16001.4 | 10 | 202.2 |
| 洛阳市 | 3 | 10820.0 | 5 | 26324.1 | 12 | 143.7 |
| 襄阳市 | 4 | 10806.0 | 1 | 34329.3 | 11 | 188.3 |
| 徐州市 | 5 | 10212.0 | 4 | 27621.0 | 9 | 773.7 |
| 南通市 | 6 | 7562.0 | 7 | 23136.6 | 3 | 2542.9 |

| 城市 | 客运量（万人） | | 货运量（万吨） | | 货物进出口总额（亿元） | |
|---|---|---|---|---|---|---|
| | 排名 | 数值 | 排名 | 数值 | 排名 | 数值 |
| 台州市 | 7 | 7223.0 | 3 | 29151.4 | 6 | 1743.0 |
| 烟台市 | 8 | 6299.0 | 6 | 25777.9 | 1 | 3047.6 |
| 潍坊市 | 9 | 6162.0 | 2 | 29900.4 | 7 | 1623.4 |
| 常州市 | 10 | 4799.0 | 11 | 15533.8 | 4 | 2266.4 |
| 嘉兴市 | 11 | 3218.0 | 8 | 16133.0 | 2 | 2821.2 |
| 绍兴市 | 12 | 2905.0 | 12 | 14161.0 | 5 | 2240.3 |

五是城市生态环境和历史文化优势未能充分彰显。宜昌和襄阳人均公园绿地面积处于样本城市中下游水平；襄阳市医疗卫生短板突出，每万人医院床位数排名第八；宜昌和襄阳人文城市建设进展相对滞后，公共图书馆图书藏量和博物馆个数与典型城市相比明显较少。

表 3-17　典型成长型中心城市可持续发展主要指标（2018 年）

| 城市 | 人均公园绿地面积（平方米） | | 每万人医院床位数（张） | | 公共图书馆图书藏量（万册） | | 博物馆数（个） | |
|---|---|---|---|---|---|---|---|---|
| | 排名 | 数值 | 排名 | 数值 | 排名 | 数值 | 排名 | 数值 |
| 南通市 | 1 | 19.0 | 3 | 48.5 | 5 | 680.0 | 8 | 22.0 |
| 潍坊市 | 2 | 18.4 | 5 | 45.4 | 8 | 453.0 | 3 | 50.0 |
| 嘉兴市 | 3 | 16.1 | 12 | | 3 | 877.0 | 5 | 39.0 |
| 烟台市 | 4 | 15.9 | 6 | 44.8 | 4 | 833.0 | 6 | 34.0 |
| 绍兴市 | 5 | 15.3 | 10 | 43.1 | 7 | 485.0 | 11 | 12.0 |
| 宜昌市 | 6 | 15.0 | 2 | 53.8 | 11 | 341.0 | 10 | 18.0 |
| 台州市 | 7 | 14.9 | 9 | 43.9 | 2 | 888.0 | 2 | 52.0 |
| 襄阳市 | 8 | 14.4 | 8 | 44.0 | 12 | 237.0 | 12 | 11.0 |
| 徐州市 | 9 | 14.3 | 4 | 47.3 | 9 | 386.0 | 9 | 21.0 |
| 温州市 | 10 | 12.9 | 11 | 40.5 | 1 | 1244.0 | 4 | 47.0 |
| 常州市 | 11 | 12.2 | 7 | 44.3 | 6 | 533.0 | 7 | 28.0 |
| 洛阳市 | 12 | 10.8 | 1 | 55.5 | 10 | 381.0 | 1 | 68.0 |

### （五）培育型和潜在型中心城市城区功能相对较弱：与中部地区非省会城市对比分析

通过与中部地区 76 个非省会地级市竞争力指标平均值对比,识别出湖北省培育型和潜在型中心城市的优势和短板。

从整体看,湖北省培育型和潜在型中心城市经济和人口承载能力和城市功能相对较弱。一是经济总量较小。十堰、黄石、咸宁经济总量为中部地区平均值的 70%—90%。二是人口均呈现净流出态势。其中,2018 年,荆州人口净流出高达 82 万人,咸宁城区常住人口仅为 41 万人,仅为中部地区平均值的 56.6%。三是创新和人才等内生发展动力不足。其中,十堰和咸宁专利授权数仅为中部地区平均值的 65% 左右。四是商务服务等城市功能相对较弱。其中,咸宁和荆州租赁和商务服务业城镇单位就业人数占比仅为 0.7%,不足中部地区平均值的一半。五是枢纽和开放功能短板较为明显。十堰和黄石货运量仅为中部地区平均值的 50% 左右,十堰和咸宁货物进出口总额仅为中部地区平均值的 30% 左右。六是城市公共服务保障能力相对较弱。文化设施建设相对滞后,咸宁和荆州的医疗卫生短板尤为突出。

分城市看,不同城市具有差异化的比较优势和短板。十堰市相对优势主要表现在城区人口规模、智力资本、消费市场及生产性服务业功能、城市建设品质和公共卫生医疗资源等方面;突出短板主要表现在科技研发、商务服务功能、门户枢纽功能以及人文城市建设等方面。黄石市相对优势主要表现在城区人口规模、科学研究相关从业人员就业结构、消费市场、对外开放、医疗卫生和公共图书馆资源等方面;突出短板主要表现在科技研发、智力资本、生产服务功能、交通物流枢纽、城市建设品质等方面。咸宁市相对优势主要表现在科学研究从业人员、信息传输、计算机服务和软件业就业、城市公园绿地建设水平等方面;突出短板主要表现在城区综合承载能力、科技研发、智力资本、消费市场、对外开放和交通枢纽、公共卫生医疗资源和文化资源等方面。荆州市相对优势主要表现在经济规模、城区人口规模、科技研发、智力资本、消费市场、交通物流枢纽等方面；突出短板主要表现在生产性服务业就业、对外开放、城市建设品质和公共服务等方面。黄冈市相对优势主要表现在经济规模、消费市场规模、客运枢纽、城市公共文化设施建设等方面；突出短板主要表现在城区综合承载能力、科技研发、智力资本、生产服务、交通运输枢纽和对外开放、城市建设品质和医疗卫生资源等方面。荆门市相对优势主要表现在生产性服务业就业、城市建设品质、医疗卫生资源等方面；突出短板主要表现在城区综合承载能力、科技研发、智力资本、枢纽门户和对外开放功能以及公共文化发展等方面。孝感市相对优势主要表现在经济规模、科技研发、消费市场等方面，突出短板主要表现在城区人口规模、智力资本、交通物流枢纽和对外开放、城市建设品质以及公共医疗卫生和文化建设等方面。鄂州市和随州市整体竞争力较低，各项指标短板均较为突出。

表 3-18　培育型和潜在型中心城市优势和短板汇总

| 竞争力维度 | | 十堰 | 黄石 | 咸宁 | 荆州 | 黄冈 | 荆门 | 孝感 | 鄂州 | 随州 |
|---|---|---|---|---|---|---|---|---|---|---|
| 经济和人口集聚程度 | GDP | × | × | × | √ | √ | × | √ | × | × |
| | 城区常住人口 | √ | √ | × | √ | × | × | × | × | × |
| | 净流入人口 | √ | √ | √ | × | × | √ | √ | √ | √ |
| 科技研发 | 科学研究、技术服务和地质勘查业就业 | × | √ | √ | √ | × | × | × | × | √ |
| | 专利授权数 | × | × | × | √ | × | × | √ | × | × |
| 智力资本 | 普通本专科在校学生 | √ | × | × | √ | × | × | × | × | × |
| | 普通高等学校 | √ | × | × | √ | × | × | × | × | × |

续表

| 竞争力维度 | | 十堰 | 黄石 | 咸宁 | 荆州 | 黄冈 | 荆门 | 孝感 | 鄂州 | 随州 |
|---|---|---|---|---|---|---|---|---|---|---|
| 要素配置和生产服务功能 | 租赁和商务服务业就业 | × | × | × | × | × | × | √ | × | × |
| | 信息传输、计算机服务和软件业就业 | √ | × | √ | × | × | √ | × | × | × |
| | 社会消费品零售总额 | √ | √ | × | √ | √ | × | √ | × | × |
| 门户枢纽功能 | 客运量 | × | × | √ | √ | √ | × | √ | × | × |
| | 货运量 | × | × | × | √ | × | × | × | × | × |
| | 货物进出口总额 | × | √ | × | × | × | × | × | × | × |
| 可持续发展 | 人均公园绿地面积 | √ | × | √ | × | √ | √ | × | √ | × |
| | 每万人医院床位数 | √ | √ | × | × | × | √ | × | × | × |
| | 公共图书馆图书藏量 | × | √ | × | × | × | × | × | × | × |
| | 博物馆数 | × | × | × | × | √ | × | × | × | × |

注:√代表优于中部地区除省会城市以外的 76 个地级城市平均值;×代表低于中部地区除省会城市以外的 76 个地级城市平均值。

# 三、提升湖北中心城市竞争力的总体思路

## (一)总体思路

按照"龙头提升、次级突破、多点支撑"的总体思路,以武汉—鄂州同城化为抓手,打造武汉大都市区,强力推动武汉从引领全省向引领中部、迈向全球转变,加快建设具有国际影响力的国家中心城市和国家科技创新中心,增强带动全省乃至中部地区高质量发展的龙头作用;把省域副中心城市建设作为优化全省城镇体系、提升全省区域经济竞争力的关键突破口,推动襄

阳和宜昌夯实功能、提升能级,增强对鄂西北和鄂西南地区的辐射带动作用,打造全省次区域强劲活跃增长极;加快提升黄石、十堰、荆门、孝感、荆州、黄冈、咸宁、随州、恩施等培育型和潜在型中心城市发展能级,重点提高中心城区综合承载能力,共同构建带动全省高质量发展的动力源系统。

——龙头提升。全面支持武汉做大做强,着力提升城市高端要素管理配置功能、创新策源和新动能孵化功能、门户枢纽功能,大力发展头部经济、枢纽经济、信创经济,全面提速存储器、航天产业、网络安全人才与创新、新能源和智能网联汽车四个国家产业基地建设,着力打造"光芯屏端网"万亿产业集群,增强高端要素、优质产业、先进功能、规模人口的集聚承载能力。显著提升对国内国外"两个扇面"的辐射带动作用,加快培育建设现代化大武汉都市圈,增强总部经济、研发设计、销售市场等对全省产业发展、科技创新、对外开放的服务带动能力,加快建设具有世界影响力的国家中心城市、国家科技创新中心、区域金融中心和国际化大都市,打造"双循环"中部地区核心枢纽城市。

——次极突破。提升省域副中心城市发展势能,增强省域副中心城市实体经济引领作用,建设区域性产业创新中心和先进制造业中心。夯实中心城市核心功能,增强城市交通物流枢纽功能、金融商务服务功能、消费吸引和文化创意功能、人才吸引和培育功能、医疗卫生保障功能,建设成为国家内陆地区战略腹地城市,打造成为全省推动就地就近城镇化、承接东部沿海地区产业转移、实体经济发展的重要载体。提升城市区域辐射带动能力,支持襄阳加快建设汉江流域中心城市,进一步发挥襄阳对鄂西北的辐射带动作用,引领襄十随城市群和汉江生态经济带发展;支持宜昌加快建设长江中上游区域性中心城市,进一步发挥宜昌对鄂西南地区的辐射带动作用,引领宜荆荆城市群和三峡地区、清江绿色发展。

——多点支撑。加快补齐地区性中心城市发展短板,夯实产业发展基础,完善功能平台建设,不断提升中心城区综合承载能力,推动各城市差异化特色化发展,推动十堰、黄石、咸宁、荆州等综合竞争力较强城市率先突破,与武汉国家中心城市和襄阳、宜昌省域副中心城市协同联动,形成支撑全省高质量发展的地方性增长极。

### (二)发展目标

中心城市竞争力大幅提升,形成梯次竞相跨越发展态势。至 2025 年,加快推动武汉实现 GDP 从 1 万亿量级向 2 万亿跨越、从省域中心城市向国家中心城市跨越,全省经济首位度维持在 35%以上;襄阳、宜昌省域副中心城市发展势能明显提升,GDP 跨越 5000 亿向准万亿级别迈进,两市合计占全省经济总量比重维持在 20%以上;重点推动至少 5 个培育型和潜在型中心城市 GDP 迈过 3000 亿元门槛,与武汉国家中心城市和襄阳、宜昌省域副中心城市协同联动,共同形成支撑全省高质量发展的动力源系统。

表 3-19　到 2025 年市(州)梯队经济总量目标

| 类　别 | 地　区 |
|---|---|
| 超过 2 万亿元的城市 | 武汉市 |
| 5000 亿—1 万亿元城市 | 襄阳市、宜昌市 |
| 3000 亿—5000 亿元城市 | 荆州、黄冈、孝感、荆门、十堰 |
| 2000 亿—3000 亿元城市 | 黄石、咸宁、随州、鄂州、恩施 |

## 四、龙头提升:推动武汉建设具有国际影响力的国家中心城市和"双循环"中部地区核心枢纽城市

### (一)功能提升,增强国家中心城市发展能级

重点聚焦高端要素管理配置、创新策源和新动能孵化、门户枢纽等核心

功能,打造更高能级的国家中心城市。

一是着力提升高端要素管理配置功能。做强总部管理功能,实施跨国公司"总部提升"计划和"增资激励"计划,吸引与武汉乃至全省产业发展关联性强、匹配度高的银行、保险、会计、法律、管理咨询等国际高端生产性服务企业总部和各级分支机构落户,推动全球功能性机构在武汉高度集聚。建设区域金融中心,做强资本配置功能,加强具有国际影响力的银行、保险、证券、期货、信托等金融机构的招引和培育,深化跨国公司总部外汇资金集中运营管理和双向人民币资金池创新,建设中部地区跨境人民币结算中心。增强区域性商贸中心功能,扩大武汉城市矿产交易所、农村综合产权交易所、航运交易所等交易平台的交易规模和辐射范围,探索组建商贸物流、节能减排、水权交易等特色区域性交易场所,培育新型大宗商品交易市场。建设国际消费中心城市,深化消费领域体制机制改革,打造世界级特色消费产品体系,打造首店经济、小店经济、夜间经济、假日经济,争取设立武汉市内免税店和天河国际机场进境免税店,打造中部地区商业消费高地。打造辐射中部、面向全国的现代服务经济中心,大力发展金融保险、现代商贸、创意设计、商务会展、文化旅游等高端服务业,加快推进"一都一枢纽、两城四中心"建设,打造世界设计之都、国家物流枢纽、中国软件名城、国际滨水旅游名城、中部金融中心、国家级会展中心、国家商贸中心和国家健康服务中心。

二是全面提升创新策源和新动能孵化功能。争创综合性国家科学中心,高水平推进东湖实验室建设,高标准规划建设长江科学城,争取布局一批重大科技基础装置,吸引聚集一批国家重点实验室、国家工程(技术)研究中心、科研研究院所,加快打造一流的基础科学研究基地。争创综合性国家产业创新中心,围绕集成电路、光电子信息、地球空间信息等具有国际竞争力的科技创新领域,持续增强前瞻性科研实力,围绕新材料、生物医药、新能源汽车等具备基础实力的产业领域,提升原始创新能力和本地化配套能力。构建充满活力的创新创业生态系统,构建全球高层次人才分布图、本地人才结构需求分布图和人才流动动态示意图,加强高端紧缺人才招引政策支持力度;构建覆盖产业全链条和企业全生命周期的创新服务体系,吸引全球创新型企业和创新团队落户武汉,催生更多原生性创新型企业;营造保护和鼓励创新的社会氛围,强化对知识产权的保护和运用,大力培育崇尚创新、包容失败的城市文化。

三是大力增强门户枢纽功能。建设对外大通道,加密国际国内航线,大力发展国际通程中转联运航线,提高到全球商务城市、新兴市场和旅游目的地的航班密度,实现至全球门户机场"天天有航班";建设以武汉为核心的中部陆海联运大通道,拓展中欧班列覆盖面,加密"江海直达"和近洋直航,开辟近海直航航线,构建服务中西部、辐射欧亚非的内陆型多式联运服务网络。打造现代化国际性综合交通枢纽,建设国际航空门户枢纽,扩大国内航线覆盖面,提高机场中转服务效率,优化机场中转流程,实现长距离洲际航线和短程国际、国内航线"国际转国际"和"国际转国内"的有效衔接,推动"航空+高铁/城际铁路""航空+地铁""航空+公交"等多种交通方式实现无缝高效换乘,完善"一体化"客货空地联运服务体系,扩大国际空港枢纽的辐射范围;建设长江中游航运中心,优化完善港口布局,加快推进长江深水航道整治工程,提升汉江航道等级;建设国际陆运枢纽,加快构建"米"字型高铁网和以武汉为中心的城际交通网络;开辟至西亚、欧洲等中欧班列,主动加强与沿线国家或地区知名货代和铁路运营商的战略合作,拓展海外端支线网络;推进国家公路主枢纽建设,加快货运枢纽和通道建设。

### (二)拓展空间,以"武鄂同城"构建武汉大都市区

针对武汉中心城区密度过高、发展空间受限、国土空间与资源承载力接近开放上限等瓶颈,率先推动武汉、鄂州同城化发展,"十四五"期间编制印发《武汉都市区(武汉—鄂州)国民经济和社会发展规划》,规划范围涵盖武汉市和鄂州市行政辖区,完善武鄂同城化顶层设计。

一是率先推动交通建设运营管理"同城同网"。加快都市区轨道交通建设,推动武汉地铁率先向鄂州延伸,推动不同运输方式间客票一体联乘和不同城市间一卡互通,推广应用电子化客票,实现武汉和鄂州轨道交通换乘站与铁路、公路、航空等重大综合交通枢纽和城市公共交通紧密衔接、有机换驳,构建都市区一体化轨道交通网络。

二是创新跨区域产业和市场协作机制。发挥国家级平台的区域带动作用,以共建武汉长江大湾区、光谷科技创新大走廊、国家综合性交通物流枢纽城市等为突破口,实施统一领导、统一规划、统一政策,在统一市场监管、统一区域标准、统一要素市场、统一政务服务、共建共享高端要素聚集平台等方面实现率先突破。

三是探索实施重大行政区划调整。将鄂州市所辖区划归武汉管辖,拓展武汉城市向东发展空间,促进湖北国际物流核心枢纽与武汉市特大城市功能对接、联动发展。

## (三)建圈筑群,武汉城市圈建设现代化都市圈发展样板

以空间同构、功能同建、产业同联、基础同网、服务同享、生态同保为目标,着力推进武汉城市圈一体化发展,以"三大功能圈"构建为核心,以光谷科技创新大走廊、航空港经济综合实验区、武汉新港建设为抓手,探索经济区和行政区适度分离,推动形成城市功能互补、要素优化配置、产业分工协作、交通便捷顺畅、公共服务均衡、环境和谐宜居的现代化大武汉都市圈。

强化城市间分工协作,建立"高效经济圈"。提升武汉核心竞争力和辐射带动能力,强化要素配置、创新策源、高端服务、门户枢纽等核心功能,推动部分功能和产能向周边城市疏解转移,增强周边城市产业承接转移能力,构建都市圈大中小城市和小城镇特色鲜明、优势互补的发展格局。加强城市间产业链条的上下游分工,推动价值链不同环节在都市圈范围内有序转移、合理分布,促进武汉产业高端化发展,推动周边城市先进制造业规模化、

特色化、专业化、集群化发展,构建都市圈"大集群、小族群"的产业协同发展格局。

推进基础设施一体化,打造"便捷通勤圈"。畅通都市圈交通网络,加强都市圈内城市市域和城际铁路、道路交通、毗邻地区公交线路对接,消除"断头路""瓶颈路",支持开行城际公交,推进都市圈内城市间公交一卡互通、票制资费标准一致。建设以轨道交通为骨干的都市通勤圈,推进武汉轨道交通适当向周边城市(镇)延伸,有序规划建设城际铁路和市域(郊)铁路,推进城际铁路公交化运营改造,探索与城市轨道交通、市域(郊)铁路实现"跨线直通、直接换乘"。统一规划建设都市圈内水、电、气、邮、信息等基础设施,支持城市间合作共建物流枢纽,强化市政基础设施协调布局和市政管网合理衔接,统筹推进第五代移动通信和新一代信息基础设施布局。

协同增强绿色宜居水平,共建"美好生活圈"。推动都市圈教育、医疗、文化等优质服务资源一卡通共享,积极推进集团化办学办医,推动医学检验检查结果跨地区、跨机构互认,鼓励都市圈城市联建共建养老机构,扩大公共服务辐射半径,打造优质生活空间。建设都市圈社会保障信息统一平台,推动基本养老保险、医疗保险、失业保险、住房公积金跨区域转移接续。推动都市圈政务服务实现同城化"一网通办",完善都市圈突发公共事件联防联控、灾害事件预防处理和紧急救援等联动机制。强化都市圈生态网络共建和环境联防联治,建立都市圈生态环境标准统一、环境监测监控体系统一、环境监管执法统一的"三统一"制度,统筹推进区域性重大生态工程建设,加强区域生态廊道、绿道衔接,积极发展生态康养等新业态,提升都市圈绿色发展水平。

探索经济区和行政区适度分离。建立都市圈内跨区域产业转移、重大基础设施建设、园区合作的成本分担和利益共享机制,创新重大项目、重大功能协作机制,完善重大经济指标划分和税收征管协调制度,推动异地办税、区域通办,建立健全区域投资、税收等利益争端处理机制,形成要素市场化配置良好环境。探索允许合作共建类型的经济区作为合作双方的共同排除机构实施授权管理。

### （四）补齐短板，提高城市韧性和城市魅力

加快补齐社会治理短板，着力提高应对重大灾害灾难和突发事件能力。加快补齐应急管理短板，系统优化城市应急指挥体系，健全重大突发事件应急响应处置机制、重大疫情监测预警、医疗救治、紧急征用等制度，搭建基于大数据、云计算的应急指挥信息化系统，全面整合城市数据资源，推进风险感知、重点防控、资源调配等领域大数据深度应用。加快补齐联防联控机制短板，推动资源整合和信息共享，引领建立区域重大疫情信息通报与联防联控工作机制、突发公共卫生事件应急合作机制和卫生事件互通协查机制。加快补齐应对重大灾害灾难功能平台短板，打造国家区域性战略应急物资储备基地和公共卫生区域医疗中心，争取国家支持建设面向中部地区的救灾物资集散中心、重要公共卫生应急物资储备调度中心、国家疾控中心、区域医疗中心、防治研究中心、应急救治培训演练中心、救治质控中心、人才培养中心等。

提升城市绿色生态和文化名城魅力。以创建国家生态园林城市为引领，持续改善城市环境质量，预防和修复土壤污染，实施全域绿化提升行动，优化城市绿地生态网络，活用城市农业用地，建设无废城市，打造绿色宜居的公园城市。大力推广低碳技术和可再生能源在能源供应、建筑、交通和产业等领域的应用，加强与世界各地城市在气候变化、可持续发展领域的合作创新，提高国际引领示范效应。树立"文化也是城市的功能和核心竞争力"的理念，围绕文化新地标、文化新业态、文化新品牌、文化新平台、文化新格局，加快文化供给侧结构性改革，优化文化空间功能布局，壮大文化产业新模式新业态，升级公共文化服务体系。提升城市品质，科学规划、提升改造"两江四岸"，不断增强白云黄鹤、楚风汉韵等汉派文化影响力，营造开放、

包容、多元的文化氛围,结合自身资源禀赋和优势,打造独具特色、享誉全球的城市品牌,以成功的城市形象传播彰显城市魅力和吸引力。

构建国际化的人口管理体制和人才吸引机制。增强吸纳大规模城乡移民的能力,高质量推进农业转移人口市民化,推动常住人口基本公共服务全覆盖,加大对农业转移人口住房保障力度,将保障性住房(含公共租赁房)纳入居住证基本公共服务保障范围,将居住证持有年限或社保缴纳年限作为保障性住房申请依据。增强对国际化人才的吸引能力和服务质量,加强人才的精准识别,分类入库、统一管理,建立人才激励、评价与退出工作机制,制订并实施全球引"智"计划,探索建立"国际人才特区",通过简化签证手续、延长免签期限、特许免签等方式,鼓励海外人才来成都就业创业。制定完善外籍人员管理的具体细则,规范外籍人士入境申请、审核、入境、出境等全过程、各环节的管理程序;规定外籍人士入境期间享有的权利和承担的义务;以及外籍人士及相关当事人和机构的违规行为处理规定;建立入境外籍人士实时信息平台,整合签证、边检、就业、住房等信息,实现信息资源共享;提高公共服务机构服务外籍人士的能力,适当雇用"武汉通"外籍人士从事公共服务工作。

## 五、次级突破:建设襄阳和宜昌湖北次区域中心城市和国家内陆战略腹地城市

### (一)强化新动能培育,建设区域性先进制造业中心和创新高地

一是建设区域性产业创新中心。激发城市创新活力,大力培育包括创新型领军企业、"独角兽"企业、高新技术企业、"专精特新"中小微企业的梯度生态圈。强化产业技术创新,重点推进智能制造、新能源汽车、航空航天、生物医药、新能源新材料、节能环保等方面技术创新,加强国外先进技术的

引进、消化、吸收和应用。建设高能级创新平台，鼓励申建国家技术创新中心、重点实验室，依托省内外院所企业联建技术创新联盟，推进县区创新载体全覆盖，创建国家创新型城市试点，推进襄阳科技城、宜昌高新区、西陵区争创国家级"双创"示范基地。

二是聚焦"四新"（新技术、新产业、新业态、新模式），促进制造业向高端化、品牌化、绿色化转型。襄阳聚焦汽车、智能制造、航空航天、新能源新材料、新一代信息技术、生物、节能环保等先进制造业，解决好"一车独大"的产业结构，培育新能源与智能网联汽车产业集群，率先布局氢燃料电池汽车产业链，加快建设成为国家工业资源综合利用基地、全国智能网联汽车先进产业集群、中部地区电子信息制造新城、汉江流域高端装备制造和智能制造基地。推动宜昌发展壮大以生物制造、仿制药为代表的生物医药、以智能装备、汽车及零部件制造为代表的装备制造、以新型显示、新材料为代表的电子信息、以民用航空运维、商用航天动力装备为代表的航空航天等新兴产业集群，建设成为长江中上游区域性先进制造业中心。

### （二）夯实城市核心功能，提升区域辐射带动作用

增强城市交通物流枢纽功能。以完善城市和一体化区域综合交通、构建城际铁路和高速铁路网络、拓展对外和国际航线为重点，加强与周边城市和全国重点地区互联互通，增强交通枢纽功能。宜昌市重点推进郑万高铁宜昌段、宜昌至郑万高铁联络线、远当铁路加快建设，推进沿江高铁武汉至宜昌段尽早开工，持之以恒打造三峡综合交通运输体系，坚持"铁、公、水、管"齐头并进，构建"水铁公管"多式联运转运体系，依托自贸区和综保区，建设商品集散基地、交易市场和跨国采购中心，打造长江中上游区域性物流中心。襄阳市加快形成"四纵四横两通道"（"四纵"为焦柳铁路、蒙华铁路、郑万高铁、襄常高铁；"四横"为汉丹铁路、襄渝铁路、西武高铁、襄合高铁；"两通道"为荆门至安康、保康至当阳货运铁路）"米"字型铁路客货运输网

络,以新集枢纽、雅口枢纽和王甫洲枢纽二线船闸建设为重点,统筹谋划襄阳"一江二支"(汉江、南河、蛮河)航道网,加快建设汉江区域性航运中心,争取汉江航道及梯级枢纽通航联合调度指挥平台落户襄阳。

增强城市金融商务服务功能。加快发展研发设计、科技创新服务、人力资源服务、教育培训、文化体育、商贸流通、电子商务、总部楼宇、健康养老、金融服务等现代服务业,打造区域性现代服务业中心。支持襄阳深化金融供给侧结构性改革,增强金融创新和服务能力,创建区域性金融创新示范区。支持宜昌推广三峡股权引导基金经验,吸引社会资本成立产业引导投资基金、风险投资基金、金融租赁公司等新兴金融机构,打造区域金融中心和综合金融服务基地。

增强城市消费吸引和文化创意功能。围绕打造区域性消费中心,培育和挖掘新消费增长点,大力发展线上线下互动,拓展新型业态,创新商业模式,推动商贸流通转型升级,推动襄阳、宜昌创建具有荆楚特色的区域消费中心城市。支持宜昌建设三峡区域文化产品制造中心、文化创意设计中心、文化金融融合发展示范中心,支持襄阳立足襄阳古城、三国文化、汉水文化"一城两文化"特色,打造一批在全国有重要影响力的文化活动品牌,建设区域性文化艺术中心。

增强城市人才吸引和培育功能。支持推动人才管理体制改革,在人才引进、成果转化、创业扶持、创投融资、收益分配和服务保障等方面先行先试。全面提升高等教育办学水平和院校知名度,引进国际国内一流教育科研资源,推动湖北文理学院建设高水平综合性大学,放大宜昌三峡大学水利电力特色优势,加快建设服务三峡区域的综合性国内一流大学。

增强城市医疗卫生保障功能。推动符合条件的医院升等,建设一批区域性综合医院,在医疗卫生重点学科和科研项目、医疗卫生服务体系、慢性病防治体系、智慧医疗信息化和医养结合等方面予以支持,加强卫生防疫物资储备,辐射保障周边地区。

### （三）出台支持省域副中心城市加快发展的政策措施

制定出台《关于支持襄阳、宜昌建设省域副中心城市的若干意见》，支持襄阳加快建设汉江流域中心城市，支持宜昌加快建设长江中上游区域性中心城市，从中心城区发展、基础设施建设、重点产业发展、重大项目布局、区域性中心打造、要素保障和重大资金、审批权限等方面给予政策优惠和倾斜支持。

一是支持壮大中心城区。支持省域副中心城市优化行政区划设置，调整整市中心不合理的区划设置，通过撤县改区等方式，拉大城市发展空间。支持中心城区加快人口集聚，优化城市空间布局和功能分区，完善公共服务，全面提高城市承载能力和人口吸纳能力。

二是支持重点产业平台和开放平台建设。支持省域副中心城市整合改造现有各类开发区、产业园区、工业集中区，申报国家级开发区，推动实现省域副中心城市国家级开发区全覆盖。支持省域副中心城市加快设立省级开发区，通过"一区（开发区）多园（产业园）"模式，实现区（市、县）省级开发区全覆盖。加快省域副中心城市完善开放平台建设，支持襄阳加快创建综保区和航空口岸。支持在用地指标和项目等方面向重点产业和开放平台倾斜，引导具有较大影响力、具有较强综合实力的企业落户。建设国际合作园区建设，支持推广复制自由贸易试验区相关经验做法，在外贸进出口、金融服务、投资便利化等方面开展先行先试。

三是支持创新驱动培育新支柱产业。支持省域副中心城市建设区域创新中心，建设一批科技企业孵化器、众创空间、高新技术产业化基地等科技创新平台和载体，组建一批产业技术创新联盟，在项目、资金、人才等方面给予倾斜支持。组建认定一批工程技术（研究）中心和重点实验室等科技创新研发平台。在科技计划项目立项、高新技术企业认定、国家重大人才工程和引智项目等方面给予省域副中心城市倾斜。支持符合条件的单位申报建立院士工作站和博士后科研工作站。设立省域副中心城市创新发展基金，引导企业加大研发投入。对省域副中心城市经省认定的部分重点企业和高新技术企业缴纳的增值税、企业所得税省级分成增量部分返还，主要用于创新平台、公共服务设施等建设。对具有龙头带动性或战略引领性的新兴产业项目，优先配置土地、水、电等生产要素并给予重点支持。

四是引导重大项目向副中心城市倾斜布局。支持中央、省安排的重大项目优先在省域副中心城市布局，支持省属国有企业建设园区、投资项目。对于与省域副中心城市产业关联度高、财税贡献大、辐射带动力强的重大招商引资项目给予重点支持。在重大经贸活动中，以分会场或专场活动形式，专题推介省域副中心城市投资环境、发展优势和重点项目。优先推荐与省域副中心城市产业发展关联度高的世界 500 强、国内 500 强和行业龙头企业实地考察洽谈，对接项目。

五是增强要素保障能力。保障建设用地供给，在新增建设用地规模和土地利用计划指标上予以倾斜，满足城市基础设施、公共服务设施、重点产业转型项目等方面建设用地需求；对划定后的永久基本农田，在确保质量不降、数量不减的前提下，允许在市域范围内进行区位调整；每年优先安排城乡建设用地增减挂钩结余指标用于跨省、省内调剂；对引进的重点产业项目，支持纳入省重点项目库，优先安排省级预留用地指标。降低企业用电成本，对省域副中心城市重点产业发展在用电方面给予优惠政策。加大财政金融支持，设立省域副中心城市建设专项资金，主要用于支持基础设施建设、产业发展、平台建设、公共服务等重点项目；支持省域副中心城市发行园区建设、基础设施、物流、绿色、扶贫等专项和企业债，省级财政每年单列安排新增地方政府债券。

六是给予更大的经济发展自主权。依法赋予省域副中心城市部分省级管理权限，根据发展实际，对于省政府及省直单位行使的经济调节、市场监管、社会管理、公共服务等行政管理权限，充分下放或依法委托各市实施。

按照国家规定和部署,在财政、金融、交通、科技、开放型经济、城乡建设、生态文明、土地政策、产业发展、人事制度、薪酬激励等方面给予省域副中心城市先行先试的权限。

## 六、多点支撑:增强培育型和潜在型中心城市综合承载能力

### (一)推动地区性中心城市差异化特色化发展

十堰市以建设国际商用车之都、国家生态文明先行示范区为目标,着力打造生态崛起示范地、国际旅游目的地、道家文化传承地和秦巴山医疗卫生新高地,提升"汽车城""丹江水""武当山"的功能,加强与周边区域的交通、信息网络等连接和产业分工协作,增强辐射带动和综合服务能力,打造成为鄂豫陕渝毗邻地区中心城市。

黄石市以建设国家产业转型示范区为引领,加快推进全国新材料、电子信息基础、高端装备、生命健康、节能环保产业基地和全国工业互联网产业创新发展先行区("五个基地一个先行区")建设,积极对接湖北国际物流核心枢纽,充分发挥公铁水空四港联动优势,建设成为武汉城市圈副中心城市,长江中游城市群区域性中心城市和重要的综合交通物流枢纽。

咸宁市充分发挥生态优势和紧邻长江黄金水道优势,精准对接大武汉,深化咸宁高新区与东湖高新区"园外园"合作,加快发展新能源、智能机电、节能环保、芯片等绿色新兴产业,推动实现绿色崛起,打造全省绿色创新发展试验区和特色产业集聚区、鄂湘赣区域性商贸物流中心。

荆州市加强国家历史文化名城保护,着力推进"长江经济带绿色发展""江汉平原振兴发展""国家承接产业转移""荆楚文化传承创新"四个示范区建设,打造两湖平原中心城市和长江中游区域性中心城市。

黄冈市抢抓光谷科技创新大走廊和湖北国际物流核心枢纽建设运营的战略机遇,积极吸纳武汉技术外溢、智力外溢和人才外溢,重点发展机械、机电、智能制造、新能源汽车、新材料、医药化工等先进制造业,建设武汉都市圈重要产业功能区、大别山革命老区中心城市和长江经济带重要节点城市。

荆门市加快建设"中国农谷",推进国家循环经济示范市建设,培育壮大高端装备制造、新能源新材料、电子信息等战略性新兴产业,打造通用航空产业基地和新能源汽车产业基地,建设成为江汉平原中心城市。

孝感市发挥地缘优势,加快汉孝经济一体化,以高端装备制造、光电子信息、新能源汽车及零配件产业为重点,加快建设国内重要的智能装备产业基地、光电子信息产业基地,打造成为武汉城市圈副中心城市和鄂豫省际区域性中心城市。

随州市发挥全国历史文化名城优势,着力打造世界华人谒祖圣地、国家重要专用汽车产业基地、湖北省文化旅游业发展高地和特色农产品出口加工基地,建设成为鄂北区域性中心城市,"襄十随"城市群和武汉城市圈联动发展的重要节点城市。

恩施州加快建设武陵山少数民族地区经济社会发展试验区,围绕生态文化旅游、硒食品精深加工、生物医药、清洁能源四大重点产业集群,打造国家全域旅游示范区、全国知名的生态富硒产业基地、华中地区重要的洁净能源基地,建设成为武陵山区区域性中心城市和清江流域中心城市。

### (二)坚持聚焦做大做强中心城区

一是优化中心城区行政区划。积极稳妥推进行政区划调整,有序推动邻近县改区,做大做强中心城区,为城市发展拓展和优化空间,重点推动孝感、黄冈、咸宁、随州解决"一市一区"问题,完善中心城市市辖区规模、结构和布局。

二是推动经济要素向市区适度集中。实施适度集中的发展策略,支持各类生产要素向市区集中,壮大中心城区。深入推进户籍制度改革,高质量推动农业转移人口市民化,全面放开各城市落户限制,研究制定农业转移人口定居计划,推动农业转移人口市民化和吸引外来人口创业就业。鼓励新增建设用地指标优先向中心城区倾斜。进一步支持中心城区开发区建设,优先保障开发区重点项目落地,把开发区打造成集聚要素的重要载体和高质量发展动力源。

三是增强中心城区商贸商务服务和物流集散功能。重点发展商贸、金融商务、交通物流等生产性服务业,增强对全市的商贸商务服务和物流集散功能。结合重要公共交通节点、站点等设施布局,加快推动一批高品质的特色商圈、时尚地标、购物中心建设,配套商贸、商务、物流等服务组团,建设形成中央商务区、综合交通枢纽区、商业区等功能片区,全面提升城市承载力。谋划一批物流基地,优化保税物流功能,高品质建设物流集散地和商贸集散地。

四是增强对全市的公共服务功能。推动公共资源向中心城区适度倾斜,高标准建设一批优质教育、医疗、文化、体育等项目。引进一批国内外知名职业技术院校,以高端装备制造、新能源新材料、文化旅游、物流电商等为重点,建设职业教育基地。打造集创业孵化、示范实训、教师培养培训、学生实习就业、企业职工在职培训、农村实用人才培训和产教研一体化的综合性人才培训中心。合理布局改扩建和新建医疗卫生机构,支持改造提升优质三级医院。建设区域性公共卫生防疫中心,加强医用防护口罩、防护服、消毒液、红外测温仪等卫生防疫物资储备。高标准建设文化馆、博物馆、科技馆、游泳馆、体育馆,支持策划和开展文化演艺、体育赛事、高端会展等活动,提升城市知名度。

# 专题四：湖北省扩大有效投资思路研究

有效投资是具有更强先导性、效益性、必需性、精准性、优先性的投资，能够起到优化经济结构、增加有效供给、厚植发展优势的作用，是一项惠及当下、利泽长远的系统性工程。对湖北来说，扩大有效投资是符合发展阶段的客观需要，是促进区域协调发展的必然选择，是后疫情时期经济恢复的有力抓手，是稳定市场预期的有效举措，也是"十四五"时期湖北高质量发展的应有之义。通过深入挖掘宏观数据及四经普数据，我们发现，"十三五"时期以来湖北固定资产投资呈现了较好发展态势，主要包括：投资增速始终保持在较高水平，对经济增长的拉动作用更显突出；工业、基础设施建设、房地产开发三大投资领域延续调整优化态势，工业投资仍是重中之重；制造业投资扭转颓势增速回升，高技术投资明显加快；传统基础设施投资稳定增长，新型基础设施投资启动布局；房地产投资合理适度增长，住房保障能力显著提升；投资区域仍主要集中在武汉市，未来襄阳、宜昌有较大投资空间潜力；投资主体更加多元化、筹资渠道更加丰富、项目储备更加丰满。但同时也要看到投资效率不高质量不优的问题，主要包括：投资尤其是基础设施投资领域规模不足、力度不够的问题仍然存在；制造业投资面临其他中部省份的追赶压力；投资效率出现明显下降；投资对产业结构、区域结构优化的引领带动作用不足等。"十四五"时期，要从战略和全局的高度，深刻认识扩大有效投资对坚持新发展理念、促进湖北经济高质量发展的关键作用，坚定不移把扩大有效投资作为当务之急、长期任务和战略举措。要在保持合理投资规模的同时,全面提升投资效率效益;要深化投资领域供给侧改革,不断优化固定资产投资结构;要加大创新驱动领域投资力度,深度激发区域经济发展动能;要坚持有为政府、有效市场协同发力,充分释放投资需求潜力。在配合扩大有效投资的政策措施方面,我们建议:建立和完善高质量的重大投资项目库,完善多方参与的投资项目评审机制;挖掘政府投资引导力,激活社会投资积极性;深化"放管服"改革,打造最优投资环境;坚持"要素跟着项目走",确保项目有钱可投、有地可落。

# 一、扩大有效投资对湖北当前及
# 未来发展具有重要意义

有效投资是面向人民日益增长的美好生活需要,特别是不断升级的多样化多层次多方面的市场和社会需求,具有更强的先导性、效益性、必需性、精准性、优先性,能够迅速形成生产能力、优化经济结构、增强发展动能、厚植发展优势、增加有效供给、创造和提供持久需求效益的投资。扩大有效投资是一项惠及当下、利泽长远的系统性工程,既能拉动当期经济增长,又能厚植未来发展后劲,是稳定经济运行的应急之举、激发内生动力的谋远之策、促进转型升级的根本之计,是"十四五"时期推动湖北经济高质量发展的重要抓手。

## (一)需要深刻认识有效投资的关键内涵和核心要义

有效投资的要义主要体现在:一是"质效为先"。以新发展理念为指引,对标高质量发展,更加注重质量和效益的投资。二是"聚焦薄弱"。要立足国情、省情,着眼于区域发展瓶颈和产业链集群短板,补齐产业链条薄弱环节;着眼于群众最急盼的需求,补齐民生短板,提升公共服务水平。避免"大水漫灌""撒胡椒面"。三是"长短兼顾"。有效投资应平衡好当期投资和未来消费的关系,做到既利短期,又惠长远。找准促进投资和扩大消费的结合点,从供给侧发力提升产品和服务质量,提高投资精准度,引导资金更多投向供需共同受益的先进制造业、现代服务业等领域。四是"牵引带动"。处理好"有为政府"和"有效市场"的关系,既要尽力而为,发挥好政府投资"药引子""四两拨千斤"的引导放大效应,撬动更多社会资金投入,又要量力而行,根据地方财政承受能力和地方政府投资能力,严格项目建设条件审核,切实防范地方政府债务风险。

### (二)当前及未来湖北省抓好有效投资具有重要意义

综合分析当前及未来一个时期湖北省的发展阶段特点,扩大有效投资事关经济社会发展全局,需要牢牢把握、久久为功。一是中长期发展阶段的客观需要。湖北省正处于新型工业化、信息化、城镇化、农业现代化快速发展阶段,投资需求潜力巨大,要顺利迈入高质量发展的第一省份梯队,必须持续加大投资力度,把发展的巨大潜力和强大动能充分释放出来。二是后疫情时期经济恢复的有力抓手。投资相比消费和进出口,乘数效应大,政策效果显现更快,对经济增长的拉动作用更加明显。要更加重视发挥好有效投资在稳增长中的关键作用,合理扩大有效投资规模,熨平过大的经济波动。三是促进区域协调发展的必然选择。湖北省内不同区域在经济发展、基础设施建设和基本公共服务质量和水平上仍然存在较大差距,促进区域内协调发展是让改革开放成果惠及更多人所必须达成的目标。持续加大对区域内欠发达地区基础设施、基本公共服务、生态环保等领域的有效投资,既是保持欠发达地区较快发展、不断缩小与发达地区差距的自身需要,也是其承接产业梯度转移的前提条件。四是稳定市场预期的有效举措。投资作为经济增长、结构调整的先导指标,扩大有效投资相当于为市场提供了风向标和指示牌,有助于提振市场信心,帮助市场投资者寻找新的利润增长点和投资风口。

## 二、"十三五"时期湖北固定资产投资的阶段性特征

通过对"十三五"时期湖北省固定资产投资的现状、特征进行梳理,定量分析投资效率,与"十二五"时期进行纵向比较,与中部临近省份、东部先进省份横向比较,找出提升投资效率的制约因素,对于进一步扩大有效投资,提升投资效率,助推经济高质量发展具有重要意义。

### (一)投资增速始终保持在较高水平,对经济增长的拉动作用更显突出

"十三五"期间,全省固定资产投资保持增长态势,投资规模稳步增长。2016—2019 年,湖北固定资产投资年均增速为 11.4%,与湖南的 11.7%、江西的 11.6%基本持平;高于河南的 10%、安徽的 10.9%。明显高出全国平均水平 4.7 个百分点,高出江苏 5 个百分点、浙江 2.3 个百分点。特别是,2018 年以来,受到经济下行、债务约束等多重因素影响,多数省份投资增速均出现大幅下滑,而湖北则基本与此前持平,投资在客观上发挥了稳定湖北经济运行的中流砥柱作用。从投资对经济增长的贡献率来看,2017 年,湖北省的投资贡献率高达 53.3%,高出其他中部和东部省份 3—23 个百分点之多。

表 4-1　湖北及其他省份固定资产投资增速　　　　单位:%

| 年份 | 湖北 | 全国平均 | 湖南 | 河南 | 安徽 | 江西 | 江苏 | 浙江 |
|---|---|---|---|---|---|---|---|---|
| 2016 | 13.1 | 8.1 | 13.8 | 13.7 | 11.7 | 14 | 7.5 | 10.9 |
| 2017 | 11 | 7.2 | 13.1 | 10.4 | 11 | 12.3 | 7.5 | 8.6 |
| 2018 | 11 | 5.9 | 10 | 8.1 | 11.8 | 11.1 | 5.5 | 7.1 |
| 2019 | 10.6 | 5.4 | 10.1 | 8 | 9.2 | 9.2 | 5.1 | 10.1 |

资料来源:国家统计局。

（%）

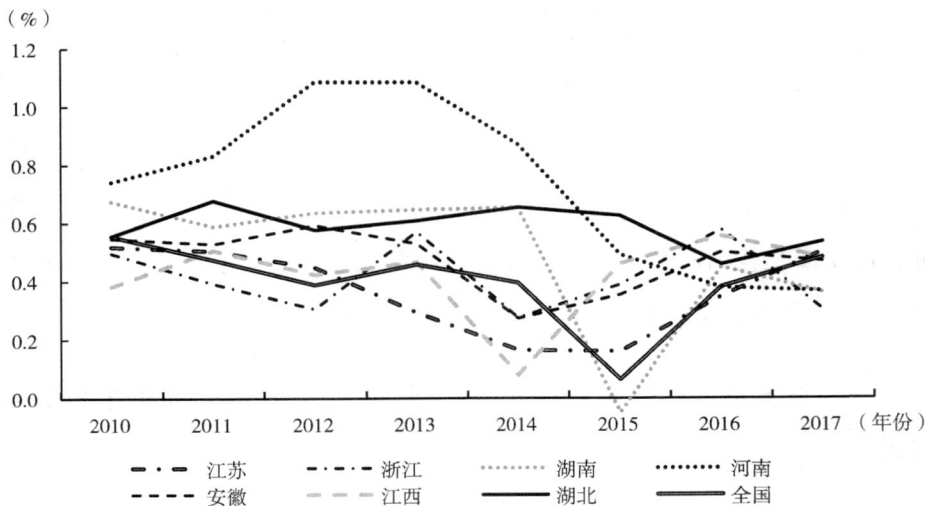

**图4-1 湖北、全国及其他省份投资贡献率**

资料来源：国家统计局。

## （二）制造业投资扭转颓势增速回升，高技术投资明显加快

制造业是兴省之器、强省之基，制造业投资对改善产业结构、优化供给结构具有系统重要性。从规模上看，"十三五"时期，一系列提振实体经济的政策措施效果逐步显现，湖北制造业投资增速扭转了"十二五"期间连续下滑的态势，从2016年的6.4%快速回升至2018年的15.6%。从创新投资上看，2017年，高技术制造业投资增长33.4%，高于工业投资21.5个百分点；2018年，高技术制造业投资增长32.5%，高于工业投资16.7个百分点，尽管高技术制造业投资占全部工业投资的比重仍有提升空间，但其增速的快速提升从一个侧面反映了创新驱动的显著趋势，这也成为带动制造业投资增速回暖的重要因素。湖北高新技术企业总数由2012年的1545家增至2019年的近7000家。2019年上半年，长江产业基金出资母基金、子基金返投湖北项目99个，项目总投资达2146亿元，其中，新一代信息技术占60%、

新能源汽车及配套占 13%、航空航天占 10%、生物产业占 8%。从制造业投资主体效益上看,效益指标呈现转好态势,2018 年制造业企业户均投资规模较"十二五"末期增长了 25%,利润率增长了 60%;2016—2018 年,制造业企业平均人均营业收入较"十二五"时期增长了 15.4%。从投资占比前五大制造业行业投资情况看,汽车制造业投资始终位居第一,在全国汽车制造业投资的占比也一直高于 10%;2018 年,计算机、通信和其他电子设备制造业投资在全国的占比为 6.12%,较 2015 年的 6.58%略有下降;装备制造业、医药制造业的投资占比则出现上升,分别从 2015 年的 5.07%、7.24%上升至 2018 年的 5.87%和 7.53%。

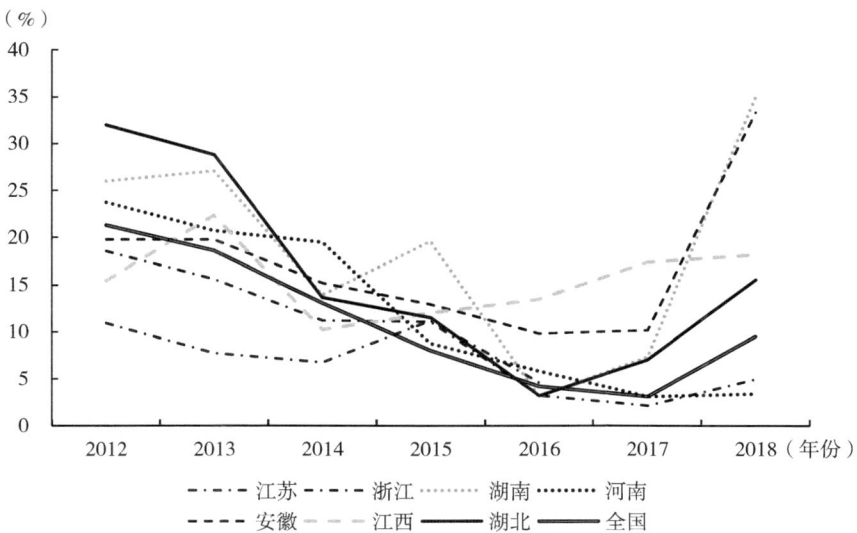

图 4-2 湖北、全国及其他省份制造业投资增速

资料来源:国家统计局。

表 4-2 湖北省制造业投资效率指标

| 年份 | 户均投资(元) | 利润率(%) | 人均营业收入<br>(元) | 每百元资产实现<br>的营业收入(元) |
|---|---|---|---|---|
| 2012 | 30584.90 | 6.07 | 50484.05 | 131.28 |
| 2013 | 39102.97 | 6.24 | 60752.32 | 136.46 |

| 年份 | 户均投资（元） | 利润率（%） | 人均营业收入（元） | 每百元资产实现的营业收入（元） |
|---|---|---|---|---|
| 2014 | 44587.20 | 5.35 | 66055.19 | 137.66 |
| 2015 | 49497.26 | 5.12 | 70036.54 | 136.99 |
| 2016 | 50774.87 | 5.50 | 74065.32 | 135.77 |
| 2017 | 53661.24 | 5.67 | 69769.62 | 126.30 |
| 2018 | 62037.71 | 8.24 | 70242.35 | 119.20 |

资料来源：湖北省第四次经济普查数据。

表4-3　湖北主要制造行业固定资产投资和营业收入在全国占比　　单位：%

| 年份 | 汽车制造业 | | 计算机、通信和其他电子设备制造业 | | 装备制造业 | | 医药制造业 | | 传统制造业 | |
|---|---|---|---|---|---|---|---|---|---|---|
| | 投资占比 | 营业收入占比 | 投资占比 | 营业收入占比 | 投资占比 | 营业收入占比 | 投资占比 | 营业收入占比 | 投资占比 | 营业收入占比 |
| 2012 | 9.76 | | 4.85 | | 4.45 | | 5.99 | | 5.41 | |
| 2013 | 10.98 | | 5.61 | | 4.98 | | 5.91 | | 5.90 | |
| 2014 | 10.26 | 7.83 | 6.77 | 1.90 | 4.80 | 2.65 | 6.96 | 4.07 | 5.88 | 5.36 |
| 2015 | 12.14 | 8.10 | 6.58 | 2.16 | 5.07 | 2.70 | 7.24 | 4.18 | 6.17 | 5.56 |
| 2016 | 11.01 | 7.68 | 5.47 | 2.32 | 4.66 | 2.74 | 6.18 | 4.24 | 6.28 | 5.59 |
| 2017 | 11.07 | | 5.42 | 2.04 | 5.27 | | 7.27 | 4.42 | 6.42 | 4.93 |
| 2018 | 12.02 | 8.16 | 6.02 | 2.17 | 5.87 | 3.54 | 7.53 | 5.26 | 6.91 | 5.87 |

资料来源：湖北省第四次经济普查数据、湖北省统计局。

## （三）传统基础设施投资稳定增长，新型基础设施投资启动布局

基础设施建设水平是反映经济增长质量和地区发展阶段的重要标志，同时也是一项兼顾长短的重要投资领域。基础设施投资的领域涉及面较广，包括了铁路运输、道路运输、水上运输、航空运输、管道运输、多式联运和

运输代理、装卸搬运、邮政业、电信、广播电视和卫星服务,互联网和相关服务、水利管理业、生态保护和环境治理业、公共设施管理业多个行业。相比中部和东部其他省份基建投资增速的大起大落,"十三五"时期,湖北省基础设施投资始终保持在13%以上的增速水平,总体上看既没有滞后于经济发展,也没有过度超前,反映了基础设施投资与地方经济发展的较高协同性。同时,基础设施投资产生了深远的经济社会综合效益,综合交通体系进一步完善,交通运输能力大大提升。城镇空间布局进一步优化,市政基础设施建设加快,城镇综合承载能力大幅提升。从一些数据上,可以看到基建投资带来的综合产出效果,如全省人均城市实有道路长度从2015年的3.06公里/万人增长到2018年的3.48公里/万人,位于中部省份之首;绿化覆盖率从2015年的37.47%上升至2018年的38.37%,同期城市污水日处理能力增长5%、城市排水管道长度增长21.1%。2020年9月,湖北省出台了疫后重振补短板强功能"十大工程"三年行动总体方案,聚焦公共卫生体系、交通、水利、能源、新基建、冷链物流和应急储备设施、城市、产业园区提升、新一轮高标准农田建设、生态环境等十大领域,拟用3年推进一批打基础、补短板、强功能、利长远、惠民生的重大项目,估算总投资2.3万亿元,2020年估算投资6413亿元,保障了湖北基础设施投资稳健、高质量增长。此外,新型基础设施投资也全面启动,2020年出台了《湖北省疫后重振补短板强功能新基建工程三年行动实施方案(2020—2022年)》,3年内拟投资7731亿元,实施595个新型基础设施建设项目,围绕信息基础设施、融合基础设施、创新基础设施三个方面加快推进全省新型基础设施建设,着力培育数字化、网络化、智能化的新业态和新增长点,充分发挥"新基建"在稳投资、扩内需、拉动经济增长和促进产业升级、带动创业就业、培育壮大新动能的重要作用,为推动全省经济社会高质量发展带来增量动力。

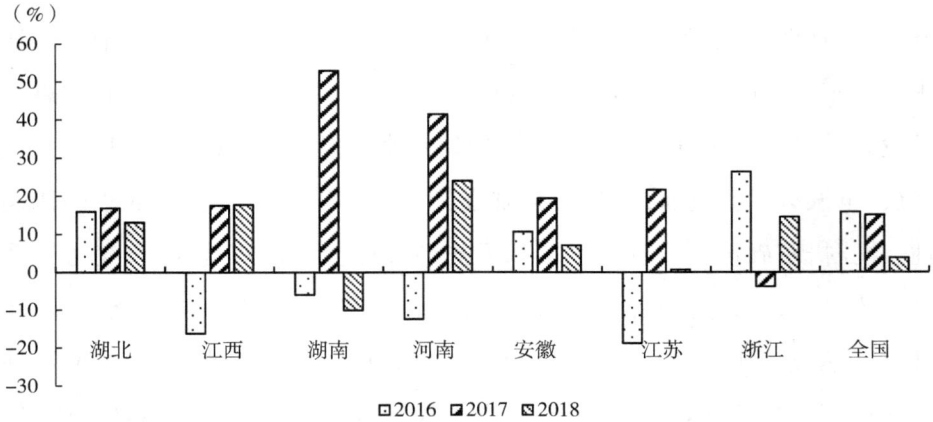

**图 4-3　"十三五"时期湖北、全国及其他省份基础设施投资增速**

资料来源：国家统计局、Wind。

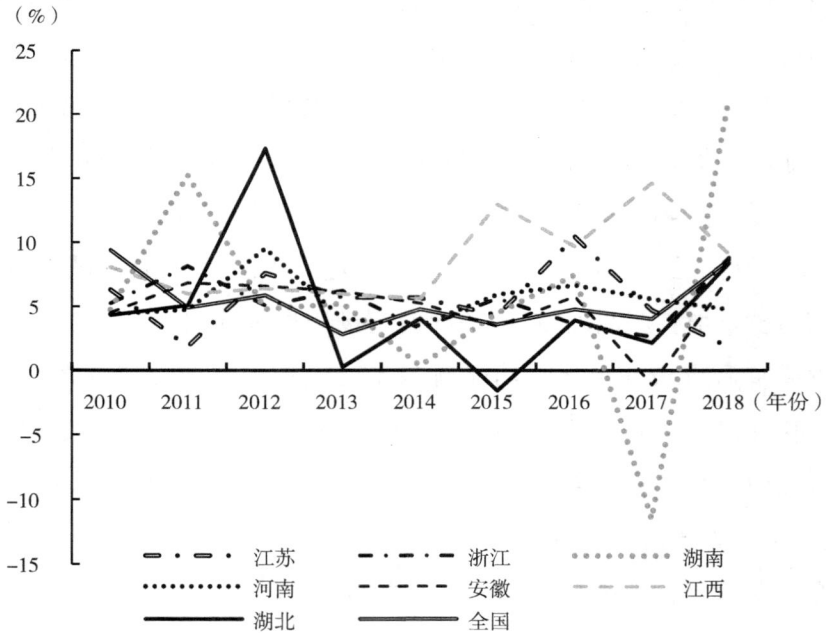

**图 4-4　城市实有道路长度增速**

资料来源：国家统计局、Wind。

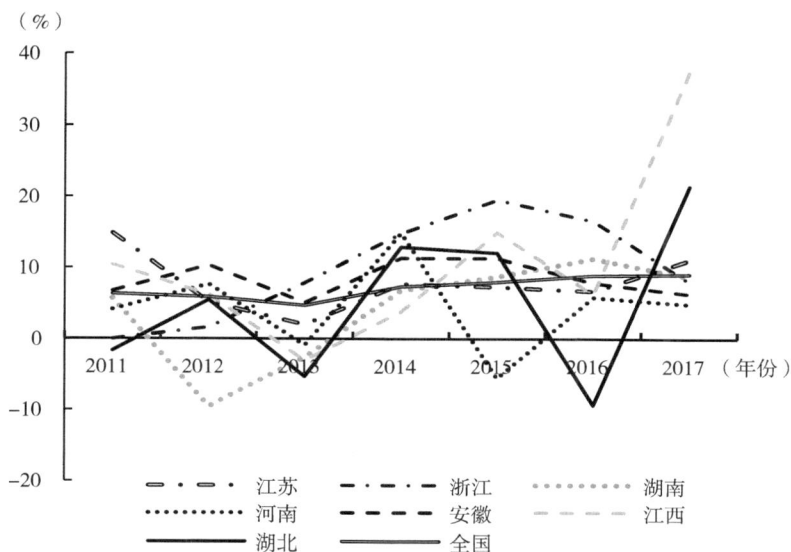

图 4-5　城市运营线路网长度增速

资料来源:国家统计局、Wind。

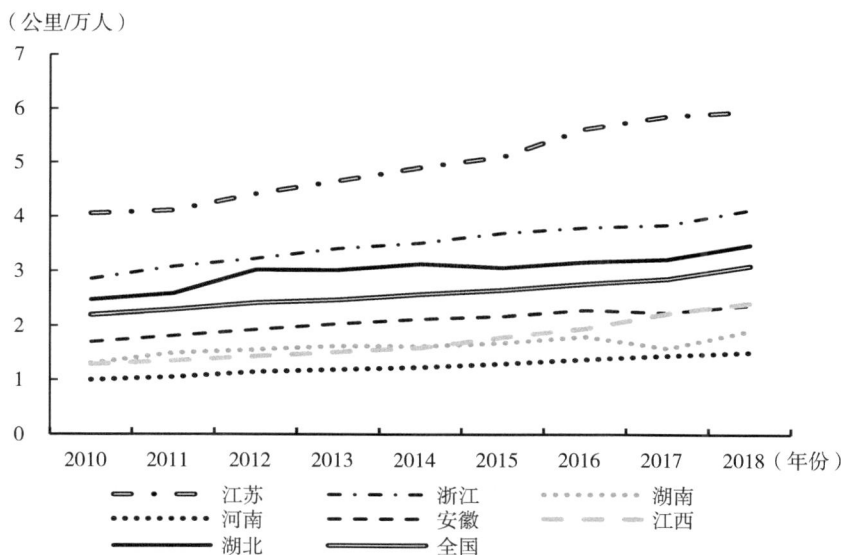

图 4-6　人均城市实有道路长度

资料来源:国家统计局、Wind。

（公里/万人）

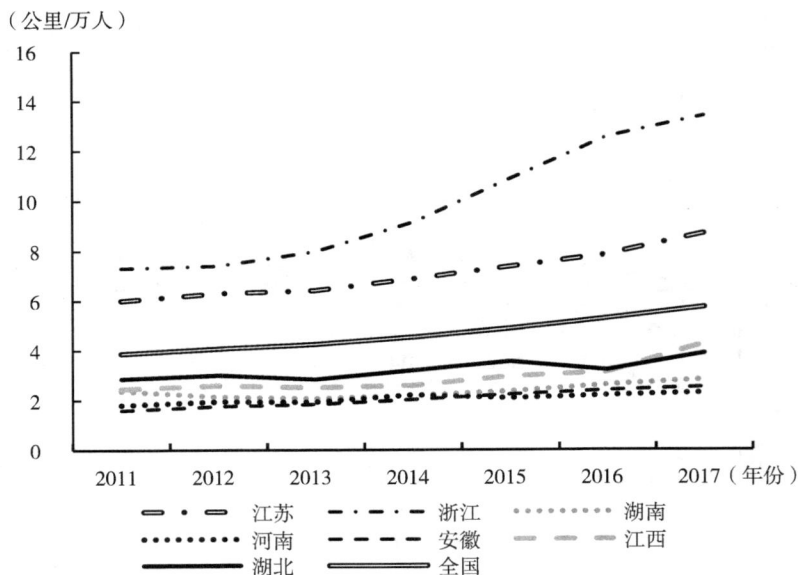

图 4-7　人均城市运营线路网长度

资料来源：国家统计局、Wind。

（平方米）

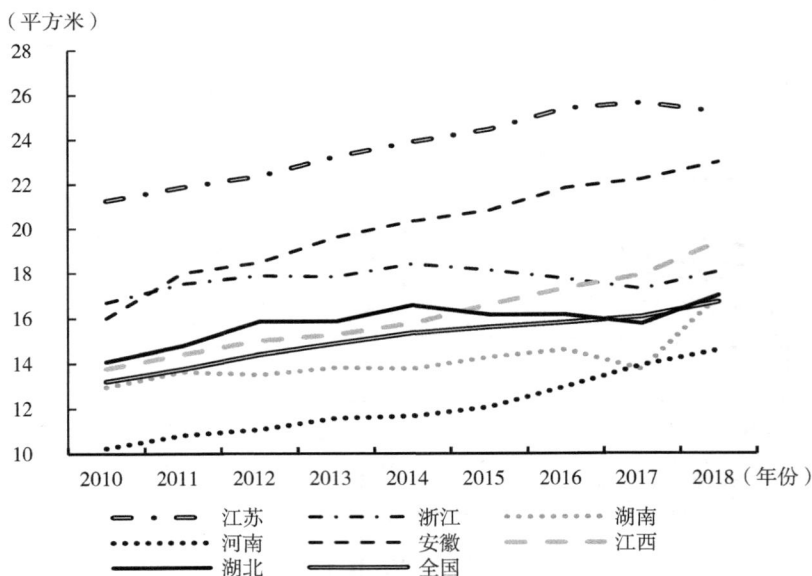

图 4-8　人均城市道路面积

资料来源：国家统计局、Wind。

（%）

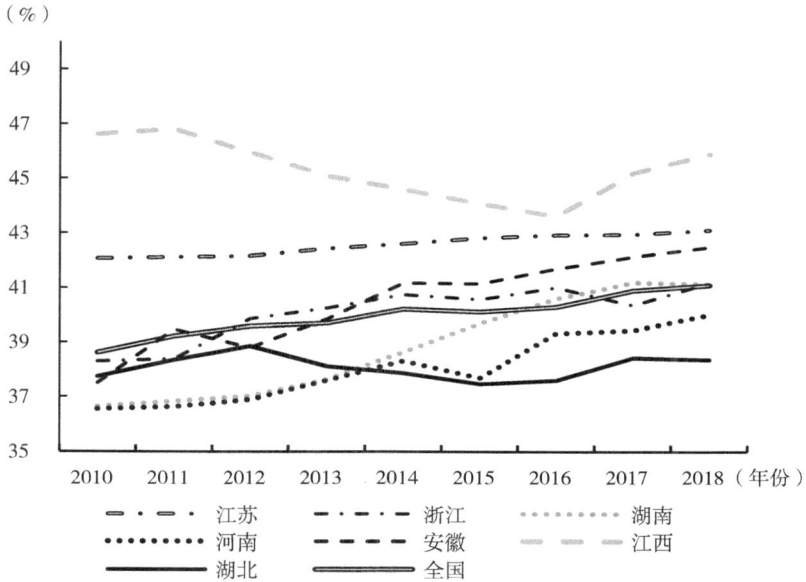

**图4-9 城市建成区绿化覆盖率**

资料来源:国家统计局、Wind。

（万立方米）

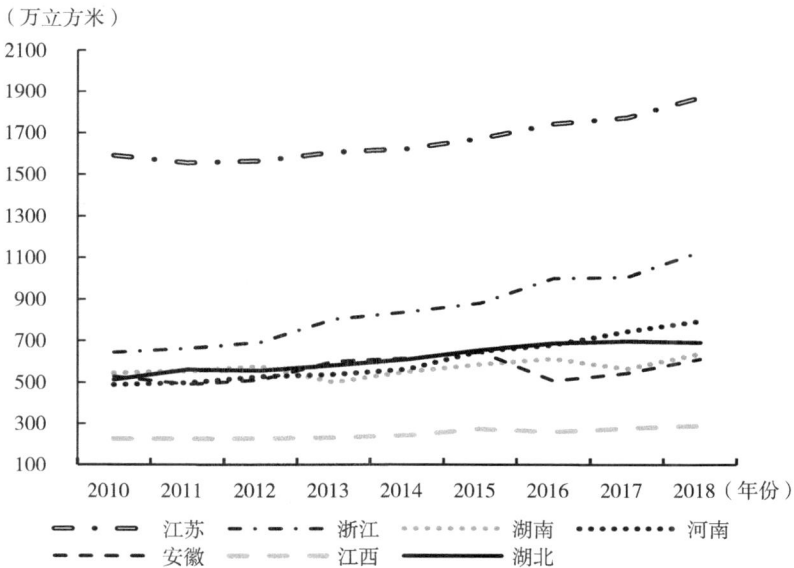

**图4-10 城市污水日处理能力**

资料来源:国家统计局、Wind。

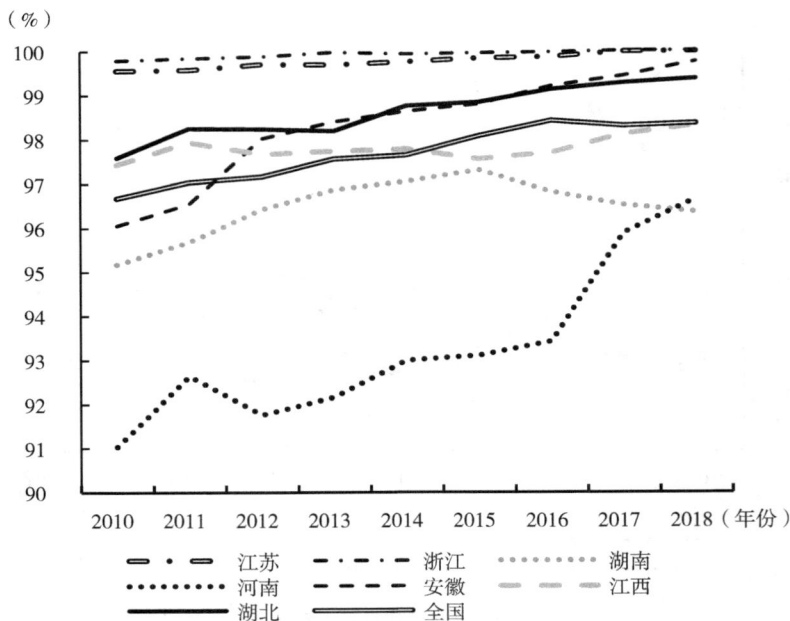

**图 4-11　城市用水普及率**

资料来源：国家统计局、Wind。

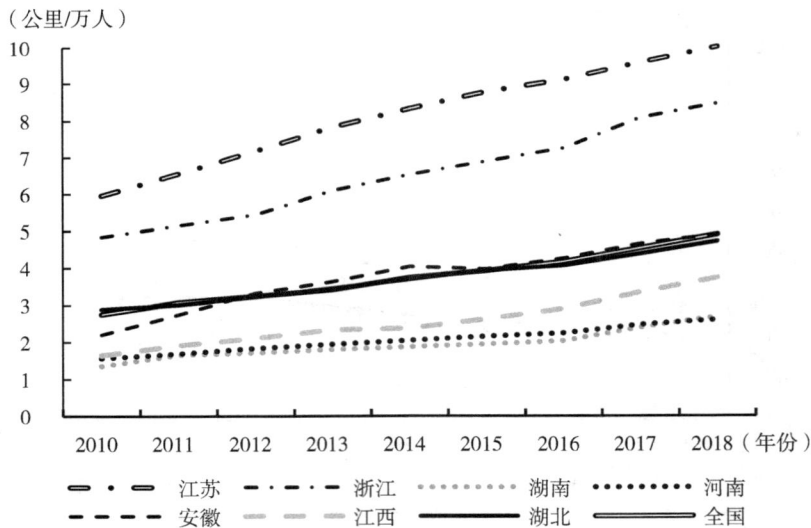

**图 4-12　人均城市排水管道长度**

资料来源：国家统计局、Wind。

## (四)房地产投资合理适度增长,住房保障能力显著提升

"十三五"以来,湖北省坚持"房子是用来住的,不是用来炒的"的定位,坚持不将房地产作为短期刺激经济的手段。房地产市场由高速增长逐步转入稳步增长、高质量发展阶段,房地产新开工规模、开发投资规模增速逐步下行进入合理适度增长区间。"十一五""十二五""十三五"(截至 2020 年 7 月)期间,湖北省房地产开发投资累计 5000 亿元、16125 亿元、20694 亿元,分别较上个五年规划时期增长 269%、223% 和 28%;房地产新开工面积累计 1.8 亿平方米、3.4 亿平方米、3.5 亿平方米,分别较上个五年规划时期增长 123%、88% 和 3%。截至 2018 年,全省城市居民人均居住面积 44.97平方米,较"十二五"末期和"十一五"末期分别增长 1.79 平方米和 11.77平方米。2016—2019 年,全省房地产开发投资平均增速为 4.7%。同时,"十三五"也是湖北进入保障性安居工程规模最大、时间最长、投资最多的建设时期,住房保障体系逐步完善,保障能力不断提升,城乡居民住房保障水平迈上新台阶。棚户区改造提前超额完成规划任务,"十三五"期间,计划改造城镇棚户区住房 110 万套,截至 2020 年 8 月底,已开工改造 118.56万套,占总任务的 107.78%。公租房管理效能不断提升,截至 2020 年 8月底,全省政府投资公租房分配 38.24 万套,分配率达 96.77%,在武汉市、襄阳市、宜昌市、孝感市、咸宁市和远安县作为国家试点市县,共选定27 个项目 17312 套公租房进行试点工作,签订合同 1415.9 万元。促进房地产市场逐步走向价格合理、供求平衡、保障多元、风险可控、预期平稳的健康发展状态,商品房平均销售价格增速从 2016 年的 14% 下降到 2018年的 11%。从房地产开发投资的内部结构来看,住宅投资增速在"十三五"时期稳步上升,而办公楼和商业营业用房投资增速、销售增速都出现了大幅回落。

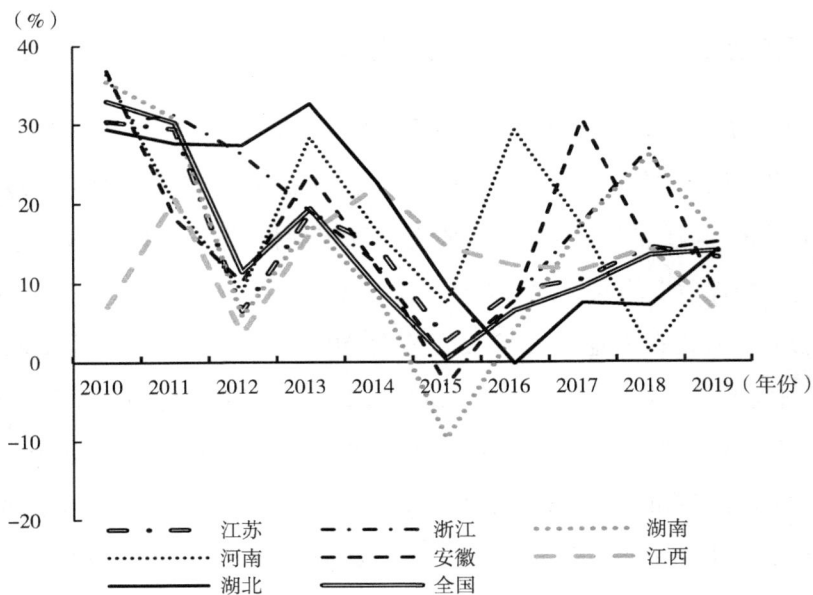

**图 4-13 房地产开发投资增速——住宅**

资料来源:国家统计局、Wind。

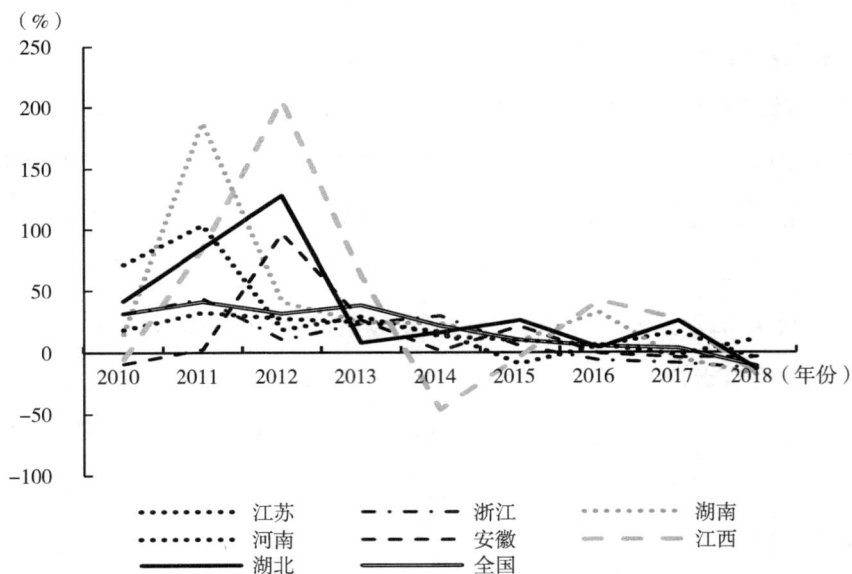

**图 4-14 房地产开发投资增速—办公楼**

资料来源:国家统计局、Wind。

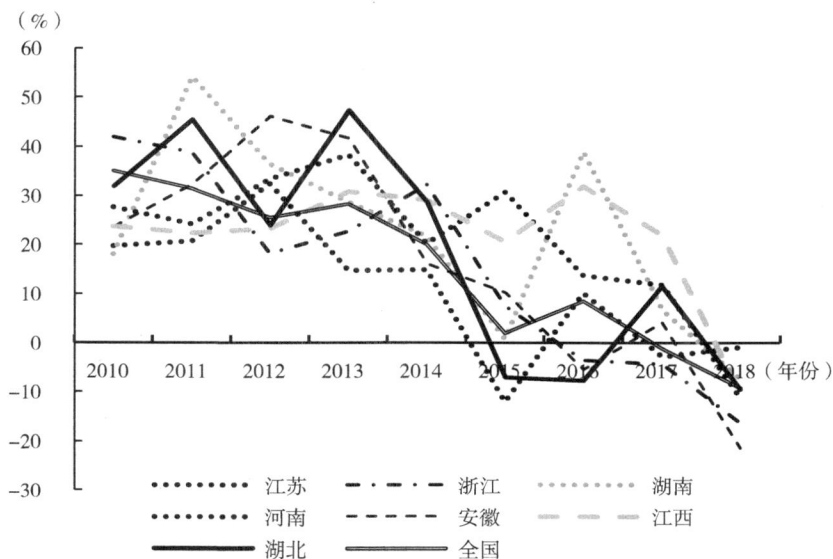

**图 4-15　房地产开发投资增速—商业营业用房**

资料来源：国家统计局、Wind。

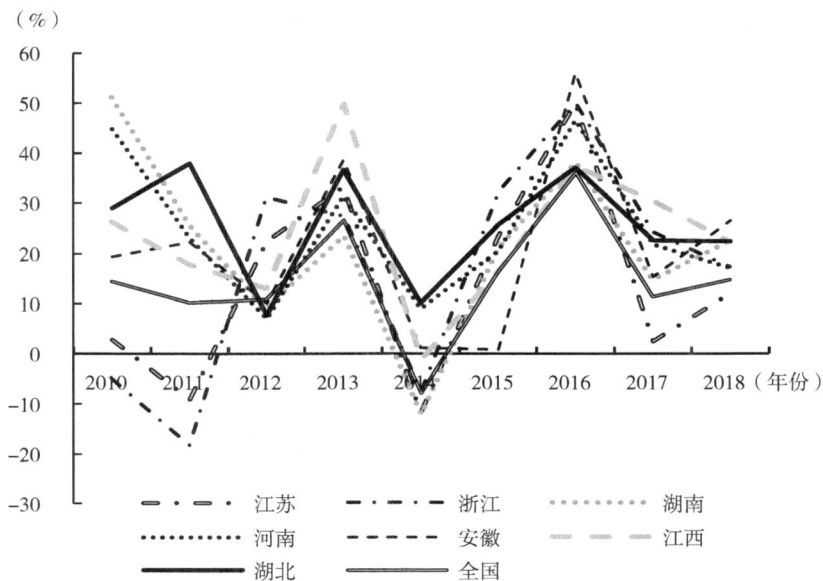

**图 4-16　房地产销售额增速——住宅**

资料来源：国家统计局、Wind。

（%）

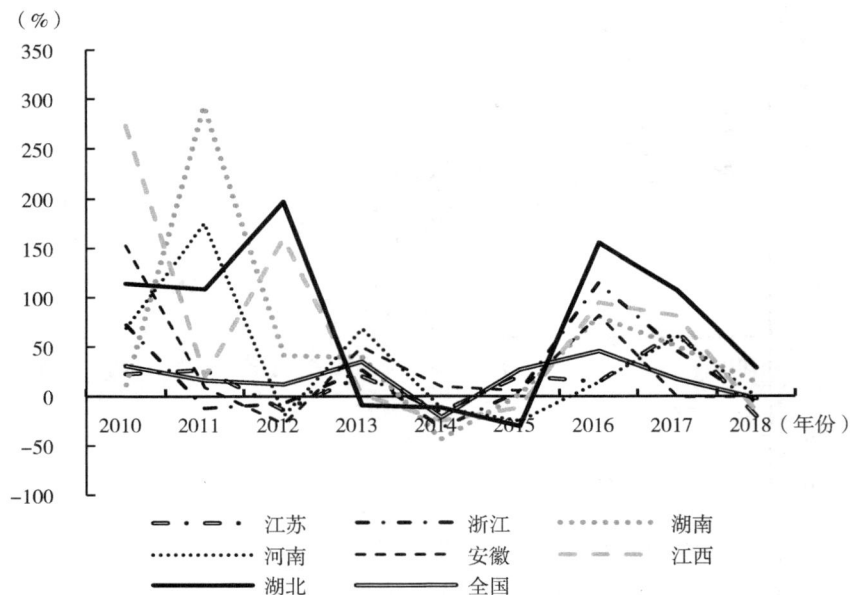

**图4-17　房地产销售额增速——办公楼**

资料来源：国家统计局、Wind。

（%）

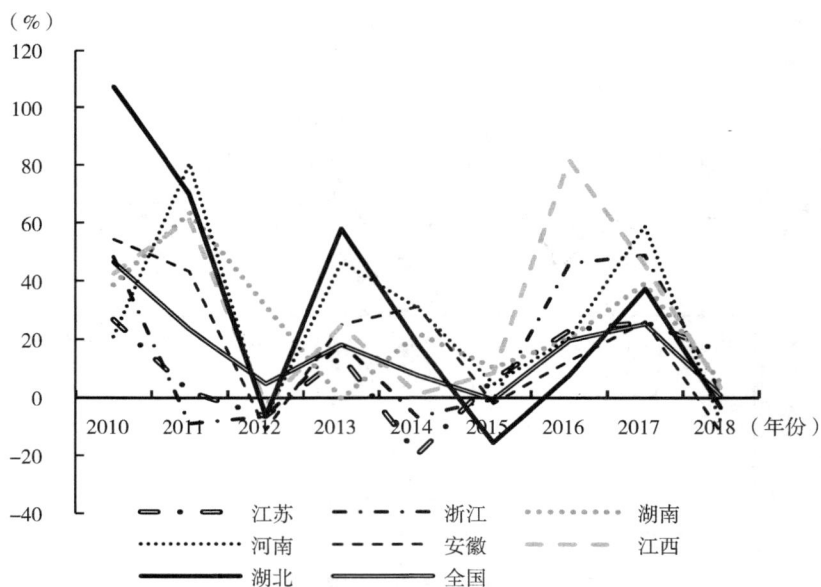

**图4-18　房地产销售额增速——商业营业用房**

资料来源：国家统计局、Wind。

（%）

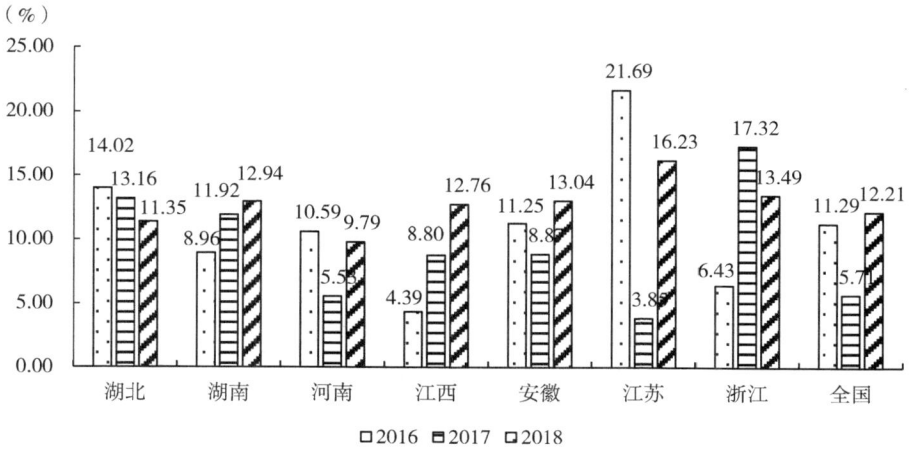

**图 4-19　商品房销售价格增速——住宅**

资料来源:Wind。

（平方米）

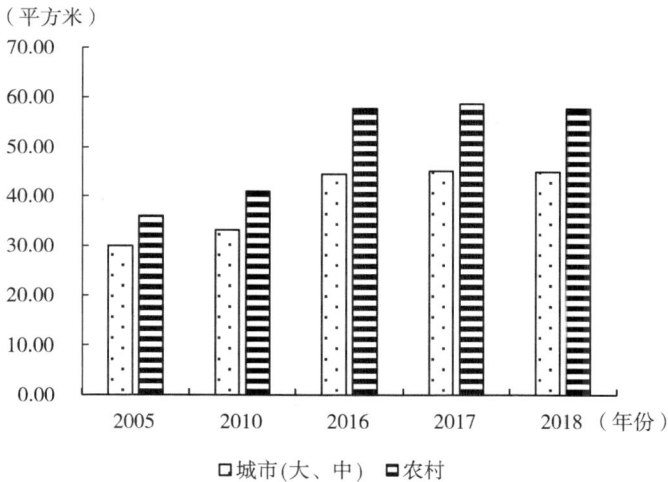

□城市(大、中)　■农村

**图 4-20　湖北人均居住面积**

资料来源:湖北省统计局。

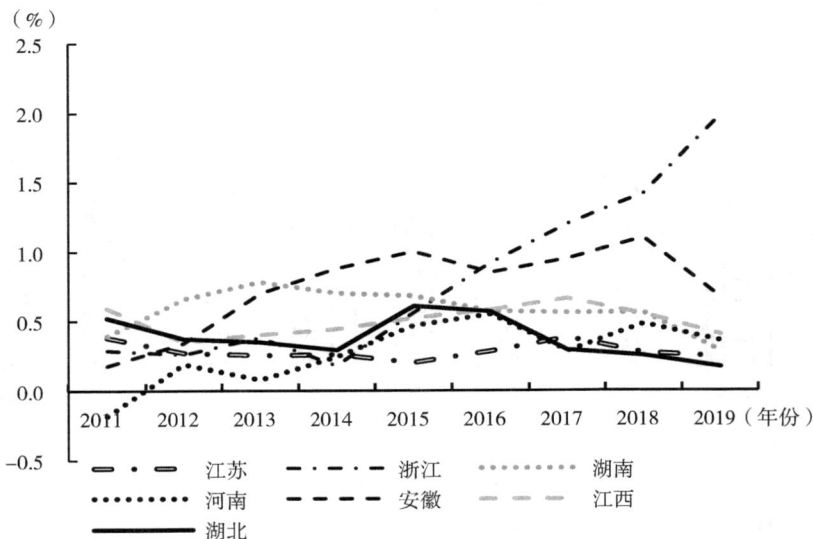

图 4-21　城市常住人口增速

资料来源:国家统计局。

### (五)从区域上看投资主要集中在武汉市,襄阳、宜昌仍有较大投资潜能

近年来,随着湖北省内"一主引领、两翼驱动、全域协同"发展战略的纵深推动,全省固定资产投资在空间分布上呈现出向头部集中的明显趋势。2019年,武汉的固定资产投资规模在全省占比达到29.04%,分别高于郑州、合肥、南昌、长沙四个中部地区中心城市13个、9个、6个和5个百分点,同时也高出杭州这一东部地区中心城市10个百分点;占比位于第二和第三的襄阳和宜昌仅分别为10.88%和9.31%。同时,武汉、襄阳、宜昌三市的投资规模占全省比重常年高于其人口占全省比重,也从一个侧面反映了投资的相对集中。房地产开发投资在省内的区域分化特征更为明显,2019年武汉的房地产开发投资在省内占比高达58.02%,远高出其他大多数中心城市,占比位于第二和第三的襄阳和宜昌仅分别为5.16%和5.16%。

表4-4　固定资产投资规模占比及人口占比　　　单位：%

| 区域 \ 年份 \ 占比 | 2016 投资规模占比（%） | 2016 人口占比（%） | 2017 投资规模占比（%） | 2017 人口占比（%） | 2018 投资规模占比（%） | 2018 人口占比（%） | 2019 投资规模占比（%） | 2019 人口占比（%） |
|---|---|---|---|---|---|---|---|---|
| 武汉—湖北 | 23.86 | 18.29 | 24.53 | 18.46 | 29.26 | 18.73 | 29.04 | 18.92 |
| 襄阳—湖北 | 10.81 | 9.58 | 11.53 | 9.58 | 10.73 | 9.58 | 10.88 | 9.58 |
| 宜昌—湖北 | 10.82 | 7.02 | 8.10 | 7.01 | 9.18 | 6.99 | 9.31 | 6.98 |
| 北京—京津冀 | 14.65 | 19.39 | 15.80 | 19.30 | | 19.11 | | 19.05 |
| 天津—京津冀 | 27.13 | 13.94 | 21.44 | 13.84 | | 13.84 | | 13.81 |
| 上海—长三角 | 5.99 | 10.90 | 5.99 | 10.82 | | 10.76 | | |
| 广州—珠三角 | 25.55 | 23.41 | 23.25 | 23.57 | | 23.65 | | |
| 重庆—成渝 | 36.08 | 26.95 | 35.83 | 27.03 | | 27.11 | | 27.17 |
| 成都—成渝 | 18.95 | 14.07 | 19.32 | 14.10 | | 14.27 | | 14.42 |
| 南京—江苏 | 11.21 | 10.34 | 12.00 | 10.38 | | 10.48 | | 10.53 |
| 杭州—浙江 | 19.76 | 16.44 | 18.82 | 16.74 | 19.47 | 17.09 | 19.73 | 17.71 |
| 南昌—江西 | 23.43 | 11.70 | 23.50 | 11.82 | 23.46 | 11.93 | 23.65 | 12.00 |
| 郑州—河南 | 17.60 | 10.20 | 17.26 | 10.34 | 17.70 | 10.55 | 16.85 | 10.74 |
| 合肥—安徽 | 24.30 | 12.70 | 21.76 | 12.73 | 20.85 | 12.79 | 20.81 | 12.86 |
| 西安—陕西 | 24.48 | 23.16 | 31.33 | 25.07 | 30.79 | 25.89 | 30.37 | 26.32 |
| 长沙—湖南 | 24.17 | 11.21 | 24.16 | 11.54 | 24.49 | 11.82 | 24.49 | 12.13 |

资料来源：Wind。

表4-5　房地产开发投资规模占比　　　单位：%

| 区域 \ 年份 | 2016 | 2017 | 2018 |
|---|---|---|---|
| 武汉—湖北 | 58.59 | 58.72 | 59.24 |
| 襄阳—湖北 | 7.93 | 7.36 | 6.49 |
| 宜昌—湖北 | 5.68 | 4.32 | 5.46 |
| 北京—京津冀 | 36.38 | 34.35 | 35.95 |
| 天津—京津冀 | 20.92 | 20.78 | 22.50 |
| 上海—长三角 | 14.99 | 14.87 | 13.04 |
| 广州—珠三角 | 29.54 | 27.50 | |
| 重庆—成渝 | 41.36 | 43.59 | 42.72 |
| 成都—成渝 | 29.29 | 27.25 | 22.85 |

| 区域　　年份 | 2016 | 2017 | 2018 |
|---|---|---|---|
| 南京—江苏 | 20.61 | 22.54 | 21.44 |
| 杭州—浙江 | 34.89 | 33.23 | 30.86 |
| 南昌—江西 | 38.09 | 39.26 | 40.94 |
| 郑州—河南 | 44.97 | 47.37 | 46.45 |
| 合肥—安徽 | 29.38 | 27.75 | 25.56 |
| 西安—陕西 | 71.47 | 75.22 | 71.24 |
| 长沙—湖南 | 42.63 | 43.48 | 38.07 |

资料来源：Wind。

### （六）投资主体更加多元化、筹资渠道更加丰富、项目储备更加丰满

从资金来源看，"十三五"时期，自筹资金、国内贷款、利用外资的占比均有所下降，国家预算内资金占比上升，这与湖北省布局的一系列国家重大项目有关，其他资金的占比上升则表明资金来源渠道更加多元，比如来自政府专项债、其他地方政府性基金支出、政府融资平台的发债融资增长较快。从不同所有制投资主体来看，私营企业的投资增速大幅提升，2018年私营企业投资增速为22.8%，显著高于国有企业的12.9%；但与此同时，外商投资增速出现下降，2018年仅为-0.6%，这主要是由于中外合资、合作经营企业的投资下降引起。从PPP项目投资来看，无论项目数量还是投资规模都在各省中排名靠前，尤其是在市政工程、城镇综合开发、生态建设和环境保护三大领域遥遥领先。根据"政府和社会资本合作中心"发布的《2017中国PPP市场透明度报告》显示，全国PPP市场透明度总指数为63.71，而湖北省PPP市场透明度指数为70.33，名列全国第5位。从重大投资项目储备情况来看，根据湖北省投资项目在线审批监管平台数据，"十三五"（截至2019年）时期湖北省储备投资项目为15.93万个、投资总规模达26.03万

亿元,项目储备更加丰富。

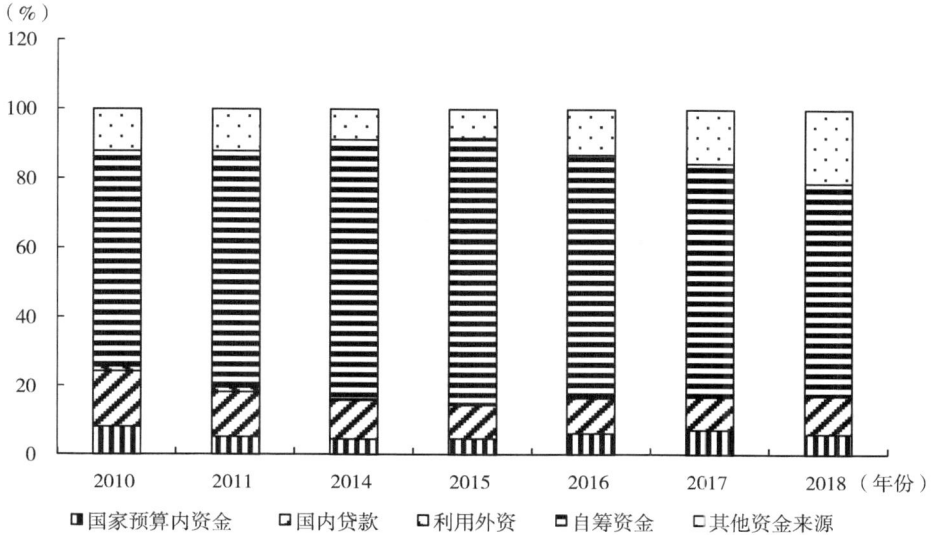

**图 4-22　湖北省固定资产投资的资金来源结构**

资料来源:湖北省统计局、Wind。

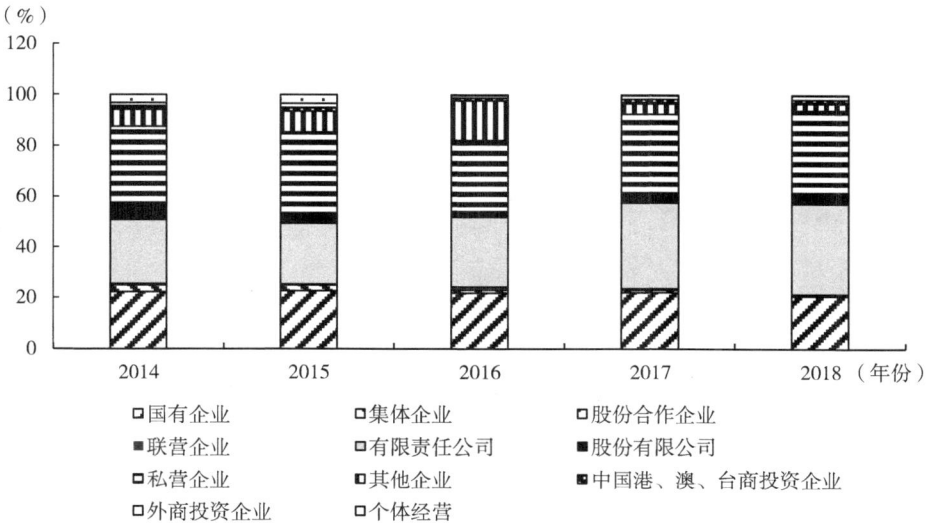

**图 4-23　湖北投资主体结构**

资料来源:湖北省统计局、Wind。

（个）

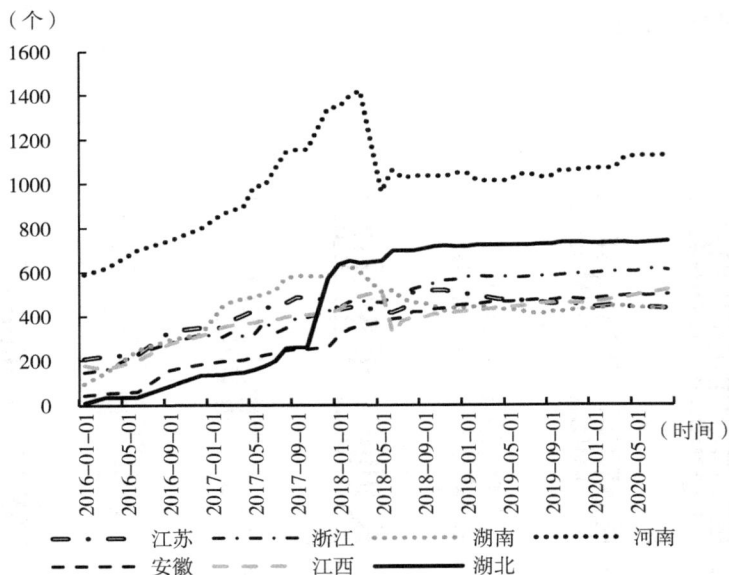

图 4-24　PPP 项目数量

资料来源：Wind。

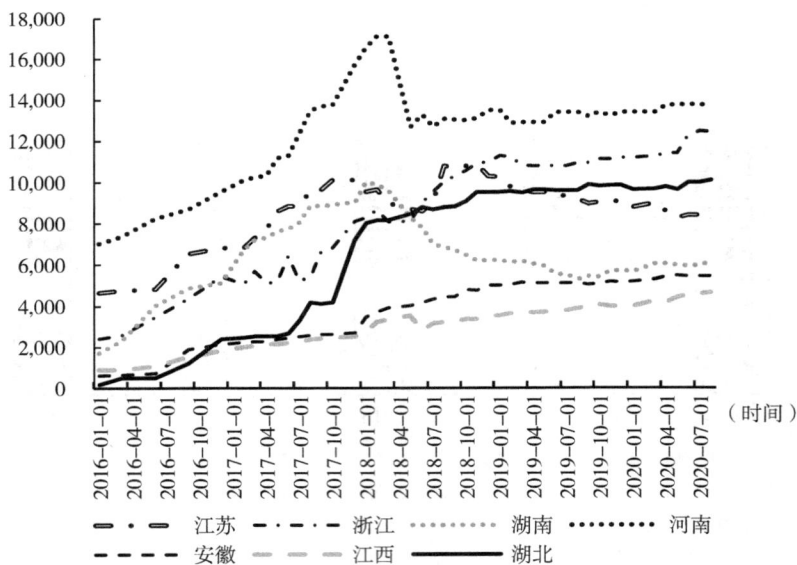

图 4-25　PPP 投资规模

资料来源：Wind。

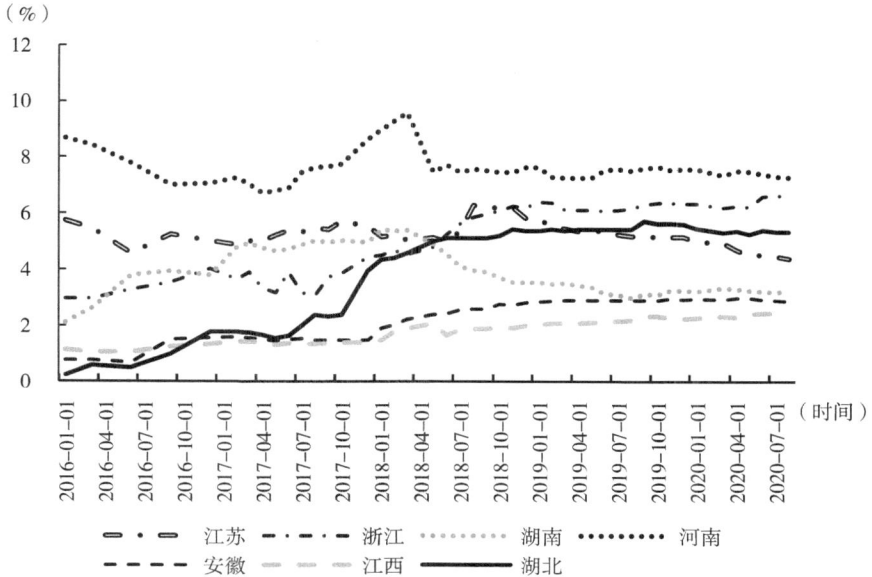

图 4-26  PPP 投资规模占比

资料来源:Wind。

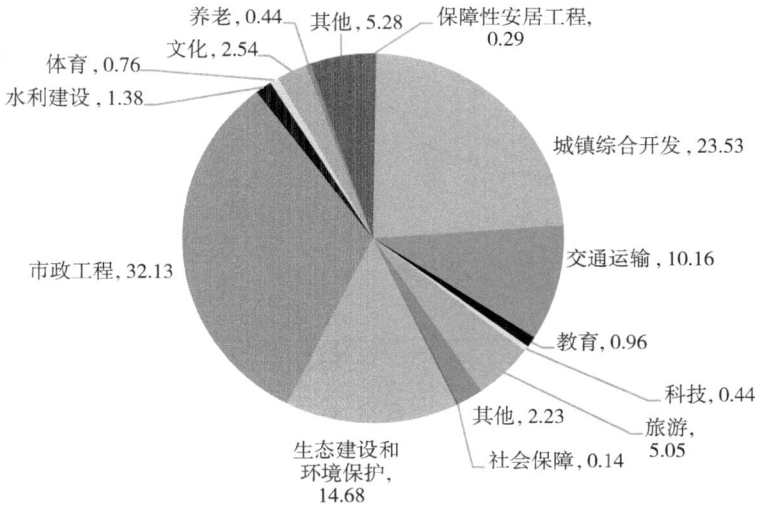

图 4-27  投资领域分布

资料来源:Wind。

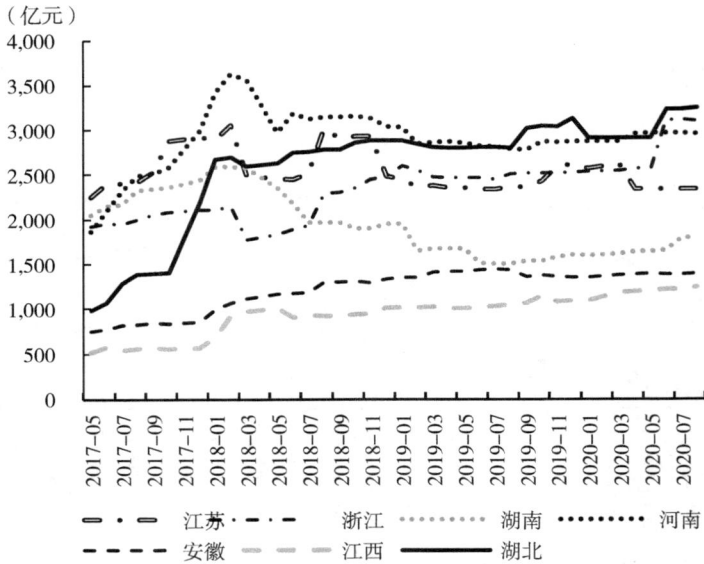

**图 4-28　市政工程 PPP 项目投资额**

资料来源：Wind。

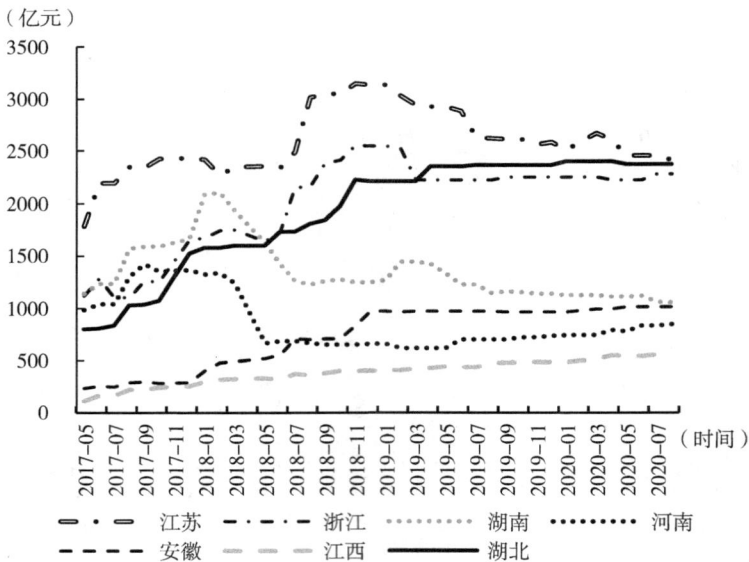

**图 4-29　城镇综合开发 PPP 项目投资额**

资料来源：Wind。

（亿元）

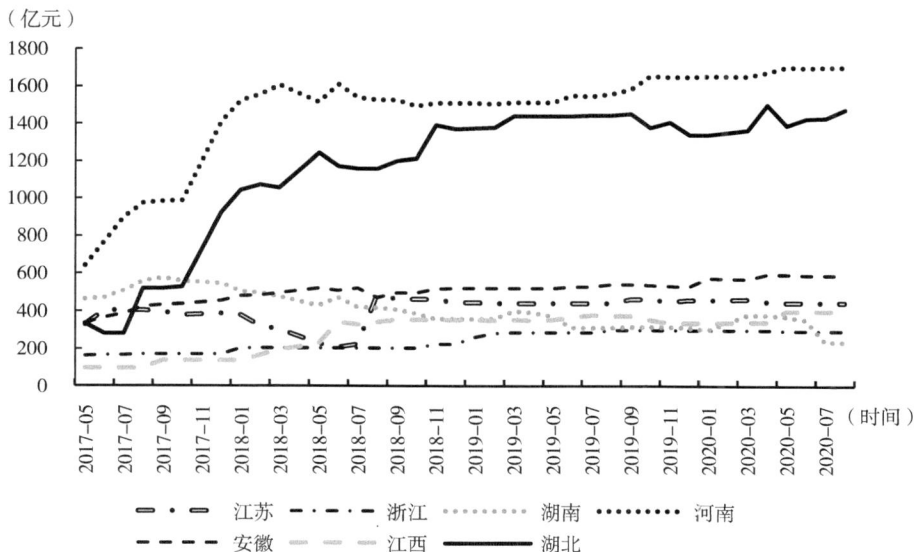

**图 4-30　生态建设和环境保护 PPP 项目投资额**

资料来源：Wind。

# 三、湖北省固定资产投资的主要问题

"十三五"时期，湖北省固定资产投资呈现较好的发展态势，但同时也要看到存在规模不足、质量不优的问题，突出表现在以下四个方面：

## （一）总体投资规模仍有提升空间、基础设施投资力度不够的问题仍然存在

从人均固定资产投资来看，尽管湖北省高于其他中部省份，但相较于江苏、浙江东部省份仍有差距。2017 年，湖北人均固定资本形成 34881 元，较江苏低 10474 元，较浙江低 3765 元。人均基础设施水平也存在差距，特别是交通基础设施投资不足，人均城市运营线路网长度、人均城市道路面积等指标仍低于东部发达省份，甚至低于安徽等部分中部省份，仍有提升空间，

例如,湖北的人均城市运营线路网长度仅为3.88公里/万人,远低于浙江的13.37公里/万人和江苏的8.68公里/万人;湖北的人均城市道路面积为17平方米,不仅低于江苏的25.2平方米,也低于安徽的22.95平方米和江西的19.37平方米。此外,也要注意地区常住人口规模的变化与投资的中长期匹配问题,"十三五"时期湖北省常住人口增速出现持续下降,目前已经低于其他中部四省,可能对"十四五"时期的投资需求、特别是房地产投资需求产生一定影响。

（元）

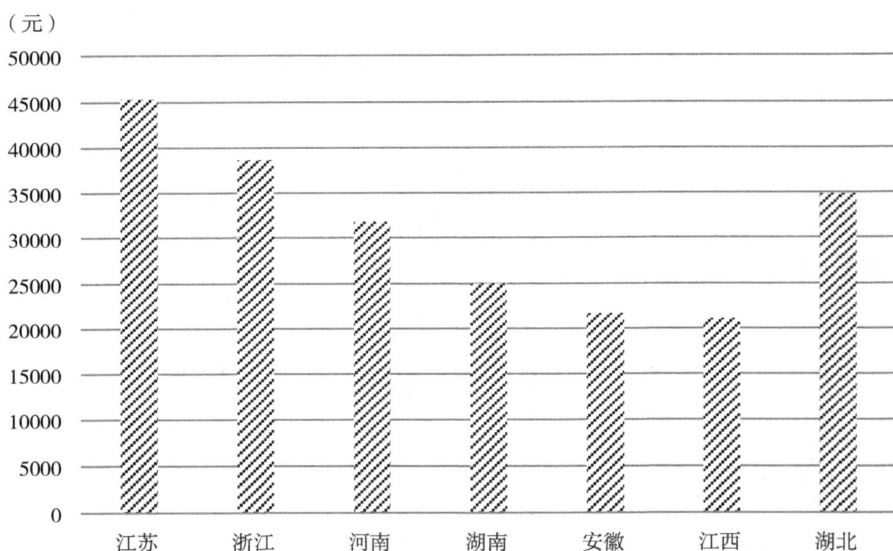

图4-31　人均固定资本形成额

资料来源:Wind。

## （二）投资结构有待优化,房地产开发投资占比保持上升趋势

"十三五"时期,湖北深入推进供给侧结构性改革,以"转动力、夯基础、补短板、拓空间、惠民生"为导向,加大了在创新驱动战略、技术设备升级、重大基础设施项目、新型城镇化建设、社会公共服务、绿色低碳循环经济等领域的投资力度,基础设施投资在全部固定资产投资中的占比小幅上升,从

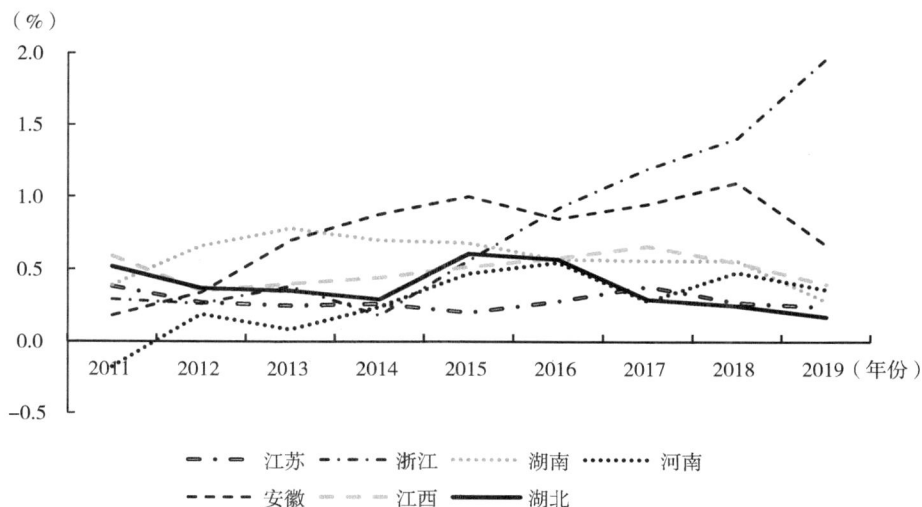

图 4-32　城市常住人口增速

资料来源:Wind。

2016 年的 21.1% 上升至 2019 年的 23.6%。工业投资在全部固定资产投资中的占比始终保持最大份额、投资增速在中部六省中居中等偏上水平。然而,从占比趋势来看,工业投资占比已经在持续下滑,从 2016 年的 39.9% 下滑至 2019 年的 37.4%。与此同时,房地产开发投资在全部固定资产投资中的占比却大幅上升,2019 年已上升至 19.2%,较 2016 年提高了 5 个百分点。一方面,这反映工业投资在总投资中基础和支撑地位正在下降,固定资产投资内部领域结构亟待调整和优化;另一方面,这说明房地产开发投资规模增速虽然有所下降,但房地产在三大投资中的地位稳固且仍在攀升。这对于平滑经济波动、维持短期宏观经济稳定尚有裨益,但长期来看则会拉高实体经济成本,挤出实体经济投资和消费,不利于经济可持续发展。

表 4-6　"十三五"期间三大投资结构占比　　　　单位:%

| | 工业 | 基础设施建设 | 房地产开发 |
|---|---|---|---|
| 2016 | 39.9 | 21.1 | 14.6 |

续表

| | 工业 | 基础设施建设 | 房地产开发 |
|---|---|---|---|
| 2017 | 39.9 | 22.1 | 14.4 |
| 2018 | 38.3 | 22.8 | 19.5 |
| 2019 | 37.4 | 23.6 | 19.2 |

资料来源:湖北省统计局。

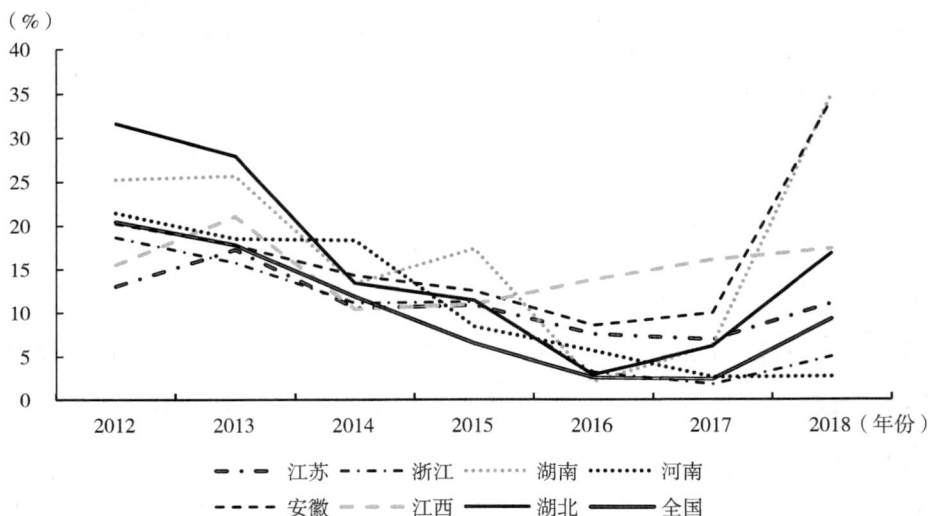

**图 4-33　湖北、全国及其他省份工业投资增速**

资料来源:国家统计局。

## （三）周边省份产业竞争追赶压力加大,制造业投资需固本培元

　　制造业投资根基亟须稳固。在"中部崛起"的战略背景下,湖北与周边区域的同质竞争呈现加剧苗头,给湖北提升辐射带动力、打造引领中部崛起新支点带来了新挑战。"十二五"前半段的 2011—2013 年,湖北省制造业投资还以 33% 的增速绝对领先于中部各省以及江苏、浙江,但"十二五"后半段制造业投资增速急速下跌,"十三五"开年达到近十年以来的低点,尽管2017 年、2018 年制造业增速有所回升,但仍然低于安徽、江西、湖南,如 2018

（%）

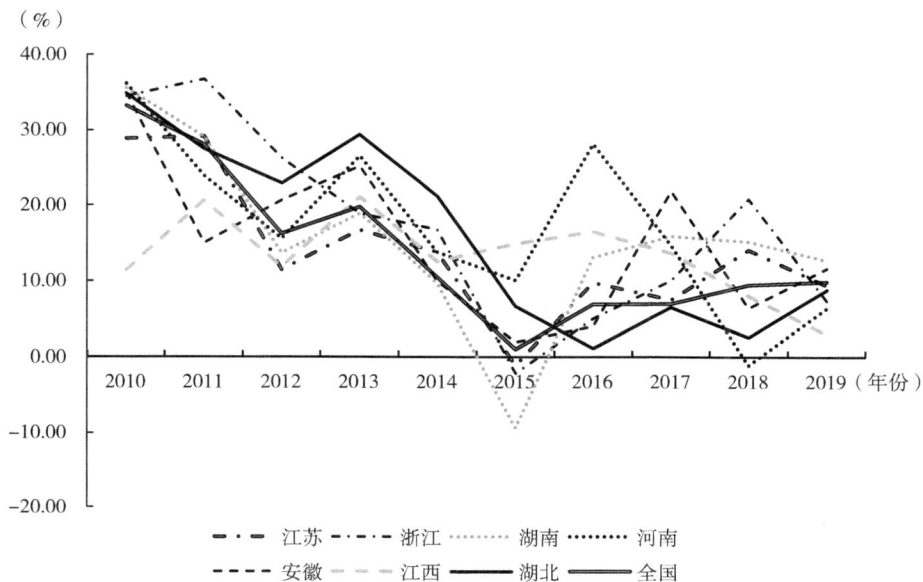

**图 4-34　湖北、全国及其他省份房地产开发投资增速**

资料来源:国家统计局。

年湖北制造业投资增速为 15.6%,明显低于江西的 18.2%、湖南的 35.01%
以及安徽的 33.33%,在中部六省中绝对优势不再。从投资效果来看,考虑
到投资效果的滞后性,我们用 2018 年营业收入/2016 年和 2017 年年均制造
业投资来衡量制造业的投资效果,湖北省 2018 年这一指标为 1.91,略高于
湖南、安徽等中部省份,但远低于江苏、浙江等东部发达省份,与全国平均水
平也尚有一定差距。

　　不仅如此,近年来,其他中部省份大力承接东部地区的产业转移,在高
技术投资、吸引外商投资等方面也加大政策力度,湖北投资产业升级面临的
追赶压力进一步加大。2016 年,安徽省提出"五大发展行动计划",明确以
创新作为引领发展首要动力的理念,推进创新型省份建设,在引导企业研发
投入、支持科技团队创新、促进科技成果转化等方面投入大量财力物力,康
宁玻璃、合肥国家科学中心等创新型团队成果斐然,量子通信、智能语音等
大批战略性新兴产业悄然迅速发展。在安徽意图向东发展,融入长三角城

市群的同时,湖南也早早提出"湖南向南"的战略,开展"对接北上广,优化大环境"行动,大力推进开放崛起战略,支持企业孵化器、知识产权服务等科创服务平台建设与发展,发挥高新技术的重要作用,实现科教强省目标。此外,河南省依靠中原城市群建设契机,建立了以郑州为中心,洛阳、开封等城市为节点的紧密联系圈,大力推进省创新能力建设项目,高技术产业基地建设项目,力求打造具有特色和市场竞争力的高技术产业;江西省瞄准粤港澳大湾区投资合作,全力打造政策最优、成本最低、服务最好、办事最快的"四最"营商环境,为来赣投资企业提供优厚的政策支持;山西省一方面发布支持科技创新的 24 条支持政策,加大对承担重大项目和重点研发计划团队的奖励力度,促进发展动能转变;另一方面同样从营商环境入手,要求打造审批最少、流程最优、效率最高、服务最高的投资环境,鼓励企业投资。不难看出,在高新技术投资、外资引进等方面,中部省份战略方针日益同质化,科技创新的竞争也更趋激烈。这对湖北树立中部龙头地位、实现"建成支点、走在前列"的战略目标构成了不小的挑战。

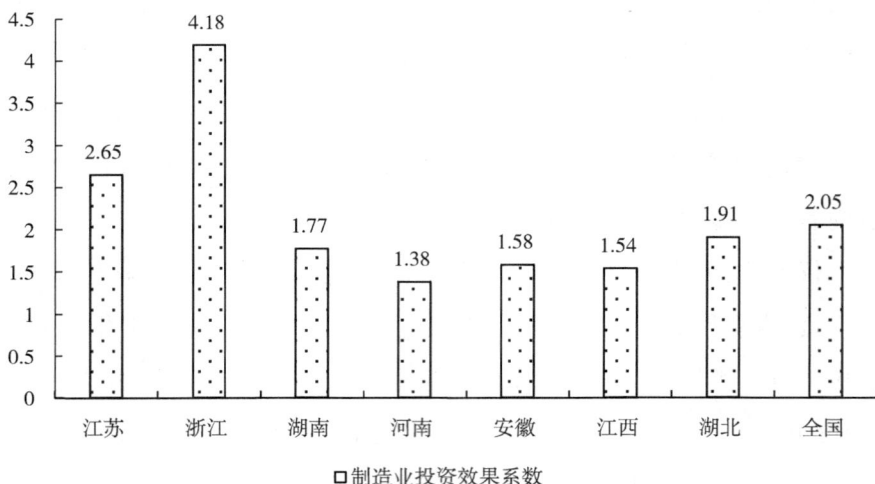

图 4-35　2018 年制造业投资效果

注:制造业投资效果计算公式为:2018 年营业收入/(2017 年制造业投资+2016 年制造业投资)×2。
资料来源:国家统计局、全国第四次经济普查数据。

## (四)投资对产业结构、区域结构优化的引领带动作用不足

从投资的产业分布来看,湖北在计算机及通信设备、食品加工、装备制造等产业上均已达到千亿量级,在全国产业中占据重要地位。然而,正如第二部分中所提到的,汽车制造业、计算机及通信设备、装备制造等行业的投资在全国的占比都高于其营业收入在全国的占比,这反映了湖北的制造产业总体仍处在产业链中端位置,工艺和技术层次不高,创新投入不足,部分关键设备和核心技术仍受制于人,因此产业利润被大幅挤压,投资引领产业向高端升级的任务仍然艰巨。第四次经济普查数据显示,2018 年,湖北工业企业研发投入强度仅为 1.18%,较浙江、上海和湖南同期分别低 0.41、0.19 和 0.19 个百分点,比全国同期平均水平还低 0.05 个百分点。2017年,湖北有 R&D 活动的规上工业企业占比仅为 23.62%,虽然较 2016 年提升了 5 个百分点左右,但比当期全国平均水平低约 4 个百分点。2018 年,湖北有 R&D 活动的规上工业企业占比达到 25%,仍比全国平均水平仍低约 3 个百分点。如何构建现代化产业链,在"一芯驱动、两带支撑、三区协同"战略带动下,培育产业竞争力,推动产业基础高级化仍是未来投资发展的重要议题。另一方面,从区域投资结构上来看,湖北区域投资分化较为严重,2019 年全省重大储备项目投资规模 59422.15 亿元,仅武汉就占到 19198.07 亿元,占比接近 1/3,襄阳和宜昌的重大储备项目投资规模占比尚且不足 10%,头部集中、中部断档趋势明显。投资高度集中这一特征,也表明了湖北省内的经济发展和投资分布尚未形成梯次递进的良好格局,第一梯队的武汉与第二梯队的襄阳、宜昌之间断档严重,武汉和襄阳、宜昌没能形成循环拉动、互相支撑的区域发展格局。

表 4-7　湖北省历年重大储备项目投资规模　　　　　　单位:亿元

| 年份 | 2016 | 2017 | 2018 | 2019 |
|------|------|------|------|------|
| 全省 | 37962.9 | 92404.91 | 70559.83 | 59422.15 |
| 武汉 | 13055.11 | 14076.2 | 19741.29 | 19198.07 |
| 黄石 | 1285.78 | 11261.15 | 2891.36 | 2678.58 |
| 十堰 | 1048.87 | 2388.44 | 2808.03 | 2391.05 |
| 宜昌 | 1830.8 | 4063.18 | 4788.29 | 4466.3 |
| 襄阳 | 2543.14 | 6295.6 | 6480.07 | 5522.72 |
| 鄂州 | 829.73 | 1530.87 | 1923.7 | 2344.87 |
| 荆门 | 2836.11 | 4164.3 | 2683.45 | 2399.92 |
| 孝感 | 950.33 | 1888.58 | 3731.32 | 3209.75 |
| 荆州 | 1696.41 | 3285.01 | 3824.63 | 3432.62 |
| 黄冈 | 1290.84 | 28078.32 | 3771.49 | 3590.25 |
| 咸宁 | 729.54 | 4033.61 | 4621.59 | 3574.38 |
| 随州 | 753.38 | 1056.56 | 965.22 | 1214.72 |
| 恩施 | 1066.95 | 2030.91 | 3525.8 | 1615.07 |
| 仙桃 | 184.81 | 513.59 | 1179.37 | 850.64 |
| 潜江 | 505.74 | 823.21 | 1152.02 | 830.66 |
| 天门 | 838.48 | 850.87 | 1708.52 | 605.19 |
| 神农架林区 | 31.79 | 80.68 | 474.67 | 80.55 |

资料来源:湖北省投资项目在线审批监管平台。

表 4-8　湖北省历年重大储备项目个数　　　　　　单位:亿元

| 年份 | 2016 | 2017 | 2018 | 2019 |
|------|------|------|------|------|
| 全省 | 24533 | 42210 | 50337 | 42222 |
| 武汉 | 2295 | 4678 | 5554 | 6750 |
| 黄石 | 832 | 1986 | 1875 | 1650 |
| 十堰 | 1525 | 3312 | 4518 | 2096 |
| 宜昌 | 2355 | 4735 | 6059 | 5585 |
| 襄阳 | 2407 | 5030 | 6468 | 4589 |
| 鄂州 | 399 | 723 | 904 | 954 |
| 荆门 | 2054 | 2527 | 2552 | 1937 |
| 孝感 | 1189 | 1977 | 2715 | 2403 |

续表

| 年份 | 2016 | 2017 | 2018 | 2019 |
|------|------|------|------|------|
| 荆州 | 2078 | 3629 | 3446 | 3176 |
| 黄冈 | 3638 | 3972 | 4476 | 4022 |
| 咸宁 | 979 | 2637 | 4146 | 3046 |
| 随州 | 1371 | 1599 | 1572 | 1425 |
| 恩施 | 1651 | 2734 | 3414 | 2417 |
| 仙桃 | 159 | 527 | 598 | 586 |
| 潜江 | 286 | 519 | 657 | 598 |
| 天门 | 451 | 702 | 745 | 561 |
| 神农架林区 | 84 | 225 | 215 | 211 |

资料来源:湖北省投资项目在线审批监管平台。

### (五)重大项目政策支持力度不足,补链强链关注度欠缺

在支持和推动国家重大项目发展方面,浙江、广东等发达省份及安徽、湖南等中部省份均出台一系列对接政策,以政企合作、外商引进等多种形式加大项目融资支持,确保项目顺利完成。以浙江省为例,"十三五"期间,浙江经济围绕数字经济、生命健康、高端装备等五大领域推进"五个千亿"投资工程计划,带动 1000 个左右重大产业项目实施。另一方面,产业链水平影响产业的发展高度、整体质量效益和国际竞争力,补链、强链、稳链工作至关重要。为此,浙江省发布产业链精准招商计划,以招引标杆性企业和引擎性项目为核心,培育和壮大核心产业链,推动产业链攀升和价值链提升发展。以汽车产业为例,宁波提出的"246"现代产业集群发展规划中,2 个"万亿级"产业之一就是汽车制造业。新冠肺炎疫情后,宁波市明确了产业链培育思路,提出汽车产业链图谱、强链补链延链建设内容、空间布局、平台建设等工作任务以及个性化政策。在强链建设方面,推动节能与新能源汽车整车高端化发展,依托浙江吉利、上汽大众、浙江中车电车等龙头企业,重点发展新能源乘用车、客车、专用车;补链建设方面,加大锂离子动力电池材料

研发力度;延链建设方面,推动新能源汽车用电机向上游稀土材料、硅钢片延伸,探索先进材料和工艺技术的突破,同时,支持探索智能共享出行模式,强化汽车出行服务。汽车也是湖北的重要支柱产业,亟须打造武"襄十随"汽车产业集群,形成从研发、设计到物流、金融等产业配套的全产业链集群,提高汽车产业的抗风险能力,用市场规模来有效避免关键技术被"卡脖子"可能带来的经营风险,而湖北尽管提出了建立武襄十随汽车产业整零合作机制、汽车走廊会商机制,但尚未形成区域之间错位发展、互补发展、融合发展的整体思路和政策思路。

## 专栏 4-1　其他省份先进经验

### 浙江省

1. 推进"五个千亿"投资工程计划,围绕数字经济、生命健康、高端装备、文化旅游、能源环保五大关键领域,重点推动 50 个左右引领性重大项目建设,带动 1000 个左右重大产业项目实施。

2. 与国开行浙江分行共同发布《关于进一步推进开发性金融支持重大项目建设的通知》,在长三角一体化发展、"四大建设"、重大产业发展等领域加强规划合作,加大融资支持,以乡村振兴"安吉模式""1+N+N"新型扶贫模式作为示范,合法合规运用政府与社会资本合作(PPP)、结构化融资、产业股权投资基金等,加快探索合作模式创新。

3. 发布《浙江省产业链精准招商工作指导意见》,以培育产业集群为目标,以产业竞争力精准分析为基础,以"建链、补链、强链"为重点,以招大引强为着力点,以招引标杆性企业和引擎性项目为核心,推动产业链攀升和价值链提升发展。

### 广东省

1. 实施新兴产业国际合作计划。支持本土企业引进先进技术和设备,鼓励企业开展参股并购、联合研发、专利交叉许可等方面的国际合作,支持有条件的骨干高新技术企业加快布局建设一批海外研发机构,充分利用全球创新资源。推动新兴产业国际产能合作,支持广东轨道交通装备、航空装备、海洋工程装备等领域新兴产业企业与"一带一路"沿线国家和地区加强重大项目合作,推动高端制造业产能输出,带动轨道交通、船舶、网络通信等优势装备和产品输出。

2. 实施国际科技合作提升计划。积极参与国际科技合作计划、国际大科学计划和大科学工程,承担和组织国际重大科技合作项目,增强在基础研究和重大全球性问题等新兴产业领域的科技创新能力。鼓励境外投资者来粤设立研发机构,引导其在粤建设战略性新兴产业大区域研发中心或国际科技创新中心,并引导外资研发机构参与广东科技计划项目。

3. 组织实施重大科技成果转化专项。依托国家高技术产业基地和省级战略性新兴产业基地建设,围绕新一代超高速无线局域网、先进高分子材料、新型显示、新能源汽车等领域,推动一批关键核心技术和产品实现产业化;依托国家高技术产业基地和省级战略性新兴产业基地,打造20个左右特色鲜明、大中小企业协同发展的优势产业集群和特色产业链。

4. 提升整机产品与核心基础软硬件竞争力。面向下一代网络、云计算、工业互联网等新技术与应用体系,集中推进计算、存储、网络、终端等关键整机产品发展,鼓励电子信息产业整机企业向产业链上游发展。

**安徽省**

1. 发布《稳投资重大项目建设若干推进措施》,明确要求将稳投资重大项目建设作为推动我省经济社会发展的重要抓手和有效载体,进一步建立和完善常态化项目推进工作机制,形成工作合力,确保重大项目顺利实施,尽早发挥经济和社会效益。

2. 发布《关于推进重大新兴产业基地高质量发展若干措施的通知》,推行"创新成果+开发园区+产业基金+'三重一创'政策"的科技创新成果转化"四融"模式,打通科技链、产业链、资金链和政策链。积极衔接长三角一体化发展、京津冀协同发展和粤港澳大湾区建设等国家战略,推动知名高校院所、行业领军企业、创业投资企业等在基地设立分支机构,吸引更多高端要素资源集聚。

3. 借每年举办"世界制造业大会"之际,壮大先进制造业"集团军",持续推进"三重一创"建设。2018年,安徽重大新兴产业工程和重大新兴产业专项,首次实现新兴产业领域和地市布局全覆盖,初步形成了重大新兴产业专项(35个)、重大新兴产业工程(29个)、重大新兴产业基地(24个)的"塔式"结构和梯次推进格局。

### 湖南省

1. 举办"政通银合　崛企潇湘"重大项目推进对接会,探索建立常态化的政银企三方长效合作机制,实施加强债券资金支持、推进"135工程"升级版等八大政策,现场签约重大项目46个,签约金额828.2亿元。

2. 发布《湖南省对接"一带一路"倡议行动方案》,明确行动重点是装备产能出海、对外贸易提升、引资引技升级、基础设施联通、服务平台构筑、人文交流拓展"六大行动",鼓励重点产业推动"走出去",重点企业带头"走出去",力争形成湖南省内交通网与"一带一路"陆海大通道直接连通的大格局。

# 四、"十四五"时期扩大有效投资的总体思路和主要任务

"十四五"时期,要从战略和全局的高度,深刻认识扩大有效投资对坚持新发展理念、促进湖北经济高质量发展的关键作用,坚定不移把扩大有效投资作为当务之急、长期任务和战略举措。

## (一)"十四五"时期扩大有效投资的总体思路

"十四五"时期,要将扩大有效投资作为提高供给体系质量,调结构、补短板、促转型的有效途径;作为增加公共产品和公共服务,满足人民日益增长的美好生活需要的有力抓手,要聚焦壮大优势产业、补足瓶颈产业、发展新兴产业;聚焦提升基础保障能力,加快基础设施建设,切实抓好交通、能源、水利、环保等领域重点项目建设;聚焦产城融合、城乡一体,突出抓好核心功能区、产业发展带;聚焦人民获得感幸福感,在发展中保障和改善民生,加大对公共服务的投入力度。积极探索扩大有效投资的方法和路径,破解制约扩大有效投资的各种瓶颈,激发各类投资主体的活力,形成齐抓共管扩大有效投资的良好局面。充分发挥市场在资源配置中的决定性作用,更好地发挥政府作用,做到市场有效、政府有力。拓宽投资渠道,注重突出财政资金引导作用、示范作用和撬动效应,激活民间投资,大力开展招商引资。深化社会投融资体制改革,发挥产业投资基金带动作用,促进政府投融资主体向市场化投融资主体转变。优化投资环境,积极探索建立要素顺畅流动的制度体系,打造优质高效务实的政务环境和营商环境。

## (二)"十四五"时期扩大有效投资的主要任务

一是保持投资规模继续合理增长的同时,全面提升投资效率效益。切

实转变投资理念,兼顾投资效果系数和固定资本形成总额两项指标,提升投资对经济增长的边际效果。一方面,投资项目谋划要长短结合,既要规划一批投入少、周期短、见效快的项目,又要谋划一批对投资有强拉动、利长远、增后劲的"关键性、支撑性、标志性"项目,扩大有效投资,提高投资效益,为全省经济高质量发展发挥重要支撑作用。另一方面,坚持"质量第一、效益优先"的原则,推动投资领域供给侧结构性改革,注重投资效率和质量"双修"。

二是深化投资领域供给侧改革,优化固定资产投资结构。扩大制造业投资,以"提高技术水平、增强制造能力、优化产业结构、延长产业链条"为导向,加大对主导产业、新兴产业领域的投资力度,加强高新技术产业投资,提高投资供给体系的质量和效率,激发高质量发展的动能和后劲。加大对薄弱环节的投资,围绕基础设施、现代农业、新兴服务业、民生工程等,进一步加大投入力度,补齐高质量发展的短板。严格落实关于房地产市场调控的相关政策,降低经济增长对房地产投资的依赖程度。

三是加大创新驱动领域投资力度,激发创新发展活力。强化创新体系建设投资,围绕战略性新兴产业、先进制造业、知识密集型服务业等创新型产业,选一批市场前景好、研发能力强的企业,加强对这些企业的投资力度,支持其发挥先发优势引领全省创新发展。强化对科研院所和高等院校的创新投资力度,发挥其对企业技术创新的源头支持作用。围绕高成长性制造业、战略新兴产业、传统支柱产业,加大技改投资力度,提升制造业运行效率和投资效益。

四是坚持政府投资与社会投资并重,释放有效投资需求潜力。进一步提高政府财政投资的效率效益,在加大对产业发展短板、重大基础设施、社会民生工程等关键领域和薄弱环节投资力度的同时,以投资效率效益为导向,坚决压缩绩效不高项目的预算安排,增加均衡性转移支付和困难地区财力补助。着力激发民间资本投资活力,深化投资领域行政审批制度改革,进一步放宽市场准入,增强社会资本参与 PPP 等项目的意愿,提振民间投资信心,释放有效投资潜力,吸引社会资本投向先进制造业、现代服务业、现代农业、基础设施等领域,不断提升产业层次。

# 五、完善扩大有效投资的政策建议

"十四五"时期,全省要按照高质量发展要求,抓好"战略机遇期"和"政策窗口期",坚持"规划引领、厚植优势、补齐短板、区域协调"原则,重点围绕拓宽传统基建融资渠道、推进新基建建设、提升城市发展品质等基础设施投资,构建现代产业体系、推动传统产业改造升级、持续扩大战略性新兴产业等工业投资,兜牢民生底线、优化生态环境等社会民生补短板投资"三大领域"不断优化重大投资项目布局。

## (一)拓宽传统基建投资融资渠道,前瞻布局未来加速新基建投资

加大转型升级力度,聚焦新型基础设施领域,谋划一批 5G 移动宽带、大数据中心、人工智能超算中心、工业互联网、物联网等项目;聚焦科技创新领域,紧盯"科技创新 2030"重大工程,研究谋划新的重大科技项目,建设国家实验室、国家科学中心等重大创新平台,争取一批重大科技基础设施项目进入国家规划。与此同时,拓宽基础设施融资渠道,减轻基础设施建设对公共财政的依赖。

——新型基础设施投资。主动行动、主动对接、主动争取更多的投资项目、试点示范和优惠政策落地湖北。发挥湖北优势技术与基础,精心谋划实施一批与新兴产业耦合度高、契合度好的新基建项目,围绕信息、融合、创新基础设施三个方面,谋划实施一批重大新基建工程项目。信息基础设施,围绕以 5G、工业互联网、物联网为代表的通信网络基础设施,以数据中心、智能计算中心为代表的算力基础设施,加快部署 5G 网络、推进信息网络升

级、建设高标准数据中心、打造互联网服务平台。截至"十四五"末期,实现全省新型基础设施大跨越,形成具有较强竞争优势的设施网络,5G 网络覆盖率和建设水平领先中部,新型信息基础设施规模进入全国第一方阵。融合基础设施,围绕深度应用互联网、大数据、人工智能等技术,支撑传统基础设施升级的基础设施,大力发展高铁和城市轨道交通、智慧交通、智慧能源、智慧市政设施、智慧医疗教育、智慧旅游等。截至"十四五"末期,集约高效、经济适用、智能绿色、安全可靠的新型融合基础设施建设取得突破进展,推动行业提质增效、保障和改善社会民生的支撑能力显著提升,有力支撑基础设施高质量发展。创新基础设施,围绕支撑科学研究、技术开发、产品研制的具有公益属性的基础设施,加快布局重大科技基础设施、推进重点实验室体系建设、建设高水平创新平台等方面。截至"十四五"末期,创新基础设施基本满足社会建设创新需要,新型基础设施技术短板逐步补齐,发展结构更加均衡合理,为科学研究、技术开发提供高质量服务。

——传统基础设施投资。充分挖掘对社会资本的撬动力,减轻公共财政消费性支出负担,引导社会资本通过 PPP、BT、BOT 等多种融资方式参与投资,探索发展以优质不动产为基础资产的公募 REITs,鼓励高速公路、水利设施等产权明晰,具有持续稳定现金流的优质公共基础设施和服务项目率先实现资产证券化并上市交易。完善地方政府专项项目引导与协调机制,鼓励金融机构加强对重点项目的融资支持,降低融资成本,缩短融资链条,提高资金使用效率。聚焦传统基础设施国家投资重点领域,建设现代化交通体系,围绕"五纵四横"综合运输大通道,构建现代综合交通运输体系,做大做强武汉国际性综合交通枢纽,襄阳宜昌全国性综合交通枢纽,推动其他市州建设区域性综合交通枢纽。强化能源安全保障,围绕"外引"争取省外优质资源,围绕"内增"挖潜自身供应能力,围绕"提质"优化供能服务水平,围绕"扩储"补齐供应短板弱项。加快水利补短板,围绕优化水资源配置、提升防洪抗旱能力改善水生态环境、加快建设现代化水利基础设施网络的目标,加快推进一批重大水利工程建设。系统谋划实施防洪抗旱能力提升、引调水及骨干水源工程,以及农村饮水提标升级等一批水利补短板工程。

——新型城镇化投资。以人的城镇化为核心,以提升新型城镇化质量为目标,加快建设武汉城市圈、"襄十随"和"宜荆荆"城市群,推进基础设施互联互通,着力完善武汉、襄阳、宜昌等大中城市的功能,建设智慧、人文、绿色、韧性城市,提升城市发展品质,实施一批市政基础设施和公共服务项目。大力开展县城城镇化补短板,提升县城承载能力,以国家明确的公共服务、环境卫生、市政公用、产业培育设施4个方面17个方向为重点,谋划推进一批补短板强弱项项目。通过一批重点项目的实施,推动全省各类城市综合承载能力显著提高,基本实现大中小城市和城镇合理分工、功能互补、协同发展的良好格局。

### (二)推动传统产业改造升级,持续扩大新兴产业投资

聚焦强龙头、补链条、创品牌,大力谋划提升产业基础能力和产业链水平的战略性新兴产业和转型升级项目。发挥好投资和大项目对相关产业发展的牵引作用,形成更多优势产业链。在保持传统产业优势的基础上,谋划以"光芯屏端网"为主导的战略性新兴产业,在培育壮大新兴产业上要按下"快进键",在改造提升传统产业上按下"升级键"。围绕三个国家级创新中心、四大国家级产业基地建设、十大重点产业高质量发展,谋深谋实先导产业项目、强基工程项目,谋求国家重大产业项目布局湖北、落户湖北。

——传统产业技改投资。要在产业转型上善谋实谋,对现有产业建链、强链、延链、补链,引进一批技术含量高、环境污染少、带动能力强的好项目,提高产业聚集力和产品竞争力。要加大技术改造投资,引导企业运用智能化、数字化、信息化等新技术、新工艺,实施一轮有基础、有意向、有前景的技术改造项目。围绕促进传统产业安全、绿色、集聚、高效发展和数字化、网络

化、智能化升级,推进先进制造业和现代服务业深度融合,建设引领中部、链接全国的现代产业体系,加快实施一批技术改造项目。截至"十四五"末期,工业规模在全国保持在第一方阵,工业增加值占全省 GDP 比重保持现有水平,产业链供应链稳定性和竞争力大幅提升。

——战略性新兴产业投资。围绕"战新产业倍增计划",谋划推进长江存储二期、中信科 5G 芯片、华星光电 T5 等一批重大产业项目,打造具有国际竞争力的万亿级"光芯屏端网"产业集群和大健康产业集群,打造航空航天与北斗、新材料、人工智能、数字创意 4 个在全国有重要影响力的战略性新兴产业集群。谋划布局区块链应用、石墨烯、自动驾驶、基因诊断及基因治疗、生物医学成像等革命性、战略性未来产业,将湖北建成全国重要的战略性新兴产业策源地,把握未来产业发展主动权。围绕行业领域发展前沿、新经济谋项目,聚焦新冠肺炎疫情催生的"宅经济"、在线教育、无人零售、智能配送、智慧医疗等新技术、新产业、新业态、新模式,谋划一批新经济项目。

### (三)兜牢民生底线优化生态环境,持续加大补短板投资

聚焦社会民生领域,谋划一批就业、教育、医疗、文化、社区、养老、托育项目,重点谋划推进县域医疗服务提升和国家医学中心、区域医疗中心建设。聚焦生态文明建设领域,谋划一批环境基础设施提标改造、市政基础设施建设和资源循环化利用项目。

——社会民生领域投资。围绕满足人民对美好生活的向往目标,谋划推进教育现代化提速提质、健康湖北建设、文化和旅游发展提质增效、实现就业收入稳定和增长、社会保障服务体系健全完善等领域重点投资项目。截至"十四五"末期,推动教育公平而有质量的发展,实现更加充分、更高质量的就业,健全全覆盖、可持续的社保系统。加快补齐公共卫生体系建设短板,弥补欠账和短板,深入推进公共卫生、传染病防治领域供给侧结构性改

革,加大公共卫生与防疫基础设施、运营体系、专业人才培养,加强基层公共卫生应急管理能力,升级各地医疗防疫系统。要在公共服务领域善谋实谋,实施一批老城改造、城市管廊、物流节点等领域项目,不断提升基础设施保障水平。

——生态环保领域投资。围绕实施生态立省战略,谋划一批生态项目、落实一批产业项目、推进一批民生项目,以生态效应增强经济效应,让生态财富变成"真金白银"。长江经济带绿色发展方面,围绕"三江千湖"生态环境综合治理为目标,统筹山水林田湖草要素,以流域、区域保护修复及生态产品价值实现为重点,系统谋划储备项目。加快建设城市污水处理设施,完善污水收集管网,基本消除城市生活污水直排口,基本消除城中村、老旧城区和城乡接合部生活污水收集处理设施空白区。

### (四)持续优化投资环境,充分发挥有效投资关键作用

——建立高质量的政府投资项目库,完善投资项目评审机制。一是建立和完善全覆盖、全方位、全过程的政府投资项目库,整合现有各类政府投资项目库,分层级建立全省统一的政府投资项目库,形成省市县上下联动、各单位跨部门联动的项目库管理工作机制。二是严把入库关,政府投资项目库要紧紧围绕中央重大决策部署,围绕省委省政府决定事项,围绕国家宏观调控政策和中期财政规划,聚焦"两新一重"、"补短板"项目,聚焦民生领域,从源头上把握政府投资项目投入方向的高质量。发挥政府投资的引导和带动作用,鼓励社会资本作为政府投资的有效补充,投入社会公益服务、公共基础设施、农业农村、生态环境保护、重大科技进步、社会管理、国家安全等公共领域。经营性项目政府投资主要采取资本金注入方式,注重培育和孵化,制定退出机制,形成杠杆效应。政府投资项目要进行全过程的绩效管理,对投资决策的科学性,项目建设的合理性、资金使用的合规性、投入产出效果、服务对象满意度进行全方位综合评价,强化绩效评价结果运用,推

动财政资金聚力增效。三是精准把握国家政策,加大项目谋划储备力度,争取更多中央政策、项目和资金支持。围绕政府专项债券支持方向,谋划筛选更多前期手续完备建设条件成熟的项目纳入国家重大建设项目库。围绕中央预算内投资支持的领域,按可准入、可落地、可申报、可持续的要求编制三年滚动投资计划及时推送国家重大建设项目库。编制全省重大项目推进计划,对"十四五"时期续建、新开工的重大项目实行清单推进、跟踪问效。四是充分发挥财政投资评审提升投资绩效的积极作用,为财政合理配置资源、扩大有效政府投资提供定量基础和技术支撑。

——提升政府投资引导力,激活社会投资积极性。一是充分挖掘政府投资的引导力,以制定"十四五"规划为契机,主动研究国家未来投资方向、地方长远发展需求,进一步调整优化财政支出结构,对必须由政府承担的纯公共领域加大中央资金争取力度,加强地方财政配套、加力各方资金统筹。二是充分挖掘对社会资本的撬动力,对一般交通、市政管网、城市建设、环境治理等半公共产品,引导社会资本通过 PPP、BT、BOT 等融资方式参与投资,探索设立产业撬动母基金、在各地市州、各部门设立子基金,积极争取开展基础设施证券化 REITs,鼓励银行、证券、保险等金融机构积极开发多种融资产品。

——深化"放管服"改革,打造最优投资环境。一是加大投资审批制度改革力度,充分运用投资项目云平台和在线审批监管平台等技术工具,推进投资项目全过程在线审批监管和核准、备案管理,不断提升项目推进效率及服务质量。二是建设项目信息主题库,归集工程建设项目各类批复的结构化数据、电子证照和电子文件。积极探索区域评估、标准地供地、容缺受理、告知承诺、"多审合一""多证合一"等审批创新。三是开展疏解治理投资堵点专项行动,持续提升投资便利度,继续破除民间资本进入重点领域的隐性障碍,规范有序推广 PPP 模式,鼓励民间资本重点投入重大战略及补短板领域项目。四是加快出台进一步扩大开放的政策举措,缩减外商投资准入负面清单,扩大鼓励外商投资产业目录,抓好重大外资项目落地。

——坚持"资金跟着项目走",确保项目有钱可投。一是完善地方政府专项债券项目安排协调机制,在地方政府专项债券的申报、分配方面,重点保障重点项目资金需求。省财政厅要加强地方政府债券申报、使用、管理的培训和指导。二是加大财政性资金支持力度,有效盘活财政存量资金,积极利用以往年度财政结余资金保障必要项目。省发改委要积极争取中央预算内资金支持,用好用活省预算内资金。省地方金融监管局、人行武汉分行、湖北银保监局、湖北证监局要积极引导金融机构加强对重点项目的融资支持,保障项目建设需求。三是切实做多融资总量、做低融资价格、降低融资门槛,破解企业融资难题,加大对先进制造业、现代服务业筹资支持力度。战略性新兴产业资金通过投资补助、资本金、贷款贴息等多种方式,支持重点领域发展,中长期低息贷款政策从集成电路扩大至人工智能、生物医药领域。做好技改专项资金保障,增加资金规模,提高项目支持比例,实施无人工厂专项技改行动。四是按照房地产金融政策总体要求,加强动态监测,支持房地产企业合理融资需求,鼓励金融机构加大对旧区改造的融资支持,保持房地产市场平稳发展。

——坚持"要素跟着项目走",确保项目有地可落。一是健全重大项目实施制度,用地、用能等要向重大项目倾斜。建立"全链条跟进、全流程提速、全方位服务"的用地保障机制,协调解决在批、征、供、用等方面的问题。二是用好省级政府更大用地自主权政策,确保在土地要素配置上优先满足、优先保障、优先支持,做到地等项目。加强建设项目用地保障,全力支持重大项目建设用地计划,做到应保尽保。三是降低制造业项目用地成本,工业用地出让起始价可参考全国工业用地最低价。四是持续对重大项目建设开展督导,对督查考核表现突出的地方及时落实省政府土地指标等奖励政策。

# 专题五：湖北培育和打造中部
# 强大消费市场研究

　　"十四五"规划建议指出,要形成强大国内市场,构建新发展格局,要依托强大国内市场,贯通生产、分配、流通、消费各环节,完善扩大内需的政策支撑体系,形成需求牵引供给、供给创造需求的更高水平动态平衡。湖北在构建新发展格局,尤其是在畅通国内大循环和全面促进消费过程中体现何种担当,是本专题研究关注的重点。通过挖掘第四次经济普查和统计数据,发现湖北在分配、流通、消费三个环节都存在一些短板弱项,应予以高度重视。展望"十四五"时期,要将扩大内需与供给侧结构性改革紧密结合,贯通生产、分配、流通、消费各环节,全力打通阻碍供求匹配、产销互促的堵点,进一步培育激发湖北领衔的中部市场潜力,着力打造强大市场枢纽。重点建议是构建紧密衔接、梯次发展、优势互补的区域消费中心体系,支持武汉争创"国际性消费中心"城市,承担贯通中部与全国市场、国内与国际市场的重要载体与桥梁作用,支持襄阳和宜昌等打造辐射中部市场的"区域性消费中心",发挥其他部分地市在各自消费领域的特色,打造"地方特色消费中心",从而有效促进供给体系、需求结构、流通网络和发展环境提质升级,有力支撑新发展格局和更好满足人民对美好生活的新期待。

　　我国拥有超大规模的国内市场,这是参与全球竞争的重要优势。《中共中央关于制定国民经济和社会发展第十四个五年规划和二〇三五年远景目标的建议》中将"形成强大国内市场，构建新发展格局"作为重点任务提出，强调"坚持扩大内需这个战略基点，加快培育完整内需体系，把实施扩大内需战略同深化供给侧结构性改革有机结合起来，以创新驱动、高质量供给引领和创造新需求"。构建新发展格局的"主体"是"国内大循环"，而"畅通国内经济大循环"首要的就是"依托强大国内市场，贯通生产、分配、流通、消费各环节"。《中共湖北省委关于制定全省国民经济和社会发展第十四个五年规划和二〇三五年远景目标的建议》指出的"十四五"时期经济社会发展主要目标，首要的就是综合实力迈上新台阶，其中要求进一步增强"市场枢纽功能"，初步建成全国重要的商贸物流中心等，并提出了"打造强大市场枢纽，构建内陆开放新高地"的主要任务。在此背景下，本专题通过挖掘湖北第四次经济普查和历年统计数据，聚焦研究湖北打造强大市场枢纽、培育中部强大消费市场的基础条件与制约因素，研判湖北未来五年具有增长潜力的重点市场，分析未来湖北打造强大市场枢纽、培育中部强大消费市场的思路、目标与路径；贯彻落实中央政策精神、立足湖北未来发展目标和当前实际，提出全面促进消费的举措建议。

# 一、打造强大市场枢纽、培育中部<br>强大消费市场的背景与意义

## （一）中部强大消费市场的内涵及特征

中央提出以国内经济大循环为主体，加快形成国内国际双循环相互促进的新发展格局。以国内经济大循环为主体，实际上就是指以强大国内市场为主，同时处理好国内与国际市场的关系，促进国内与国际循环相互促进、相得益彰。在此背景下，我们对进一步培育和促进中部消费市场发展有

了更深层次的理解。从空间来看,中部消费市场①指的是包括湖北、湖南、江西、山西、河南、安徽在内的位于中部区域的消费市场。研究认为,强劲的市场发展和健全的市场体系是一种积极主动配置和聚集内外部要素资源的核心能力,是驱动区域经济高质量发展的强劲引擎,是推动供给与需求在更高层次与水平上实现动态均衡的良性循环机制。这种能力和循环动力机制是提升区域竞争优势之源,也是促进经济高质量发展的关键。"强大"指的是,面向未来一段时期消费市场发展的四个方面目标:②一是市场规模更大。湖北所在的中部推动市场规模扩大的关键是,推动市场的供给创新能力与需求升级进一步匹配,只有供给不断匹配上需求,新需求不断启发新供给,中部消费市场才有充分活力与持续发展动力,市场规模、容量、范围才有望不断扩大。二是市场结构更加优化。这点指的是,各类市场平台、市场主体之间的联系日益紧密,市场布局日趋合理,实体和虚拟交易、商品和服务交易,线上和线下交易等各种形态发育更加健全,智能化和平台化的新形态新模式不断涌现。三是市场规则更加完备。市场撮合交易、发现价格、配置资源等功能发挥更加充分,能够确保各类市场交易在完善的法治框架下进行,市场竞争机制更加有效,运行秩序更加规范。四是全国乃至全球的影响力与吸引力增强。只有中部市场运行的质量效益日益提高,与全国其他区域市场的关联性和互补性进一步增强,标准规则设定更加明确规范,对国外或国内其他地区投资者的影响力与吸引力才可能更强。

### (二)"十四五"时期打造强大市场枢纽、培育中部强大消费市场的必要性

"十四五"时期,面临世界政治经济"百年未有之大变局",我国处于大

---

① 截至 2017 年底,中部地区国土面积约 102.8 万平方公里,常住人口约 3.68 亿人,生产总值约 17.94 万亿元,人均生产总值约 4.87 万元。

② 参见中国宏观经济研究院:《中国宏观经济蓝皮书(2020)》,人民出版社 2020 年版,第 40 页。

有可为的重要战略机遇期，鲜明的时代特征需要把内部市场这种战略资源用活、用好和用到位，对内打通区域市场之间的壁垒，对外内部与外部市场的交融与协同发展，从而加快贯通生产、分配、流通、消费的国民经济大循环。

一是满足人民群众对美好生活的新期待需要以强大的消费市场作为保障。"十四五"时期，我国已迈入高收入国家行列，虽然中部地区中等收入群体规模不及东部发达地区，但是其拥有更大规模的增长空间，随着经济持续发展，低收入和中低收入群体转化为中等收入群体的速度有望加快。随着中等收入群体不断扩围，人民群众对美好生活的需求也在不断升级。湖北培育和促进中部强大消费市场，要通过深化供给侧结构性改革提升消费能力和更好满足人民群众多元化需求。

二是湖北促进区域经济高质量发展需要进一步做大消费市场规模，增强抗风险能力。通过培育完整的内需体系，启动内生消费与投资直接扩充生产规模，是宏观层面稳增长和打通供求梗阻的重点，也是微观层面激发市场主体活力、畅通市场循环、促进产销并进的关键。"十四五"期间，湖北居民消费将同全国发展趋势一样，加快从数量型转向质量型，亟待强化有效供给，提供更多高性价比的适销对路商品与服务。因为中部市场具有承南启北、承东启西的区位优势和功能特征，所以，当前和未来一段时期，促进中部消费市场规模日益扩大，层次结构更加优化，尤其是规则更加完善，亦将是畅通全国统一大市场循环的重点之一。

三是湖北有望通过积极打造中部强大消费市场而加快融入以国内大循环为主的新发展格局。习近平总书记在2018年底的中央经济工作会议上指出，要促进形成强大国内市场，努力满足最终需求，发挥投资关键作用，提升产品质量，改善消费环境，增强消费能力。以此为契机，促进形成国内强大市场政策密集出台，多部门联合相继印发了《进一步优化供给推动消费平稳增长　促进形成强大国内市场的实施方案》《加大力度推动社会领域公共服务补短板强弱项提质量　促进形成强大国内市场的行动方案》《关于推动物流高质量发展促进形成强大国内市场的意见》等文件。2020年8月,习近平总书记指出要以辩证思维看待新发展阶段的新机遇新挑战,以畅通国民经济循环为主构建新发展格局,坚持供给侧结构性改革的战略方向,扭住扩大内需的战略基点。同年9月,习近平总书记主持中央财经委员会第八次会议时指出,建设现代流通体系对构建新发展格局具有重要意义,国内和国际循环都离不开高效的现代流通体系。党的十九届五中全会《公报》指出,要以推动高质量发展为主题,以深化供给侧结构性改革为主线,以改革创新为根本动力,以满足人民日益增长的美好生活需要为根本目的,统筹发展和安全,加快建设现代化经济体系,加快构建以国内大循环为主体、国内国际双循环相互促进的新发展格局。在构建新发展格局过程中,湖北如能领衔推动中部消费市场进一步做大做强,将有望在新发展格局中获得更明确的定位,体现更多责任与担当。

四是湖北打造国际和全国性消费中心、区域性消费中心面临重大政策机遇。2020年3月,国务院有关部门联合发布了《关于促进消费扩容提质加快形成强大国内市场的实施意见》,首次提出结合区域发展布局打造消费中心。国务院办公厅2020年9月新近印发的《关于以新业态新模式引领新型消费加快发展的意见》指出,要围绕国家重大区域发展战略打造新型消费增长极,着力建设辐射带动能力强、资源整合有优势的区域消费中心。消费中心指的是以中心城市为依托、辐射周边、综合承载能力强的消费高地或集聚区。国家政策提出,要依托一些超大、特大城市,着眼于消费政策制度的全方位引领和供给体系的高水平构建,建设具有全国性影响力的综合性消费高地;依托部分省会和综合实力比较强的地级市着力打造区域性消费中心,增强对周边地区的辐射带动能力;在一些中小城市和县(市)打造地方特色消费中心。武汉作为特大城市,GDP规模和社零总额规模排在全国主要城市前列,供给体系和消费服务体系比较健全,对周边乃至全国市场的辐射带动不断增强，抓紧创建国际性和全国性消费中心面临政策机遇。襄阳和宜昌等地级市也有望通过发挥自身比较优势创建区域性消费中心，省内中小城市和县(市)有望积极创建一些地方特色消费中心。

## 二、湖北打造强大市场枢纽，培育中部强大消费市场的基础条件

本部分将通过挖掘湖北第四次经济普查和历年统计数据，就发展阶段、流通区位、市场规模结构、人口和收入水平、市场主体发育等方面，研究分析湖北培育和打造中部强大消费市场的有利条件与不利因素。

### （一）打造强大市场枢纽，培育中部强大消费市场的有利条件

一是湖北是中部地区人均 GDP 唯一超过 1 万美元的省份，有助于支撑消费进入提质升级阶段。湖北 2018 年人均 GDP 突破 1 万美元，2019 年突破 1.1 万美元，是中部地区唯一超过 1 万美元的省份，比其他中部省份高 2000 美元左右，位列全国第八，较全国平均高出近 1000 美元。根据国际经验，人均 GDP 迈过 1 万美元的高收入门槛以后，服务消费(如旅游、文体、家政、养老、信息、娱乐等发展型消费)将逐步超过总消费的 60%，多层次、多元化消费需求空间将进一步打开。2015 年以来，湖北居民可支配收入持续增长，2019 年全省居民人均可支配收入 2.8 万元，位居中部第一；城镇常住居民人均可支配收入 37601 元，较上年增长 9.1%，与全国平均增速 7.9% 相比高 1.2 个百分点，增速位居全国第二位，中部六省第一位。农村常住居民人均可支配收入 16391 元，较全国农村居民人均收入水平高出了 370 元，增速也在中部省份前列。

二是批发零售主体和市场平台逐步壮大。根据四经普数据，2018 年湖北限上批发零售业法人企业、从业人员和主营业务收入分别为 8145 个、

53.10万人、1.73万亿元,较上年分别增长13.0%、4.3%、13.3%。随着市场化进程的推进,主体结构更加多元化。从所有制类型看,私营企业逐渐占据主导地位,其他所有制企业平稳发展,呈现多样化趋势。2018年湖北限上私营批发零售业法人企业有5143个,占比63.1%,较2010年比重持续大幅抬升15.9个百分点;限上国有、集体批发、零售业法人企业220个,占限上批零法人企业数的比重较2010年下降11.3个百分点;港澳台商、外商投资企业102个,比重较2010年下降0.7个百分点;销售规模上,内资企业实现销售额1.8万亿元,占全省比重接近90%,主导地位进一步显现。从市场主体规模看,在多样性和个性化消费需求快速增长的背景下,小微企业呈现较好发展态势,2018年全省小微批发零售业法人企业约25.5万家,占到全部批发零售业企业的90%以上,成为支撑消费市场发展的活跃力量。从支撑消费的商贸载体来看,湖北省商品交易市场快速发展。2018年,全省亿元以上商品交易市场达129个,市场摊位数超过8.7万个,营业面积近700万平方米,年成交额2081亿元。同时,市场专业化程度也在进一步提高,在全省129个亿元市场中,专业市场89个,占比接近70%。批发零售多种经营业态竞相发展,2018年全省限上零售企业中专业店1300多家,专卖店1500家,百货店近300家,超市近500个,还有接近600家无店铺销售企业。连锁商业快速壮大,截至2018年末,湖北共拥有连锁商业企业186家,连锁门店总计超过1.2万个,营业面积近800万平方米。连锁门店个数和营业面积较2011年分别增长121.2%和36.2%,年均增速为12%和4.5%。连锁企业实现零售额超过1800亿元,较2011年增长74.4%,年均增速为8.3%,占全省社会消费品零售总额的10%左右。

三是消费市场规模持续扩大,多项指标已经位于中部之首。根据四经普数据,2018年全省社会消费品零售总额首次突破2万亿元,2019年为2.27万亿元,在中部省份中位列第二。人均社零额达到3.84万元,为中部省份最高水平。2019年居民人均消费支出突破2万元,位列中部第一,较

2013 年接近翻一番,年均增速超过 10%。湖北作为中部区域消费大省的地位得到进一步巩固,同时当前这些基础也将是未来打造具有全国乃至国际影响力的消费中心的重要支撑。

四是消费结构不断优化升级,近年来出现一些积极变化。随着收入水平持续攀升,居民消费结构逐步从生存型、温饱型向发展型、享受型升级,休闲娱乐、文化旅游、健康疗养等成为新的消费热点。2019 年,湖北省通信器材、中西药品、文化办公用品及家用电器和体育娱乐用品等升级类消费品限上零售额分别增长 15.9%、13.8%、12.5% 和 13.5%,明显超过社零总额增速;全省电影票房总额为 28.5 亿元,位列中部第一、全国第八位;餐饮业和住宿业限额以上营业额分别达到 547.54 亿元和 168.36 亿元,同比分别增长 18.1% 和 12%;2018 年湖北国内旅游人数 7.3 亿人次,增长 13.8%,国内旅游收入 6344 亿元,增长 15.0%,近年来旅游人数和收入均维持了两位数增长,旅游总收入占 GDP 的比重超过 15%。① 人口老龄化、高品质生活需求以及健康意识增强驱动健康消费支出明显增加。2019 年居民家庭人均消费性支出中用于医疗保健的为 2231 元,是 2013 年的 2.5 倍,购买健康保险支出 312 亿元,近年来平均增速超过 40%。线上消费活跃,2019 年湖北网上零售额达到 2860 亿元,是 2015 年的 3 倍多,年均增速超过 40%,占社会消费品零售总额的比重超过 10%。

五是省内不同地区拥有各自的比较优势,有望支撑全省打造多层次消费中心。2019 年全省有 8 个城市社会零售总额超过 1000 亿元,分别是武汉、襄阳、宜昌、荆州、黄冈、孝感、十堰和黄石。本部分尝试使用"消费比较优势指数"来衡量武汉和其他 7 个地市在消费方面的比较优势。消费比较优势指数＝(本地市某种消费品零售额/本地市消费品零售总额)/(全省某种消费品零售额/全省消费品零售总额),该指数大于 1,则说明相对于湖北

---

① 根据湖北省文化旅游厅提供的部门调查数据。

全省平均水平而言,该类商品拥有相对的消费比较优势,也可以认为是对当地消费的拉动较强。经过初步测算(见表5-1),发现武汉在化妆品类、日用品类、文体办公娱乐类、通信器材类等高端升级类消费品具有明显的消费比较优势;宜昌和襄阳的比较优势主要集中在中西药品类、汽车类等。采用同样的测算方法,可以得到以全国平均水平为参照的"武汉消费比较优势指数"。从该指数来看(见表5-2),武汉在粮油食品类、服装鞋帽和针纺织品类、日用品类、家用电器和音像器材类、文化办公用品类、通信器材类等方面具有一定的消费比较优势,升级类消费当中的化妆品类明显高于全国平均水平。

表 5-1　2019 年湖北省内各城市在消费方面的比较优势

| | 社零总额 | 限上零售额 | 食品 | 服装 | 化妆品 | 金银珠宝 | 日用品 | 文体娱乐 | 家装 | 中西药品 | 通信器材 | 石油制品 | 汽车 |
|---|---|---|---|---|---|---|---|---|---|---|---|---|---|
| 武汉 | 7774.5 | 3649.2 | 0.9 | 1 | 1.6 | 1.2 | 1.5 | 1.4 | 0.9 | 0.8 | 1.6 | 0.7 | 1 |
| 襄阳 | 1955.2 | 383.6 | 1.1 | 0.7 | 0.2 | 0.9 | 0.3 | 0.6 | 0.9 | 1.6 | 0.5 | 1 | 1.4 |
| 宜昌 | 1710.4 | 399.1 | 1.2 | 0.6 | 0.3 | 0.7 | 0.4 | 0.9 | 0.9 | 1.5 | 0.3 | 1.5 | 1.2 |
| 荆州 | 1671.5 | 337.6 | 0.9 | 0.6 | 0.6 | 0.8 | 0.6 | 0.7 | 1 | 2.6 | 0.3 | 1.1 | 1.3 |
| 黄冈 | 1470.7 | 234.7 | 1.4 | 0.6 | 0.4 | 0.4 | 0.4 | 0.2 | 0.9 | 0.4 | 0 | 1.8 | 1 |
| 孝感 | 1278.7 | 227.4 | 0.8 | 0.9 | 0.2 | 0.4 | 0.5 | 0.5 | 1.1 | 0.9 | 0.1 | 3.1 | 0.7 |
| 十堰 | 1193.0 | 251.7 | 1.1 | 0.8 | 0.6 | 1.4 | 1.6 | 0.7 | 0.9 | 0.9 | 0 | 1.1 | 1 |
| 黄石 | 1026.4 | 290.1 | 1.8 | 0.7 | 0.3 | 1 | 0.2 | 0.1 | 0.9 | 0.6 | 0.1 | 1.2 | 0.7 |

注:其中,消费品代码 11 为食品类,12 为纺织服装类,13 为化妆品类,14 为金银珠宝类,15 为日用品类,16 为文体办公娱乐类,17 为家装类,18 为中西药品类,19 为通信器材类,20 为石油及制品类,21 为汽车类。

表 5-2　2019 年以全国平均水平为参照看武汉在消费方面的比较优势

| | 武汉市 | 全国 | 武汉消费比较优势指数 |
|---|---|---|---|
| 粮油、食品类 | 16.3% | 10.5% | 1.6 |
| 饮料类 | 1.6% | 1.5% | 1.0 |
| 烟酒类 | 2.4% | 2.8% | 0.9 |

| | 武汉市 | 全国 | 武汉消费比较优势指数 |
|---|---|---|---|
| 服装鞋帽、针、纺织品类 | 10.9% | 9.8% | 1.1 |
| 化妆品类 | 5.1% | 2.2% | 2.3 |
| 金银珠宝类 | 2.0% | 1.9% | 1.0 |
| 日用品类 | 7.6% | 4.4% | 1.7 |
| 体育、娱乐用品类 | 0.4% | 0.5% | 0.8 |
| 书报杂志类 | 0.4% | 1.0% | 0.4 |
| 家用电器和音像器材类 | 8.5% | 6.6% | 1.3 |
| 中西药品类 | 2.9% | 4.3% | 0.7 |
| 文化办公用品类 | 4.0% | 2.3% | 1.7 |
| 家具类 | 1.2% | 1.4% | 0.9 |
| 通信器材类 | 6.1% | 3.5% | 1.7 |
| 石油及制品类 | 6.6% | 14.5% | 0.5 |
| 建筑及装潢材料类 | 0.5% | 1.5% | 0.3 |
| 汽车类 | 22.3% | 28.4% | 0.8 |

注：武汉消费比较优势指数=（武汉某种消费品零售额/武汉消费品零售总额）/（全国某种消费品零售额/全国消费品零售总额），指数大于1，在一定程度上说明武汉这类商品（与全国平均水平相比）具有消费比较优势。

## （二）面临的问题和挑战

通过挖掘湖北第四次经济普查和历年统计数据，湖北培育和打造中部强大消费市场还面临较大挑战。从生产—分配—流通—消费整个内部循环链条来看[①]，分配环节存在问题，收入有趋向两极分化的苗头；流通环节存在问题，主要是批零市场主体不够强，流通渠道相对较窄，市场基础设施仍有短板弱项；消费环节也存在问题，主要是消费规模不够大、结构还不够优化、出现增长乏力的问题，影响整个市场循环以及市场循环与产业循环之间

---

① 本专题主要聚焦分配、流通和消费环节，生产环节由制造业、服务业和投资专题报告聚焦研究。

的互动。

1. 分配环节:收入差距有两极分化的苗头,影响居民购买力提高

我们用中高收入户收入(高收入+中高收入算术平均值)与中低收入户(低收入+中低收入的算术平均值)之比表示收入差距。近年来湖北省收入差距在持续扩大,扩大速度明显快于全国水平(见图5-1),这是一个需要警惕的苗头。我们通过分析数据发现,湖北高收入户收入与全国接近,相当于全国的92%左右,但是低收入户仅相当于全国水平的62%,而且随着收入水平不断降低,与全国水平的差距越大,湖北低收入户的可支配收入明显小于其实际消费支出(见表5-3)。这些数据分析说明,就居民可支配收入而言,湖北的两极分化与全国相比更为严重,需要进一步警惕这个变化苗头,如果继续放任,可能消费对增长的支撑仍无法得到强化。

居民实际可支配收入不高的同时,住宅等资产价格增速并不低,从而进一步加压实际购买力和消费支出规模。近年来,住房价格上涨过快抑制居民消费预期。根据统计局数据,武汉房屋均价已突破万元,2015年以来新建住宅和二手房住宅价格分别上涨61.9%和44.1%,涨幅位居全国前列。收入增速不及房价导致房价收入比持续攀升,从2015年的7.69攀升至2018年的9.02;房地产价格上扬,居民住房消费支出预期上升,加之实体经济盈利性不好,工薪阶层收入难升,进一步对消费产生"挤出效应",导致日常消费萎缩。并且由于住房消费支出金额大,贷款年限长,使得居民增加预防性储蓄,不敢贸然扩大即期消费,直接制约消费升级,甚至特殊时期容易导致中低收入阶层消费降级,必需品消费占比居高不下,滋生社会次生风险。值得注意的是,高房价也推高了商铺租赁价格,推高了人工成本,进而压缩了企业的利润空间,对便利店等批零主体的生存和发展形成了制约,也构成了经营连锁便利店的成本压力。

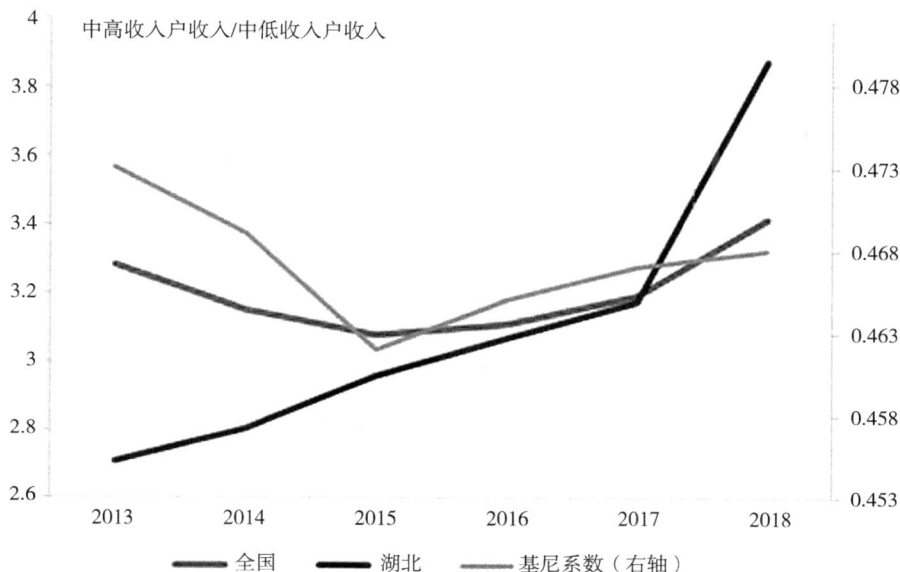

图 5-1　2013—2018 年湖北和全国收入差距比较

资料来源:国家统计局。

表 5-3　2018 年湖北和全国可支配收入差距及消费支出差距比较　　单位:元

| 组别 | 可支配收入<br>(湖北) | 消费性支出<br>(湖北) | 收入消费比<br>(湖北) | 可支配收入<br>(全国) | 收入比<br>(湖北/全国) |
|------|------|------|------|------|------|
| 低收入户 | 9856.65 | 12552.05 | 0.79 | 14386.87 | 0.69 |
| 中等偏下户 | 21417.93 | 17186.56 | 1.25 | 24856.51 | 0.86 |
| 中等收入户 | 30726.61 | 21334.94 | 1.44 | 35196.11 | 0.87 |
| 中等偏上户 | 42862.62 | 29101.06 | 1.47 | 49173.5 | 0.87 |
| 高收入户 | 78308.72 | 45101.55 | 1.74 | 84907.13 | 0.92 |

注:数据是城镇家庭数据。

资料来源:国家统计局、湖北统计局。

2. 流通环节:批发零售主体发展尚不足,市场流通效率出现较大波动

首先,深入挖掘和利用湖北省四经普数据分析得出,批发零售市场主体发展尚不足。2018 年末,湖北省批发零售业企业法人单位比 2013 年末增长 116.4%,比全国低 14.8 个百分点(见图 5-2)。其中,限上和限下分别增

长7%和119%,分别比全国低17个和16个百分点。这说明中部流通大市场活力有降低的苗头,发达地区连锁型批零企业跨区经营或者线上批零挤出所致。批零市场主体活力不足的问题还体现在,限下企业资产负债率低于全国。湖北批发零售企业资产负债率为57%,比全国低10个百分点左右(见图5-3)。分企业看,限上企业与全国相差不大,主要是限下企业比全国低24个百分点。可能与限下企业融资难、实体经营趋向萎缩有关,这与除武汉之外其他地市社零规模占比较小也相关,地市尤其是三、四、五线地区以限下批零企业进一步萎缩。小店是湖北商贸流通领域小微企业的主要载体,经营主体主要包括面向居民消费的批发、零售、住宿、餐饮、家庭服务、洗染服务、美容美发、维修、摄影扩印、配送服务等行业的小微和个体工商户。小店经济普遍存在"融资难、融资贵"的问题。由于经营规模小,而且均属于轻资产,在融资过程中缺乏抵押资产,导致流动资金不足,阻碍了其进一步发展。值得关注的是,限下企业正是拉动就业主体。2018年末,湖北省批发零售业从业人数比2013年末增长41.2%,比全国高20.3个百分点(见图5-4)。其中,限上和限下分别增长1%和48%,分别比全国低8个、高25个百分点。据商务部统计,2019年全国注册小店8000多万户、带动就业约2亿人,湖北省注册小店300万户,带动就业700多万人。这一比较结果说明:一是保住限下批零市场主体很关键,小店在吸纳就业、便民消费和服务、激发市场活力、丰富商业文化等方面发挥了作用;二是限下批零主体,尤其是小店经济发展存在经营环境脏乱差、聚集效应不明显、生活成本高、抗风险能力弱,雇用人员负担重,这也是导致竞争力较弱的原因。

其次,从市场流通效率来看,相对不稳定且出现较大波动。我们用库存周转率(营业收入/平均存货余额)表示批发零售市场流通效率。根据统计数据,2014年以来湖北省批发零售市场流通效率持续低于全国水平(见图5-5)。(批发零售行业的营收)这一指标是刻画湖北中部流通大市场在全国市场流通体系中所扮演角色的市场景气度指标,与流通基础设施和流通

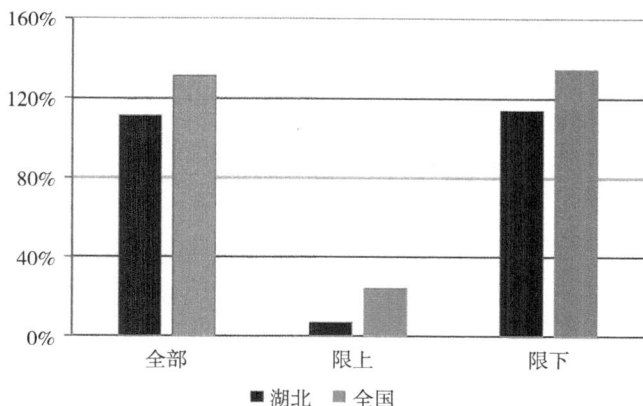

**图5-2　2013—2018年批发和零售业企业法人单位累计增长**

资料来源:湖北省第四次经济普查数据。

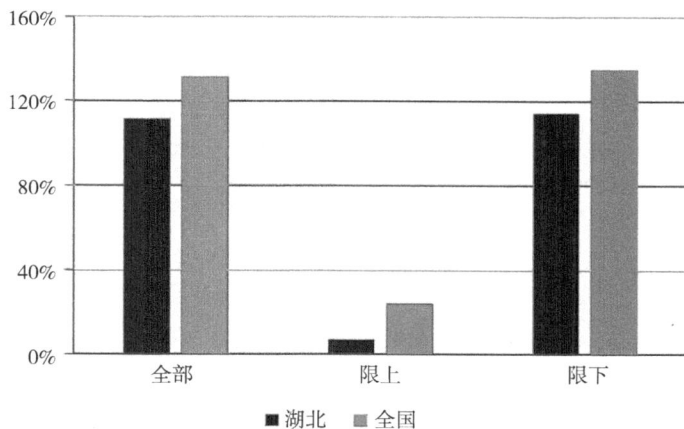

**图5-3　湖北和全国批发零售业企业资产负债率比较**

资料来源:湖北省第四次经济普查数据。

体系便利程度有关,刻画的不仅是中间品和产品是否适销对路,还与人流物流资金流等流量规模有关。我们具体分析结构影响因素(见表5-4),发现可能跟矿产品、建材及化工产品批发业等行业有关,基本上是这类行业造成了2012—2013年超越全国平均水平,但2013年之后大幅下降,后有所反弹但仍低于全国平均水平。

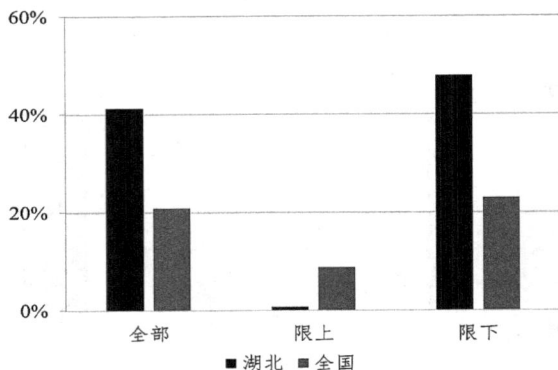

图 5-4　2013—2018 年批发和零售业从业人数累计增长

资料来源:湖北省第四次经济普查数据。

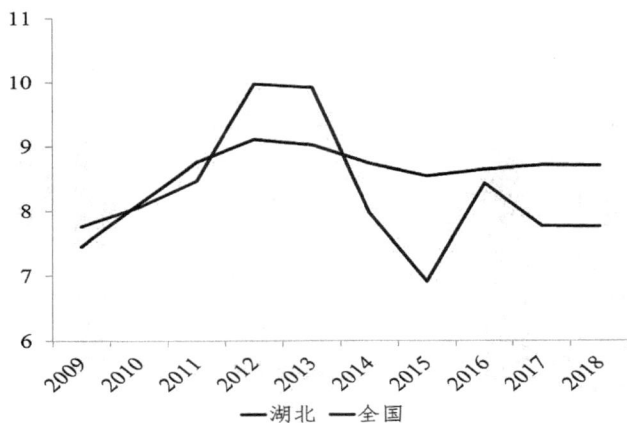

图 5-5　2009—2018 年湖北和全国市场流通效率

资料来源:国家统计局。

表 5-4　市场流通效率下降的结构分析

| 行业 | 2013 年 | 2015 年 | 2015 年/ 2013 年 | 该行业对整体 流通效率 下降的贡献 |
|---|---|---|---|---|
| 总　计 | 9.91 | 6.91 | 0.70 | — |
| 一、批发业 | 11.56 | 7.33 | 0.63 | 73.03% |
| 农、林、牧产品批发业 | 3.81 | 3.36 | 0.88 | 1.95% |

| 行业 | 2013 年 | 2015 年 | 2015 年/<br>2013 年 | 该行业对整体<br>流通效率<br>下降的贡献 |
|---|---|---|---|---|
| 食品、饮料及烟草制品批发业 | 7.06 | 5.67 | 0.80 | 5.32% |
| 纺织、服装及日用品批发业 | 5.40 | 6.67 | 1.23 | 1.08% |
| 文化、体育用品及器材批发业 | 4.81 | 6.58 | 1.37 | −0.42% |
| 医药及医疗器材批发业 | 8.97 | 7.80 | 0.87 | 1.31% |
| 矿产品、建材及化工产品批发业 | 18.07 | 20.35 | 1.13 | 55.43% |
| 机械设备、五金交电及电子产品 | 7.67 | 3.00 | 0.39 | −9.60% |
| 贸易经纪与代理 | 35.40 | 4.15 | 0.12 | 17.38% |
| 其他批发业 | 10.83 | 14.43 | 1.33 | 0.58% |
| 二、零售业 | 7.63 | 6.24 | 0.82 | 26.97% |
| 综合零售业 | 7.04 | 6.37 | 0.90 | 10.48% |
| 食品、饮料及烟草制品专门零售业 | 9.48 | 8.47 | 0.89 | 2.41% |
| 纺织、服装及日用品专门零售业 | 4.55 | 4.26 | 0.93 | 1.40% |
| 文化、体育用品及器材专门零售业 | 6.22 | 5.35 | 0.86 | 0.28% |
| 医药及医疗器材专门零售业 | 10.36 | 5.68 | 0.55 | 1.81% |
| 汽车、摩托车、燃料及零配件专门零售 | 8.77 | 7.21 | 0.82 | 4.48% |
| 家用电器及电子产品专门零售业 | 6.77 | 9.86 | 1.46 | 2.97% |
| 五金、家具及室内装修材料专门 | 7.36 | 1.35 | 0.18 | 1.56% |
| 无店铺及其他零售业 | 7.12 | 20.61 | 2.90 | 1.58% |

资料来源:湖北省统计局。

注:市场整体流通效率是每个行业流通效率加权汇总而成的,这里面每个行业的权重,我们用的是该行业库存占所有行业库存的比重,"对市场整体流通效率下降的贡献率"等于 2015 年的流通效率×该行业权重减去 2013 的流通效率×该行业权重而得到的。

### 3. 消费环节:消费规模、结构和品质都尚待优化提升

首先,湖北消费需求潜力巨大,但对经济增长的支撑仍较弱。2019 年湖北 GDP 达到 4.6 万亿元,占中部省份 GDP 比重为 21%,人均 GDP 超过 11000 美元,是中部地区唯一超过 1 万美元的省份,比其他中部省份高 2000 美元左右。但是,从宏观数据来看,最终消费率明显偏低,说明消费规模偏小,对经济增长的支撑明显偏弱,这个问题在"十四五"时期需要高度重视。

从客观数据来看,湖北消费率不仅没有达到全国平均水平,也与国际水平相差较多。根据相关统计资料测算显示,近年来湖北省平均最终消费率(最终消费/GDP)在45%左右,而全国消费率在53%左右,湖北比全国水平低了8个百分点。发达国家消费率一般在70%—80%,湖北与国际水平(包括我国部分东部发达地区相比)低了接近15—30个百分点。消费率低说明消费需求对经济发展的拉动作用不够突出,2018年湖北最终消费对GDP增长的贡献率超过50%,但仍低于全国76.2%的平均水平。根据欧美发达国家经验,人均GDP迈过1万美元的高收入门槛以后,服务消费(如旅游、文体、家政、养老等发展型消费)将逐步超过总消费的60%,而湖北省目前不到40%。究其根源,可能还是在于收入分配尤其是劳动报酬改革、社保和公共服务保障仍然不到位,以至于区域协调发展和新型城镇化蕴藏的巨大市场潜力尚未完全释放。

其次,湖北社会消费品零售总额的结构与全国基本接近,但仍有一些差异需要关注。总体来看,我国发展享受型消费支出比重较发达国家低了20—30个百分点,湖北也是如此。具体比较内部结构差异,湖北的汽车类零售额和石油及制品类零售额占社零总额比重较高,但是仍比全国平均水平明显低,湖北汽车类零售额占比是20%,比全国低了8个百分点(见图5-6),这与湖北汽车工业产值占工业四成以上的情况并不相称,说明汽车产业虽大但汽车消费对本省增长的拉动并不算强。湖北石油及制品类零售额占比是8.8%,仍比全国低了近6个百分点,说明石化这类基础行业对消费的支撑仍未达到全国平均水平。与此同时,湖北生活用品与食品必需品消费比全国高了12个百分点,达到了45%,说明湖北的基本生活消费占比比较高,消费结构升级相对于发达地区比较缓慢。关键是汽车、家电等耐用品消费对市场规模和区域增长的支撑较弱,一些发展型新兴消费的支撑作用不够明显。

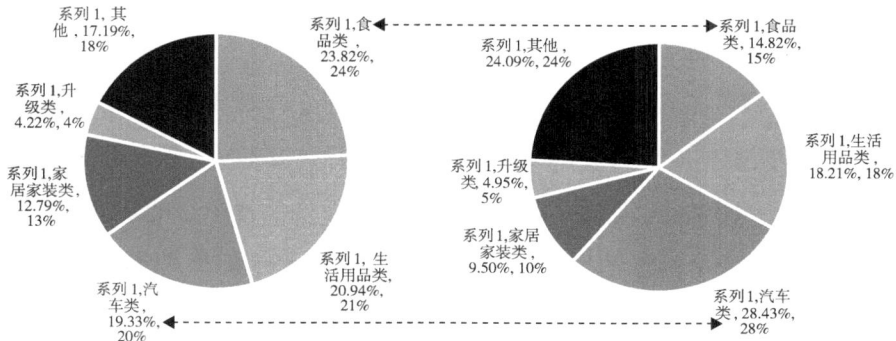

图 5-6　湖北省社会消费品零售总额与全国情况的结构比较（2019 年）

资料来源：国家统计局、湖北省统计局。

表 5-5　湖北省和全国社会消费品零售总额的数据比较（2019 年）

| 类别 | 湖北 | 全国 |
|---|---|---|
| 粮油、食品类 | 16.65% | 10.48% |
| 饮料类 | 2.14% | 1.52% |
| 烟酒类 | 5.03% | 2.82% |
| 服装鞋帽、针、纺织品类 | 11.06% | 9.75% |
| 化妆品类 | 2.96% | 2.16% |
| 金银珠宝类 | 1.72% | 1.88% |
| 日用品类 | 5.19% | 4.41% |
| 体育、娱乐用品类 | 0.39% | 0.50% |
| 书报杂志类 | 0.37% | 0.96% |
| 家用电器和音像器材类 | 7.43% | 6.60% |
| 中西药品类 | 3.21% | 4.26% |
| 文化办公用品类 | 2.64% | 2.33% |
| 家具类 | 1.96% | 1.42% |
| 通信器材类 | 3.46% | 3.49% |
| 石油及制品类 | 8.84% | 14.46% |
| 建筑及装潢材料类 | 3.40% | 1.49% |
| 汽车类 | 19.33% | 28.43% |
| 其他类 | 2.50% | 3.03% |

资料来源：国家统计局、湖北省统计局。

再次,省内各地消费市场发展不够均衡。从全省各市县社会消费品零售总额的数据差距来看(见图5-7、表5-6),呈现武汉"一城独大"的局面,2019年武汉社零总额高达7774.49亿元,占全省总量34.22%;"两副"襄阳、宜昌社零总额共计3665.41亿,占比不到两成;其他14个市州占比接近一半。这一方面说明,武汉担得起中部市场区域性消费中心的功能,也有望成长为国际性或全国性消费中心。另一方面,也说明未来关键是提升其他地市、县的消费规模,千方百计促进三、四、五线城市和县镇乡的消费规模提升,阻止内部消费外流的同时,更多吸引外来旅居消费。从支撑区域经济发展的消费格局而言,武汉在消费方面的"一城独大",证明了其可能对省内其他地区的消费产生了一定的"虹吸效应"。

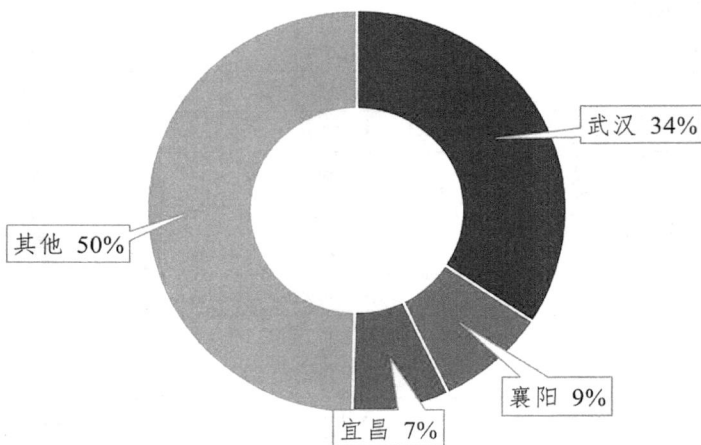

**图5-7  湖北省"一主两副"及其他地市社零总额占全省的比重示意图(2019年)**

资料来源:国家统计局、湖北省统计局。

**表5-6  湖北省社会消费品零售总额的区域结构(2019年)**

| 地区 | 社零额(亿元) | 占比 |
|------|------|------|
| 武汉 | 7774.49 | 34.22% |
| 黄石 | 1026.38 | 4.52% |
| 十堰 | 1193.01 | 5.25% |

续表

| 地区 | 社零额(亿元) | 占比 |
|------|------------|------|
| 宜昌 | 1710.43 | 7.53% |
| 襄阳 | 1955.18 | 8.60% |
| 鄂州 | 455.72 | 2.01% |
| 荆门 | 917.06 | 4.04% |
| 孝感 | 1278.66 | 5.63% |
| 荆州 | 1671.47 | 7.36% |
| 黄冈 | 1470.72 | 6.47% |
| 咸宁 | 708.40 | 3.12% |
| 随州 | 654.64 | 2.88% |
| 恩施 | 763.78 | 3.36% |
| 仙桃 | 445.25 | 1.96% |
| 潜江 | 291.35 | 1.28% |
| 天门 | 384.96 | 1.69% |
| 神农架 | 20.83 | 0.09% |

资料来源:湖北省统计局。

最后,从消费品质来看绿色健康安全的高质量供给尚不足。低端同质化供给过剩,难以全面满足人民群众对美好生活的需要,存在消费外流问题。有一组数据可从侧面佐证这个问题。2019年,湖北省网上零售平台交易额按卖家所在地分达到2860亿元,而按买家所在地分,网上平台零售额达到3819亿元,网购逆差超过950亿元,较上年扩大近130亿元。具体原因主要包括三个方面:一是供给结构改造升级缓慢。部分产品在设计和工艺水平、质量等方面与国内其他省同类产品相比存在差距,品牌美誉度相对偏低,难以满足消费者日益增长的品质化、个性化需求,加上"互联网+消费"的融合发展相对滞后,客观上导致消费外流。二是传统商贸业态升级创新不足。湖北传统零售企业创新力度不足,转型升级相对缓慢,新型商业业态的发展也在挤占实体店的市场份额,传统业态整体发展受滞,增长迟缓。三是新兴业态发育不够充分。虽然近年来湖北大力发展"三新"产业,互联网销售、城市综合体、新兴服务业态也有明显发展。但是,当前全省的商贸新业态发展壮大程度还不能满足全省消费者日益增长的对高品质和个性化消费的需求,与东部发达地区相比还有很大差距,例如代表新型商贸经营业态的品牌连锁便利店发展差距较大,空间有待提升。与此同时,消费者权益保障问题也比较突出,行业标准有待进一步规范,市场存在一系列不正当竞争行为。

# 三、展望"十四五"时期湖北消费市场发展趋势

## (一)最终消费规模及消费率趋势预测

2018年湖北最终消费规模为1.97万亿元,消费率为46.9%,其中居民消费和政府消费分别为1.48万亿元、0.49万亿元,消费率分别为35.3%、11.6%。2019年湖北省社会消费品零售总额达到2.27万亿元,在中部省份中位列第二,通信器材、文体用品、家用电器等升级类消费明显加快。

"十四五"时期是湖北打造强大市场枢纽、培育中部强大消费市场的关键时期。本报告依据可预期因素假设"十四五"末期湖北消费率上升至55%左右,参考本课题组对"十四五"时期湖北省GDP预测(本书附录)的初步结论,即"十四五"末期全省名义GDP能达到7.4万亿左右,那么届时全省最终消费规模可能突破4万亿元(见图5-8),对经济增长的贡献率将达到60%以上。考虑到社会保障体系更加完善,政府公共服务支出将增加,政府消费率可能升至13%左右。随着居民平均消费倾向与可支配收入份额的提高,居民消费率将升至42%。展望"十四五"末期,居民衣、食、住方面的生存型消费大约降至60%,对应的消费支出将达到1.9万亿元;发展享受型消费升至40%,对应的消费支出将达到1.2万亿元。

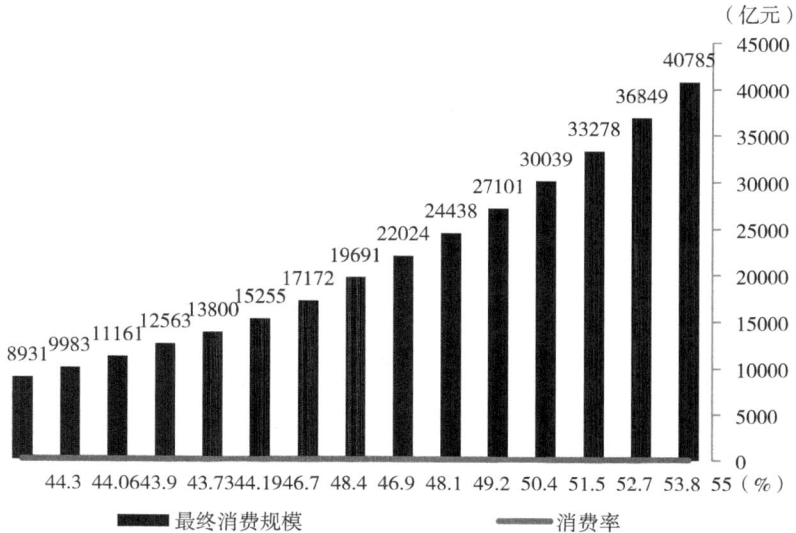

图 5-8 "十四五"时期湖北消费率和最终消费规模预测

资料来源:课题组测算并绘制。

表 5-7 我国与主要经济体居民消费支出结构情况  单位:%

| 消费支出结构情况 | 湖北 | 中国 | 美国 | 日本 |
|---|---|---|---|---|
| 生存型消费 | 64.0 | 64.5 | 34.6 | 50.5 |
| 食品和烟酒 | 29.2 | 29.0 | 8.2 | 17.8 |
| 衣着 | 6.7 | 6.6 | 3.1 | 3.4 |
| 居住 | 21.8 | 22.8 | 19.1 | 25.1 |
| 生活用品及服务 | 6.2 | 6.1 | 4.2 | 4.2 |
| 发展享受型消费 | 36.0 | 35.5 | 65.4 | 49.5 |
| 医疗保健 | 12.3 | 13.5 | 21.7 | 3.8 |
| 交通和通信 | 11.2 | 11.4 | 11.6 | 13.8 |
| 教育、文化和娱乐 | 10.2 | 8.2 | 11.2 | 9.8 |
| 其他商品和服务 | 2.4 | 2.4 | 20.9 | 22.1 |

注:表中数据湖北和中国为 2016—2019 年的平均值,美国和日本为 2016—2018 年的平均值,湖北和中国数据来自国家统计局住户调查数据,美国和日本数据来自经济合作和发展组织国民账户数据。

### （二）主要消费市场规模和结构变化的预测

从湖北社会消费品零售额来看,当前消费比重较高的仍然是食品、汽车、家电家居等居民消费,这些市场主要是以满足刚性需求为主。展望"十四五"时期,随着中等收入群体持续扩大、主力消费群体的世代更替以及5G等新一代信息技术的规模化应用,市场智能化发展趋势更加明显。综上因素,结合中部地区和湖北的相关经济社会发展指标,本部分筛选出汽车、家电家居相关市场对消费规模和结构变化进行初步预测,并展望生活服务等服务消费和智能化消费市场发展趋势。

1. 未来湖北汽车市场将进入更大范围普及期,还有一定规模增长空间

目前国内汽车保有量2.5亿辆,接近美国,但就每百人保有量而言,我国2018年为30辆,与美国80辆、日本58辆还有差距。近年来湖北每百户汽车拥有量快速上升,接近全国平均水平(见图5-9)。根据日本等国的汽车市场发展经验,百人保有量达到20辆左右的临界值之后,汽车销量增速从20%下降至4%左右。虽然未来五年全国汽车实物销量可能见顶,但中部市场实物汽车销量未必见顶,用销售量衡量的汽车市场规模还有一定扩大空间,主要规模增长点集中在两个方面:一是中低收入阶层、三、四、五线城市及乡村仍有汽车普及空间,需要加大消费普及和推广力度;二是中高收入阶层家庭的汽车消费升级仍有空间,尤其是中高档车、智能网联化趋势将带动汽车更新换代和消费升级,改装、维修、租车等车后服务市场也将迎来更快发展。考虑到目前湖北的城镇化率和居民杠杆率水平,初步预计"十四五"期间汽车销售额增速能保持年均4%的水平,由此估算,展望到2025年,湖北汽车市场规模约为2000亿元。由于"十四五"期间汽车销售增速小于社会消费品零售总额增速,因此汽车零售额占社会消费品零售总额的比重将降至6%左右。预计未来五年,以新能源汽车为代表的高性能、低排放、节能型的汽车消费还将有较为强劲的增长潜力。2019年全省新能源汽

车销售 36. 3 亿元,同比增长 97. 7%。预计将继续加大政策扶持力度,落实国家新能源汽车车辆购置税免征和二手车交易增值税优惠政策。预计"十四五"时期全省新能源汽车销售规模将持续增长,在全省汽车消费中的占比将进一步增加。

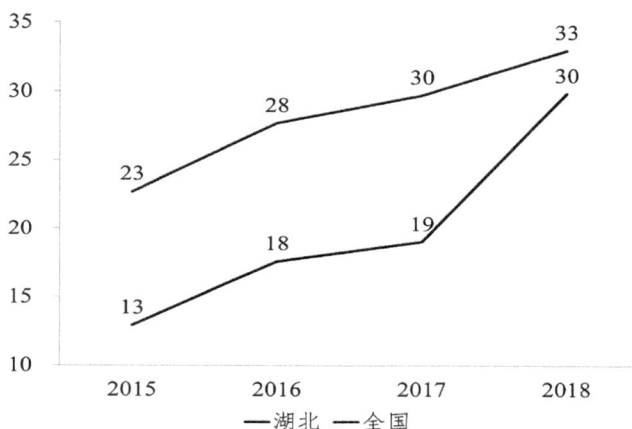

**图 5-9  2015—2018 年湖北和全国每百户汽车拥有量(辆)**

资料来源:国家统计局。

2. 预计家电市场将迈进成熟期

以日本家庭的家电保有量为参照,当前我国洗衣机和冰箱已接近日本,但整体家电仍低于日本水平。近年来,湖北每百户洗衣机、电冰箱和空调拥有量都有快速上升,接近或超过全国水平,彩色电视机略低于全国(见表 5-8)。预计未来全国家电市场增长点在于更加绿色健康安全舒适方面的消费升级以及"下沉市场"的消费普及。虽然城镇家庭家电保有量趋于饱和,但是农村家电市场尚有空白,尤其是空调和彩电等仍有一定潜力。预计未来湖北家电市场规模拓展也主要靠更新换代和智能化成套家电升级。尤其是湖北结合本地制造业基础,推进终端耐用消费品的智能制造与智能化平台改造,在智能安防、智能家居、智能家电市场拓展方面还有较大潜力释放空间,部分高端化的定制消费也将支撑家电市场规模扩大。综上所述, "十四五"期间湖北家电消费额增速按 4% 预估的话,"十四五"末期家电市场规模约为 760 亿元,占社会消费品零售总额的比重在 2% 左右。同时,随着以旧换新销售高峰和家电故障频发的维修高峰到来,预计家电维修市场规模也将有明显扩大。

表 5-8　2015—2018 年湖北和全国主要耐用消费品每百户拥有量　单位:台

| 年份 | 洗衣机 | | 电冰箱 | | 彩色电视机 | | 空调 | |
|------|------|------|------|------|------|------|------|------|
| | 湖北 | 全国 | 湖北 | 全国 | 湖北 | 全国 | 湖北 | 全国 |
| 2015 | 79 | 86 | 90 | 89 | 90 | 120 | 90 | 82 |
| 2016 | 85 | 90 | 96 | 93 | 96 | 121 | 102 | 91 |
| 2017 | 87 | 92 | 98 | 95 | 98 | 122 | 107 | 96 |
| 2018 | 92 | 94 | 104 | 99 | 104 | 119 | 131 | 109 |

资料来源:国家统计局、湖北统计局。

### 3. 生活服务市场预计保持两位数增长

当前,社会消费品零售总额统计当中并不包括养老、教育、家政、旅游、信息等服务消费金额,但随着我国服务消费统计制度的建立健全,未来更大口径的社会零售总额当中将纳入更多与居民生活息息相关的服务消费。本部分有关城市生活服务市场规模,暂时用的是居民服务性消费支出(相当于需求侧的核算)进行替代性衡量,预计未来拓展社会零售总额消费统计涵盖服务消费之后,将按照提供服务的主要市场主体交易额进行核算,即从供给侧进行统计核算会更加客观。①

近年来,湖北旅游、教育、养老、家政等服务消费市场增长也很迅速,以

---

①　目前采取的这种刻画服务消费的方法,对于跨区域的服务消费核算而言,确实有一定局限性。例如,旅游消费这块,湖北省居民家庭到省外的旅游服务消费,计入居民服务性消费支出当中,但不应计入湖北省消费的盘子里,而外省人来鄂消费显然不在本省居民服务性消费支出当中,但却应计入湖北省消费的篮子里。未来进一步完善社零统计规范,将服务消费从生产端纳入统计之后,这个问题可以得到解决。

人均消费支出中的对应项衡量维持两位数增长(见图5-10),服务消费在人均消费支出的占比明显提升。与全国情况相比,湖北服务消费基数低,但市场规模拓展的潜力巨大,中部地区这类生活服务的供给缺口很大,未来服务消费规模拓展将是关键点。假设"十四五"期间服务消费增速为13%,由此估算"十四五"末期湖北服务消费市场规模(用居民服务性消费支出额衡量)约1.36万亿元,2025年末全省居民人均服务性消费支出规模有望超过1.5万元,服务性消费支出占总支出的比重将超过55%,虽仍不及届时全国60%左右的预估水平,但与自身发展而言将会有大幅提高。

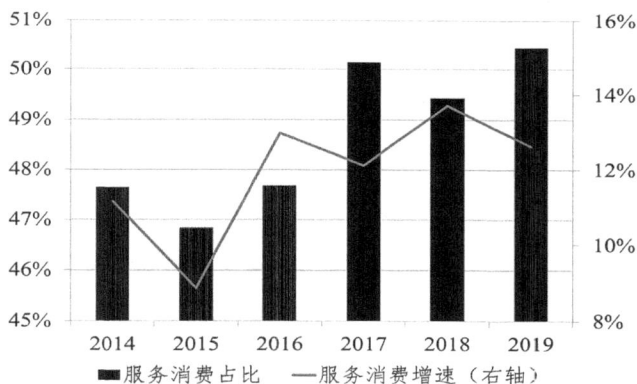

**图 5-10　2014—2019 年湖北服务消费情况**

注:由于统计局未公布服务消费数据,我们将人均消费支出中居住项、生活用品及服务项、教育、文化和娱乐项、医疗保健项看作服务消费。

资料来源:湖北统计局。

### 4."5G+人工智能+物联网"有望成为市场规模放大器

当前新型消费市场加速发展,将接入物联网的汽车、家电等实物变成了提供各种生活服务的智能化平台。"十四五"时期,全省大力引导和支持新型基础设施及应用场景开发,如争设自动驾驶试验区等,将通过智能化发展赋能传统市场,带来一定的市场溢价或增值空间。根据多家机构预测,有望率先实现较大规模商用的场景是智慧医疗、智能安防、智能家居、智能网联车等。

# 四、湖北打造强大市场枢纽和全面 促进消费的总体思路与建议

在新发展格局加速形成的背景下,湖北有望通过深化供给侧结构性改革,大力促进消费结构和消费品质升级,增强中部消费市场发展的后劲和抵抗风险的能力,从而为国内大循环畅通和内外双循环相互促进提供有力支撑。

## (一)总体思路和目标

"十四五"时期,抓住中部地区城镇化加快和中等收入群体规模不断扩大的有利条件,积极应对不确定性风险,针对中部消费市场发展不均衡、规则不健全等问题,通过优化中部市场的需求结构和激发内需新增长点,培育建设多层次消费中心,打造强大市场枢纽。通过构建高水平供给体系,提升供给对需求的适配性,着力将武汉打造成"国际消费中心"城市,发挥联通中部与全国市场、国内与国际市场的重要载体与桥梁作用,支持襄阳和宜昌等打造辐射中部市场的"区域性消费中心",发挥省内其他地级市在部分消费领域的特色,打造若干"地方特色消费中心",将扩大内需与供给侧结构性改革紧密结合起来,贯通生产、分配、流通、消费各环节,全力打通阻碍供求匹配、产销互促的堵点,加快构建完整的内需体系,建设高标准市场体系,进一步培育激发中部消费市场潜力,推动供给和需求在更高水平上实现动态均衡。力争到2025年末,最终消费对GDP的贡献超过55%,社会消费品零售总额累计超过3万亿元,年均增速保持在8%左右。

## (二)政策建议

坚持扩大内需的战略基点,把实施扩大内需战略同深化供给侧结构性

改革紧密结合起来，以创新驱动和高质量供给引领创造新需求，加快建设强大市场枢纽，从而支撑湖北经济社会高质量发展和整体水平实现明显跃升。

1. 培育建设多层次消费中心，打造综合性消费目的地和集聚区。一是将武汉建设成具有全国影响力的综合性交易枢纽和高端化新型消费目的地，争创国际消费中心城市。充分发挥交通区位和仓储物流优势，打造定位明确且辐射广泛的大宗工业品、特色农副产品交易平台与结算中心，充分发挥撮合交易、发现价格、传递信息、信用保障等交易枢纽功能，制定统一的交易规则和标准，提供高标准交易中介服务，广泛吸引上下游企业来鄂交易，利用产业和市场优势争创 1—2 个"湖北指数""武汉指数"，争取成为区域乃至全国相关工农产品的价格交易基准与结算依据。发挥武汉在现代流通体系中的区位优势和在高端升级类消费供给方面的比较优势，集中打造现代智能化商贸综合体，培育百大质量品牌，推动绿色健康安全消费。在打造新型消费增长极方面发挥带动引领作用，推动汽车、家电家居等耐用品消费朝着高速化智能化网联化方向发展，全面放开服务市场准入，聚焦培育服务消费成为新支柱。二是打造若干个区域性消费高地和地方特色消费集聚区。发挥襄阳、宜昌、恩施、咸宁等地的比较优势，培育扩大文旅康养与商贸流通有效载体，打造更好满足外来旅居消费和本地疗养休闲消费的特色目的地，争创中部市场的区域性消费中心或文旅康养休闲特色消费目的地。同时，发挥省内主要地级市各自的特色比较优势，选择 3—5 个地级市打造成人气活跃、亮点突出的地方特色消费中心，吸引特色消费载体集聚发展。

2. 着力优化消费结构和激发消费新增长点。一是提升传统消费，培育新型消费，适当增加公共消费，促进消费结构和品质升级。推动品质消费、品牌消费，加强自主品牌建设，开展品牌提升行动，认定和培育一批文化特色浓、品牌信誉高、有市场竞争力的湖北品牌。推动汽车、家电等传统消费由购买管理向使用管理转变，显著增加绿色健康安全供给，优化消费市场环境，加速吸引外来消费和中高端消费回流本地。充分挖掘"下沉市场"消费潜力,促进三、四、五线城市和农村耐用消费品普及和更新换代。坚持"房住不炒"和因城施策,健全多元化住房供应保障体系,加快规范发展住房租赁市场,倡导以租代购、共享安全的消费新模式,促进住房消费健康发展。培育扩大城乡消费有效载体,加快城市商业街区、步行街改造提升,大力发展"夜间经济"和"小店经济"。进一步放开服务业领域的市场准入,取消准入前许可,清理所有隐性的进入壁垒和竞争壁垒,大力培育服务消费热点,培育中高端服务消费品牌,推动服务消费成为经济发展新支柱。加强楚菜品牌建设,强化对全省家政、养老、住宿、餐饮等服务从业者的专业培训和中介服务信用监管。更好保障消费者权益,贯通各类消费与信用大数据平台,重点治理消费市场秩序。二是解除中等收入阶层后顾之忧,持续稳定扩大消费。合理扩大卫生、文化、体育、教育等领域的公共消费支出,带动居民对相关产品和服务的消费。提高劳动报酬在初次分配中的比重,完善工资制度,稳步提升低收入人群最低工资标准,多渠道确保农民增收,补贴低收入群体必需型消费,针对特困家庭发放实物或现金消费补贴。推动城乡公共服务均等化,消除居民家庭消费的后顾之忧,保障农民工及其家属享受市民消费待遇。深化机关事业单位和国有企业收入分配制度改革,多渠道增加城乡居民财产性收入。加大税收、社保、转移支付等再次分配的调节力度并提高精准性。三是挖掘企业集团消费潜力,推动企业消费与居民消费发挥"双发"稳定器作用。开展商务乘用车提档升级行动,引导国有企事业单位及时报废老旧商务车辆,鼓励地方和主要车企、经销商开展相关激励与促销活动。推进全省企事业单位办公场所老旧办公电器更新换代行动,督促机关、国有企事业单位严格执行老旧电器到期报废制度,促进智能化办公电器开发与市场促销力度。鼓励零售平台加大针对民营小微企业采买的价格优惠力度,主动开展商用车和办公电器以旧换新拆装和绿色回收等上门服务。

　　3. 全面增强新供给对新消费的动态匹配。一是促进"5G+人工智能"为导向的供给创新和市场融合发展。加快5G示范组网进程,针对"5G+人工智能"的新型消费市场特征,探索包容审慎监管新机制,在确保驾驶安全和隐私保护的前提下,在省内特定区域扩大智能网联车、智能驾驶路测范围,加快与智能网联车应用匹配的交通设施智能化改造,推进更多真实场景商业化应用。加快5G终端自主研发和市场推广,鼓励行业企业重点突破一批反映消费新趋势的关键共性技术。二是新型智能化应用示范平台。打造"5G+智能网联车""5G+智慧工厂""5G+智慧市场"等应用场景,建设"智慧商店""智慧街区""智慧商圈",促进线上线下互动、商旅文体协同。支持利用5G技术对全省有线电视网络进行改造升级,实现居民家庭有线无线交互,大屏小屏互动。三是强化打造生产性服务经济网络。打造中高端、品牌化、专业化服务机构,推动生产性服务向中高端延伸,引导企业由销售和维修等低附加值服务向高端定制和综合解决方案提供等高附加值服务方向加快转型。建立健全研发设计、知识产权、科技成果检验等生产性服务经济网络。

4. 加快现代商贸流通体系建设。一是聚焦关键领域的市场基础设施补短板、强弱项。增强全省市场基础设施补短板的投资力度和有效性,着力发展流通新科技、新业态、新模式,完善流通制度规范和标准,引进和培育一批具有国际竞争力的商贸流通龙头企业,加强标准化建设和绿色化发展,推进传统商贸转型升级,推进数字化智能化改造,加强流通体系标准化建设与绿色发展。强化中部地区尤其是城乡接合部和农村商贸基础设施建设,打通区域、城乡间流通网络,加快集中式功能型市场平台建设。进一步提高电商和快递进乡村的综合水平,加快推动农村商贸流通设施转型升级。二是加快建立健全数字化商品流通体系。推动流通体系数字化,结合各地实际情况布局数字化消费网络,降低综合物流成本。推进区块链、大数据、云计算等技术发展融合,加快区块链技术在消费品溯源、跨区跨境支付、供应链金融、消费金融等数字化场景的应用。规范发展消费大数据商用市场。推动更多流通环节企业上云、上平台,打造一批数字化批发零售企业,促进其链群式发展。三是促进小微型批发零售企业健康发展。利用大数据对中小微批零企业进行精准画像,识别出那些具有产品特色和可持续经营能力的企业,鼓励和引导金融机构积极探索针对专利、品牌、知识产权、股权、订单等无形资产抵押的贷款支持模式,提供供应链贷款、小微个体户贷款等,建立解决小微型批零企业融资难融资贵问题。鼓励大型商贸流通企业和履行社会责任较好的民营企业依法成立担保公司,促进担保市场良性竞争,降低小微民营企业贷款担保费用。

5. 建设高标准市场体系。一是在市场准入环节全面落实市场准入负面清单管理制度,确保准入规则的一致性、有效性和权威性。明确部门准入许可责任,推动落实统一编码,强化市场准入负面清单与行政审批清单的衔接。清理市场准入和经营环节的隐性壁垒,破除民营机构在竞争性领域开展连锁经营与自愿退出的限制。二是健全市场标准化体制。完善全省统一的标准化信息归集平台,汇集全省和各市县标准信息,打造查询和辨识标准的一站式服务平台,建设全省统一的商品、服务标准化信息公示系统,为消费者自由选择和合法维权提供保障。结合市场发展实际,建立引导和支撑智能化消费的地方性标准,支持人工智能领域的龙头企业参与制定标准,在完善供应链、健全标准化管理等方面发挥积极作用。三是重点打造市场公平竞争环境。大力倡导公平竞争理念,强化竞争政策作用,防止有违公平竞争规则的政策出台。在全省范围加强公平竞争审查,查处滥用行政权力限制竞争的行为,尤其是公共项目招投标、政府集中采购过程中的不公正行为。四是强化市场监管执法。健全重点商品和服务的安全监管标准,强化溯源和全流程控制,完善健康安全风险评估与应急处置机制。提升反垄断执法的针对性、及时性和有效性,惩治囤积居奇、断供、串谋高价等不正当竞争行为。强化市场质量诚信体系建设,严惩服务质量低下和涉嫌欺诈的行为。

# 专题六：湖北省促进区域协调发展思路研究

　　湖北省十分重视区域协调发展，先后提出了"武汉城市圈""一元多层次""一芯两带三区"等战略思路，在不同时期引领了湖北区域协调发展。当前我国区域发展形势深刻变化，各省都在加快省域区域发展战略调整。"十四五"时期湖北城乡区域发展思路应"眼光向外"、以融入服务国家重大区域战略为优先方向，增强对国家重大战略支撑作用，建议按照"一主崛起、双城携手、一湾串联、两翼驱动、东西转型、县域提升、平台先行"思路，重点要支持武汉携手长沙唱好"双城记"，共建武汉——长沙科创大走廊，精准发力建设武汉国家中心城市，着力打造长江大湾区，战略性抓好县域经济发展，增强"两翼"辐射带动效应，加快鄂西、鄂东转型发展。为此，"十四五"时期应重点实施好长江科学城、内陆自贸港、国家级长江新区、国家临空经济试验区、国际会展中心、武汉"两江四岸"、武汉都市圈"四个同城化"等一批高能级战略性重大平台和工程。

　　城乡区域协调发展是现代化经济体系的重要组成部分，也是高质量发展的应有之义。当前和今后一段时期，我国城乡区域发展正进入新的发展阶段，优化城乡区域经济布局对于提高全要素生产率、培育新发展动能等具有重要支撑作用。湖北是"九省通衢"，区位优势独特，在推动全国区域协调发展，支撑重大区域战略中具有十分重要的作用。

# 一、湖北省区域协调发展现状特征分析

湖北受山水阻隔,历史上对外交通联系长期不便,经济和社会文化相对自成体系,推动区域协调发展有其自身特点。

## (一)湖北的省情特征

### 1."三江四山千湖一平原"的自然本底

从湖北内部的自然地理特征来看,呈现出显著的"三江四山千湖一平原"特征。三江,即自西向东穿省而过的长江、从西北方向流入境内并在武汉注入长江的汉江、从鄂西流入境内并注入长江的清江,三江是湖北人民的母亲河,除了随州、孝感外,其余地级市以上城市城区都分布这两条江沿岸。四山,即四角环绕的四大山区,西北部的秦巴山区、西南部的武陵山区、东北部的大别山区、东南部的幕阜山区,其中西部山区面积占到了全省近 1/3,森林及动植物资源丰富,是我国重要的生态屏障和生物基因库。千湖,即分布在境内的星罗棋布的湖泊,湖北素有"千湖之省"的美誉,其中比较知名的有洪湖、梁子湖,一些城市内部的湖泊久负盛名,武汉东湖是杭州西湖面积的 7 倍,人工湖方面三峡水库、丹江口水库是我国最知名的水利枢纽工程。一平原,即江汉平原,是由长江和汉江冲积而成,西起宜昌枝江,东迄武汉,北抵钟祥,南与洞庭湖平原相连,面积约 4.6 万平方公里,是我国重要的农产品主产区之一。"三江四山千湖一平原"的自然本底决定了几千年以来荆楚大地的经济、人文发展格局。

### 2. 通江达海、空陆一体的"祖国立交桥"

湖北具有承东启西,接南纳北,通江达海,得天独厚的区位优势,是"两横三纵"发展轴线(东西向的长江轴线和南北向的京哈—京广发展轴线)的交汇处。武汉是长江"黄金水道"上的重要航运中心,长江深水航道整治

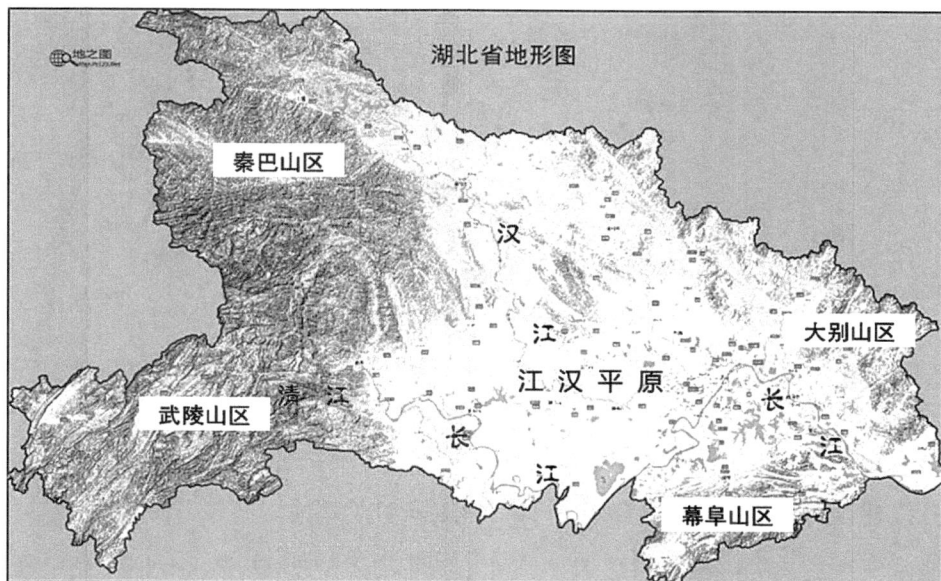

图6-1 "三江四山千湖一平原"的自然本底

后,万吨级船舶将可常年直达武汉,2019年武汉港集装箱吞吐量达到169万标箱。铁路四通八达,以武汉为中心的京广高铁、沿江高铁、北煤南运通道纵横交错。武汉天河国际机场为全国八大区域性枢纽机场之一,也是中部地区首家4F级民用国际机场,T3航站楼建筑面积49.5万平方米,是华中地区单体最大的航站楼。依托鄂州机场的湖北国际物流核心枢纽项目总投资1000亿元,是全球第四、亚洲第一的航空物流枢纽,预计2025年建成后,实现年货邮吞吐量245万吨(全国第一)。

3. 工农科教等要素基础雄厚

长江中游地区是洋务运动时期的经济重镇,张之洞、曾国藩、左宗棠等代表人物在此活动,涌现出了汉阳铁厂、湖北织布官局等代表性企业,"汉阳造"久负盛名。新中国成立之初,武汉是全国第一批直辖市,"一五"时期156项重点项目中,湖北有8个,包括武钢、武重、武锅、武船、武汉肉联、青山热电厂、大冶有色金属公司和武汉长江大桥等,武汉是重要的工业基地,

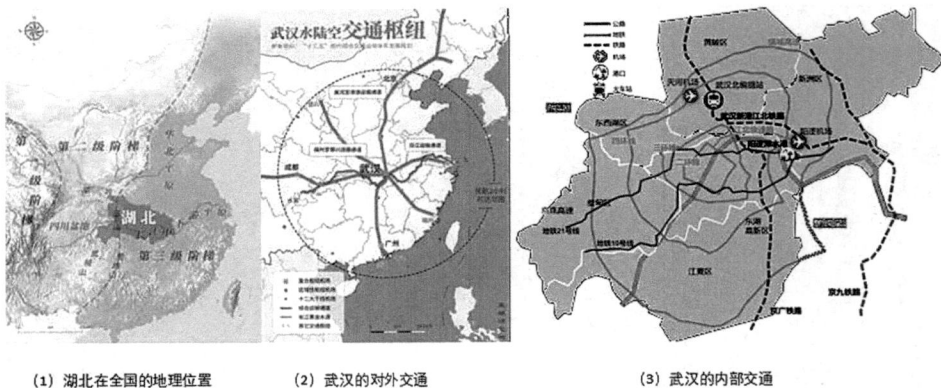

（1）湖北在全国的地理位置　　　（2）武汉的对外交通　　　　　　　（3）武汉的内部交通

图 6-2　湖北在全国的"立交桥"位置

三线建设时期，又涌现出襄阳、十堰、孝感等工业基地。改革开放以后，这一地区发展进入"快车道"，形成了汽车、航母及大型船舶、装备制造、光电子信息、生物医药等产业集群，高铁、北斗等大国重器的主要承载地。"光谷"是全国第二大智力密集区，东湖高新区综合排名位居全国第四位，仅次于北京中关村、深圳和上海张江。此外，湖北历来都是全国重要的农产品生产基地，自古便有"湖广熟，天下足"之美誉，主要农产品包括粮、棉、油、猪、禽、蛋、菜、果、茶等，在全国举足轻重，2019 年全省农林牧渔业增加值 4014.00 亿元，粮食总产量 2724.98 万吨，排在全国第 11 位，连续 7 年稳定在 500 亿斤以上。

4."惟楚有才"的科教文化特征

湖北自古以来重视教育，武汉贡院"惟楚有材，辟门吁俊"即为明证，近代以来和新中国成立以后，国家在湖北布局了大量的高等学校，推动湖北成为我国高等教育和科研重镇，目前全省有 128 所高校、2679 个科研机构、27 家国家重点实验室，武汉在校大学生数量超过 100 万人，是世界在校大学生人数最多的城市，拥有武汉大学、华中科技大学等"双一流"名校，中科院系统在湖北有 9 个研究所，其中水生所、病毒所在国际国内影响力较大。中船重工、中国信息通信科技集团、三峡集团等中央企业在鄂有数量多、实力强的科研机构,2019 年湖北省获得的专利数量排全国第 8 位,在光电子信息、卫星遥感、生命科学、大型装备等领域具有举足轻重地位。除了数量众多的大学生群体外,湖北的劳动年龄人口数量,产业工人队伍质量也是南方诸省里相对突出的。湖北人杰地灵,文化昌盛,光辉灿烂的荆楚文化博大精深,源远流长,有以神农文化、楚文化、三国文化为代表的历史文化,有以辛亥首义和一批老区、苏区为代表的革命文化,武当山为代表的宗教文化,涌现了屈原、陆羽、李时珍、张居正、张之洞等代表人物。

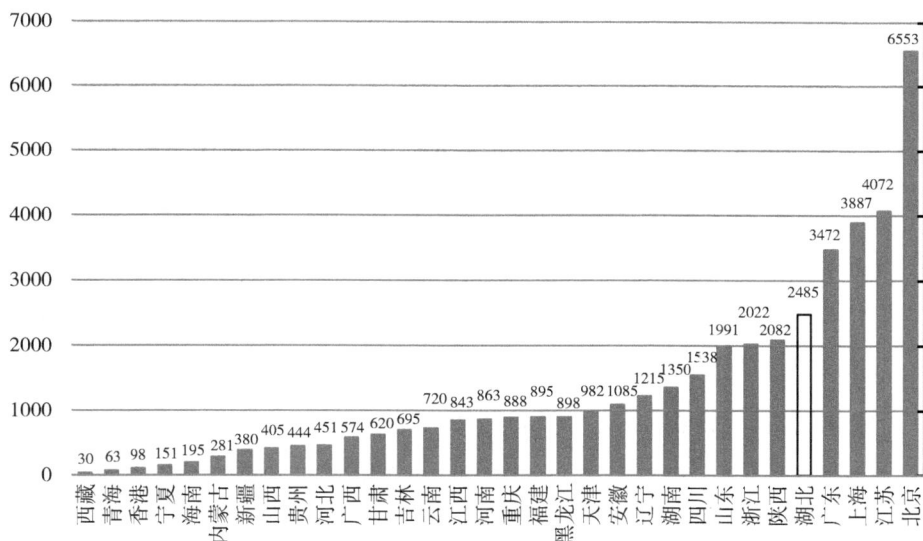

图 6-3　2018 年各省国家自然科学基金立项统计(项)

## (二)湖北区域发展战略回顾与评价

### 1. 湖北区域发展战略回顾

湖北省委省政府历来高度重视区域协调发展,2000 年以来,在沿海改革开放发展的基础上,为了缩小区域发展差距,国家先后实施西部大开发、东北振兴、中部崛起等战略,党的十八大以来,以习近平同志为核心的党中央,确定了"一带一路""长江经济带"等国家战略。为对接国家战略,湖北先后实施了"武汉城市圈""一元多层次(也即'建成支点、走在前列')""一芯两带三区"战略,取得了较好的实施效果。①2002年6月,湖北省第八次党代会提出"武汉作为全国特大中心城市之一,是全省经济社会发展的龙头。武汉市要着眼于提高综合竞争力,构筑在国际竞争中有比较优势的产业体系和现代化基础设施框架,拓展和完善城市空间布局和功能分区,形成武汉经济圈,更好地发挥对全省的辐射带动作用。"②2005年8月,胡锦涛总书记在鄂视察时,首次提出把湖北建设成为促进中部地区崛起的重要战略支点,由此形成了"一元多层次"的战略体系。其中,构建中部战略支点是当前湖北最高战略和目标,谓之"一元";而其他各项战略都统领于"一元"之下,并分为不同层次。2008年12月,省委、省政府作出"两圈一带"战略决策,即在继续推进武汉城市圈、鄂西生态文化旅游圈建设的同时,加快湖北长江经济带新一轮开放开发。"两圈一带"是一个覆盖全省的整体战略,是构建重要战略支点的核心战略,省第九次党代会正式提出"四基地一枢纽"①作为产业功能战略纳入"一元多层次"战略体系,省委九届十次全会将"一主两副"②作为构建重要战略支点的中心城市带动战略,纳入一元多层次战略体系。③2018年,中共湖北省委十一届四次全体(扩大)会议提出,坚持区域协调、城乡融合、产业协同、特色分工原则,进一步完善全省重大生产力布局和区域协调发展战略规划,努力形成"一芯驱动、两带支撑、三区协同"的高质量发展区域和产业战略布局。

---

① "四基地一枢纽",指湖北要建设全国重要的先进制造业基地、高新技术产业基地、优质农产品生产加工基地、现代物流基地和综合交通运输枢纽。
② "一主两副",是指以武汉为中心城市、襄阳和宜昌为省域副中心城市的城市发展战略。

表 6-1　湖北区域发展战略

| 名称 | 时间 | 战略内涵 | 战略重点 |
|---|---|---|---|
| 武汉城市圈 | 2002 | 提高武汉综合竞争力,增强对中部地区崛起的支撑作用 | 加快"武汉城市圈"建设,要围绕其核心城市武汉在交通、港口等基础设施上实现一体化;重点研究市场需求,形成以武汉为中心向周边中小城市辐射的高新技术、机械制造、原材料及新材料、轻工纺织及食品、农产品加工等产业链条,重点用好武汉的人才优势,留住大量优秀人才 |
| | 2008 | "两圈一带" | 武汉城市圈、鄂西生态文化旅游圈、湖北长江经济带 |
| 一元多层次 | 2008 | 以构建"支点"为一元,统领"两圈一带""四基地一枢纽""一主两副"等战略,统领东湖自主创新示范区、鄂州综合配套改革示范区、大别山革命老区和湖北武陵山少数民族经济社会发展试验区、荆州振兴崛起、仙洪新农村建设试验区等工作平台。 | "一主两副"要带头示范,武汉加快建设成为国家中心城市和国际化大都市,重振"大武汉"雄风,襄阳、宜昌加快建设成为省域副中心城市。大别山革命老区和武陵山少数民族地区经济社会发展试验区建设要重点突出一"红"一"绿"的特色,荆州的"壮腰"、荆门的"农谷"、鄂州的综合配套改革、天仙潜的"三化"协调发展等都要体现各自特色。各地突出产业特色、试点特色、平台特色 |
| 一芯两带三区 | | "一芯驱动""两带支撑""三区协同" | "一芯驱动",要大力发展以集成电路为代表的高新技术产业、战略性新兴产业和高端成长型产业,培育国之重器的"芯"产业集群,将武汉、襄阳、宜昌等地打造成为综合性国家产业创新中心、"芯"产业智能创造中心、制造业高质量发展国家级示范区,加快形成中心带动、多极支撑的"心"引擎,加快形成高质量发展的"新"动能体系。<br>"两带支撑",要以长江经济带、汉江生态经济带为依托,以沿线重要城镇为节点,打造长江绿色经济和创新驱动发展带、汉孝随襄十制造业高质量发展带。<br>"三区协同",要按照区域统筹、产业集聚的思路,推动鄂西绿色发展示范区、江汉平原振兴发展示范区、鄂东转型发展示范区竞相发展,形成全省东、中、西三大片区高质量发展的战略纵深 |

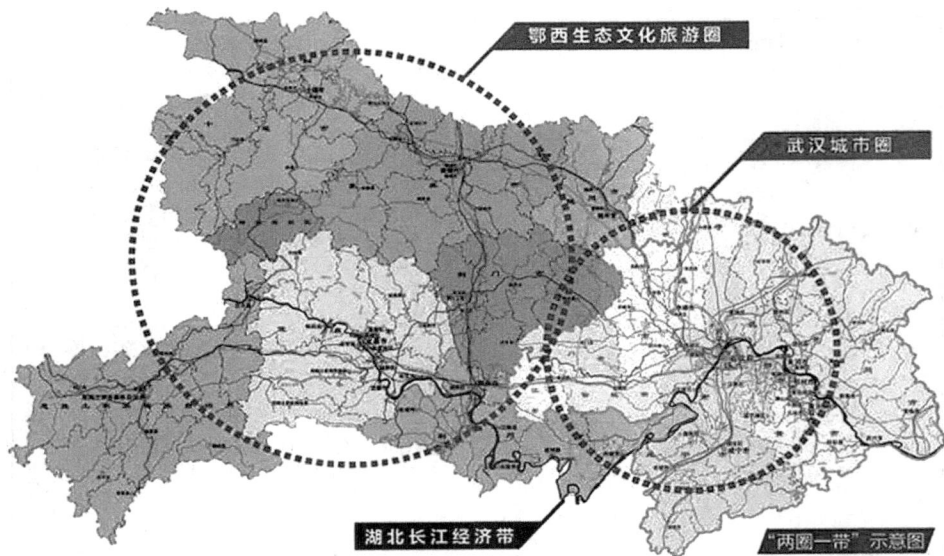

图 6-4　湖北武汉城市圈（及"两圈一带"）战略格局

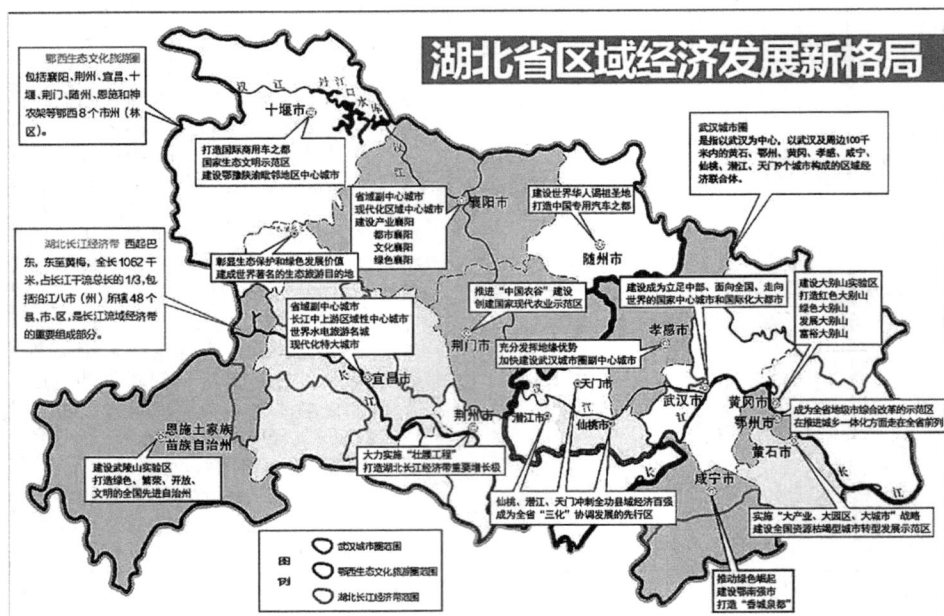

图 6-5　湖北"一元多层次"战略格局

湖北省"一芯两带三区"布局产业地图图册

图 6-6　湖北"一芯两带三区"战略格局

### 2. 对湖北区域发展战略演进的总体认识

一是湖北是中国的缩影,解剖湖北问题对解决全国问题具有重要参考价值。地理位置居中,经济发展、城镇化阶段与全国基本同步,人均 GDP、城镇化率略高于全国,地理格局上山区、丘陵、平原兼具,有大山区、大平原,省内农产品主产区、重点生态功能区功能都比较突出,民族地区、革命老区、贫困地区也比较有代表性,既有国家中心城市武汉,也有黄石等资源型城市、老工业城市。剖析湖北问题、总结湖北经验、探索湖北模式,对于解决全国的问题提供很大参考。

二是"三江四山千湖一平原"是湖北经济地理的自然本底不会轻易突破。长江(湖北段)、汉江、清江三大河流,边缘地区的大别山、秦巴山、武陵山、幕阜山四大山脉,众多的湖泊和江汉平原构成了湖北基本的自然地理格局,受自然山水阻隔,经济、文化自成一体,经济发展布局应该尊重这一自然本底,发挥生态、农业、城镇等不同区域比较优势,不轻易打破这一格局。

三是历史上形成的大国企驻鄂布局,是当前和今后湖北经济格局的基本盘。"一五"时期和"小三线"建设时期布局的大型国有企业是湖北各城市的重要支柱,武汉、宜昌、襄阳、十堰、黄冈、黄石等几乎每个城市都拥有1—2个大型国有企业,许多企业仍然是支撑这些城市经济增长的重要力量。各类企业的集聚情况也是湖北经济集聚情况的缩影,2019年湖北企业100强中武汉占到了77家,且在不断增加,黄石8家,宜昌4家,襄阳2家,其他市州各有1家。前10位企业中有8家为国有企业,有9家在武汉。

四是"一圈两带"是湖北当前和今后发展的大框架,具有路径依赖特征。以武汉为中心的城市圈,沿长江、沿汉江两条经济带,是湖北人口和城镇分布相对密集的地区,回顾历史看,尽管各个时期省里的区域发展战略在提法上略有不同,但本质上并没有实质性变化,"一圈两带"具有稳定性。

五是湖北对省内格局谋划已较清晰,但向外融入国家大局还需继续深化。习近平总书记多次强调"全国一盘棋"思维,"十四五"时期及未来一段时期制定湖北城乡区域战略需要更多考虑湖北在国家区域战略中的使命担当。一方面要进一步找准湖北在长江经济带、中部崛起、共建"一带一路"倡议等国家战略中的角色定位,另一方面需要结合湖北自身实际研究谋划新的、在国家层面具有重要价值的战略。

### (三)湖北区域协调发展的主要成效

#### 1. 全省经济实力实现重要跨越

湖北经济总量由2010年全国第11位上升到2019年的全国第7位,上升了4个位次。人均生产总值由2010年全国第12位上升到2019年的全国第8位,居中西部地区第一,达到了1.12万美元,高于全国平均水平,已经接近世界银行确定的高收入经济体标准。湖北占中部地区的比重达到20.95%,在中部地区崛起战略中的战略地位提升。

## 2. 中心城市带动作用显著增强

武汉、襄阳、宜昌在全国 GDP 百强城市排名中从 2010 年的第 12、73、75 位分别上升到 2019 年的第 8、46、52 位。武汉 GDP 份额、襄阳和宜昌两市合计 GDP 份额自 2010 年以来一直分别保持在 35%、19.5% 以上。2019 年武汉市工业增加值为 4539.11 亿元,位居全国第 10 位,高于天津、北京,也高于杭州、南京、成都、青岛等副省级城市及长沙、郑州等中部省会城市。

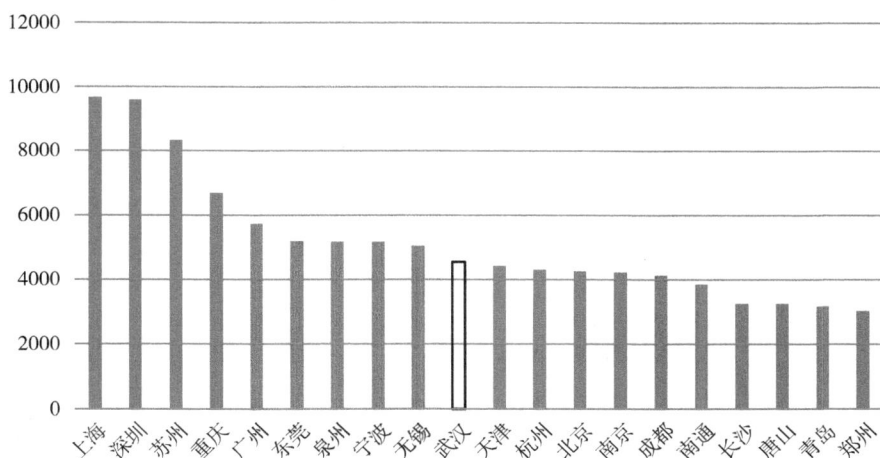

图 6-7　我国工业城市 20 强比较(2019 年)

资料来源:笔者根据有关统计数据绘制。

湖北在城市发展策略上,正好与过去几年全国范围内人口和经济向中心城市集聚的态势相吻合,也是各省区中抓中心城市(包括省域副中心城市)抓得比较早、比较实的,武汉也是第一个被国家文件明确为"国家中心城市"的,可以说湖北抢占了中心城市发展的先机。

## 3. 长江经济带和汉江经济带不断壮大

湖北是长江径流里程最长的省份。2015 年以来,长江经济带、汉江经济带地区生产总值占全省的比重略有上升,长江经济带占比从 77.2% 上升到 77.6%,汉江经济带占比相对持稳(保持在 58.6%—58.8%)。随着国家层面长江经济带发展战略的持续深入推进,加上沿(长)江高铁等重大基础设施不断完善,预计未来一段时期湖北沿长江地区将继续呈现较好发展态势,成为全省发展的"主力军"。

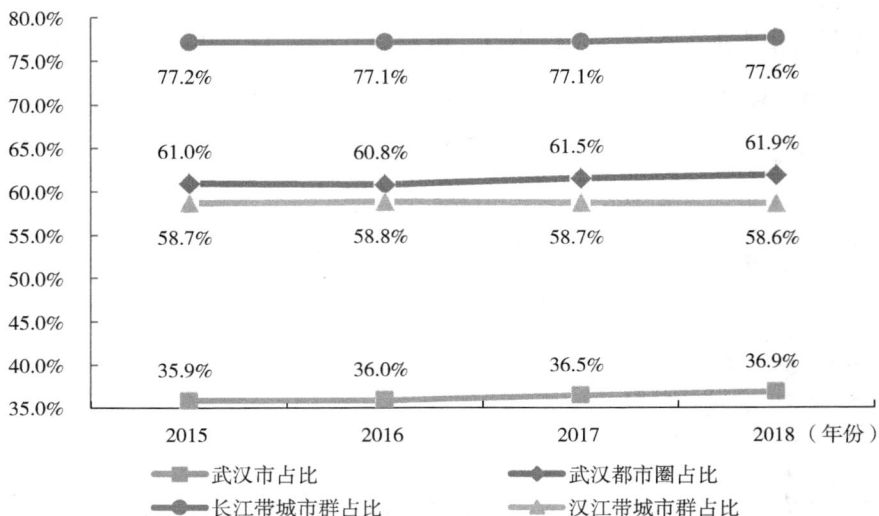

**图 6-8　湖北省几大区域地区经济体量占比**

注:武汉都市圈为1+8,长江经济带为:恩施、宜昌、荆州、荆门、仙桃、天门、潜江、武汉、咸宁、鄂州、黄石、黄冈,汉江经济带为:十堰、襄阳、随州、孝感、荆州、荆门、仙桃、潜江、天门、武汉。

**表 6-2　湖北各地市州地区生产总值及人口占全省比重变化**

| 城市 | GDP 占比(%) | | 人口占比(%) | | 占比变化<br>(2010—2019 年) | |
|---|---|---|---|---|---|---|
| | 2010 年 | 2019 年 | 2010 年 | 2019 年 | GDP | 人口 |
| 武汉 | 35.0 | 35.4 | 17.1 | 18.9 | 0.4 | 1.8 |
| 襄阳 | 9.7 | 10.5 | 9.6 | 9.6 | 0.8 | 0.0 |
| 宜昌 | 9.3 | 9.7 | 7.1 | 7.0 | 0.4 | -0.1 |
| 荆州 | 5.5 | 5.5 | 9.9 | 9.4 | -0.1 | -0.5 |
| 黄冈 | 5.5 | 5.1 | 10.8 | 10.7 | -0.4 | -0.1 |
| 孝感 | 5.3 | 5.0 | 8.4 | 8.3 | -0.3 | -0.1 |
| 荆门 | 4.7 | 4.4 | 5.0 | 4.9 | -0.2 | -0.1 |
| 十堰 | 4.7 | 4.4 | 5.8 | 5.7 | -0.3 | -0.1 |

| 城市 | GDP 占比（%） | | 人口占比（%） | | 占比变化<br>（2010—2019 年） | |
|------|-----------|------|------------|------|-----------|------|
| | 2010 年 | 2019 年 | 2010 年 | 2019 年 | GDP | 人口 |
| 黄石 | 4.3 | 3.9 | 4.2 | 4.2 | -0.5 | -0.1 |
| 咸宁 | 3.3 | 3.5 | 4.3 | 4.3 | 0.1 | 0.0 |
| 随州 | 2.6 | 2.5 | 3.8 | 3.7 | 0.0 | 0.0 |
| 恩施州 | 2.4 | 2.5 | 5.7 | 5.7 | 0.1 | 0.0 |
| 鄂州 | 2.5 | 2.5 | 1.8 | 1.8 | -0.1 | 0.0 |
| 仙桃 | 1.8 | 1.9 | 2.1 | 1.9 | 0.1 | -0.1 |
| 潜江 | 1.8 | 1.8 | 1.7 | 1.6 | -0.1 | 0.0 |
| 天门 | 1.4 | 1.4 | 2.5 | 2.1 | 0.0 | -0.4 |
| 神农架林区 | 0.1 | 0.1 | 0.1 | 0.1 | 0.0 | 0.0 |

资料来源：湖北省统计局。

### 4. 武汉城市圈的作用进一步发挥

武汉城市圈 1 小时交通圈基本建成，初步形成了以武汉为中心的放射形轨道交通网，高铁、城际铁路包括京广高铁、武孝城际、武咸城际、武石城际、武冈城际等，普通铁路有京广线、汉丹线、武九线、麻武线等。一批新兴产业积极布局，城市圈产业合作加快推进，武汉开发区、东湖开发区与周边城市共建了"武汉经济技术开发区新滩工业园""中国·光谷黄冈产业园"等 20 多个"园外园"，光谷生物城企业禾元生物在仙桃新建了我国规模最大的植物源白蛋白产业基地，长飞光纤在潜江打造全球最大光纤预制棒生产基地，东湖开发区 40 多家企业在鄂州葛店高新区投资 30 多个项目。武汉城市圈 GDP 占全省的比重从 2015 年的 59.6% 提高到 2019 年的 60.4%。

### 5. 全国重要功能区地位进一步巩固

2019 年湖北省国考断面水质优良比例达到 88.6%，高于全国平均水平 13.7 个百分点。出境断面水质由 Ⅲ 类提升至 Ⅱ 类。17 个重点城市空气优良天数比例平均为 77.7%，同比提升 1.0 个百分点。特别是长江大保护取得明显成效,完成沿江化工企业关改搬转 101 家;全面排查出地级以上城市黑臭水体 214 个,已完成整治 173 个;畜禽养殖废弃物资源化利用率达到 70.78%;腾退长江岸线 150 多公里;272 个饮用水水源地环境问题整改完成。2015 年以来,湖北省以占全国 3.8% 的耕地生产了全国 4.1% 以上的粮食。秦巴山、武陵山等贫困地区、恩施等民族地区、黄冈等革命老区发展能力进一步提升。

### (四)湖北区域协调发展存在的问题

**1. 缺少重大国家战略,湖北在全国大局中的地位不突出**

省级行政单元具有承上启下独特作用,一方面要贯彻国家发展意图,在中央明确的原则和目标下深化战略内容;另一方面要协调地方发展诉求,对地方形成明确的发展引导和有效的行为约束。总体来看,目前湖北在国家战略中的地位不突出,在目前国家实施的重大区域战略中,与湖北关系较为密切的仅有"长江经济带",而且湖北也是全国较早在省级层面推动长江经济带发展的省份,但是湖北在长江经济带中作用发挥得并不明显,反而沿江化工、中游梗阻等问题比较突出,武汉在推动内陆开放方面也弱于重庆、成都、西安、郑州等城市,相比之下南有大湾区、东有长三角、西有成渝双圈、北有黄河流域、京津冀,"十四五"时期如何进一步发掘湖北在国家战略格局中的地位和作用至关重要。

**2. 区域发展差距仍较大,山区库区林区老区矿区相对滞后**

城市规模等级不合理,以 2019 年地区生产总值计算的城市首位度,武汉在全国省会(首府)城市排第 7 位,2019 年湖北的"二城市指数"为 3.37(地区生产总值第一位城市与第二位城市之比),为中部六省中最高的。GDP 3000—4000 亿元城市空白,湖南、河南、江西分别有 4 个、3 个、2 个;GDP 2000—3000 亿元城市湖北有 5 个,河南、湖南分别有 8 个、4 个。从人均看,地区发展差距大。2019 年武汉市人均 GDP 2.21 万美元,是全国平均水平的 2 倍。

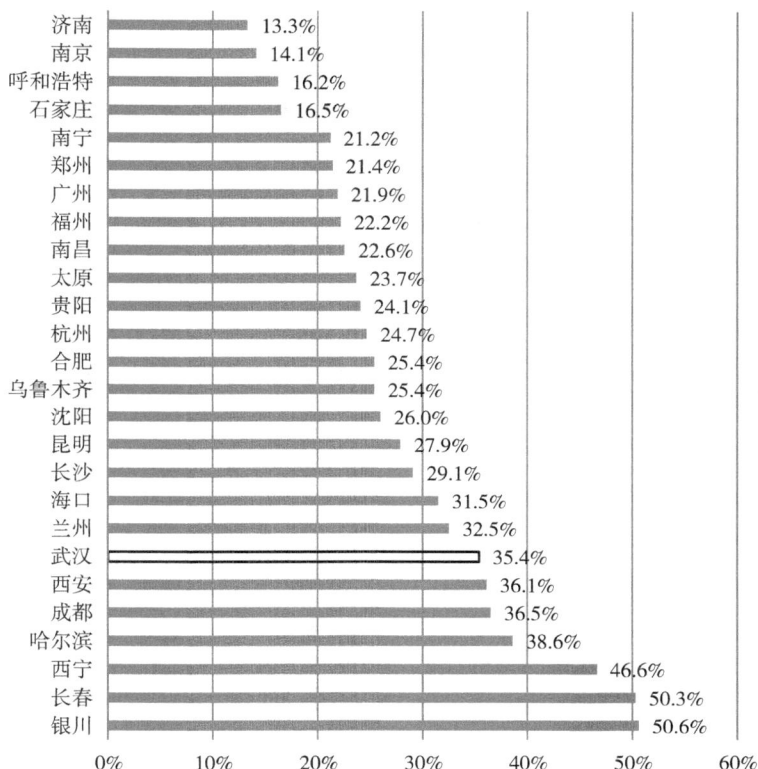

图 6-9　2019 年全国各省会城市首位度排名

鄂西的恩施、神农架、十堰是大山区,恩施州人均 GDP 约 5200 美元,仅为全国平均水平的 52%,按照 2012 年执行的农民人均纯收入 2300 元/年的扶贫新标准,2012 年恩施州户籍人口 403.25 万人中有贫困人口 153.7 万人。尽管预计今年有望实现全部脱贫,但预计后续稳定增收的任务还很艰巨。鄂西生态旅游具有一定优势,但与国内做得比较好的地区,像浙江丽水、江西抚州等地相比,绿色发展制度建设、路径探索还有差距。鄂东北鄂北部分地区转型发展、振兴发展任务艰巨。鄂东北地区是大别山革命老区,发展水平也相对滞后。鄂东的黄石、黄冈等也是资源枯竭型城市,转型发展任务比较艰巨。

3. 中心城市发展不充分，缺少在全国有影响力的增长极

武汉带动作用不够，在全国9个国家中心城市中，武汉2019年地区生产总值排名第6位，不足上海、北京的一半，增速落后于郑州、西安。在15个副省级城市里，武汉（1.7万亿元）处在第3位，很难超越前面的深圳、广州，因为疫情原因，2020年被成都（1.7万亿元）、南京（1.5万亿元）、杭州（1.5万亿元）超过也是大概率事件。在GaWC最新发布的《世界城市名册2020》中武汉从2018年的Beta退到Beta-，排名从95下降到98位，而同期成都上升12位，重庆上升9位，长沙、郑州、西安均实现了排名大幅上升。

表6-3　我国城市在 GaWC 全球城市排名中的变动

| 城市 | 2018 年 | | 2020 年 | | 位次变化 |
|---|---|---|---|---|---|
| | 位次 | 等级 | 位次 | 等级 | |
| 香港 | 3 | Alpha+ | 3 | Alpha+ | 0 |
| 上海 | 6 | Alpha+ | 5 | Alpha+ | +1 |
| 北京 | 4 | Alpha+ | 6 | Alpha+ | -2 |
| 广州 | 27 | Alpha | 34 | Alpha- | -7 |
| 台北 | 26 | Alpha | 36 | Alpha- | -10 |
| 深圳 | 55 | Alpha- | 46 | Alpha- | +9 |
| 成都 | 71 | Beta+ | 59 | Beta+ | +12 |
| 天津 | 86 | Beta | 77 | Beta | +9 |
| 南京 | 94 | Beta | 87 | Beta | +7 |
| 杭州 | 75 | Beta+ | 90 | Beta | -15 |
| 重庆 | 105 | Beta- | 96 | Beta | +9 |
| 武汉 | 95 | Beta | 98 | Beta- | -3 |
| 长沙 | 122 | Beta- | 108 | Beta- | +14 |
| 厦门 | 121 | Beta- | 114 | Beta- | +7 |
| 郑州 | 153 | Beta- | 116 | Beta- | +37 |
| 沈阳 | 126 | Beta- | 119 | Beta- | +7 |
| 西安 | 150 | Beta- | 125 | Beta- | +25 |

续表

| 城市 | 2018 年 | | 2020 年 | | 位次变化 |
|---|---|---|---|---|---|
| | 位次 | 等级 | 位次 | 等级 | |
| 大连 | 118 | Beta- | 127 | Beta- | −9 |
| 济南 | 132 | Beta- | 131 | Beta- | +1 |

在科创资源方面,武汉的科研院所、高等院校数量众多,但科教成果与生产实际联系不紧密,武汉对全省产业的创新引领作用仍有待加强。2018年武汉有 R&D 活动的工业企业数量占全省的比重为 18.67%,低于其制造业法人数量占全省的比重(20.93%)。2018 年武汉工业企业的新产品销售收入占全省的比重为 22.43%,低于武汉工业企业总营业收入占全省的比重(32.62%)。反映出武汉在全省的创新引领带动作用与其省内经济地位尚不相匹配。

此外,襄阳、宜昌"两副"支撑乏力,2019 年武汉市 GDP 总量占全省的 35.4%,襄阳、宜昌合计占 20.2%,其他市州份额大多在 5%以下。湖北是全国最早提省域副中心城市的省份,尽管襄阳(4812.8 亿元)、宜昌(4460.82亿元)一直稳居中西部非省会城市的前三位(前面是河南洛阳,5034.9 亿元),但是客观地说,这两个城市的辐射能力还比较有限,主要原因是经济结构与县域的联系不紧密,像水电、汽车,产业链分工比较固化,很难与周边县市形成分工,实际的辐射范围很有限,与公认的省域副中心如江苏徐州(6755.23 亿元)、浙江温州(6606.1 亿元)等还有不小差距,且远离主要发展轴带,受到资源禀赋、地形条件等限制,发挥区域性中心城市的功能还有很大差距,下一步需要对省域副中心的思路进行方向性调整。

4. 区位优势发挥不充分,交通运输枢纽地位有所下降

湖北具有较为突出的区位优势,但是并没有完全将区位优势转化为经济优势。湖北具有"九省通衢"的地理优势,连南接北、承东启西,武汉更是

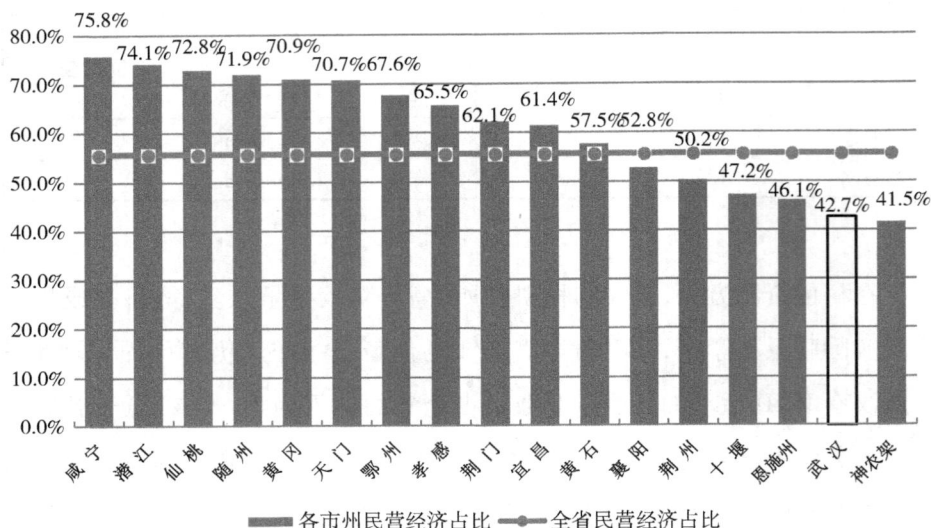

图 6-10　湖北各地市州民营经济占比

资料来源：湖北省第四次经济普查资料。

我国内陆最重要的国土空间开发轴带（长江轴带和京广轴带）交会处，具备在我国经济版图上发挥更重要作用的先天自然地理条件。但是这些优势尚未完全发挥出来。湖北的交通枢纽地位有所下降，以机场旅客吞吐量为例，2019 年在武汉承办军运会的情况下，武汉天河机场旅客吞吐量（第 14 位）略超长沙黄花机场（第 15 位），但在中部地区仍低于郑州。2019 年湖北航空货邮量为 25.3 万吨，远低于河南的 52.4 万吨。铁路方面武汉也与同处中部地区的郑州有明显差距。

5. 县域经济实力不强，缺少在全国有影响力的大县名县

受到改革开放之前生产力布局的影响，城市和乡村的差距还比较大。县域经济不强，经济体量最大的大冶市 2019 年 GDP 为 680.96 亿元，距离 1000 亿元仍有较大差距。在 2020 年县域经济百强中，湖北仅有 7 个县入围，其中排名最靠前的大冶市也仅位居第 72 位，其余 6 县（县）则处于 77—99 名。这不仅跟东部地区差距较大，县域经济跟湖南、河南相比也有差距，

目前全省县域经济占比刚超过60%,河南省县域经济对全省的贡献则为65%。在2019年中部百强县中河南有28个、湖南24个,湖北只有21个。县域经济产业链短,缺乏核心竞争力,且大部分是资源型产业,处于价值链末端,尤其缺少有影响的领军企业和知名品牌。下一步推动县域经济发展也是湖北的重要方向,现在国家层面也非常重视县城发展。

表6-4　百强县各省(区)位次分布

| 名次 | 江苏 | 浙江 | 山东 | 湖北 | 河南 | 福建 | 湖南 | 辽宁 | 安徽 | 新疆 | 陕西 | 内蒙古 | 河北 | 云南 | 江西 | 贵州 | 广东 |
|---|---|---|---|---|---|---|---|---|---|---|---|---|---|---|---|---|---|
| 1—10 | 5 | 2 | 1 | | | 1 | 1 | | | | | | | | | | |
| 11—20 | 2 | 3 | 2 | | | 1 | 2 | | | | | | | | | | |
| 21—30 | 3 | 4 | | | | 2 | | | | | | | 1 | | | | |
| 31—40 | 5 | | 2 | | 1 | 1 | | | | | | 1 | | | | | |
| 41—50 | 2 | 1 | 3 | | | | | | | | 1 | | 1 | | | | |
| 51—60 | 2 | 3 | 3 | | 1 | 1 | | | | | | | | | | | |
| 61—70 | 2 | 2 | | | 4 | | | | 1 | | | 1 | | | | | |
| 71—80 | 1 | | 4 | 3 | | | 1 | 1 | | | | | | | | | |
| 81—90 | 3 | 3 | | 1 | | | | | 2 | 1 | | | | | | | |
| 91—100 | | | | 3 | 1 | | | | 1 | 2 | 1 | | | | 1 | | 1 |

### 6. 城镇化速度稳中趋缓,老龄化、少子化将成新影响变量

湖北的城镇化水平与全国相当,2019年常住人口城镇化率为61.0%,虽然比全国高0.4个百分点,但是这几年城镇化增幅下降很快,2017年、2018年、2019年城镇化率增幅分别为1.2个、1.0个、0.7个百分点,湖北城镇化速度已低于全国(2019年全国城镇化率提高1.02个百分点),值得关注。城乡居民收入差距从2015年的15207元扩大到2019年的21210元,城乡收入比远高于浙江等发达省份,农村转移人口市民化滞后。老龄化问题也不容忽视,以武汉为例,武汉2019年的老龄化程度为21.27%,比广州

（2018 年为 18.25%）高 3 个百分点。

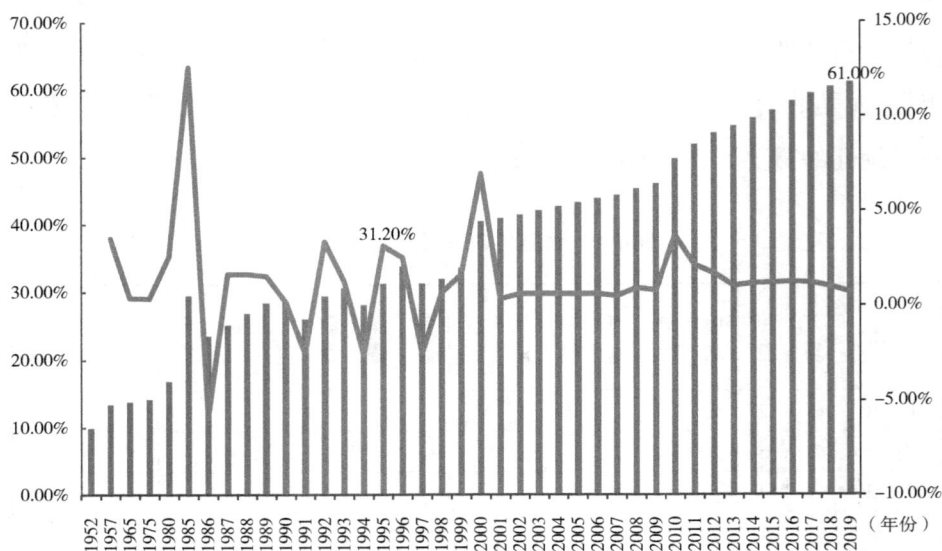

图 6-11　1952—2019 年湖北省城镇化率变化

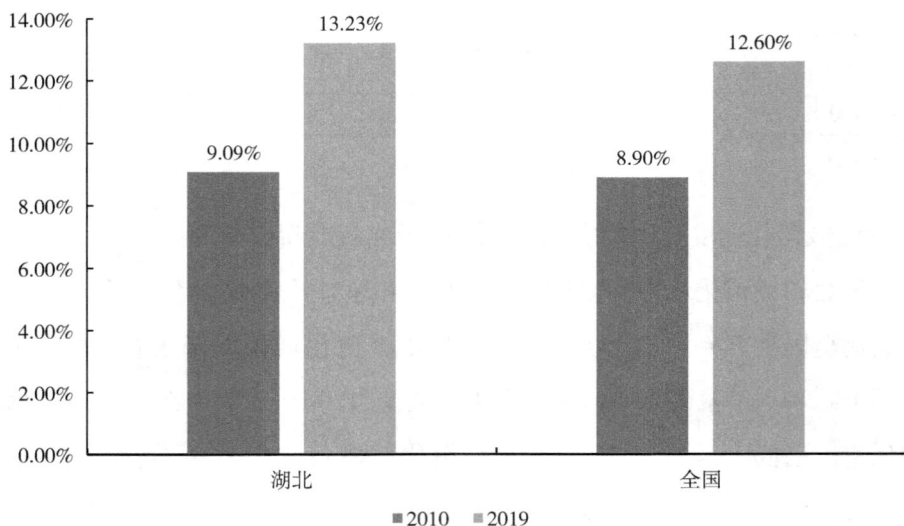

图 6-12　湖北省 65 岁以上老年人比例与全国对比

# 二、国家和其他省份区域发展趋势及对湖北的启示

结合全国区域发展趋势,借鉴兄弟省份谋划区域发展的新做法,更好判断和把握"十四五"时期湖北区域发展趋势。

## (一)当前我国区域发展趋势

1. "全国一盘棋"成为主要要求

习近平总书记强调"全国一盘棋",多次指出"不谋全局者,不足谋一域",要求在区域战略谋划中,同样要牢固树立一盘棋的思想,打破一亩三分地的思维惯式,以区域一体化促进全国统一市场建设,清理和废除妨碍全国统一市场和公平竞争的各种规定和做法,促进人员、技术、资本、货物、服务、信息等要素有序自由流动,全面提高资源配置效率。以此为指导,党的十八大以来出台了若干重大区域发展战略,推动区域协同发展、区域一体化发展,各地区的比较优势得以更好发挥,要素配置效率得以提高,发展的整体合力加快形成。"全国一盘棋"已成为新时期区域发展的主要要求,这要求各地更加注重发掘自身在国家发展中的角色定位,更加注重加强与周边地区合作、联动发展,担负起与之相应的责任使命。

2. 中心城市和都市圈成为主要载体

十九届四中全会《决定》提出"优化行政区划,提高中心城市和城市群综合承载和资源优化配置能力"。当前我国区域发展已总体上呈现出"群带"格局,中心城市及其周边地区组成的都市圈正在成为城市群、经济带上的重要支点,未来有望在优化人口和经济的空间结构、释放内生发展动力等方面发挥重要作用。从纽约、东京等国家大都市所在区域的发展经验来看,中心城市联合周边地区共建都市圈,能够更好地满足空间发展需要,通过在更大空间范围内进行资源配置,形成以中心城市为核心,多层次、网络化、功

能互补的区域发展格局。

3. 创新成为引领区域发展的主要动力

随着我国经济进入转变发展方式、优化经济结构、转换增长动力的攻关期,以创新为驱动的发展模式将成为推动区域协同发展的主要动力。通过建立健全区域协同创新机制,实现科技创新资源共享,促进科技成果转移转化,带动新动能培育释放,将是各地区间相互寻求合作、实现共同发展的重要出发点,如长三角一体化推动 G60 科创走廊建设、粤港澳大湾区成立科技协同创新联盟等。同时由于各地区间存在经济发展水平、所处发展阶段、资源禀赋以及产业竞争力等方面差异,落后地区要破除价值链低端锁定,实现产业升级和跨越式发展,就需要获得技术能力,由此产生对发达地区创新溢出和技术转移承接的强大需求。

4. 融入新发展格局成为主要方向

与美国等发达国家相比,现阶段我国国内要素流动仍面临公路运输成本高企、跨省贸易检验检疫流程繁琐等障碍。"国内国际双循环"的提出,将有助于打破国内市场现存阻碍要素流通的各种显性和隐性障碍,推动新一轮要素聚集,加快国内统一大市场建立。在此格局下,区域的资源整合和一体化发展将会进一步加快,区域内各地按照资源禀赋、发展程度、外向程度等方面的差异,形成"雁阵模式",区域核心城市成为高端要素、先进制造业与现代服务业的汇聚之地,其他产业因成本、空间、环保等要求,按雁阵模式逐级向外传递与扩散,带动区域实现共同发展。

## (二)其他省份区域发展战略最新动向

1. 更加注重做大做强省会城市

伴随国家层面多种审批权限的不断下放,各省内部在经济发展中的可作为空间变大;同时在产业升级背景下,省会城市教育、科技、文化、金融等资源相对集中,更具升级跨越优势,这两方面因素驱使越来越多的省份采取了"举全省之力做强省会"的策略。如安徽通过行政区划调整,撤销地级市巢湖,为合肥拉开了发展框架,为经济发展提供了空间支撑;山东调整行政区划,撤销地级市莱芜,将其原所辖区域划归济南市管辖,在提高省会城市首位度方面迈出实质性步伐。河南、湖北、陕西在城市群建设中谋求省区发展,积极争取省会郑州、武汉、西安成为国家中心城市。省里普遍加大对省会城市招商的支持力度,省里党政领导亲自推动重大项目落地,如郑州引进富士康、西安引进三星电子过程中省委省政府扮演了重要角色。

2. 推动省内经济板块的重构与融合

在经历了一段时间经济高速增长后,各省经济发展水平普遍上了一个台阶,由此也导致原以自然地理条件为基础的区划表述与适应新时代要求之间的不匹配。为此,各省近年来在稳定区域经济增长基础上,普遍加大了经济板块调整力度,多个省打破了传统区域表述,推动了区域间融合,重构了区域经济格局。如江苏省跨越了传统苏南、苏中、苏北的地理划分,提出了"1+3"重点功能区战略,即扬子江城市群和江淮生态经济区、沿海经济带、以徐州为中心的淮海经济区,改变了苏北作为追赶者的固化形象。广东也改变了原来珠三角与粤东西北的区域经济划分,提出了"一核一带一区"格局,推动珠三角核心区优化发展,把粤东、粤西打造成新增长极,与珠三角城市串珠成链形成沿海经济带;把粤北山区建设成为生态发展区。

3. 统筹经济区划优化与新动能培育

各省区在区域经济格局的表述上,对既有的轴带空间关系进行了适度淡化,转而以特定功能,特别是加强了对以新使命为特色的功能区域的表述,更好地体现了对新动能的培育。例如浙江改变了原来杭、甬、温三大都市圈和浙中城市群的表述,提出大都市、大湾区、大花园、大通道的格局,体现出了高质量背景下,浙江新的空间需求和形态。辽宁改变了原来沿海经济带、沈阳经济区、辽西北的传统划分的基础上,结合新的发展背景,增加了沈抚新区、县域经济两大战略,共同形成了辽宁五大区域战略。总体来看,各省在区域经济划分中的新动能主要有开放、绿色、创新、旅游、合作(协同发展)等主题。

4. 中部省份更加注重与三大动力源的联系

当前,中部省份在发展战略上表现出分兵突围的态势,整体的经济向心力并不强,因此湖北作为中部地区的中心、"左右逢源""纵贯南北"的区位特征,难以在经济联系和产业关联上很好体现。相反,中部地区省份都非常明确地将加强与沿海三大城市群地区的经济联系作为自己的重要区域战略。如山西视自身为京津冀经济圈的传统腹地,更加注重加强与环渤海经济区合作;安徽紧邻长三角地区,整体上以"东向发展,融入长三角"为主要思路;江西更聚焦长三角和珠三角,发展战略上整体以"对接长珠闽,联结港澳台"为主导;湖南提出了融入"泛珠三角"发展战略思路,趋于向粤港澳大湾区靠拢。中部省份在发展方向上所呈现出的"去中部化",造成了中部地区崛起这一国家战略相比于其他战略,格局割裂、分散现象更为凸显,不利于湖北与中部省份,的联动、协同产生不利影响。

### (三)湖北与其他省份区域协调发展对比

采用各地州的 GDP 和人均 GDP 离散系数来评价湖北区域协调发展程度,并与同等发展水平省份、中部六省、东南沿海发达省份三个层次进行对比分析。

1. 与同等发展水平省份相比,湖北的区域协调发展水平略优

从人均 GDP 来看,除北京、上海、天津、重庆四个直辖市外,2018 年湖北省人均 GDP(71109 元)与山东(66472 元)、内蒙古(63772 元)、陕西(62195 元)最为接近。对比 4 省区内部区域发展平衡水平,湖北在各市(盟、州)经济体量层面的协调水平最弱,在各市(盟、州)人均 GDP 层面的协调水平优于山东和内蒙古,但弱于陕西。

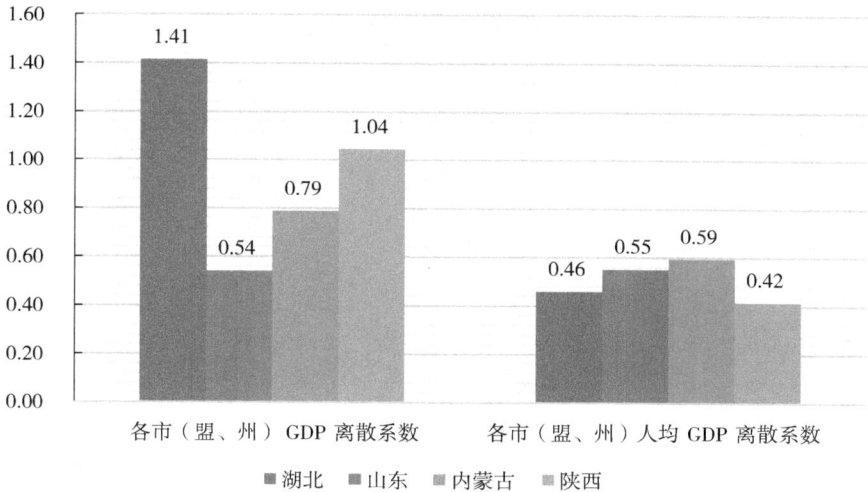

图 6-13　湖北与相近发展水平省份的区域均衡情况对比

2. 与中部地区省份相比,湖北的区域协调发展水平略弱

将湖北与同属中部地区的湖南、河南、山西、安徽、江西 5 省区域协调发展水平相对比,可以发现,湖北各市(州)GDP 协调水平在中部六省中处于垫底水平,且各市(州)人均 GDP 协调水平也处于中部六省中偏后水平,略优于安徽、湖南,但弱于河南、山西和江西。

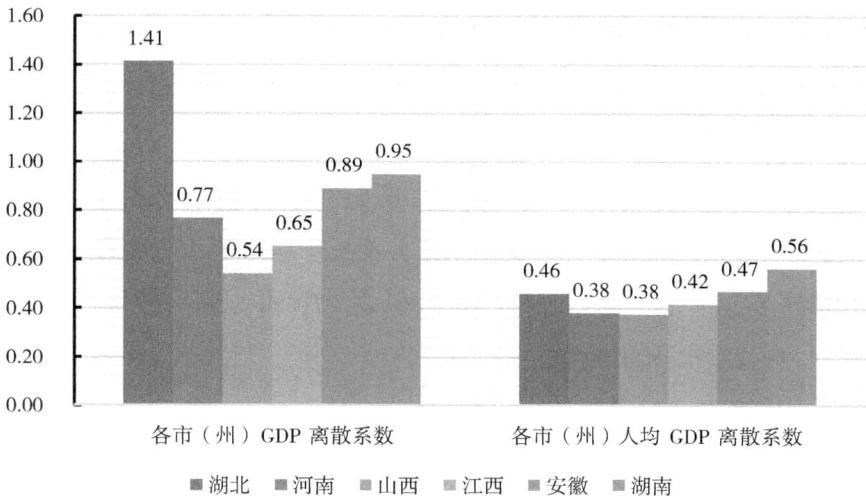

图 6-14　湖北与中部省份的区域均衡情况对比

3. 与沿海发达省份相比,湖北的区域协调发展水平明显落后

与江苏、浙江等东南沿海经济发达省份区域协调水平相比,湖北省在各市(州)经济体量和人均 GDP 两个层面的区域协调水平均明显落后。

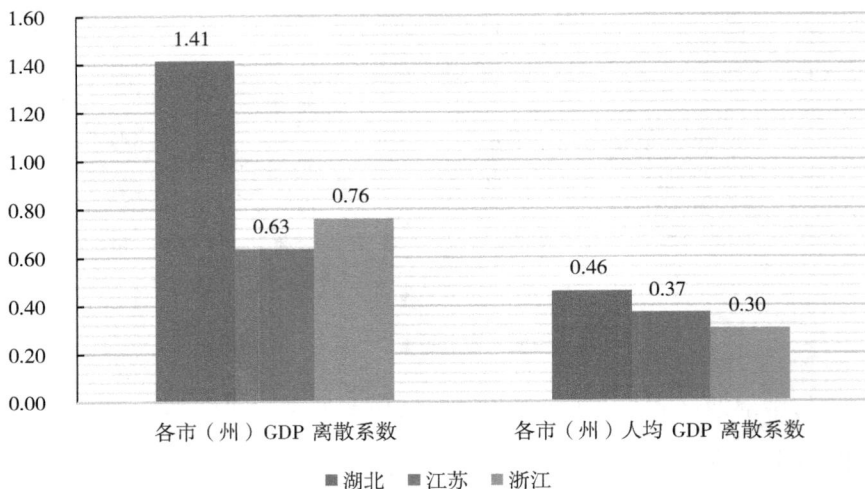

图 6-15　湖北与沿海发达省份的区域均衡水平比较

## (四)"十四五"时期湖北区域发展的趋势判断

总体上看,我们判断"十四五"时期湖北区域协调发展进入深度调整的成型期,由塑造形态向整合功能转变。预计将呈现以下特点。

1. 等级结构上趋于稳定

"一主两副"中心城市带动作用更加明显,武汉、襄阳、宜昌在全国城市 GDP 排名从 2010 年的第 12、73、75 位分别上升到第 8、46、52 位。武汉市 GDP 份额、襄阳和宜昌两市合计 GDP 份额自 2010 年以来一致保持在 35%、19.5% 以上,等级结构相对稳定。

2. 空间形态上趋于成型

"三江四山千湖一平原"自然地理本底是湖北区域经济布局的重要先

决条件,依托长江(沪渝)、汉江的城镇分布和改革开放之前的大型国有企业、大型项目布局构成了湖北经济地理基础,并形成了一定"路径依赖",客观上难以突破武汉城市圈、沿长江经济带(宜荆荆)、汉江经济带(襄十随)的大格局。其中武汉城市圈 GDP 占全省比重从 2015 年的 59.6% 提升到 2019 年的 60.4%,"襄十随""宜荆荆"城市群也在稳步发展,但速度不如武汉城市圈,特别是宜昌、襄阳两个副中心城市的市域常住人口增长不明显。

3. 功能体系上深度调整

与等级规模和空间形态相对稳定不同,伴随着国内外发展环境和宏观背景变化,全省各层次城镇、各地理单元的功能定位仍处在深刻调整中,可以预见"十四五"时期仍将处在比较剧烈的变化之中,湖北在全国区域经济大局中的地位和角色将更加清晰,省内各城市、各区域的功能定位也加速升级。

# 三、"十四五"时期湖北区域发展战略的总体思路

"十四五"时期,要从"建成支点、走在前列"战略高度做好区域发展大文章,把优化区域经济布局作为全省经济社会发展的大事,抢抓区域经济布局深刻调整、新发展格局加快形成的历史机遇。

## (一)国家需要湖北做什么

1. 建成支点:依托区位特点,增强湖北在国家重大区域战略中的作用

习近平总书记 2013 年考察湖北时要求把湖北建设成为中部地区崛起重要战略支点,争取在转变经济发展方式上走在全国前列。这为湖北经济社会发展和区域经济布局指明了总方向。具体而言,要突出三个方面:一是要突出在中部崛起中的重要战略地位,湖北是中部地区人均 GDP 最高的省份,也是中部地区地理上的中部,占据居中四联的枢纽位置,在农业、制造

业、科技创新等方面也走在中部地区前列。二是要突出在长江经济带中的重要战略地位,湖北是长江经济带的管理中心,长航、长委等机构总部在湖北(武汉),三峡集团、葛洲坝集团的重点机构也在湖北,湖北在长江水利、防洪、发电等方面地位突出,在生态建设、绿色发展等方面有代表性。三是突出融入共建"一带一路",发挥江海直达优势,通过提高内陆开放水平,加强"一带"和"一路"衔接,增强在"一带一路"建设中的支撑作用,带动周边省份及中部地区提高对外开放水平。

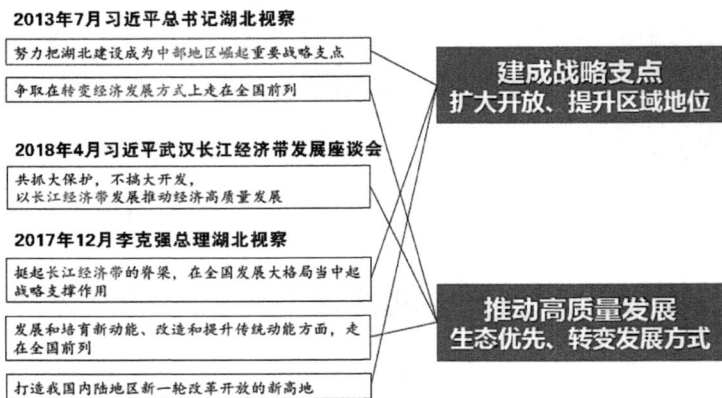

图 6-16　中央领导对湖北的指示要求

2. 走在前列:依托资源禀赋,在高质量发展中的发挥先行引领作用

一是发挥科教资源优势,加快推动创新驱动发展,把湖北高校、研究所等资源释放出来,提升"钱变纸"能力,产出更多科技成果,提高"纸变钱"能力,把科研成果转化为现实的生产力,提升科技自主能力。二是发挥农业生产优势,湖北是农业大省,"三农"问题始终是全省重中之重,习近平总书记在 2013 年 7 月、2018 年 4 月两次视察湖北时,都对湖北农业农村发展提出明确要求。"十四五"时期要延伸农业产业链价值链,吸引更多城市要素流入到农村农业,培育农业龙头企业,擦亮湖北农业品牌。三是发挥全国重要工业基地优势,加快构建现代产业体系。着力推动汽车、化工、钢铁等传统

产业转型升级。抓住新一轮科技革命和技术变革机遇,大力发展"光芯屏端网"、生物医药、高端装备制造、人工智能等新兴产业,引进培育更多头部企业,打造战略性新兴产业集群。四是发挥荆楚文化优势,加强文化保护传承创新。湖北是古九州之一荆州的主体,是颇具影响力的文化发祥地,拥有老庄哲学、屈骚文学和优孟戏剧等文化精粹,要繁荣兴盛荆楚文化,继承弘扬敢为人先的进取精神、兼收并蓄的开放精神和厚德重义的爱国精神。

### (二)湖北上升为国家战略的突破方向

从目前看,不考虑疫后重振等非常规政策,一是单靠湖北一个省份的题材上升为国家战略的可能性较小,二是长江中游城市群上升为国家战略的可能性很小。对照"建成支点,走在前列"要求,经研究,我们建议有以下几个努力方向。

方向1:抓住"中游"这个关键词,湖北携手湖南、江西以长江中游协作共进为主题。重点围绕制造业发展,携手打造新时期我国工业化的战略接续区域,维持中国制造优势。

方向2:抓住"中部"这个关键词,湖北携手河南、湖南打造中部高质量崛起先行区。依托京广通道,积极承接新兴产业布局和转移,推动制造业高质量发展,提升关键领域自主可控和国产替代能力。

方向3:抓住"创新"这个关键词,湖北携手湖南,打造武汉—长沙(珞珈山—岳麓山)科创走廊。突出科技自立自强,优化国家战略科技资源布局,加强两市主要大学、科研资源交流共享,争取综合性国家科学中心、大科学装置、国家实验室等布局。探索新型研究机构。

综合考虑,我们建议优先考虑方向3。党的十九届五中全会通过的中央关于"十四五"规划建议中将创新放在了更加重要的位置,湖北有很好的自主创新基础,在基础研究和关键技术研究上都有一些优势领域,武汉与长沙相比在科创资源上也有相对优势,因此由武汉牵头,携手长沙共建武汉—

长沙(珞珈山—岳麓山)科创走廊具备可行条件。

### (三)总体思路

从"建成支点、走在前列"战略高度,把区域工作重心放在增强对国家重大战略支撑上,按照"先强外、后塑内"思路,根据落实国家重大战略需要,合理安排布局省内区域经济布局,做好抓首位、强次级、夯底部、保安全、补短板、促融合各项工作,推动形成支撑有力、功能突出、格局清晰、优势互补高质量发展的区域经济布局。

1. 对外:重点抓好"一城"和"双城",增强对国家战略的支撑

做强"一城",从更高站位建设好武汉国家中心城市和武汉都市圈,用好拥有中心城市这一宝贵财富,坚定不移地支持武汉建设国家中心城市,提升全国经济中心、高水平科技创新中心、商贸物流中心和国际交往中心"四个中心"功能,支撑好长江经济带、中部崛起、共建"一带一路"等重大区域战略。

携手长沙唱好"双城记",增强对国家科技自立自强的战略支撑。规划建设"武汉—长沙科创走廊",携手争取综合性国家科学中心,联合推进国家实验室建设,在基础研究、前沿技术等优势领域发力,支撑科技强国建设。

2. 对内:重塑"一主引领、两翼驱动、东西转型"布局,促进全域协同发展

"一主引领"(武汉都市圈)要深化重塑。对"1+8"进行战略收缩,以优化武汉特大城市空间布局为主线,形成内外双圈层结构,重点建设"1小时"紧密内圈层,抓好武汉—华容(鄂州)、武汉—汉川、武汉—团风三个同城化,承接中心城区功能外溢,形成一批产城融合、职住平衡、生态宜居、交通便利的郊区新城。支持黄冈—鄂州城区同城化、仙桃—天门—潜江一体化,与孝感、咸宁、黄石等一道,夯实外圈层。重点建设都市圈轨道网。其中,武汉要充分发挥国家中心城市、长江经济带核心城市的龙头引领和辐射带动

作用,充分发挥武汉城市圈同城化发展对全省的辐射带动作用,大力发展头部经济、枢纽经济、信创经济,坚定不移做大做强,加快建设国家中心城市、国家科技创新中心、区域金融中心和国际化大都市。

"两翼驱动"("襄十随神""宜荆荆恩")要拓展成型。坚持块状组团、扇面发展,推动"襄十随神""宜荆荆恩"城市群由点轴式向扇面式发展,打造支撑全省高质量发展的南北"两翼"。加强襄阳、宜昌省域副中心城市建设,支持襄阳加快建设汉江流域中心城市,支持宜昌加快建设长江中上游区域性中心城市,增强综合实力,充分发挥对"两翼"的辐射引领作用。支持"襄十随神"城市群落实汉江生态经济带发展战略,打造以产业转型升级和先进制造业为重点的高质量发展经济带,建设成为联结长江中游城市群和中原城市群、关中平原城市群的重要纽带。支持"宜荆荆恩"城市群落实长江经济带发展战略,打造以绿色经济和战略性新兴产业为特色的高质量发展经济带,建设成为联结长江中游城市群和成渝地区双城经济圈的重要纽带。推进"襄十随神""宜荆荆恩"城市群基础设施互联互通、产业发展互促互补、生态环境共保联治、公共服务共建共享、开放合作携手共赢,加快一体化发展。推进"襄十随神""宜荆荆恩"城市群与武汉城市圈的规划衔接、优势互补和布局优化,实现联动发展。

"东西转型"重点是用足用好国家有关支持,探索特殊类型地区转型发展新路子,实现全域协同、共同富裕。西部的秦巴山区、武陵山区突出绿色转型,落实主体功能区战略和制度,强化重点生态功能区生态安全保障功能,以文化旅游、生态农业、清洁能源等绿色产业为主攻方向,探索绿色转型之路。东部的大别山区、幕阜山区突出振兴转型,依托老工业基地传统优势,加快承接国外和沿海产业转移,推动冶金、建材等传统产业转型升级,为资源枯竭型城市转型发展找准突破口,探索转型发展新路。

# 四、"十四五"时期湖北区域发展战略重点

深入推进武汉国家中心城市建设,强化"一主两翼"辐射带动作用,推动武汉城市圈建设,提升四大中心功能、推进四个重点地区同城化,加快"一湾一港两江四岸"建设,引领长江经济带发展,推动两翼转型和多区协同发展,提升县域经济发展水平,探索具有湖北特色的乡村振兴之路。

## (一)一主崛起:精准发力建设强能级国家中心城市和高水平武汉都市圈

科学认识"中心城市和城市群正在成为承载发展要素的主要空间形式"这一现象,准确把握"今后一段时期我国区域竞争的核心是中心城市的竞争"这一趋势,坚定不移、更加精准支持武汉国家中心城市建设和武汉都市圈建设。

1. 坚定不移支持武汉建设国家中心城市

从提升中心城市高端要素配置能力切入,坚定不移支持武汉建设国家中心城市、全国科创中心城市和国际化大都市,全面提速存储器、航天产业、网络安全人才与创新、新能源和智能网联汽车四个国家产业基地建设,大力发展以集成电路位代表的十大重点产业,着力打造"光芯屏端网"万亿产业集群。强化开放带动、创新赋能、智能制造、绿色示范、高端服务等引领作用,打造中部地区最具活力的经济增长极、全国科创中心城市和国际化大都市,成为引领全省高质量发展的"主引擎"。提高城市规划建设管理水平,有效规避"一市独大"弊端。

2. 精准聚焦提升武汉四大中心功能

发挥武汉交通区位突出,科教人才资源丰富,文化底蕴深厚等优势,重点提升武汉的全国经济中心、高水平科技创新中心、商贸物流中心和国际交

往中心四大中心功能,增强辐射中部的现代服务功能,培育国内外高端知名会展品牌,推动科技资源开放共享,提升光谷科创大走廊功能,打造环大学创新生态圈,建设全国重要的综合交通枢纽,全面融入共建"一带一路"倡议,积极营造国际化、市场化、法治化营商环境,探索内陆城市开放新模式。构筑面向全球的内陆开放高地、建设大江大湖特色、国际知名的美丽宜居城市,全面提升辐射带动能力和国际竞争力。

3. 以 4 个重点地区同城化推动武汉都市圈建设

重点促进内圈城市与武汉同城发展,推动鄂州华容、孝感汉川、黄冈团风、仙桃等内圈组团与武汉同城化,突破行政区划壁垒,构建同城化一体化发展机制,支持各市加强与武汉产业协作配套,推动产业选址和布局协调,强化武汉科技创新成果和产业链上下游向周边城市乃至全省的溢出效应,推进光谷科技创新大走廊建设,突破性发展 5G、大数据、人工智能、物联网、区块链等数字经济。推进武汉城市圈临空经济布局,支持鄂州打造航空货运枢纽机场,建设国际物流核心枢纽。完善城际快速路网,提高互联互通水平,提升城际通道与城市路网衔接转换效率。努力将武汉都市圈建设成为创新驱动、高端引领、产业兴旺的集中发展区。推动武汉周边 8 市主动融入武汉都市圈,统筹产业和服务功能布局,实现错位互补、一体化发展。

## （二）双城携手:建设"武汉—长沙科创走廊"唱好新时代中部创新"双城记"

一是规划建设"武汉—长沙科创走廊",携手争取综合性国家科学中心,在光电子信息、装备制造、汽车、生物医药等重点领域联合推进国家实验室建设,共同争取实施国家重大科技项目。

二是加强科技资源共享和人员交流,共享各项政策资源和平台资源。在基础研究、前沿技术等优势领域共同发力,增强对国家科技自立自强的战略支撑。

## （三）一湾串联：建设长江大湾区支撑长江经济带高质量发展

湖北是长江径流里程最长的省份，是南水北调中线工程核心水源区，承担着重大生态保护和生态环境修复责任。要深刻领会习近平总书记关于生态文明建设重要讲话和长江经济带发展"共抓大保护、不搞大开发"的重要指示精神，准确把握核心要义，切实增强推动绿色发展的责任感和使命感，以务实的举措把长江经济带生态保护与绿色发展落到实处。

1. 推动"两个一体化"建设长江大湾区

通过加强东部"鄂黄黄"和西部"天仙潜"两个一体化建设，形成以武汉为核心、以长江为主轴的现代化国际化大湾区。长江大湾区要重点发挥好东湖高新区、自贸区、长江新区及光谷、车都、武汉港、临空经济区等重点平台支撑作用，积极争取批复设立国家级新区，提升高端功能，增强产业承载能力。推动"鄂黄黄"一体化和"天仙潜"一体化，形成支撑长江大湾区和武汉都市圈的副中心城市。

2. 将武汉新港打造成中部地区枢纽港

立足长江黄金水道，充分发挥内河航运作用，打造多式联运体系，提升城市口岸功能。要加强与沿海主要港口的互利合作，提升对沿江港口的辐射带动作用，将武汉新港建设成为中部地区枢纽港。要提高各类集散货物装卸效率，降低企业物流等直接成本和制度性交易成本，通过成本、效率和服务优势吸引客户、做大体量，提升港口核心竞争力。建设好阳逻新城、航天新城等重点载体，统筹谋划新城与老城、沿江与腹地、江南与江北、相邻区域之间的发展定位。加强沿江港口整合。做好长江航道"645"工程、三峡通航能力建设、沿江高铁、江海联运船舶研制及标准建设等工作。

3. 建设好武汉"两江四岸"

武汉"两江四岸"是长江经济带上的亮丽名片，做好规划建设是关系长远发展的百年大计，对于武汉实现沿江发展、跨江发展，提升城市能级和核心竞争力、建设国家中心城市和国际化大都市具有重要意义。必须牢牢把握"共抓大保护、不搞大开发"这个重要基点,坚持系统观念,对标国际一流,统筹全局,统一规划,有序推进,统筹好山、水、路、岸、产、城等空间关系,统筹好岸线与临江"第一立面""第二立面""第三立面"的关系,打造生活岸线、生态岸线、景观岸线,做好立体交通规划,充分考虑交通的便捷性、通达性,注重交通与建筑的功能配套。注重适当留白,保留和修复自然湿地。要贯通岸线,整合码头设施,将更多的沿岸空间留给市民,真正实现还江于民、还岸于民、还景于民。积极探索绿水青山转化为金山银山的路径。

4. 建设好长江经济带绿色发展示范区确保清水东流长江安澜

深入践行"绿水青山就是金山银山"理念,坚持生态优先、绿色发展,规划先行、统筹推进,优化国土空间开发格局,全面推进长江大保护"九大行动",突出抓好长江、汉江、清江等主要流域和三峡库区、丹江口库区等重点区域的生态保护修复。开展化工企业搬迁、非法码头整治、江水污染治理、河势控制和护岸工程、航道治理、湿地修复等专项治理。支持武汉建设好长江经济带绿色发展示范区,实施长江防护林体系建设、河湖水系连通、生物多样性保护等工程,建设长江绿色生态廊道,构建水城融合、人水和谐的生态体系,确保一江清水向东流。推动大保护经验在全省复制推广,进一步彰显"千湖之省"特色,确保清水东流长江安澜。传承长江文明,探索通过市场化方式设立长江文明传承与发展基金,深度挖掘荆楚文化、三国文化、近代工商都市文化、水文化等内涵。

**(四)两翼驱动:推动"襄十随神""宜荆荆恩"城市群由点轴式向扇面式发展**

支持长江沿岸的"宜荆荆恩"和汉江流域的"襄十随神"等城镇密集地区发展,形成与"一主"相互呼应的"两翼"。

1. 加强"襄十随神"配套协作

支持"襄十随神"城市群落实汉江生态经济带发展战略,打造以产业转型升级和先进制造业为重点的高质量发展经济带,建设成为连接长江中游城市群和中原城市群、关中平原城市群的重要纽带。重点通过提升产业基础能力、产业链水平来推进制造业、服务业提质增效升级,大力发展汽车制造、交通、物流、信息等产业,重点加强汽车产业配套协作,提升襄十随汽车工业走廊的产业竞争力,充分发挥历史文化和生态资源集聚优势,弘扬武当山道教文化、炎帝文化、汉水文化,加强旅游资源整合与营销策划,打造一批精品旅游线路,带动汉江流域绿色发展。实现汉江航道网与长江航运体系联通。支持襄阳建设全国重要的先进制造业基地。

2. 促进"宜荆荆恩"产业链提升

支持"宜荆荆恩"城市群落实长江经济带发展战略,打造以绿色经济和战略性新兴产业为特色的高质量发展经济带,建设成为联结长江中游城市群和成渝地区双城经济圈的重要纽带。宜荆荆城市群聚焦培育壮大新兴产业,改造提升化工、建材、农产品加工等传统优势产业,着力推动产业链向价值链转变。推动宜昌、荆州、荆门相向联合发展,推进基础设施、产业布局、区域市场等一体化建设,发挥呼渝引汉区域优势,探索跨区域生态保护、生态补偿新路径,构建三峡生态经济合作区。支持宜昌建设世界水电旅游名城。

3. 加快推进重点领域一体化发展

加快基础设施互联互通、产业发展互促互补、生态环境共保联治、公共服务共建共享、开放合作携手共赢。推进"襄十随神""宜荆荆恩"城市群与武汉城市圈的规划衔接、优势互补和布局优化,实现联动发展。

### (五)东西转型:加快特殊类型地区发展实现全域协同

根据各地区比较优势,因地制宜推动发展,推动鄂西绿色跨越、鄂东振兴转型发展,增强重点生态功能区、农产品主产区保障生态安全、粮食安全功能,推动贫困地区、革命老区、民族地区、老工业基地、资源型城市补齐短板、加快转型发展,增强欠发达地区自我发展能力,补齐区域协调发展的短板。

### 1. 以鄂西绿色转型、鄂东振兴转型为统领

鄂西地区重点加快绿色转型,充分发挥山林特色优势,加快适应人民群众消费升级,以文化旅游、生态农业、清洁能源等绿色产业为主攻方向,打造全省绿色发展增长极。

鄂东地区重点加快振兴转型,推进黄石等地加快资源枯竭型城市转型发展,依托老工业基地传统优势,加快承接国外和沿海产业转移,推动冶金、建材等传统产业转型升级,为资源枯竭型城市转型发展找准突破口,打造全省转型发展增长极。

### 2. 完善老少穷、生态退化等特殊类型地区发展长效机制

支持恩施等民族地区跨越发展,深化对口支援和东西部扶贫协作,推动扶贫协作向全面长期战略协作转变,支持大别山、湘鄂黔渝革命老区振兴发展,集中力量解决基础设施、公共服务欠账,传承弘扬红色文化,挖掘老区生态、资源潜力增强"造血"功能,加快培育特色优势产业。巩固脱贫攻坚成果,建立解决相对贫困的长效机制。支持生态退化地区完善基本公共服务。

### 3. 增强生态地区、农产品主产区保障生态安全、粮食安全功能

落实完善主体功能区战略和制度,强化鄂东北大别山区、鄂西北秦巴山区、鄂西南武陵山区、鄂东南幕阜山区及长江、汉江、清江等重点生态功能区生态安全保障功能,维护"三江四山千湖"生态安全,保护好江汉平原、鄂北岗地等粮食主产区的粮食安全保障功能。

### 4. 健全山川协同发展等省内区域合作机制

坚持宜水则水、宜山则山,宜粮则粮、宜农则农,宜工则工、宜商则商,完善武汉都市圈、江汉平原、鄂北岗地地区与四大山合作机制,探索合作共建

园区,发展飞地经济,加强产业协作、科技协作,优化产业布局,充分利用武汉人才与科技实力雄厚的优势,发挥其科技辐射功能,实现人才、技术、信息等科技要素共享,带动四大山区经济结构调整、产业升级换代。加强山川流域上下游生态环境保护协作,共同搞好长江、汉江流域的沿江地带水土保持、水污染治理。促进大中小城市和小城镇合理分工、功能互补、协同发展,形成因地制宜、特色发展、城乡融合、山川协同的良好格局。

### (六)县域提升:以县域经济战略性大发展带动乡村全方位大振兴

支持县(市、区)充分发挥比较优势,着力培育壮大优势特色产业,促进城乡融合发展,着力补齐发展短板,持续激发县域经济发展活力,完善县城功能,推动乡村振兴,全面提升发展质量和效益,增强全省县域经济综合实力和整体竞争力。

1. 补齐县域基础设施短板

强化城乡交通网络支撑,推动高速公路互通,完善普通国省道、铁路站点、港口码头、通用机场布局,畅通对外运输通道。推进县域内及通达周边的快速通道建设,强化与区域综合交通枢纽无缝衔接,提高县城及重点镇交通承载能力。提高农村地区客运覆盖率,因地制宜推进城市公交线路向村镇延伸,完善农村客运和物流配送体系。补齐县域冷链物流设施短板,逐步建成布局合理、设施先进、功能完善、管理规范的农产品冷链物流服务体系,保障农副产品全程冷链保存和运输强化能源通信保障,加快电网建设,推进农村电网升级改造工程。加快天然气输气管网建设,扩大管网覆盖范围。合理布局和建设加气站、新能源充电桩(站)。加快宽带接入光纤化进程,持续推进行政村通光纤、通4G。

2. 实施百强县培育工程

加强县域经济分类指导,明确各类县域发展战略取向,科学确定不同类型县(市、区)发展目标任务,建立县域经济分类考核指标体系、奖励激励政策。强化县域产业支撑，依托武汉、宜昌、襄阳等中心城市辐射带动，支持周边县域统筹产业布局，高标准建设产业园区、特色小镇，构建上下游全产业链集群，形成一批带动能力强的经济强县。支持若干经济实力强、发展条件好、人口规模大的县城和重点镇发展成为中小城市。推动分类发展，产业基础较好、资源禀赋优良、处于重点开发区域的县，促进产业集群发展。加快推进新型城镇化进程，适度提高开发强度，进一步提高城市的人口承载能力和人口密度。工业基础相对薄弱、以农业为主的县，大力发展生态农产品加工业，做大做强农业龙头企业，打造农产品知名品牌。远离中心区域、生态资源良好的山区县，重点加强生态修复和环境保护，补齐交通等基础设施短板，提升基本公共服务功能，在不损害生态功能的前提下，因地制宜地适度发展资源开采、旅游、农林产品生产和加工、生态文化旅游等产业。

3. 探索具有湖北特色的乡村振兴之路

深化农村改革，健全城乡融合发展机制，推动城乡要素平等交换、双向流动。落实第二轮土地承包到期后再延长 30 年政策，探索宅基地三权分置实现形式，探索实施农村集体经营性建设用地入市制度，保障进城落户农民"三权"。推进农村集体产权制度改革，发展新型农村集体经济。推动乡村产业振兴，做大做强"荆楚农优品"，推进湖北中国农谷、中国有机谷、硒谷、虾谷、橘谷、药谷"六谷"建设，推动湖北从农业产量大省向产业强省转变。创新发展农产品加工业，推动向农副产品精深加工、贸易、冷链物流等全产业链拓展，培育更多农业产业化龙头企业，做强做优特色品牌，引导广大农户深度参与农业产业链价值链，促进农民增收。充分发挥"江、湖、茶、花"资源优势，加强农村产业融合载体建设，着力打造长江乡村旅游带和武汉都市农业、宜昌橘都茶乡、恩施民族风情、鄂东四季花木、鄂西山水生态、江汉平原水乡田园等特色村镇。

4. 实施乡村建设行动

持续改善乡村人居环境，打造宜居、宜业、宜游、宜养的荆楚美丽城镇、美丽乡村。强化规划引领,统筹县域城镇和村庄规划建设,保护传统村落、民族特色村寨和乡村风貌,提高农房建设质量。整合资源、分类分批推进美丽乡村建设,全域整治农村人居环境,支持有条件的地方连线连片建设美丽乡村。开展"擦亮小城镇"建设美丽城镇行动。坚持建管并重,提档升级农村水、电、路、气、通信、广播电视、物流等基础设施,建立完善长效管护机制。提高农民科技文化素质,推动乡村人才振兴。强化县城综合服务能力,把乡镇建成服务农民的区域中心。

### (七)平台先行:打造一批重大功能平台推动战略落地实施

积极对接国家战略,谋划建设一批重大功能平台,作为增强全省现代产业功能,拓展高质量发展空间,形成发展新载体的重要平台。

1. 加快打造长江科学城

立足武汉科教资源,强化创新资源集聚,规划建设长江科学城,对标北京怀柔科学城、上海张江科学城等国内一流科学城,围绕"建设科教新基地、科技成果转化新基地"的定位,在科技创新、产城融合等领域加大新的生产力布局,探索和引领未来创新产业和城市发展,积极与武汉大学、华中科技大学、中科院及中央企业科研机构对接,谋划布局重大科技基础设施项目,探索建设东湖实验室等新型研究机构,积极争取建设武汉综合性国家科学中心和综合性国家产业创新中心,争创国家实验室,全力打造全国科技创新新高地。

2. 探索建设内陆自贸港

发挥湖北地理位置承东启西、接南纳北、通江达海得天独厚优势,用好"汉新欧"国际货运班列、长江黄金水道、天河机场国际航线等国际贸易大通道优势,进一步加快推进湖北自贸区制度创新,加强自贸区与经开区、高新区联动发展,推动中国(武汉)跨境电商综合试验区发展,高标准高质量推进海关特殊监管区及口岸建设,探索内陆自由贸易港。完善国际航空快线、中欧班列(武汉)、江海直达航线等对外大通道,提升互联互通水平。支持武汉打造国际门户枢纽机场,提高三峡机场、恩施机场国际化水平,加快湖北国际物流核心枢纽项目建设,大力发展国际航空货运。加强区域开放合作,深化与中部地区、长江经济带上下游地区、京津冀地区、粤港澳大湾区合作联动。建设双循环国内大循环的中心区和国内国际双循环的重要节点。

### 3. 积极争取国家级长江新区

完善新区空间布局,优化"一核两翼,三港多园"格局,集聚国家战略、传承长江文明、承载武汉使命,集中展示长江文化、生态特色、发展成就和城市文明,打造未来城市的样板。发挥交通区位能级,打造成为长江经济带和"一带一路"综合交通枢纽,着力建设长江中游航运中心,开展多式联运试点,建设华中地区中欧铁路货运班列集并中心。复兴大武汉、建设国家中心城市提供强有力的支撑。打造辐射周边带动中部地区崛起的重要增长极。

### 4. 高质量打造国家临空经济试验区

依托湖北国际物流核心枢纽和武汉天河机场,构建起武汉城市圈航空客货"双枢纽"格局,定位货运为主、客运为辅,加快吸引航空公司进驻,积极发展现代物流、配送产业集群,发展航空服务、电子商务等重点产业,带动相关配套产业协同发展。完善航空口岸功能,推进口岸与海关特殊监管区的"区港联动""区区联动"。重点布局综合保税区项目,完善物流仓储、研发展示等功能,推动国际总装、配送、采购、转口贸易、出口加工等业务发展,建设开放度高、功能齐全、政策优惠、通关便捷的海关特殊监管区域。建设国际航空特色城市生活区,发展高端居住、酒店、综合商贸,创新发展航空经济区综合服务业,完善社会公共服务体系,打造产城融合发展的现代都市典范。

### 5. 建设国际会展中心

发挥会展业在工业化中后期对产业链和城市形象的引领带动作用,以武汉为重点加快会展业发展,打造国际知名的会展之都。加快完善硬件,推进武汉天河国际会展中心建设,形成全天候全领域办展能力。围绕光电子信息、汽车、生物医药等优势产业,谋划推出旗舰型展会,与进博会、服贸会、广交会等形成补充、支撑效应,增强会展业和制造业的相互支撑作用。完善会展产业链条和功能,吸引全球资源汇聚武汉,带动形成临空、商贸、会展产业集群,重点培育和引进知名会展企业,培育会展专门人才。推进会展业与国际通行规则和惯例接轨,集聚高能级、强辐射的贸易型总部和功能性平台,形成会展和贸易相互促进格局,打造国际消费中心城市。

# 专题七：湖北建设科技创新强省思路研究

　　随着我国进入高质量发展阶段，创新在现代化建设全局中的核心地位前所未有地凸显。湖北科技创新总体处于全国第三梯队靠前位置，拥有创新要素相对丰裕、资源战略多重叠加、产业发展势头较好等有利条件，具备建设科技创新强省、更好支撑国家科技自立自强的基础。"十三五"时期，湖北创新能力不断增强，但研发强度仍未超过全国平均水平；驻鄂高校院所在全国的位势持续提升，但基础研究投入少、省属高校弱问题突出；工业研发水平逐步提升，但创新能力较弱、高能企业匮乏的现状未根本好转；科技创新体制改革不断深入，但研发人力资源回报、研发人力资源投入偏低。此外，高校毕业生留鄂率、成果本地转化率不高，创业投资发展缓慢。总体来看，企业创新能力不强和科教人才优势未充分激活是制约湖北建设科技创新强省的主要症结。"十四五"时期，湖北应围绕更好助推高质量发展和深度融入新发展格局，以"四个面向"为牵引，以"两链融合"为重点，着眼在强化创新驱动发展方面走在全国前列，推动以科技创新为核心的全面创新，切实提升创新支撑实体经济的能力，提升企业技术创新能力，提升科技创新产出质量，营造更优创新软环境，力争在支撑国家科技自立自强和产业备份、抢占未来科技和产业竞争制高点、加强基础研究和高精尖人才培养、加快科技体制改革和优化创新创业生态等方面取得突破，打造国家战略科技力量的重要支撑、创新领域新型举国体制的重要样板、初具全球影响力的科技创新中心。

# 一、引言:科技创新强省的五个维度

2016 年 5 月 19 日,中共中央国务院印发《国家创新驱动发展战略纲要》,提出到 2020 年进入创新型国家行列、2030 年跻身创新型国家前列、到 2050 年建成世界科技创新强国"三步走"目标。在这一背景下,湖北、广东、浙江、安徽、湖南、黑龙江等省份均提出打造"科技创新强省""创新强省"和"科技强省""科教强省"的口号和目标。虽然用词和表述略有不同,但其核心都是打造更强大的创新引擎,驱动经济高质量发展。从已有研究来看,尽管分析框架、研究视角、测度指标和工具方法不尽一致,但科技创新强省建设通常都会充分考虑如下五个维度。

——创新投入的强度大不大。研发强度指标从投入侧评价创新能力。该指标具有较强的可比性,是国际公认的用来评价创新能力的综合性指标。投入的量既是规模性指标,在一定意义上也是结构性指标(比如强调扩大基础研究的投入,本质上是在突出研发投入结构的优化)。

——创新产出的质量优不优。对一个地区而言,专利是反映创新产出水平的重要维度。但随着对创新产出质量的重视,传统的专利申请量等指标已经无法满足要求。发明专利、PCT 专利以及高新技术产业、新经济、数字经济核心产业增加值方面的度量已经受到越来越多的重视。

——创新主体的势能强不强。企业是创新的重要主体,是否拥有一批创新势能强的科技型企业以及初创企业存活率是评判科技创新强省的一个重要标准。这些企业往往分布于先进制造业或现代服务业,是新经济的重要组成部分,高度依赖信息技术、生命科学等前沿领域的科技进步,具有估值高、成长快、创新强等特征。

——成果转化的效率高不高。高校院所是科技创新体系中的知识生产者和创新策源地,高效转化既表现为成果经过一系列试验环节源源不断地向产业界输送,也体现为高校衍生科技型初创企业。尽管目前尚未有成果转化率的权威统计,但成果转化收入、衍生企业数量等已成为衡量成果转化效率的重要指标。

——要素支撑的能力足不足。支撑科技创新的要素通常包括人才(尤其是企业家)、中介服务、创业投资、法治环境、商业空间等。发达国家甚至将早期教育、健康水平、安全状况、环境与交通、住房等因素也纳入要素支撑范畴。[①] 总体来看,随着经济发展水平不断提升,要素支撑对创新生态的重要性越来越突出。

以此五大维度为基本框架,本研究将分析湖北建设科技创新强省存在的优势和短板,结合"十四五"时期国内外环境和科技创新条件变化对湖北建设科技创新强省影响的分析,提出未来五年湖北建设科技创新强省的总体思路、发展目标和主要任务。

## 二、湖北建设科技创新强省的优势与问题

### (一)湖北科创处于全国第三梯队靠前位置

明确湖北在全国科技创新格局中的位置是后续分析湖北建设科技创新强省短板的必要前提。常用的方法包括多维评价和单一指标评价。[②] 静态来看,不论是多指标分析,还是单一指标的分析,湖北在全国科技创新的总

---

① 例如,硅谷指数就纳入了相关指标,该指数"以人为本"的设计理念、"灵活应变"的结构体系、"社会组织"为主的制定主体等对中国国家高新区评级指标体系建构乃至国家高新区的发展形成一定的启发意义(沙德春,2012)。

② 前者以《中国区域创新能力评价报告 2019》为代表,其特点是综合与全面,不仅基本穷尽了目前可得的所有与区域科技创新相关的指标,而且还囊括了核心经济指标。后者以 R&D 强度指标为代表,该指标虽为单一指标且更侧重投入侧,但具有较强的国际可比性,可以反映地区创新资源的整合能力和投入意愿。总体来看,前者更综合全面,后者更简单明了。相关分析表明,各省研发强度值与区域创新能力得分之间的相关系数高达 0.8 左右。

体位置大体排名 8—10 位（见图 7-1 和图 7-2），总体处于第三梯队靠前位置①，在中部六省中领先。两种方法位次排名较为接近，也一定程度上表明湖北科技创新在投入侧与非投入侧方面的表现相对均衡，而不像天津、陕西、辽宁、吉林、黑龙江等地投入强度排名较综合能力排名高出 5 个位次以上（排名差异过大表明可能存在高投入低产出现象，意味着创新效率较低）。

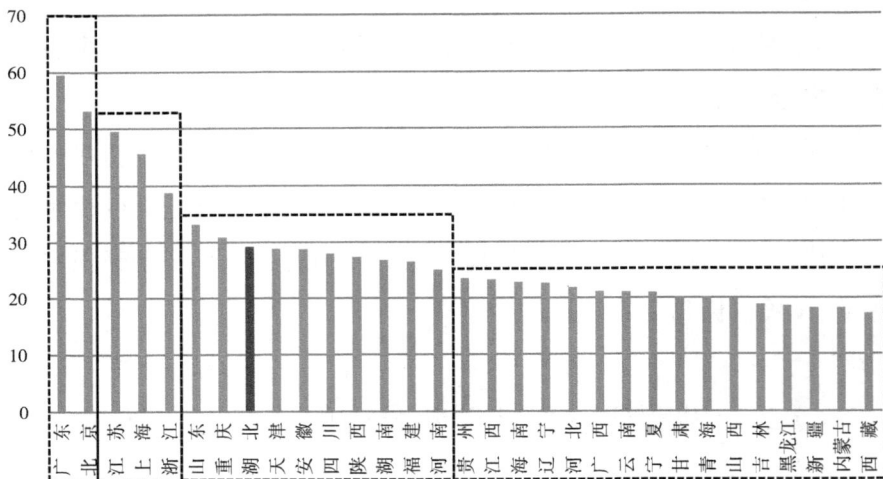

**图 7-1　2018 年全国各省区域创新能力评价得分**

资料来源：《中国区域创新能力评价报告 2019》。

动态来看，无论是多指标分析，还是单一指标分析，湖北在 2010 年和 2019 年的大体排名仍在 9—10 位②（见表 7-1）。尽管四经普调查核增湖北

---

①　在不同的分析方法中，梯队的划分略有差异。其中，综合指标分析中的第一梯队为广东和北京，得分超过 50 分。第二梯队为江苏、上海和浙江，基本在 40 分左右及以上。第三梯队为山东、重庆、湖北、天津、安徽、四川、陕西、湖南、福建等地，大体在 25—35 分区间。其余为第四梯队。单一指标分析中的第一梯队为北京、上海、广东，三地研发强度超过或接近 4%，几乎是全国平均水平的 2 倍。第二梯队为陕西、天津、浙江、安徽，四省市研发强度高于全国平均水平。第三梯队为江苏、湖北、山东、辽宁、湖南、福建、重庆、江西、云南等地，它们均略低于全国平均水平，但总体相差不大。其余为第四梯队，不仅距离全国平均水平有较大差距，而且与第三梯队有明显落差。

②　根据《中国区域创新能力评价报告 2010》，前十位依次是江苏、广东、北京、上海、浙江、山东、天津、湖北、四川和重庆。

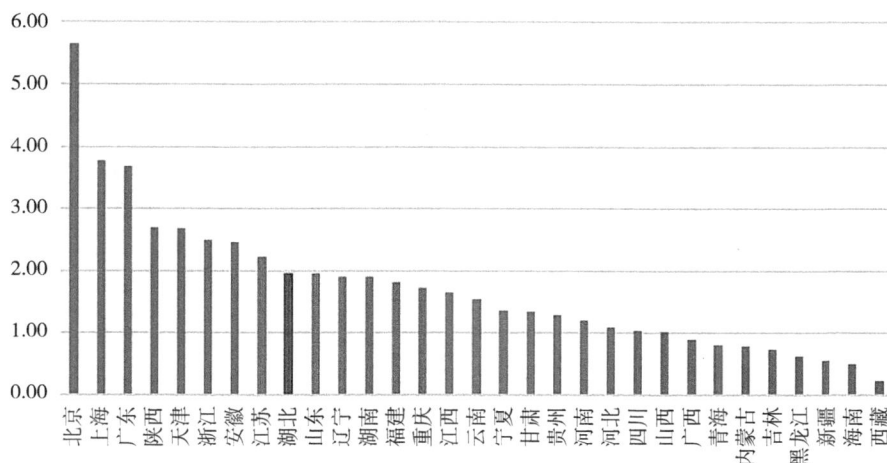

图 7-2  2018 年全国各省 R&D 经费占 GDP 比重

资料来源：国家统计局、财政部、科技部《2018 年全国科技经费投入统计公报》。

GDP 2600 多亿元左右，2019 年 GDP 也水涨船高，但由于 R&D 经费支出仍然保持相对较高增速，因此湖北在全国科技创新中的总体位置也没有发生重大变化，与湖北经济发展阶段和水平总体相适应（见表 7-2）。

表 7-1  2010 年、2018 年和 2019 年全国及各省市 R&D 经费强度及变化

| 地区 | 2010 年 | | 2018 年 | | 2019 年 | | 2019 年较 2010 年变化 | | 2019 年较 2018 年变化 | |
|---|---|---|---|---|---|---|---|---|---|---|
| | R&D 经费投入强度（%） | 排名 | R&D 经费投入强度（%） | 排名 | R&D 经费投入强度（%） | 排名 | R&D 经费投入强度（个百分点） | 排名 | R&D 经费投入强度（个百分点） | 排名 |
| 全　国 | 1.76 | — | 2.14 | — | 2.23 | — | 0.47 | — | 0.09 | — |
| 北　京 | 5.82 | 1 | 5.65 | 1 | 6.31 | 1 | 0.49 | 0 | 0.66 | 0 |
| 上　海 | 2.81 | 2 | 3.77 | 2 | 4.00 | 2 | 1.19 | 0 | 0.23 | 0 |
| 天　津 | 2.49 | 3 | 3.68 | 3 | 3.28 | 3 | 0.79 | 0 | -0.40 | 0 |
| 陕　西 | 2.15 | 4 | 2.22 | 8 | 2.27 | 7 | 0.12 | -3 | 0.05 | 1 |
| 江　苏 | 2.07 | 5 | 2.69 | 5 | 2.79 | 5 | 0.72 | 0 | 0.10 | 0 |
| 浙　江 | 1.78 | 6 | 2.49 | 6 | 2.68 | 6 | 0.90 | 0 | 0.19 | 0 |
| 广　东 | 1.76 | 7 | 2.71 | 4 | 2.88 | 4 | 1.12 | 3 | 0.17 | 0 |

续表

| 地区 | 2010 年 | | 2018 年 | | 2019 年 | | 2019 年较 2010 年变化 | | 2019 年较 2018 年变化 | |
|---|---|---|---|---|---|---|---|---|---|---|
| | R&D经费投入强度（%） | 排名 | R&D经费投入强度（%） | 排名 | R&D经费投入强度（%） | 排名 | R&D经费投入强度（个百分点） | 排名 | R&D经费投入强度（个百分点） | 排名 |
| 山　东 | 1.72 | 8 | 2.47 | 7 | 2.10 | 8 | 0.38 | 0 | -0.37 | -1 |
| 湖　北 | 1.63 | 9 | 1.96 | 10 | 2.09 | 9 | 0.46 | 0 | 0.13 | 1 |
| 辽　宁 | 1.56 | 10 | 1.96 | 9 | 2.04 | 10 | 0.48 | 0 | 0.08 | -1 |
| 四　川 | 1.54 | 11 | 1.72 | 14 | 1.87 | 14 | 0.33 | -3 | 0.15 | 0 |
| 安　徽 | 1.32 | 12 | 1.91 | 11 | 2.03 | 11 | 0.71 | 1 | 0.12 | 0 |
| 重　庆 | 1.27 | 13 | 1.90 | 12 | 1.99 | 12 | 0.72 | 1 | 0.09 | 0 |
| 黑龙江 | 1.19 | 14 | 1.05 | 22 | 1.08 | 23 | -0.11 | -9 | 0.03 | -1 |
| 湖　南 | 1.16 | 15 | 1.81 | 13 | 1.98 | 13 | 0.82 | 2 | 0.17 | 0 |
| 福　建 | 1.16 | 16 | 1.66 | 15 | 1.78 | 15 | 0.62 | 1 | 0.12 | 0 |
| 甘　肃 | 1.02 | 17 | 1.20 | 20 | 1.26 | 21 | 0.24 | -4 | 0.06 | -1 |
| 山　西 | 0.98 | 18 | 1.10 | 21 | 1.12 | 22 | 0.14 | -4 | 0.02 | -1 |
| 江　西 | 0.92 | 19 | 1.37 | 17 | 1.55 | 17 | 0.63 | 2 | 0.18 | 0 |
| 河　南 | 0.91 | 20 | 1.34 | 18 | 1.46 | 18 | 0.55 | 2 | 0.12 | 0 |
| 吉　林 | 0.87 | 21 | 1.02 | 23 | 1.27 | 20 | 0.40 | 1 | 0.25 | 3 |
| 河　北 | 0.76 | 22 | 1.54 | 16 | 1.61 | 16 | 0.85 | 6 | 0.07 | 0 |
| 青　海 | 0.74 | 23 | 0.63 | 28 | 0.69 | 28 | -0.05 | -5 | 0.06 | 0 |
| 宁　夏 | 0.68 | 24 | 1.30 | 19 | 1.45 | 19 | 0.77 | 5 | 0.15 | 0 |
| 广　西 | 0.66 | 25 | 0.74 | 27 | 0.79 | 27 | 0.13 | -2 | 0.05 | 0 |
| 贵　州 | 0.65 | 26 | 0.79 | 26 | 0.86 | 25 | 0.21 | 1 | 0.07 | 1 |
| 云　南 | 0.61 | 27 | 0.90 | 24 | 0.95 | 24 | 0.34 | 3 | 0.05 | 0 |
| 内蒙古 | 0.55 | 28 | 0.80 | 25 | 0.86 | 26 | 0.31 | 2 | 0.06 | -1 |
| 新　疆 | 0.49 | 29 | 0.50 | 30 | 0.47 | 30 | -0.02 | -1 | -0.03 | 0 |
| 海　南 | 0.34 | 30 | 0.55 | 29 | 0.56 | 29 | 0.22 | 1 | 0.01 | 0 |
| 西　藏 | 0.29 | 31 | 0.24 | 31 | 0.26 | 31 | -0.03 | 0 | 0.02 | 0 |

注:2018 年的数据已经根据四经普数据进行了全面调整。结果显示,山东、天津、吉林、黑龙江、辽宁等北方地区的 GDP 均出现了大幅核减情况,其中山东核减 9800 亿元左右,天津核减 5400 亿元左右,吉林核减 3800 亿元左右,黑龙江核减 3500 亿元左右,辽宁核减 1800 亿元左右,下调幅度分别高达 13%、29%、25%、21%和 7%左右。由于 GDP 被大幅核减,导致五地当年的研发强度有所上升。全国 GDP 核增近 2 万亿元,导致研发强度从 2.19%下降至 2.14%。

资料来源:国家统计局、财政部、科技部《2010 年全国科技经费投入统计公报》《2018 年全国科技经费投入统计公报》《2019 年全国科技经费投入统计公报》。

表 7-2    2019 年全国及各省市 R&D 经费和 GDP 增速

| 地　区 | 2018 年 R&D 经费（亿元） | 2019 年 R&D 经费（亿元） | R&D 经费同比增速 | GDP 同比增速 |
|---|---|---|---|---|
| 全　国 | 19677.9 | 22144 | 12.5% | 6.1% |
| 广　东 | 2704.7 | 3098.5 | 14.6% | 6.2% |
| 江　苏 | 2504.4 | 2779.5 | 11.0% | 6.1% |
| 北　京 | 1870.8 | 2233.6 | 19.4% | 6.1% |
| 浙　江 | 1445.7 | 1669.8 | 15.5% | 6.8% |
| 上　海 | 1359.2 | 1524.6 | 12.2% | 6.0% |
| 山　东 | 1643.3 | 1494.7 | -9.0% | 5.5% |
| 湖　北 | 822.1 | 957.9 | 16.5% | 7.5% |
| 四　川 | 737.1 | 871.0 | 18.2% | 7.5% |
| 河　南 | 671.5 | 793 | 18.1% | 7.0% |
| 湖　南 | 658.3 | 787.2 | 19.6% | 7.6% |
| 安　徽 | 649.0 | 754.0 | 16.2% | 7.5% |
| 福　建 | 642.8 | 753.7 | 17.3% | 7.6% |
| 陕　西 | 532.4 | 584.6 | 9.8% | 6.0% |
| 河　北 | 499.7 | 566.7 | 13.4% | 6.8% |
| 辽　宁 | 460.1 | 508.5 | 10.5% | 5.5% |
| 重　庆 | 410.2 | 469.6 | 14.5% | 6.3% |
| 天　津 | 492.4 | 463 | -6.0% | 4.8% |
| 江　西 | 310.7 | 384.3 | 23.7% | 8.0% |
| 云　南 | 187.3 | 220 | 17.5% | 8.1% |
| 山　西 | 175.8 | 191.2 | 8.8% | 6.2% |
| 广　西 | 144.9 | 167.1 | 15.3% | 6.0% |
| 吉　林 | 115.0 | 148.4 | 29.0% | 3.0% |
| 内蒙古 | 129.2 | 147.8 | 14.4% | 5.2% |
| 黑龙江 | 135.0 | 146.6 | 8.6% | 4.2% |
| 贵　州 | 121.6 | 144.7 | 19.0% | 8.3% |
| 甘　肃 | 97.1 | 110.2 | 13.5% | 6.2% |
| 新　疆 | 64.3 | 64.1 | -0.3% | 6.2% |
| 宁　夏 | 45.6 | 54.4 | 19.3% | 6.5% |
| 海　南 | 26.9 | 29.9 | 11.2% | 5.8% |

续表

| 地 区 | 2018 年 R&D<br>经费（亿元） | 2019 年 R&D<br>经费（亿元） | R&D 经费<br>同比增速 | GDP 同比增速 |
|---|---|---|---|---|
| 青 海 | 17.3 | 20.6 | 19.1% | 6.3% |
| 西 藏 | 3.7 | 4.3 | 16.2% | 8.1% |

注：带阴影方框为增速超过全国平均增速。

资料来源：国家统计局、财政部、科技部《2018 年全国科技经费投入统计公报》《2019 年全国科技经费投入统计公报》。

总体来看，湖北要建设科技创新强省，需立足自身发展阶段的实际，在第三梯队靠前的既有位置上追赶超越。目前，湖北的人均 GDP 刚突破 1.1 万美元，与沿海发达省份具有较大差距，不能在研发强度和产出规模上有脱离发展阶段的过高设定，而应更侧重挖掘其在科教资源、战略承载和产业基础方面的禀赋优势和先发优势，立足自身独特优势在全国创新格局中找准自己的定位、提升不可替代性，以增强战略承载力、提升企业创新力为突破口，力争挤入第二梯队，缩小与浙江、江苏等长三角地区的差距。

### （二）湖北建设科技创新强省具有三大优势

与其他省份相比，湖北在科教资源、战略承载、产业基础方面具有较为突出的禀赋优势和先发优势，而这些优势大多集中在省会武汉。

一是创新要素相对丰裕，科教和人才优势突出。湖北是我国重要的科教大省，多项指标均位居全国前列。2019 年，全省普通高等教育学校 129 所，居全国第四位；普通本专科在校生 150.08 万人，居全国第五位；研究生在校研究生 16.03 万人，居全国第四位。湖北不仅有七所副部级教育部直属高校，而且还有多所实力强劲的军校。近年来武汉固定人口数量在千万左右，其中十分之一是在校大学生。随着我国创新更多地从追赶型转向原创型和领先型，高校院所的灯塔意义和引领作用将加速凸显。科教与人才优势具有长期性和难复制性，它既是其他两大优势的来源和依托，也是湖北建设科技创新强省的最大底气。

二是资源战略多重叠加,平台和改革优势突出。截至 2018 年底,湖北共建有国家研究中心 1 个,国家重点实验室 27 个,国家级工程技术研究中心 19 个,在鄂国家重点实验室、工程技术研究中心等国家级科技创新平台数量居全国前列、中西部地区之首,不少平台都承担着重大科技攻关任务。2018 年,全省承担国家项目课题数量和获支持经费均居全国第五、中部第一。尤其是武汉拥有光电国家研究中心、精密重力测量、生物医学成像、东湖实验室,新获批国家信息光电子创新中心、数字化设计与制造创新中心、先进存储产业创新中心等国家级创新平台,光电、生物、装备、新能源等 11 家工业技术研究院,它们成为湖北科技创新强省建设的有力支撑。湖北还拥有全创区、自创区、自贸区以及多个国家级"双创"示范基地,近年来在立法修规推动制度创新、破冰科技成果转移转化、创新设立工业技术研究院方面在全国领先。

三是产业发展势头较好,数字产业和生物产业优势突出。湖北是我国重要的工业基地,近年来转型升级步伐明显加快。四经普数据显示,工业企业的结构在不断优化,高技术制造业对工业企业研发的支撑力和大型中型企业对规上工业企业研发的支撑力在增强(见表 7-3、表 7-4)。中国光谷创新品牌成功打响,在全国乃至全球形成了一定的知名度和广泛的影响力。以电子信息和生物医药为代表的高新技术产业正加速发展,"光芯屏端网"产业综合优势不断放大,武汉成为国内首座聚集国产面板三大厂商城市。武汉光谷生物城已辐射全省,形成涵盖生物创新、生物医药、生物农业、医疗器械、医学健康、智慧健康、生命健康的"一城多园"发展格局,实现数千亿元的产出规模。未来有望形成"光芯屏端网"和大健康两大万亿级新兴产业集群。

**表 7-3　湖北规上工业和制造业企业的部分结构指标**

| 结构 | 2013 年 | 2018 年 | 增幅（个百分点） |
|---|---|---|---|
| 私营企业主营业务收入占规上工业企业比重 | 31.1% | 40.0% | 8.9 |
| 小微型企业主营业务收入占规上工业企业比重 | 37.2% | 45.4% | 8.2 |
| 高技术制造业企业研发投入占规上制造业企业比重 | 23.9% | 28.1% | 4.2 |

资料来源：根据湖北省第三次和第四次经济普查数据计算而得。

**表 7-4　湖北分规模规上工业企业研发活动单位占比变化**

| 指标名称 | 与三经普相比，四经普中有 R&D 活动法人单位占比变化（个百分点） | 与三经普相比，四经普有科技机构法人单位占比变化（个百分点） |
|---|---|---|
| 总计 | 0.13 | 0.02 |
| 大型 | 0.18 | 0.07 |
| 中型 | 0.21 | 0.06 |
| 小型 | 0.13 | 0.02 |
| 微型 | 0.05 | 0.01 |

资料来源：根据湖北省第三次和第四次经济普查数据计算而得。

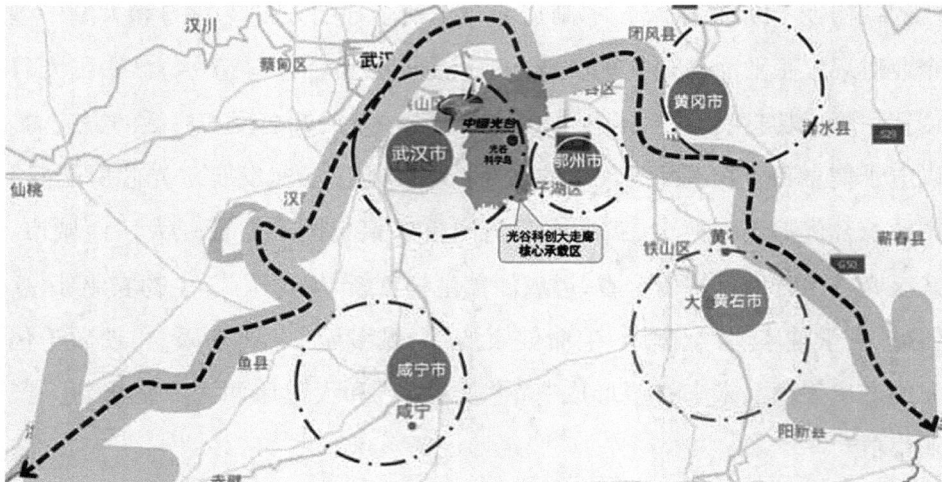

**图 7-3　光谷创新大走廊规划概念示意图**

资料来源：湖北日报微信公众号，https://mp.weixin.qq.com/s/pCf042npghItC97ChkcZMA。

此外，湖北区域创新格局不断优化也为持续放大上述三大优势提供了有力支撑。尤其是光谷科技创新大走廊贯通武汉、鄂州、黄石、黄冈等（见图7-3），有望成为撬动湖北全域创新格局的新支点，未来武汉的创新辐射带动能力将进一步增强。

### （三）湖北建设科技创新强省存在的主要问题

尽管"十三五"时期湖北创新能力不断改善，高校院所的全国位势持续增强，工业研发水平逐步提升，科技创新体制改革不断深入，但从科技创新强省建设的投入、产出、主体、转化、生态的五大维度看，对比全国平均水平、科技创新发达省份或部分中西部省份，湖北仍面临一些突出问题。

1. 投入维度：研发强度仍未高于全国平均水平，基础研究投入不足，研发支出结构仍不合理

研发强度不高，基础研究能力偏弱。尽管将湖北与北京、上海、广东等地直接进行比较并不科学，忽视了发展阶段、禀赋基础等客观因素带来的差异，但从全国范围来看，湖北研发投入仍然存在强度偏低、结构不优等现象，与湖北在全国经济版图和科教资源格局中的位势并不相称。2019年，湖北的人均GDP迈过1.1万美元门槛，已经超过全国平均水平，但湖北的研发投入经费强度仍长期低于全国平均水平（仅在2018年刚好达到全国平均水平）。从绝对量看，表7-2显示的近两年全国各省研发支出规模表明，湖北与排在前面的上海的差距高达数百亿元且还在扩大，但与四川的差距已经在数十亿元之内，研发投入面临"标兵渐远、追兵日近"的局面。从结构看，研发投入中的一个突出问题是基础研究投入占比偏低。2018年和2019年，湖北基础研究投入占研发经费投入比重分别为3.7%和4.5%，分别比全国低1.8和1.5个百分点，也低于四川、陕西两省水平（见表7-5）。2019年，2018年，湖北研发投入经费占全国4.2%，但湖北基础研究经费只占全国基础研究经费投入的2.8%。这些数据都与湖北的科教资源大省形象形

成了鲜明反差。基础研究具有前沿性、基础性和外溢性,也是应用和开发研究的基础,基础研究投入不足直接导致湖北的科教资源优势"虚化"。

表 7-5　湖北与全国和部分科教大省基础研究投入强度比较

| | 全国<br>2018 年 | 全国<br>2019 年 | 湖北<br>2018 年 | 湖北<br>2019 年 | 四川<br>2018 年 | 陕西<br>2018 年 |
|---|---|---|---|---|---|---|
| 基础研究(亿元) | 1090.4 | 1335.6 | 30.6 | 43.2 | 40.1 | 29.3 |
| 基础研究占 R&D 比重(%) | 5.5 | 6.0 | 3.7 | 4.5 | 5.4 | 5.5 |

资料来源:各省统计局和科技局网站,《2019 年全国科技经费投入统计公报》。

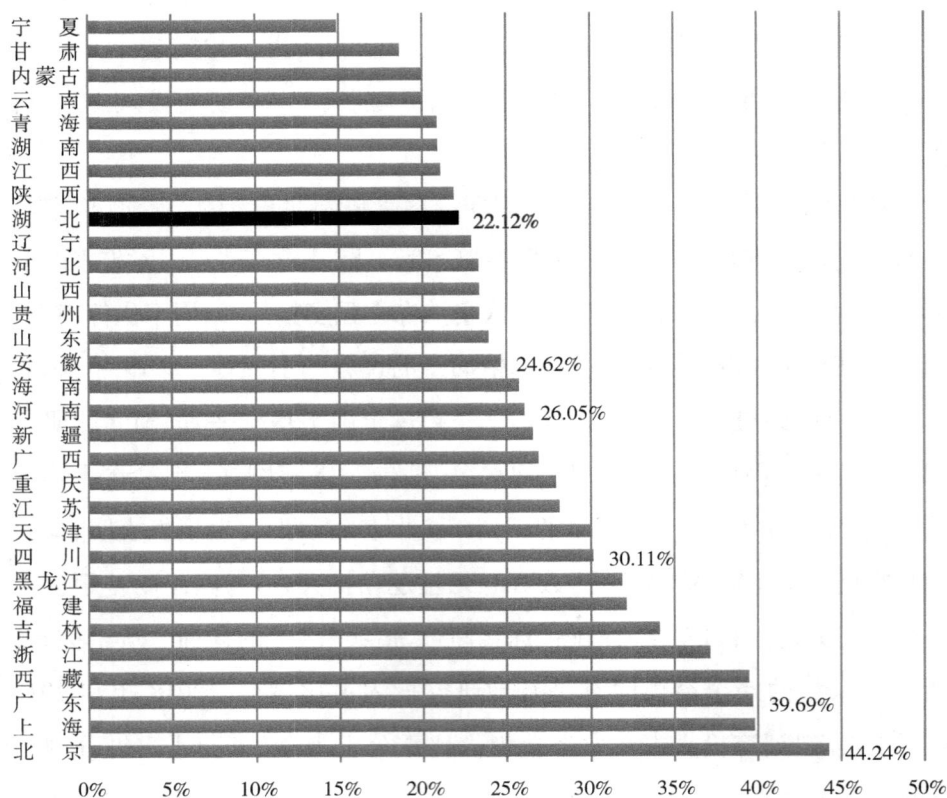

图 7-4　全国各省市规上工业企业 R&D 经费内部支出中人员劳务费占比

资料来源:《中国经济普查年鉴 2018》。

研发支出结构不合理,研发人力资源回报过低。工业创新不强存在多方面原因,但研发经费支出结构不合理这一因素经常被忽略。"人头费"在研发支出中的占比直接与研发人力资本回报相关,实质上体现的是对人力资本的重视程度和估值水平,也一定程度反映出科技经费管理改革的强度和深度。四经普的数据显示,湖北制造业 R&D 经费中人员劳务支出仅刚超过两成(22.1%),在全国倒数第 9(见图 7-4)。全国平均水平为 29.9%,较湖北高出近 8 个百分点。从制造业细分行业来看,湖北除了烟草行业劳务人员支出高达 67.8%外,大量制造业领域(甚至是湖北优势制造业领域)的研发人力资源回报也过低(见图 7-5)。其中,计算机、通信和其他电子设备制造行业的 R&D 经费内部支出中人员劳务费的占比竟比全国平均水平低12 个百分点左右。作为未来湖北万亿级数字经济的核心产业,研发人力资源回报过低将使湖北难以在人才吸引方面形成有效竞争优势。

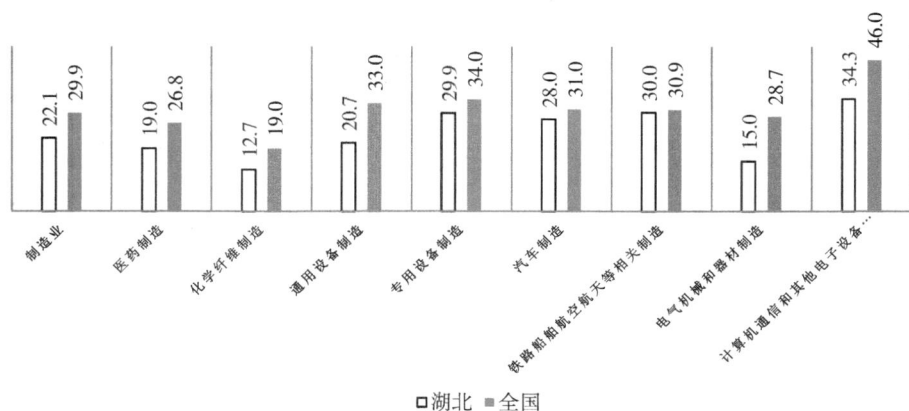

**图 7-5 部分制造业湖北与全国 R&D 经费内部支出中人员劳务费占比(%)**
资料来源:《中国经济普查年鉴 2018》《湖北经济普查年鉴 2018》。

研发人力资源优势不彰,研发人员中全时人员占比和非全时人员投入时长偏低。仅从数量来看,湖北规上工业企业拥有 167053 名研发人员,在全国具有一定优势,仅位居广东、江苏、浙江、山东、河南、福建之后。但如果从更为标准的研发人员全时当量①指标来看,则发现湖北工业企业仍存在研发人力资源投入不足的问题②,凸显湖北人才资源供给与企业研发用人之间存在的严重错配。一方面,湖北 R&D 人员中全时人员占比仅有 70%,不仅远低于北京(82%)、广东(80%)、上海(79%)、浙江(77%)等发达地区,也低于江西(75%)、重庆(74%)、湖南(73%)等中西部地区。另一方面,如果以研发人员人均全时当量指标来看,湖北的水平还低于云南、内蒙古和安徽。以安徽为例,虽然安徽的全时人员占比较湖北低 2 个百分点(为68%),但安徽的研发人员人均全时当量却更高。这说明,尽管安徽的非全时人员相对更多(较湖北多出 3000 人),但这些人员投入的时长要多于湖北。

2. 产出维度:创新产出质量仍有较大提升空间,尤其是专利水平有待进一步提升

创新产出欠优,专利水平有待提升。湖北的创新产出质量与科教大省的地位极不相称,突出反映在高水平专利和专利维持年限两个方面。通常而言,发明专利和 PCT 专利的含金量较其他类型专利更高,因此也被看作是创新产出的重要度量。2018 年,湖北每万人有效发明专利拥有量仅为8.24 件,不仅大幅低于江苏、浙江、广东,也低于陕西、安徽、重庆和山东等省(见图 7-6)。虽然 2019 年万人发明专利拥有量约为 10.04 件,提前一年完成全省"十三五"发展规划制定的目标,但这一值仍然低于全国 13.3 件的平均水平。武汉贡献了湖北全省 77.6% 的发明专利,但武汉的 PCT 专利在全球的占比低于深港、北京、上海、杭州、广州、苏州、南京、成都等城市(见图 7-7)。由于专利往往需要通过数年之久形成专利簇或专利池才能真

---

① R&D 人员全时当量是国际上通用的、用于比较科技人力投入的指标。指 R&D 全时人员(全年从事 R&D 活动累积工作时间占全部工作时间的 90% 及以上人员)工作量与非全时人员按实际工作时间折算的工作量之和。

② 一个较为常用的指标是每万人 R&D 人员全时当量,即按常住全部人口平均计算的 R&D 人员全时当量。考虑到此处仅分析规上工业企业,故暂时不考虑这一指标。

正发挥作用,因此专利维持年限也可以成为衡量专利质量的重要指标。2018 年全国副省级城市有效发明专利五年以上维持状况显示,武汉明显落后于沿海及部分内陆城市(见图 7-8)。

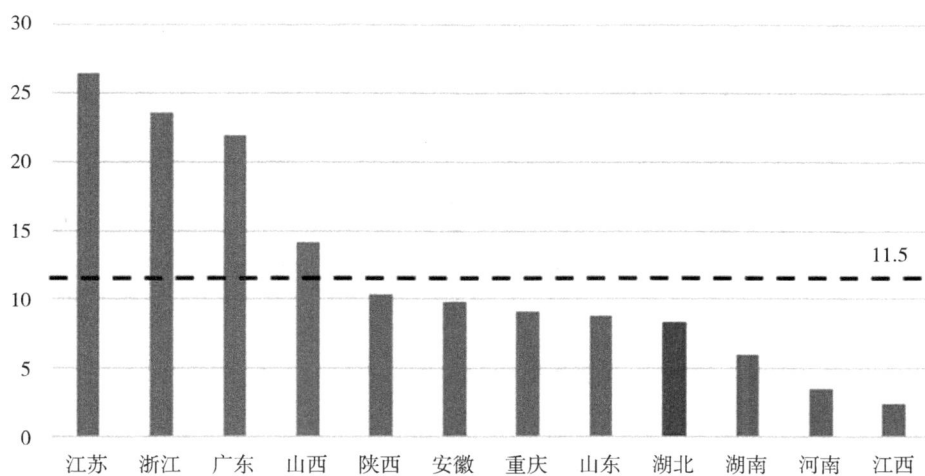

**图 7-6 2018 年部分省份万人发明专利拥有量**

资料来源:《湖北科技统计数据手册(2018 年度)》。

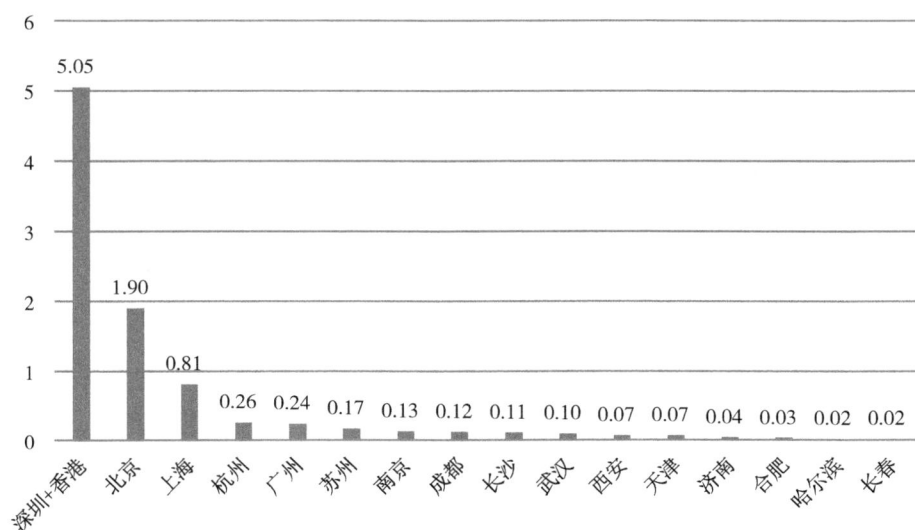

**图 7-7 2018 年部分城市 PCT 专利占全球比重(%)**

资料来源:《2018 年城市创新排名》。

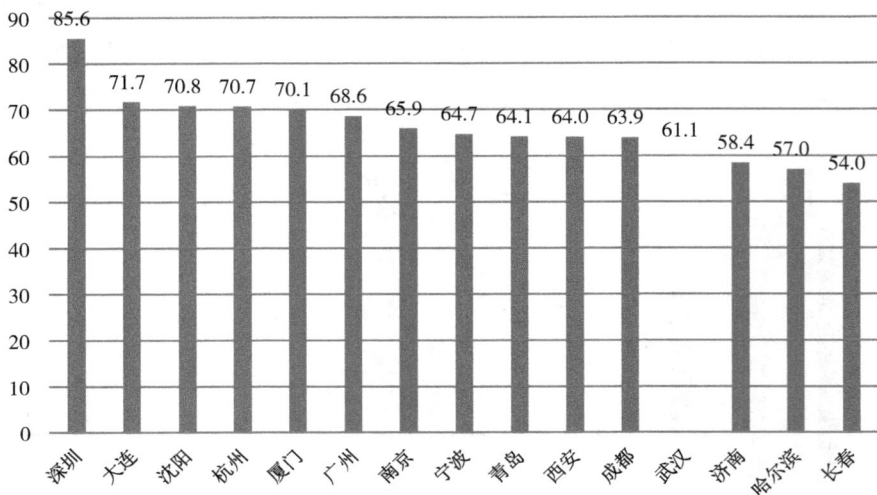

图 7-8 全国部分副省级城市有效发明专利五年以上维持占比(%)

资料来源:《2018 年专利申请授权状况统计分析报告》。

3. 主体维度:工业企业创新能力较弱,高能企业匮乏的现状未得到根本扭转

工业创新不强。工业和制造业企业创新能力总体偏弱和高能级创新型企业数量偏少是制约湖北科技创新建设的最突出短板,它不仅导致湖北的创新对实体经济支撑不够,还导致大量人才外流,使湖北成为人口净流出省份。四经普数据显示,2018 年,湖北工业企业研发投入强度仅为 1.18%,较浙江、上海和湖南同期分别低 0.41、0.19 和 0.19 个百分点,比全国同期平均水平还低 0.05 个百分点。2018 年,湖北制造业企业研发强度为 1.25%,较浙江、上海和湖南同期分别低 0.48、0.18 和 0.20 个百分点,比全国同期水平还低 0.08 个百分点,差距幅度超过工业总体水平。2017 年,湖北有 R&D 活动的规上工业企业占比仅为 23.62%,虽然较 2016 年提升了 5 个百分点左右,但比当期全国平均水平低约 4 个百分点。2018 年,湖北有 R&D 活动的规上工业企业占比达到 25%,比全国平均水平仍低约 3 个百分点。分制造业看,湖北在高技术制造业领域的研发强度仅略高于全国平均水平,

大量中技术和中低技术制造业的研发强度大幅低于全国平均水平（见表7-6）。这直接导致湖北规上工业企业在享受研发开发费用加计扣除、高新技术企业减免税方面呈现相对劣势。四经普数据显示，湖北工业企业研发经费内部支出占全国的比重为4.1%，但湖北研究开发费用加计扣除减免税和高新技术企业减免税占全国的比重仅为3.6%和2.0%。

缺少高能创新企业。集中体现在初创企业少、高新技术企业少、高估值企业少、高能级大企业少四个方面。初创企业往往最具创新创业活力，是一个区域创新创业景气繁荣程度的重要标志之一。2019年，湖北新增市场主体26.4万家，仅约为广东的四分之一、浙江的二分之一，还落后于安徽与河南。高新技术企业数量往往是一个地区主体创新层次的重要反映。2018年，湖北高新技术企业6590家，数量不足广东的五分之一、北京的三分之一、江苏的二分之一。高估值企业是市场认可的具有较好投资前景的企业，是高质量创新创业主体，主要包括超级独角兽①、独角兽②和潜在独角兽③。由于估值的波动性和市场性，其名单往往不是经规范统计程序生成的，不同版本差异较大。总体来看，湖北武汉在独角兽和准独角兽方面都与国内创新领先城市有较大差距。恒大研究院的报告显示，武汉的独角兽企业仅有斗鱼、斑马快跑、卷皮网3家，与北京、上海、杭州、深圳等城市有较大差距（见图7-10）。长城研究所的报告显示，我国296家潜在独角兽企业分布在全国35座城市，其中生物医药、人工智能、大数据、智慧医疗等领域的潜在独角兽数量占比48.6%。但武汉不仅只有4家企业上榜，数量上低于北京、上海、杭州、深圳、苏州、合肥等，而且在行业分布上也主要存在于新零售（2家）、新文娱（1家）和集成电路（1家）（见表7-7），这对湖北着力点打造

---

① 通常指估值超过100亿美元的企业。
② 通常指估值超过10亿美元的企业。
③ 按照目前研究报告的标准，潜在独角兽需要满足：在中国境内注册，具有独立法人并实际运营，成立时间在十年之内；获得过私募投资，且尚未上市；成立5年之内估值不小于1亿美元，成立5~9年估值不小于5亿美元；无不良经营记录。

"光芯屏端网"和大健康两大万亿级新兴产业集群难以形成有力支撑。高能级大企业往往意味着较强的价值链掌控力和市场影响力,是体现一个地区企业能级的关键标志。根据中国企业联合会的统计,2018 年,武汉的世界 500 强落户数量仅有 5 家,不仅大幅低于北京、上海、深圳、杭州、广州,也不及苏州、重庆、成都和南京。

表 7-6　全国与湖北规上制造业研发支出与强度的比较

| | 全国研发支出（亿元） | 全国研发强度（%） | 湖北研发支出（亿元） | 湖北研发强度（%） | 湖北与全国研发强度之比 |
|---|---|---|---|---|---|
| 制造业 | 12514.4 | 1.33 | 518.47 | 1.25 | 0.94 |
| 农副食品加工业 | 261.1 | 0.56 | 19.98 | 0.56 | 1.00 |
| 食品制造业 | 161.0 | 0.86 | 8.41 | 0.85 | 0.99 |
| 酒、饮料和精制茶制造业 | 101.8 | 0.67 | 9.45 | 1.01 | 1.51 |
| 烟草制品业 | 26.6 | 0.25 | 1.94 | 0.26 | 1.04 |
| 纺织业 | 255.4 | 1.01 | 8.68 | 0.42 | 0.42 |
| 纺织服装、服饰业 | 103.0 | 0.60 | 1.98 | 0.23 | 0.38 |
| 皮革、毛皮、羽毛及其制品和制鞋业 | 59.0 | 0.49 | 1.62 | 0.65 | 1.33 |
| 木材加工和木、竹、藤、棕、草制品业 | 54.7 | 0.63 | 3.13 | 0.79 | 1.25 |
| 家具制造业 | 68.0 | 0.95 | 0.64 | 0.32 | 0.34 |
| 造纸和纸制品业 | 167.8 | 1.2 | 4.58 | 0.89 | 0.74 |
| 印刷和记录媒介复制业 | 66.7 | 1.01 | 3.92 | 0.78 | 0.77 |
| 文教、工美、体育和娱乐用品制造业 | 111.8 | 0.83 | 3.07 | 0.61 | 0.73 |
| 石油、煤炭及其他燃料加工业 | 145.4 | 0.31 | 0.86 | 0.08 | 0.26 |
| 化学原料和化学制品制造业 | 899.9 | 1.28 | 49.7 | 1.54 | 1.20 |
| 医药制造业 | 580.9 | 2.43 | 32.82 | 2.57 | 1.06 |
| 化学纤维制造业 | 112.1 | 1.3 | 0.69 | 1.26 | 0.97 |
| 橡胶和塑料制品业 | 318.9 | 1.25 | 7.31 | 0.72 | 0.58 |
| 非金属矿物制品业 | 415.9 | 0.83 | 22.31 | 0.73 | 0.88 |
| 黑色金属冶炼和压延加工业 | 706.9 | 1.05 | 20.52 | 0.86 | 0.82 |

| | 全国研发支出（亿元） | 全国研发强度（%） | 湖北研发支出（亿元） | 湖北研发强度（%） | 湖北与全国研发强度之比 |
|---|---|---|---|---|---|
| 有色金属冶炼和压延加工工业 | 442.5 | 0.81 | 9.81 | 1.23 | 1.52 |
| 金属制品业 | 389.4 | 1.13 | 16.8 | 1.06 | 0.94 |
| 通用设备制造业 | 735.6 | 1.89 | 17.11 | 1.38 | 0.73 |
| 专用设备制造业 | 725.8 | 2.41 | 15.62 | 1.28 | 0.53 |
| 汽车制造业 | 1312.1 | 1.55 | 101.28 | 1.41 | 0.91 |
| 铁路、船舶、航空航天和其他运输设备制造业 | 400.8 | 2.64 | 20.15 | 3.12 | 1.18 |
| 电气机械和器材制造业 | 1320.1 | 2.03 | 38.71 | 1.77 | 0.87 |
| 计算机、通信和其他电子设备制造业 | 2279.9 | 2.06 | 87.07 | 3.73 | 1.81 |
| 仪器仪表制造业 | 223.2 | 2.89 | 4.82 | 2.42 | 0.84 |
| 其他制造业 | 38.7 | 1.82 | 1.66 | 1.65 | 0.91 |
| 废弃资源综合利用业 | 16.4 | 0.4 | 2.67 | 0.74 | 1.85 |
| 金属制品、机械和设备修理业 | 13.1 | 1.08 | 1.14 | 1.64 | 1.52 |

资料来源:根据全国和湖北省第四次经济普查数据计算而得。

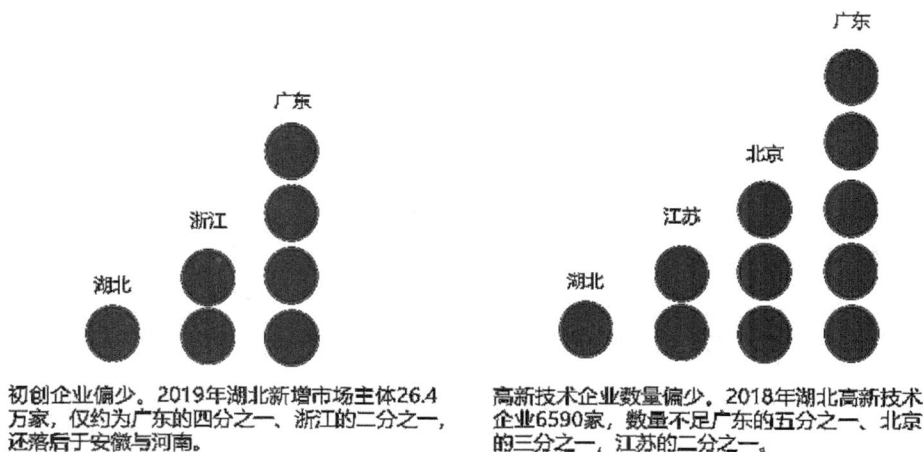

初创企业偏少。2019年湖北新增市场主体26.4万家，仅约为广东的四分之一、浙江的二分之一，还落后于安徽与河南。

高新技术企业数量偏少。2018年湖北高新技术企业6590家，数量不足广东的五分之一、北京的三分之一，江苏的二分之一。

**图 7-9　初创企业（左）和高新技术企业（右）倍数大致关系**

注:图示均为以湖北为标准单位,其他省份数量的概数。

资料来源:各省统计局、市场监管局和科技局网站。

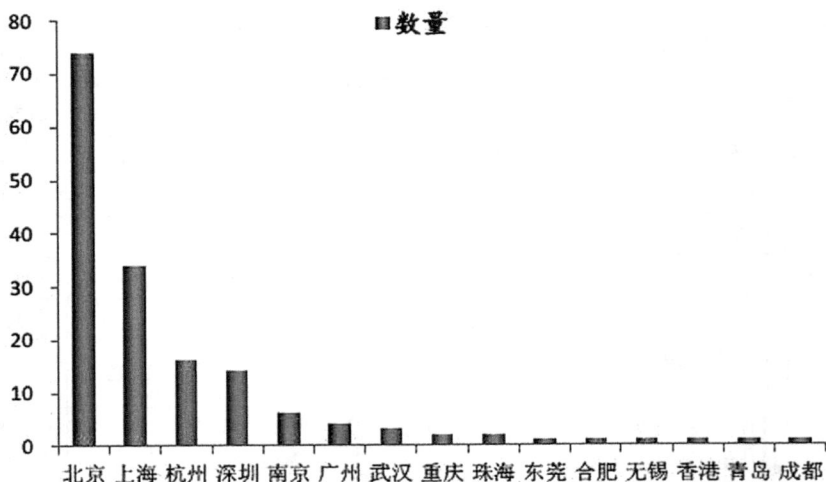

图 7-10　2018 年主要城市独角兽企业数量(个)

资料来源:恒大研究院,《2019 中国独角兽报告》。

表 7-7　2019 年部分城市潜在独角兽企业代表性行业与企业

| 城市 | 所属行业 | 代表性企业 |
|---|---|---|
| 苏州(13) | 生物医药、高端智能装备、互联网教育等 | 沛嘉医疗、康乃德、长风药业、信诺维、科望生物、天演药业、贝康医疗、苏桥生物、克睿基因、和阳智能、云学堂等 |
| 广州(9) | 生物医药、智能制造、产业互联网、高端智能装备、自动驾驶等 | 燃石医学、华银健康、康立明生物、雾芯科技、极飞科技、文远知行等 |
| 成都(8) | 生物医药、智能硬件、商业航天、互联网教育、体育科技等 | 欧林生物、齐碳科技、极米科技、国星宇航、百词斩、咕咚等 |
| 南京(7) | 生物医药、智慧物流、人工智能、产业互联网、新文娱 | 诺唯赞生物、世和基因、福佑卡车、硅基智能、华控创为、众能联合、美篇 |
| 合肥(5) | 生物医药、高端智能装备、集成电路、量子通信、新零售 | 瑞达健康、博微太赫兹、芯碁微装、国仪量子、生鲜传奇 |
| 武汉(4) | 新零售、新文娱、集成电路 | Today 便利店、食享会、聚芯微电子、艺画开天 |

注:此处仅列出部分城市。

资料来源:长城战略咨询,《2020 中国潜在独角兽企业研究报告》。

4. 转化维度:受合作机制不畅和省属高校偏弱制约,现有科技成果本地转化率不高

产学研合作缺乏支撑。具体表现为省属院校支撑能力不足、中试环节

支撑不够和机制保障支撑不力。目前湖北虽拥有高校 129 所,部属高校数量在全国排名前列,但省属高校建设滞后的问题在"科教资源大省"的光环下被长期掩盖。目前,湖北省属高校无院士、无"双一流"大学、无"双一流"学科,是全国四个无省属高校入选的省份之一,是中部六省唯一无省属高校入围的省份,省属高校偏弱直接导致高校对地方的支持力度受到制约。湖北虽然成立了武汉光电工研院、生物技术研究院等,但缺少国家层面对中试环节的专项支持,尚未形成政策支持的合力。由于高校院所中职称评定、职务晋升竞争激烈,在现行评价制度下许多科研人员仍无法积极参与产学研合作。加上科研人员对产学研合作转化方面的激励政策缺乏稳定预期,体制内外双向流动的体制机制未有效建立,高校院所科研人员参与产学研的内在动力被大幅削弱。

成果本地转化有待加强。由于我国实行技术合同登记后对技术交易免征增值税等政策,导致部分地区的技术市场存在"虚胖"现象,因此技术合同成交额有时并不能真实和准确地反映科技成果转移转化方面的成效,但技术交易的流向数据却可以较为充分反映各地的技术成果"净流入"或"净流出"情况。更多的本地性转化,往往意味着将本地科教资源潜在优势更有可能得到充分转化。但从转化成交的情况看,湖北在强化本地转移方面具有较大改进空间。从 2018 年主要副省级城市技术输入输出额看,深圳、南京、宁波、厦门、青岛、杭州、济南、是技术净流入城市,武汉与西安、成都、广州、哈尔滨、沈阳、大连等地是技术净输出城市(见图 7-11 和图 7-12)。湖北科技成果本地转化不畅,主要与深层次改革推进不够、中试服务平台投入不足、税收支持和科研评价不完善等因素有关。

5. 生态维度:多数行业开放创新水平和重点高校毕业生留鄂率偏低,创业投资聚集度不高

开放创新不佳,多数行业开放不足。受限于企业创新能力不足,我国企业创新总体主要以内向型开放创新为主,即将外部知识和技术通过开放合

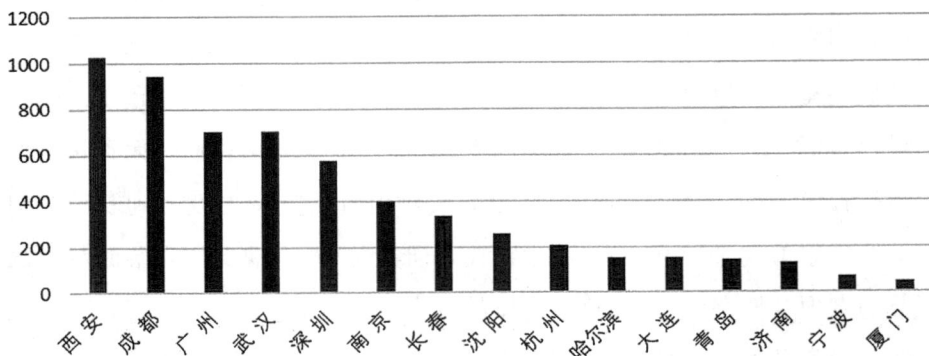

图7-11　2018年主要副省级城市技术输出成交额

资料来源:《湖北科技统计数据手册(2018年度)》。

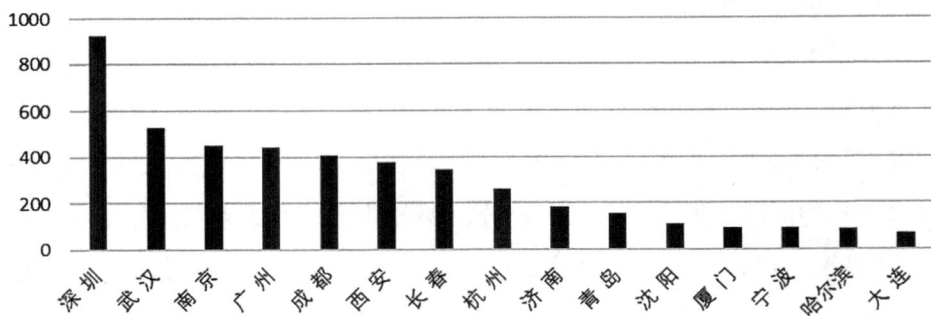

图7-12　2018年主要副省级城市技术输入成交额

资料来源:《湖北科技统计数据手册(2018年度)》。

作的方式吸收进入企业内部,主要包含吸收消化引进技术和委托研发。四经普数据显示,2018年,湖北汽车制造业、电子机械和器材制造业两个细分行业的工业技术引进费用占整个制造业的91.3%,高达9.2亿元,但消化吸收费用仅800余万元。在全部制造业中,有20个制造业细分行业没有技术引进活动。从研发开放度(外部R&D占内外R&D之和的比重)来看,湖北省制造业行业研发开放度的均值为5.9%,仅有少数行业企业开放度较高。其中,除烟草制造业(23.3%)外,铁路、船舶、航空航天和其他运输设备制造业(13.8%)研发开放度最高,医药制造和计算机、通信和其他电子设备制造业次之(均为10%左右),汽车制造(7.2%),黑色金属冶炼及加工(5.2%),大量细分行业开放度低于2%。总体来看,工业企业消化与吸收经费比例失衡和多数细分领域外部 R&D 占比较低,不利于企业主体获取开放创新红利。

重点部属高校毕业生留鄂率偏低。留住重点高校毕业生等高层次人才,对推动科教资源优势向创新发展极为关键。已有研究显示,高校毕业生留本地比例受多重因素影响,但当地发展前景、潜在就业机会、预期薪酬水平、生活舒适程度是主要因素。因此,能否留住人才,其实是人才对当地宜居宜业水平和创新创业生态的一次"用脚投票"。从主要在鄂部属高校来看,其留汉比例不到三成,既远低于广州、上海、杭州等地沿海发达地区主要高校近五至七成的学生留本地比例,甚至也不及成都、兰州、西安等中西部地区主要高校(如四川大学、兰州大学、西安交通大学)的毕业生留本地比例水平(见图7-13)。华中科技大学、武汉大学的毕业生留本地比例较低,主要与湖北当地缺乏高能级企业、薪酬待遇不高有关。

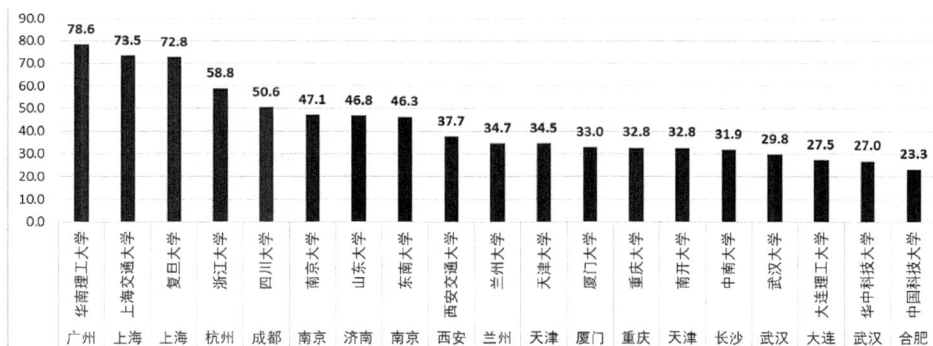

图7-13　2018年主要城市所在重点高校留本地比例

资料来源:教育部。

创业资本发展缓慢,金融对科技的支撑不足。创业资本包括早期投资和创业投资。由于创业资本天生存在向头部聚集的特征,因此往往聚集在我国主要的创新热点城市。2019年,北京、上海、浙江和深圳四地的早期投资合计占全国比重超过60%(见图7-14),北京、上海、深圳三地的创业投资合计占全国比重超过50%(见图7-15)。与上述城市相比,由于缺乏高能级的创新主体,因此在吸引早期投资和创业投资方面存在较大差距。2019年,湖北早期投资和创业投资金额均仅占全国的2.4%左右,在中部省份中领先,但与沿海和发达省份则相差5—10倍以上。

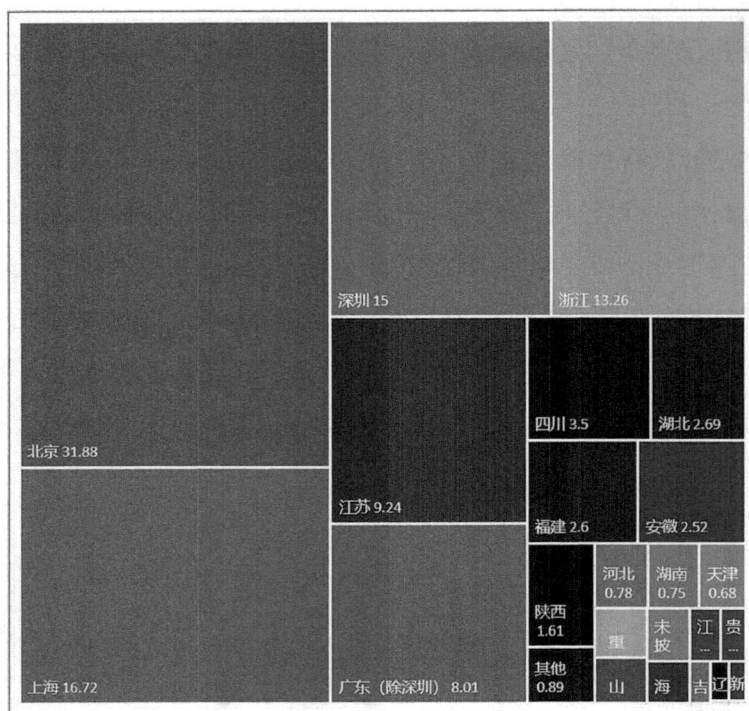

**图7-14 2019年我国早期投资地域分布情况**

注:省份名称之后的数字代表投资额,图7-15同。
资料来源:《2019年中国大众创业万众创新发展报告》。

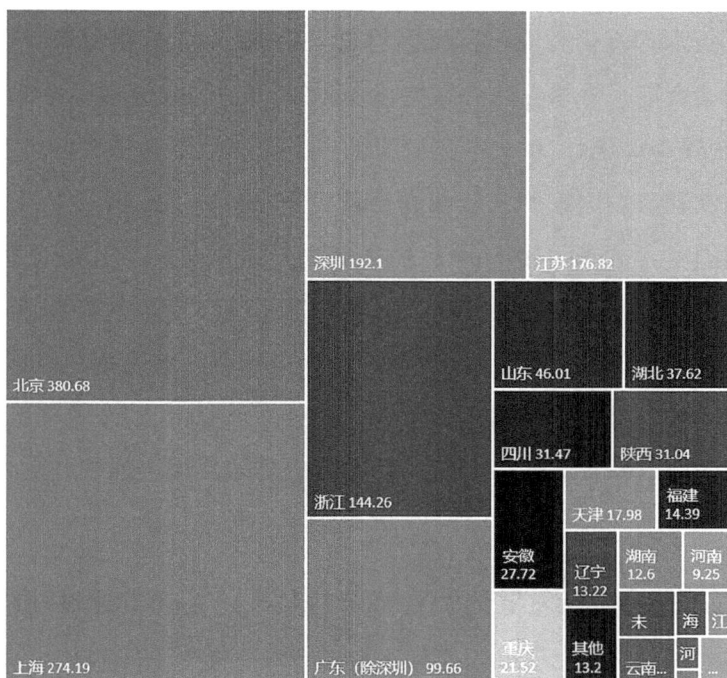

**图 7-15　2019 年我国创业投资地域分布情况**

资料来源:《2019 年中国大众创业万众创新发展报告》。

# 三、"十四五"时期湖北建设科技
# 创新强省面临新形势

## (一)"十四五"时期科技创新将呈现四大趋势

一是技术创新将大概率进入新阶段。例如,摩尔定律可能逼近其极限,量子理论将打开新的创新赛道;机器可以探索出"隐性"规则并将其显性化,形成第三代可置信人工智能;超级移动、三维转换、万物互联、智能设备等领域的创新指数级增长催生更多裂变和链式反应。二是万物互联和智能化趋势将更加明显。在新一代网络信息技术快速发展的驱动下,万物互联和智能化技术相互借力、融合渗透,将进入集成性突破、宽触点应用和爆发式增长的活跃期。万物互联和智能化催生"智能+",强化数据驱动,优化人机协同,拓展跨界融合,助力共创分享。三是全球创新的博弈冲突会更加显性化。先发和后发国家的创新博弈会从竞争合作向大国博弈转变,从市场性竞争向国家直接或间接干预转变,尤其是在量子、5G、人工智能等领域的较量将进一步加剧。四是科技回归人本和重返城市特征更加明显。随着更注重宜居宜业,城市更新和发展将使其成为科技创新的聚集之地,改变过去近十年来科技创新越来越远离城市中心而在城市边缘扎根的趋势,一批立足于城市中心、城市圈、城市群的创新创业新高地会加速涌现并重构区域创新空间。

### (二)迈进高质量发展的湖北将转向科技创新强省建设新阶段

"十四五"时期,随着国家进入高质量发展新阶段,湖北也将掀开高质量发展新篇章。尽管遭遇新冠肺炎疫情的冲击,但湖北完全有条件实现疫后重振,在深化工业化城镇化的过程中坚定不移实施创新驱动发展战略,以创新引领质量变革、动力变革和效率变革。迈进高质量发展的湖北科技创新将进入提效攻坚期,由以汇聚创新要素为主转向以强化创新驱动为主,不断挖掘释放创新引领经济发展的潜能。

一是从"铺摊子"向"攻焦点"转变,创新加速引领经济发展动力变革。进入高质量发展阶段,湖北将逐步转向"攻焦点":一方面,湖北的科技创新将更加聚焦于"卡脖子"的核心技术攻关,在集成电路、新型显示、高端装备等领域构建国家战略科技力量;另一方面,强化数字技术和生物技术的创新引领,重点支撑"光芯屏端网"和大健康两大万亿级产业集群。通过强化对国家战略能力的支撑和对战略性新兴产业的引领保障,实现湖北经济发展从依赖要素扩容转向更多依靠创新驱动。

二是从"搭台子"向"强功能"转变,创新加速引领经济发展质量变革。随着平台载体不断健全,进入高质量发展的湖北科技创新将推动更多功能性载体从"建设"向"释能"转变。一方面,功能载体将借助其"平台效应"提升复合型人才培养水平、加深产教融合深度、促进科技成果转移转化;另一方面,功能载体和平台基地的能级将不断提升,存储器、智能网联汽车、生物产业、航天产业、网络安全等领域将涌现更多国家级平台,承载国家战略功能和使命。通过健全载体功能和放大网络效应,推动湖北更多市场主体走向高质量发展之路。

三是从"找场子"向"促聚变"转变,创新加速引领经济发展效率变革。随着"一主两翼"区域格局更趋定型,进入高质量发展的湖北科技创新的"找场子"状态即将结束,以光谷科创大走廊放大武汉辐射效应的创新格局将基本形成,未来将进入在既有格局下"促聚变"的新阶段。以光谷科创大走廊为例,未来将重点谋划通过行政范围调整、管理权限扩充、利益分享优化,实现武汉、鄂州、黄石、黄冈等地的创新协同。通过地区间创新联动,推动湖北经济发展转向更加高效的模式。

### (三)湖北建设科技创新强省面临的新挑战新机遇

"十四五"时期,湖北建设科技创新强省面临四方面挑战。一是中美博弈剧烈化,将冲击湖北创新链的稳定性和安全性。湖北的创新链条主要集中在信息技术和生物技术相关领域,而这两个领域对美国创新的依赖度较高。此外,湖北已经有多家企业、高校院所进入美国"实体清单"。一旦双方创新博弈加剧,将给湖北企业创新带来了严重冲击。二是全球供应链重构,可能阻断或延迟湖北产业创新升级步伐。湖北在汽车制造、装备制造、新材料等领域对国外零部件、设备和原材料有较高需求,供应链重构可能引发短期或间歇性的"无米下炊""无需可供"危局,引发合同违约、资金断裂、企业倒闭、工人失业,扰乱产业升级正常进程。三是我国增长中枢下移,可能危及更多企业生存对创新不利。"十四五"时期,我国主要生产要素的供给出现瓶颈①,潜在经济增长率持续下滑,将可能使转型较慢的湖北企业面临更大的生存压力,减少企业的研发投入,阻断企业转型升级的进程。四是区域同质化竞争加剧,湖北集聚创新资源要素面临更大困难。湖北、广东、浙江、安徽、湖南、黑龙江等省份均提出打造"科技创新强省""创新强省"和"科技强省""科教强省"的口号和目标。从省际之间的竞争看,广东、浙江、安徽对湖北的影响更大,尤其是安徽可以充分借势长三角一体化推动形成以合肥为主要创新极的创新格局,给武汉带来竞争压力。

"十四五"时期,湖北建设科技创新强省也面临三方面机遇。一是信息与生物技术有望迎来突破,为湖北打造两大万亿级产业提供新赛道和新机遇。一方面,"智能+"有望催生智能经济形态,成为培育更强劲动能的新路径。另一方面,受到新冠疫情"黑天鹅"效应的推动,生命科学进步有望持续提速。智能经济和生物经济的加速到来,将与湖北打造的"光芯屏端网"和大健康两大万亿级新兴产业集群形成共振,为产业发展提供强有力的技术支撑。二是国家强化战略科技力量,湖北有望承载更多战略使命。"十四五"期间,我国将加快推进国家战略科技力量建设,着力探索构建社会主义市场经济条件下关键核心技术攻关新型举国体制。在诸多关键核心技术中,芯片存储、生物医药等与湖北具有密切关联。武汉在光电、精密重力测量、生物医学成像、数字化设计与制造、先进存储等领域的平台将为湖北打造国家战略科技力量提供有力支撑。三是中央大力支持湖北发展,湖北将迎来一系列创新利好。新冠肺炎疫情给湖北经济社会发展产生了显著的外

---

① 近年来,我国人口的"数量型红利"明显减弱,2013—2018年,我国16—59岁的劳动年龄人口数量从91954万人下降至89729万人,平均每年减少445万人;占总人口比例从67.6%下降至64.3%,平均每年下降0.66个百分点,这一趋势极有可能将在"十四五"时期持续。有预测分析显示,2021年我国劳动力增长764万,但从2022年开始每年减少1000万,最高的2023年将减少1400万,届时我国劳动力供给总量不足的矛盾或将进一步恶化,有研究预计每年会拖累经济增长0.65个百分点。

生冲击,但从科技创新的角度来看,这些负面影响大多是一次性且可逆的,它不仅将刺激湖北利用疫情加快生物领域的创新步伐,还将通过中央的大力支持给湖北发展注入新的动力。湖北将会以此为契机启动一批重大项目,加快传统基础设施和5G、人工智能等新型基础设施建设,促进汽车制造、电子信息、新材料、生物医药等主导产业恢复发展。

# 四、"十四五"时期湖北建设科技创新强省的思路和目标

## (一)总体思路

未来五年是湖北疫后重振、创新突破、产业升级的关键期,建设科技创新强省具有重大战略意义。"十四五"时期,湖北建设科技创新强省的总体思路是:围绕更好助推高质量发展和深度融入新发展格局,以"四个面向"为牵引,以"两链融合"为重点,推动以科技创新为核心的全面创新,提升创新支撑实体经济的能力,提升科技创新产出质量,提升企业技术创新能力,营造更优创新软环境,力争在支撑国家科技自立自强和产业备份、抢占未来科技和产业竞争制高点、加强基础研究和高精尖人才培养、加快科技体制改革和创新创业生态优化方面取得突破,在创新驱动发展方面走在全国前列,打造国家战略科技力量的重要支撑、创新领域新型举国体制的重要样板、初具全球影响力的科技创新中心。

实现路径主要包括:

——基础研究强支撑。瞄准基础研究投入不足直接导致湖北的科教资源优势"虚化"的问题,有针对性地提升湖北基础研究投入强度和能力水平。推动高校回归基础研究本职和抢占基础研究前沿,打造原始创新高地和强大引擎,不断向科学技术广度和深度进军,把产业链安全和创新链稳定

摆在更加突出的位置,打造支撑国家战略科技力量的"湖北队"。

——深化改革畅转化。坚持用改革的办法强化科技成果转移转化,促进产学研深度融合。以完善管理机制、优化科研环境、强化有效激励为重点,推动建立现代科研院所制度,优化考核评价、晋升激励等制度,形成好成果能涌现、愿转化、快试验、可落地的体制机制,彻底打通"钱变纸""纸变钱"的全链路循环。

——重点扶持育主体。不断完善全生命周期、全产业链条的企业扶持政策体系,引导功能载体、现代金融、高端人才等更多要素服务于企业、汇聚于企业,培育一批高成长、高估值和高能级创新型企业,形成大中小微企业融通发展格局和成长梯队。

——能力提升壮集群。推动建设和提升国家重大平台、创新服务平台、中试转化平台、场景推广平台等四类关键平台,强化数字技术和生物技术的创新引领和国家级平台的功能承载,重点支撑"光芯屏端网"和大健康两大万亿级产业集群。加快建立健全支持国产替代和新模式新业态发展的体制机制,促进更多高成长、高新技术、出口转内销、"专精特新"小巨人和隐形冠军、国产化替代企业集聚发展。

——优化环境留人才。以打造全国性人才特区为目标,围绕体制引人、科学育人、事业留人、乡情聚人打造更富活力的创新生态,建立良好的科技人才生态和人才吸纳运用机制、人才科学评价体系及激励机制,加快形成以人才强省建设支撑和牵引科技创新强省建设的新局面。

在这一过程中,需要强化与国家层面的"四个对接"。一是强化战略使命对接。把谋划培育战略科技力量、打造新型举国体制样板作为重要抓手,立足湖北科技创新和产业发展优势承接更多战略使命,使湖北科技创新强省建设与更好支撑战略科技力量密切结合,提升企业技术创新能力,争取在"光芯屏网端"、生物医药、高端装备、新材料、智能制造等领域创新进入国家重点布局。二是强化发展目标对接。把提高创新质量和效率、推动创新创业创造融合作为主要方向,主动补齐湖北科技创新发展中的短板,使湖北建设科技创新强省与更好支撑创新型国家建设有机衔接。三是强化重大项目对接。推动区域创新布局优化与重大项目承载推进统筹谋划,以光谷创新大走廊为重要支点,加大重大项目落地支撑力度,提升武汉的区域创新辐射带动能力。充分借力"襄十随神""宜荆荆恩"城市群由点轴式向扇面形发展所带来的创新空间延展,争取大设施、大平台、大专项、大项目落地。四是强化重大试点对接。把争取改革试点与深化已有改革密切协同,不断提升改革的首创性和精准性,着力优化改革的综合效能。以深入推进武汉新一轮全面创新改革试验为重点,复制推广支持创新改革举措,充分叠加行政管理体制、科研院所改革、对外开放、服务贸易其他重大改革试点,推进构建与创新驱动发展相适应的新体制新模式新机制。

### (二)发展目标

在科技创新强省建设五大维度的基础上,充分衔接创新型国家建设指标体系和现有经济科技统计指标体系,参考有关省份经济高质量发展的评价指标体系,按照"简明经济、分类对待"的原则,提出湖北建设科技创新强省的指标体系(见图7-16)。

创新投入维度。主要包括研发经费占 GDP 比重(%)、基础研究占研发经费比重(%)、制造业研发经费占营业收入的比重(%)三项指标。

创新产出维度。主要包括高新技术产业增加值占 GDP 比重(%)、战略性新兴产业增加值占 GDP 比重(%)、每万人发明专利拥有量(件)、工业企业新产品销售收入占主营业务收入比重(%)、"三新"经济比重(%)五项指标。

创新主体维度。主要包括参与并购与 IPO 企业数量(家)、高新技术企业数量(家)、高估值高成长性企业数量(家)三项指标。

成果转化维度。主要包括技术市场成交额(亿元)、高校院所衍生企业数量(家)、维持五年以上有效发明专利占比(%)三项指标。

要素支撑维度。主要包括五项指标,分别是新型研发机构、孵化加速机构与中试基地孵化"两高"企业数(家),在鄂"双一流"高校毕业生留本地工作占比(%),高新区生产总值占全省 GDP 比重(%),早期投资与创业投资发生额占全国比重(%),省市两级创投引导基金投资规模(亿元),"一主两翼"重点城市人口净流入增幅(万人)。

为了充分与国家现有统计指标体系对接,提升指标的可比性,建议仅将研发经费占 GDP 比重(%)、基础研究占研发经费比重(%)、制造业研发经费占营业收入的比重(%)、高新技术产业增加值占 GDP 比重(%)、战略性新兴产业增加值占 GDP 的比重(%)、每万人发明专利拥有量(件)作为指标体系中的重点目标予以考核,其余指标作为监测跟踪指标(见表7-8)。

表 7-8　湖北建设科技创新强省考核性指标及目标设定

| 指标 | 2018 年 | 2020 年 | 2025 年目标值设定 | 较 2025 年全国平均水平 |
|---|---|---|---|---|
| 研发经费占 GDP 比重(%) | 1.96 | 2.09$^E$ | 2.4 | 接近 |
| 基础研究占研发经费比重(%) | 3.7 | 4.0$^E$ | 6.0 | 接近 |
| 制造业研发经费占营业收入的比重(%) | 1.25 | 1.30$^E$ | 1.5 | 接近 |
| 高新技术产业增加值占 GDP 比重(%) | 16.9 | 18.6$^E$ | 24.5 | —— |
| 战略性新兴产业增加值占 GDP 比重(%) | —— | —— | 18 | 接近 |
| 每万人发明专利拥有量(件) | 8.24 | 12.5$^E$ | 18.5 | 超过 |

注:E 代表为预测值。

资料来源:课题组参考有关资料测算。

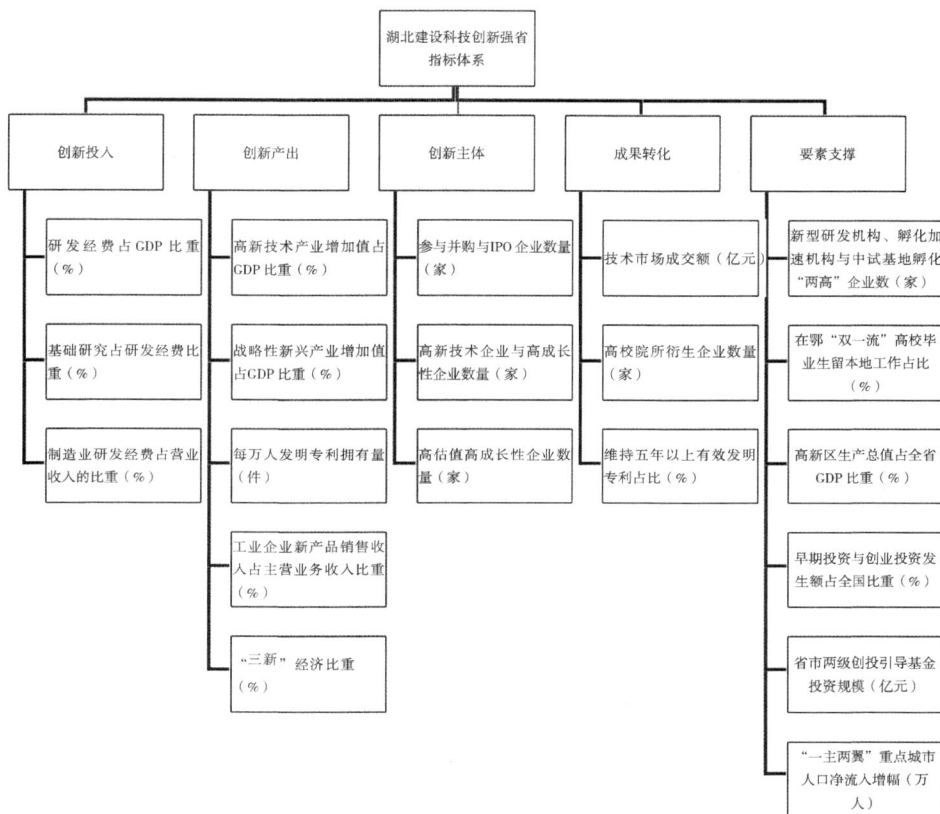

**图 7-16　湖北建设科技创新强省指标体系**

资料来源:课题组绘制。

# 五、"十四五"时期湖北建设科技
# 创新强省的重点任务

一是加速创新成果产业化进程,实施联合攻关、国产替代和产业备份"三大行动",在支撑国家科技自立自强和产业备份方面发挥更大作用。对接国家战略需要,实施研发和转化一批"卡脖子"关键核心技术成果,鼓励企业尤其是民营企业牵头或参与开展新一代信息技术、生物、高端装备制造和新材料等领域"卡脖子"技术联合攻关。重点围绕集成电路、高端装备、智能制造、5G 商用、北斗导航、生物医药、新材料等领域,积极承接国大重大科技攻关项目建设。加强前沿技术战略布局,抢占新一代人工智能、第三代半导体、量子科学、生命科学、人机协同等未来领域的创新主动权和话语权。加大对列入美国管制清单的在鄂市场主体的跟踪扶持力度,支持具备替代能力的企业产品优先进入省级信创目录,在政府采购、企业融资、税收优惠和项目布局方面给予适当倾斜。不断完善首台套、首批次等应用质量保险,简化有关认定、发放和赔偿程序。制定产业备份清单和企业库,对进入清单的企业提供长期融资和特定市场支持,加快清单领域储备技术和小试成果的产品中试和商业化。采取措施为更多本地企业进入信创目录创造有利条件。

二是建设战略平台和培育产业生态,打造数字经济和生物经济竞争新优势,换道超车抢占未来科技和产业竞争的战略制高点。大力推进武汉光电国家实验室建设,支持光谷科学岛、东湖实验室等承接重大攻关项目,有序推进生物医学成像、武汉光源等重大科技基础设施建设和运营,持续提升创新服务平台、中试转化平台、场景推广平台等三类关键平台。围绕打造"光芯屏端网"和大健康两大万亿级产业和做强新材料、高端装备、航空航天、汽车制造等主导产业,制定产业链群生态培育施工路线图。鼓励企业加大研发投入,打造一批生态级平台企业、标志性龙头企业,加大对重点行业领域中高成长、高新技术、出口转内销、"专精特新"小巨人和隐形冠军、国产化替代等五类企业主体的精准扶持力度,培育,形成高能级的创新型企业梯队。依托我国强大市场规模优势,引进一批生物医药初创企业落户光谷生物城。加大传统市场主体的数字转型步伐,通过发展"非接触经济"实现线下市场主体的空间拓展和业务转型。鼓励企业通过"触网""上云""用数""赋智"提质增效,加快推动部分高度依赖线下场景的生产性服务业、生活性服务业实现"互联网+"。强化对关键核心技术的开发应用,打造更强大的"北斗"创新生态，努力催生依托大平台、大设施、大集群的新模式新业态。依托智能城市基础设施，建设一批新一代人工智能应用场景，在武汉、襄阳、十堰等地建设新能源智能网联汽车场景推广和应用示范平台。

三是加强基础研究，加快打造一流高校院所，打响重点领域高精尖人才培养攻坚战和引育争夺战。引导高校院所加大基础研究投入，推动武汉大学、华中科技大学等部属"双一流"高校和专业强化集成电路、高端装备、智能制造、5G商用、北斗导航、生物医药、新材料、农业育种等新兴领域人才培养和专业建设，面向前沿领域和交叉学科组建新团队、实行新机制，引导在汉部属高校通过新建本科教育新校区、腾退置换部分校区、在省内异地办学等方式，推动校区、社区和园区一体规划、融合发展。支持武汉科技大学、湖北大学、湖北汽车工业大学等省属高校分别牵头合并重组部分高校实现专业优势强强联合。建立良好的科技人才生态和人才吸纳运用机制、人才科学评价体系及激励机制。推进人才生态优化工程，实施"楚才引领"计划。创新"候鸟型"人才引进和使用机制，开展创新要素跨境便利流动试点。放宽资质准入，允许港澳台地区部分领域专业人才在鄂备案执业，探索允许部分紧缺领域的外国执业资格人才来鄂就业创业。

四是深化科技体制改革，加强开放创新体系建设，培育更具活力的创业生态。加快科研院所改革，在全省选择一批试点高校院所，通过合作共建实体等方式推动建立现代科研院所制度，优化考核评价、晋升激励等制度，打造校地企合作升级版。建立从考核激励、收益激励、承接转化激励、创业激励、金融配套激励的成果转化全流程激励机制。健全技术经理人队伍，提升科技成果平台功能，持续做大科技成果转化基金。支持智力要素、技术要素以知识产权入股、股权激励、科技成果收益分成等方式，参与创新收益分配。针对科技成果作为无形资产的特点，建立一整套有别于实物资产、固定资产的管理办法。大胆推进人才管理改革试验，全面落实国有企业、高校、科研院所等企事业单位和社会组织的用人自主权，进一步改革人才评价制度，支持高校院所开展"评聘分离",推动从"身份管理"逐步向"岗位管理"转变。推动光谷扩区,在湖北主要地市设立光谷分谷,支持各地市通过人员互派、交付代管等方式,营造光谷"双创"特色生态,不断培育形成新兴产业。加快在湖北设立以科技创新为主题的省级新区。

五是促进科技与金融深度融合,为创新创业生态提供更优的金融环境。加大对科技型中小企业投资扶持力度,建立健全以企业创新能力为核心指标的科技型中小企业融资评价体系,探索建立基于大数据分析的"银行+征信+担保"信用贷款模式、政银保联动授信担保提供长期集合信贷机制,完善创业担保贴息及奖补政策。鼓励保险资金服务成长阶段的科技创新企业,探索开发科技创新企业创业保险产品,运用保险机制支持初创期科技创新企业发展。大力扶持一批符合条件的企业在多层次资本市场首发上市。优化政府投资引导基金的运营模式和考核机制,推动政府投资引导基金适当前置化,与早期项目对接并开展投资孵化。加大对新基建等领域创新型企业的支持,探索以地方政府通过发专项债做数据交易中心等硬设施、科创型企业做运营商收取运营费用并以此为抵质押物从银行贷款的新模式。

# 专题八:湖北全面提升开放型经济 水平重点举措研究

基于经济高质量发展的开放型经济指标体系测算结果表明,和其他中部地区相比,湖北省在对外开放程度、对外经济合作层次等方面指标偏低。但基于详细对外贸易数据和第四次经济普查的数据表明,近年来湖北优势产业已经开始逐步拓展国际市场,也通过直接出口或为相关龙头出口企业提供零部件方式参与全球垂直专门化分工,且拓展国际市场较好的企业经营绩效水平较高,说明湖北省对外开放潜力巨大。建议湖北省在供给侧融入高水平国际循环以提升国内大循环层级,在需求侧依托国内大循环基础有效引领和拓展国际循环,实现由拓展国际市场为主向引入高端要素为主转变、从制造业开放为主向服务业和数字经济开放为主转变、从向发达国家开放为主向发达国家和发展中国家并重转变的"三大转变",将湖北省打造成为新时期内外循环相互促进的示范引领区。

## 一、湖北省开放型经济发展现状评估

### (一)基于经济高质量发展的开放型经济发展水平指标体系设计

改革开放 40 年来,对外开放一直是促进我国经济发展方式转变的重要因素,也是我国成长为全球第二大经济体的重要动力。长期以来,我国经济发展的重点在于数量,因此衡量开放型经济发展水平的指标体系也更多以数量指标为主,如利用外资规模、出口额,等等。但随着党的十九大报告明确提出了建设社会现代化经济体系、促进经济高质量发展和构建全面开放新格局的重大目标,全国乃至湖北省对外开放的重心也必须服务于从规模增长向质量转变的需求,需要建立新的开放型经济发展水平指标体系。

选择合适的维度是构建对外开放水平指标体系的前提。在当前我国对外贸易规模已经位居世界前两位、利用外资规模已经多年处于世界第二位但不同省份开放水平差距巨大的前提下,衡量不同省份现代化开放体系是否完善,应从以下几个维度进行:

一是在全国对外开放中的地位。作为一个省份,其开放型经济的发展是全国开放型经济发展的重要组成部分。湖北作为中部经济实力雄厚、开放基础最好、平台层次较高的省份之一,提升开放型经济发展水平的一个重要标志必然在于在全国对外开放中地位的上升。

二是对外开放对湖北省经济的促进作用。开放型经济水平提升的关键在于,通过扩大对外开放,在更高层次、更大广度上参与全球生产网络,引进各类高端生产要素以改善湖北省的要素禀赋,从而有效提升湖北省的供给质量,是湖北省开放型经济发展水平提升的重要表现。为此,应将对外开放对湖北省经济的促进作用作为指标体系的重要组成部分。

三是湖北省对外经济合作的层次。长期以来,湖北省乃至我国参与全球分工的层级不高,仍然处于全球价值链的中低端环节。如何提升湖北省参与全球分工的层级,有效提升湖北省出口增加值,同时创新湖北省对外合作方式,积极引进现代服务业和先进制造业,构建以湖北省企业为领头羊的国际分工网络,是湖北省提升开放型经济发展水平的重要作用之一。

四是湖北省营商环境状况。实现经济高质量发展,不仅需要大规模的对外经济合作,更要在制度环境上和国际先进规则接轨,为内外资企业创造公平透明规范法制的营商环境。因此,应选择合适的反映湖北省营商环境状况的指标,作为指标体系的重要组成部分。

五是开放的协调性。长期以来,由于地理区位,党的十九大报告明确提出了对外开放的区域协调发展目标。在湖北省内部,同样存在武汉"一市独大"、其他地市州开放程度偏低的开放不协调不充分问题。因此,应将开放的协调性作为湖北省开放型经济发展水平的重要指标。

基于上述维度,在选取指标体系时,应充分考虑到数据的可得性和可比性,从而为湖北提升开放型经济发展水平指明方向。具体而言,可以将以下指标作为衡量经济开放的主要指标:

1. 绝对贸易开放度

商品贸易一直是我国各地区参与全球分工和国际合作最为重要的方式。从国家层面看,一般运用商品贸易额占 GDP 的比重来衡量一个国家的开放度,本研究中称为贸易开放度。该指标也可以用于衡量省份层面的对外开放水平,测算方法为(某省份出口额+某省份进口额)/某省份 GDP 总额。

2. 绝对投资开放度

和贸易相似,对外直接投资和外商直接投资同样是表现一个地区对外开放水平的重要指标之一。因此,对于省份而言,同样可以借鉴贸易开放度的测算方法,设计投资开放度的相关指标。考虑到很多省份的对外直接投资规模数据并未公布,因此本研究只运用外商直接投资的存量数据,其测算方法同样为外商投资企业投资总额/当年 GDP。

3. 相对贸易开放度

对于省份而言,除绝对开放度外,明确自身开放水平和全国平均水平的差距也十分重要。因此,可以对绝对贸易开放度的指标进行相应调整,得到相对贸易开放度的指标,测算方法为绝对贸易开放度和全国贸易开放度的比值。

４. 相对投资开放度

对于省份而言,除绝对开放度外,明确自身开放水平和全国平均水平的差距也十分重要。因此,可以对绝对投资开放度的指标进行相应调整,得到相对投资开放度的指标,测算方法为绝对投资开放度和全国投资开放度的比值。需要说明的是,由于全国统计的外商投资数据和各省份统计的外商投资统计口径并不一致,因此此处测算全国投资开放度所运用的数据是各省份统计口径外商投资企业投资总额之和。

５. 在本省设立分支机构的世界 500 强企业数量

大型跨国公司是当前全球经济运行的主导者,是否拥有大型跨国公司分支机构对于一个地区是否有效参与国际分工和国际合作具有很重要的意义。因此在本省设立分支机构的世界 500 强企业数量也应作为各省份对外开放水平的重要衡量指标。

６. 高新技术产品贸易额占总贸易额的比重

本指标主要用于衡量各省份对外贸易的技术含量和质量水平,是衡量对外开放质量的重要指标。之所以选择贸易额而非出口额,是由于高新技术产品进口同样能够有效地提升当地劳动生产率,发展高新产业,对经济高质量发展也具有巨大的促进作用。

７. 一般贸易额占总贸易额的比重

由于对于相同种类的商品,一般贸易出口所创造的国内增加值一般要高于加工贸易,因此该指标可以作为衡量对外开放的重要指标之一。但需要说明的是,商品类别的差异会影响贸易方式,因此该指标仅供参考。与上个指标相似,本研究仍然运用贸易额而非出口额的比重进行衡量。

８. 高技术产业外资所占比重

湖北极为重视创新能力,因此对于湖北省而言,流入高技术产业的外资具有十分重要的意义。本研究运用了《中国高技术产业统计年鉴》中的数据,以高技术产业外资企业新增固定资产和全行业新增固定资产的比值用于衡量每年流入外资的质量。

9. 万亿元 GDP 上市公司数量

该指标用于衡量开放型经济体系的活力。从实践中看，开放型经济体系的活力和营商环境密切相关，最好从企业开办时间、融资成本等指标进行衡量，但这些数据均很难获取。因此，本研究采用了万亿元上市公司数量这一指标来间接反映当地开放型经济的活力状况，同时考虑各省市经济体量的差异，用（上市公司数量/地区 GDP），即万亿元 GDP 上市公司数量作为衡量指标。理论上，开放型经济活力较强的地区更容易产生上市公司，因此每万亿元 GDP 的上市公司数量更多。

10. 入境旅游人数

该指标用于衡量该省份和其他国家（地区）的人员往来状况，人员往来是对外开放的重要组成部分，也能部分反映旅游、文化等服务业的对外开放水平和湖北省对外基础设施的联通程度。理论上，出入境人数是跨境人员往来状况的主要指标，但该指标难以获取，因此用入境旅游人数代替。

11. 开放首位度

该指标主要用于反映对外开放区域内协调性的情况，其测算方法为省内第一大城市对外贸易额占全省贸易额的比值。如果该指标越高，说明该省开放型经济集中于某个城市，如果该指标相对偏低，说明该省开放型经济发展水平相对较为均衡。但需要说明的是，该指标很大程度上受各区域经济发展阶段的影响，在一定的发展时期该指标偏高具有一定的合理性。

12. 省会营商环境排名

当前营商环境已经成为企业选择落户地区最重要的考虑因素，是未来湖北吸引优质企业、提升对外开放水平的重要风向标，该指标排名越靠前，营商环境越好，则地方对企业的吸引力越大，该指标排名越靠后，则营商环境越差，吸引企业落户地方的能力有限。由于其他城市营商环境数据较难获取，本研究使用的指标排名数据来自《2019 中国城市营商环境指数评价报告》。

### （二）湖北省和长江经济带沿线省份的开放型经济指标比较

根据上述指标体系,本文基于最新数据,对 2009—2019 年湖北省的对外开放水平相关指标进行了测算,并将湖北省与长江经济带沿线其他省份进行对比,由于不同省份数据可得性存在差异的原因,本文只给出其他对比省份指标的时间序列值或最新时间节点数据,测算结果见附表 1-12。

湖北省贸易开放度明显偏低。根据附表 1 和附表 3,湖北省绝对贸易开放度自 2012 年以来始终低于 0.1,即进出口总规模仅相当于湖北省 GDP 的不到 10%,低于同期全国平均水平,2019 年该比值仅相当于全国的 27%,更明显低于长江经济带沿线的其他省市。上海市进出口总规模一度超过其 GDP 总量,江苏省 2010 年外贸规模达到当年 GDP 规模的 76%,浙江省该比值也超过 60%,长江经济带中西部其他省份,除贵州外进出口规模均超过 GDP 的 10%。

湖北投资开放度有待提升。根据附表 2 和附表 4,2013 年以来湖北省绝对投资开放度不断提升,2018 年外商投资企业投资总额相当于当年 GDP 的 20.5%,同期上海市外商投资企业投资总额超过了当年 GDP 的 150%,长江下游的江苏省外商投资企业投资总额规模也相当于其 GDP 的 70%,长江中游的湖南和上游的重庆该比例也超过了 30%,可见,湖北省利用外资规模相对较小,一方面反映出湖北投资开放度有待提升,另一方面体现了外资对促进湖北本地经济增长的能力不强。另外,从利用外资行业分布来看,湖北省高技术产业外资占比也过低,2013—2016 年均低于 5%,而同期上海市高技术产业利用外资占比超过了三分之二,江苏、浙江等省份也在 10% 以上,利用外资质量有待提升。

湖北开放型主体数量较多,但仍需大力培育本地外向型企业的竞争力。根据各省相关新闻摘录数据,2019 年在湖北省设立分支机构的世界 500 强企业数量达到了 296 家,在长江经济带 11 省市中仅低于上海和江苏两省市,吸引的外部开放型主体数量较多、实力较强。但从本地企业来看,2019年湖北万元GDP上市企业数量只有24个,在综合考量经济总量的情况下,湖北省本土优质企业的数量并不多,2019年上海、浙江万元GDP上市企业数量分别达到89和71个,中部的湖南和西部的四川省也有28个。

湖北贸易结构持续优化。从贸易方式来看,湖北省一般贸易占比始终维持在较高水平,2015年来一般贸易占比再次呈现上升趋势,2019年一般贸易占比高达77.9%,由于一般贸易出口附加值率远高于加工贸易,因此一般贸易占比的提升能够体现湖北出口对国内经济拉动能力的增强,但也应认识到,湖北省一般贸易占比始终维持在高位,体现了其未能深度融入传统全球价值链的国内分工,未来在全球价值链、产业链、供应链调整的新趋势下,湖北需积极融入外部循环,提升自身开放水平。从高新技术产品贸易额占比来看,2009年以来湖北进出口中高新技术产品的比重持续上升,从18.9%提升至2018年的41.6%,未来湖北贸易结构优化的方向则是调整本地企业在高新技术产品出口中参与的环节,重视由装配等简单生产环节向核心零部件制造、设计研发等高附加值环节攀升。

根据测算结果,可以得出如下结论:

一是贸易和投资领域湖北省对外开放水平有待进一步提高。从绝对贸易开放度看,湖北省在长江经济带沿线11省市中排名第10位,仅高于贵州省,与东部沿海地区以及重庆、安徽、四川、湖南等中西部内陆省市相比,湖北省总体贸易规模与自身经济体量相比较小,与世界经济联系的紧密度不高。从绝对投资开放度看,湖北省由于汽车行业拥有大量的合资企业,排名相对靠前,但与重庆、安徽、江西等相邻省份相比仍有较大提升空间。从历史走势看,湖北省的绝对贸易开放度一直低于10%,且变化不大,近年来甚至有所降低,绝对投资开放度提升幅度也不大,并未出现重庆、四川等省份一度出现的对外开放度大幅度提升现象,湖北省未能大规模承接上一轮外部及东部沿海对传统全球价值链生产、装配等环节的产业转移。

二是湖北省对外开放层次偏低。一方面,利用外资质量有待提升,湖北省高新技术产业利用外资占比仅为 4% 左右,且近年来呈现明显下降趋势,和发达地区乃至重庆、四川等西部省市均有较大差距,和周边的湖南、江西处于同一水平,利用外资带动本地高新技术产业发展的效果较弱。另一方面,外贸商品结构仍有较大优化空间,虽然湖北省出口的光通信设备、数据处理设备等部分高技术产品贸易占比较高,但出口规模最大的联想移动通信贸易(武汉)有限公司是一家贸易型企业,而非直接生产企业,其采购来源并不完全来自本省,出口规模第二大的鸿富锦精密工业(武汉)有限公司在湖北境内设置的生产环节仍以后期装配为主,高附加值环节在湖北省内布局较少,且纺织纱线、服装、农产品、食品等初级产品也是湖北省出口的主要产品,湖北出口商品的整体技术含量有待提升。

三是以长江中游城市群为代表的湖北中部地区营商环境整体处于较好水平。无论是从营商环境排名来看,还是从上市公司数量来看,湖北,特别是省会城市武汉的营商环境均在长江经济带中排名中上游,优于附近的湖南、安徽等省份的省会城市。

四是湖北对外开放合作集中于省会城市的程度仅低于四川。2019 年的最新数据测算表明,湖北开放首位度超过 60%,说明大部分对外开放活动集中于武汉这一省会城市,在长江经济带 11 省市中仅仅低于四川省。

从宏观对外开放数据的分析中可以看出,湖北省对外开放既有中部地区对外开放的共性,但也存在明显的独特性。从共性看,湖北省和湖南、安徽、江西等中部地区相似,其整体开放程度处于相对较低水平,既落后于东部地区,也相对落后于长江经济带的西部省份。但从独特性看,湖北省的"软环境"明显相较其他中部省份为优,但和其他经济体的贸易投资合作水平并不优于甚至劣于其他中部省份。为此,下文将基于详细对外贸易和第四次普查数据,分析湖北省对外开放的详细状况。

### (三)基于湖北省详细对外贸易数据和四次普查数据对湖北省开放水平的分析

1. 基于 HS4 位码结构对湖北省对外贸易的分析

一是外贸商品结构发生较大变化,结构优化和附加值提升十分明显。出口方面(数据详见附表 13),手机等通信设备出口规模快速提升,2019 年湖北省电话机出口额高达 55 亿美元,是 2012 年的 12 倍,占出口的比重也从 2012 年的 2.0%快速提升至 12.4%,与鸿富锦等外向型加工贸易企业将业务逐渐迁入湖北直接相关;汽车零部件和自动数据储备零部件这两类附加值较高的机电产品出口额迅速增长,2019 年在各类商品排名中均排名前五位;8473 项下的打印机等设备零附件出口规模明显下降,主要与全球对相关设备成品需求的下降有关;化肥出口稳步增长,占总出口的比重稳定在 2.8%。需要特别说明的是,2012 年机动车零附件是湖北进口的第三大类商品,占总进口总额的 7.6%,但随着国内汽车零附件产业的迅速崛起,汽车产业链的国内链条逐步变长,汽车零附件国产化率提升,且汽车零附件由进口逐步转为出口,2019 年湖北机动车零附件出口规模达到 9 亿美元,成为第五大出口商品,这充分说明了湖北汽车零部件这一传统优势行业国际竞争力的提升。这充分说明,湖北省在"十三五"期间积极发展新一代显示技术、大规模集成电路、移动互联及智能终端等"芯平端网"战略性新兴产业的成绩十分显著,产业结构不断优化,从而有力推动了出口商品结构的优化。进口方面(详见附表 14),湖北光电子产业迅速发展带动各类半导体晶圆的研磨、切割、抛光、光刻机等制造机器进口额迅速增长,主要用于面向国内市场的半导体、汽车等高端制造业,为高技术产业发展发挥了重要作用。同时,集成电路等智能手机的零部件进口飞速增长,2019 年进口规模高达 30 亿美元,占比 12.1%,是湖北第二大进口商品。得益于汽车生产在湖北及国内的链条变长,汽车零部件国产化率不断提升,最终体现为湖北省机动车的零附件进口大幅下降。钢铁产业去产能、相关企业压减传统业务寻求转型升级,使湖北铁矿砂及精矿进口规模持续萎缩,以曾是中国第一大钢铁基地的武钢为例,2016 年去产能规模将近 500 万吨,2019 年拆除了被称为"光荣炉"的武钢一号高炉,在城市服务、3D 打印、旅行社等非钢领域实现多元化经营,传统钢铁业务持续压减。大冶有色金属有限公司的铜矿砂进口规模持续扩大,并迅速成为湖北省第二大进口企业。

二是贸易伙伴结构整体稳定,与重要贸易伙伴的贸易商品结构正在深刻调整。近年来,美国、日本和中国香港地区始终是湖北省前三大贸易伙伴。出口方面,美国持续作为湖北省第一大出口目的地,但湖北对美出口的商品结构发生了显著变化。2012 年湖北省对美出口主要是打印机、自动处理设备等零部件等设备类产品,而 2019 年手机成为对美出口规模最大的商品,与湖北省总出口变化趋势一致,机动车零附件在对美出口中的比重长期稳定在 4%—5%,主要源于汽车是湖北规模较大的优势产业。另一方面,服装、灯具也是对美主要出口商品,虽然这类商品技术含量不高,但单位出口增加值率高,对经济和社会发展拉动作用明显。对香港船舶、打印机等相关设备零部件出口与总出口呈现出一致的大幅下降趋势,同时手机通信设备出口成为主要出口商品。巴西和越南在湖北省出口中的位置逐渐提升,替代日本、墨西哥成为第四和第五大出口目的地,其中,对巴西出口增长主要集中在手机、集成电路、电导体等设备及零部件,化肥也是湖北长期对巴西出口的主要产品,对越南出口增长主要是手机。进口方面,日本长期保持第一大进口来源地地位,是湖北晶圆生产设备的中亚进口来源地。2012 年以来,湖北省自日本进口增长最迅速的是半导体晶圆相关生产设备,2019 年占从日本总进口的 42.2%,同时手机设备进口规模也有快速提升;机动车的零附件则与总进口呈现相同的下降趋势,但 2019 年机动车零附件仍是湖北省自日本进口规模第二大的商品。湖北省与韩国和中国台湾地区的经贸联系明显增强,2019 年韩国和台湾地区成为湖北的第二和第三大进口来源地,自韩国和中国台湾进口增长主要是半导体生产设备、集成电路等相关器件。2019 年湖北从韩国进口的半导体晶圆设备规模超过 8 亿美元,占自韩国总进口的 36.8%,进口的集成电路规模达到 5.4 亿美元,是推动韩国跃升为湖北第二大进口来源地的主力。

表 8-1　2012—2019 年湖北省贸易伙伴结构变化

| 主要出口地 | 2019 年出口占比 | 主要出口地 | 2012 年出口占比 | 主要进口地 | 2019 年进口占比 | 主要进口地 | 2012 年进口占比 |
|---|---|---|---|---|---|---|---|
| 美国 | 14.0% | 美国 | 14.4% | 日本 | 17.7% | 日本 | 16.6% |
| 中国香港地区 | 10.0% | 中国香港地区 | 6.5% | 韩国 | 10.3% | 澳大利亚 | 13.1% |
| 印度 | 5.0% | 印度 | 5.1% | 中国台湾地区 | 9.0% | 中国 | 7.3% |
| 巴西 | 4.1% | 日本 | 4.4% | 美国 | 8.1% | 美国 | 6.7% |
| 越南 | 4.0% | 墨西哥 | 3.5% | 中国 | 5.8% | 加拿大 | 6.0% |

三是民营企业在对外贸易中发挥越来越重要的作用。2019 年民营企业在湖北省出口中的占比从 2012 年的 32.9% 大幅提升至 65.3%,成为湖北出口的主力军;2019 年民营企业在湖北进口中的占比从 2012 年的 10.7% 提升至 33.4%。整体来看,根据 2019 年,湖北省民营企业进出口 2112.6 亿元,增长 16.8%,占全省外贸总值的 53.6%。同期,四川和重庆民营企业进出口占全省进出口总额的比重分别为 24.1% 和 33.1%,全国民营企业进出口占比为 42.7%。目前,湖北民营企业外贸占比明显高于四川、重庆,也超过全国平均。从具体案例看,民营企业在外贸中的活力逐渐增强。其中,2014 年成立的民营企业联想移动通信贸易(武汉)有限公司,主要从事通信产品、电子信息产品的外贸业务,自成立以来贸易额飞速增长,是 2019 年湖北省出口总值排名第一的企业,并入选 2019 年中国出口企业 200 强,相比之下,三资企业中除鸿富锦进出口规模稳定在高位外,新增外资企业数量和规模均较小。

表 8-2　2012 年和 2019 年湖北省外贸的企业结构

| 企业分类 | 2012 年出口占比 | 2019 年出口占比 | 2012 年进口占比 | 2019 年进口占比 |
|---|---|---|---|---|
| 国有企业 | 27.9% | 13.7% | 39.8% | 37.4% |
| 三资企业 | 39.3% | 20.5% | 49.4% | 28.9% |
| 民营企业 | 32.9% | 65.3% | 10.7% | 33.4% |

　　四是一般贸易占比逐步提升,高于全国平均水平。2011 年以来,湖北省一般贸易占比从 63.5%逐步提升至 77.9%,一般贸易占比始终高于全国平均水平(2019 年为 59.0%),更是明显超过四川和重庆(2019 年分别为 26.5%和30.4%)。而传统"两头在外"的加工贸易规模明显增长,但比重仍不高。2019年湖北省加工贸易占进出口的比重仅为 15.0%,远不及四川的 60.8%。值得注意的是,不同于四川等省份的"两头在外"加工贸易业务主要面向发达国家,湖北省加工贸易业务更多的面向新兴市场国家。2019 年湖北出口的电话机中,对越南出口 5.5 亿美元,对巴西出口近 4 亿美元,对印度、阿根廷出口在2 亿美元以上,对印度尼西亚、墨西哥等国出口超过 6000 万美元。由于一般贸易出口的国内增加值率高于加工贸易,一般贸易占比的提升表明湖北省外贸结构的持续改善,在出口中获取增加值能力在不断提升。

　　五是跨境电商等新外贸模式起步较晚,但展现出良好发展势头。2018年 7 月,武汉获批国家跨境电子商务综合试验区,2019 年,中国(武汉)跨境电子商务综合试验区在东湖综保区正式启动,跨境电商进出口成交量和交易额开始爆发式增长。据武汉海关数据,2019 年湖北省跨境电商清单量542.5 万票,同比增长 29.3 倍;货值 12.7 亿元人民币,同比增长 12.3 倍,未来增长空间巨大、发展势头迅猛。但目前湖北跨境电商虽然目前仍属于起步阶段,跨境电商进出口规模仍远小于浙江、广东、重庆等地。[①]

---

　　①　根据网经社电子商务研究中心监测数据,2018 年浙江省跨境电商进出口货值达到 275.6亿元、广东省达到 759.76 亿元、重庆保税港区达到 28.11 亿元。

2. 基于出口交货值数据对湖北省各行业开放情况的分析

一是从各行业外向度与全国平均水平①相比，湖北省绝大多数制造业的外向度明显低于全国平均水平。2018年，湖北规模以上工业企业整体上的出口交货值为1877.89亿元，占营业收入的4.51%。同期全国规上工业企业实现出口交货值123932亿元，占营业收入的比重超过12%，湖北出口交货值占全国的比重仅为1.5%，远低于湖北GDP占比的4.6%，可见湖北工业企业的外向度整体低于全国。制造业是湖北省出口的绝对主体，出口交货值占到所有工业的99.9%；出口交货值占到营收总额的4.5%，略超工业企业平均(4.2%)。

从出口交货值的行业构成来看(见表8-3)，计算机、通信和其他电子设备制造业出口交货值占湖北省工业企业出口交货值的比重最高，为26.4%，其次为，纺织业占9.5%，化学原料和化学制品制造业占8.6%，汽车制造业占6.4%，医药制造业占6.1%，皮革、毛皮、羽毛及其制品和制鞋业，农副食品加工业，电气机械和器材制造业，铁路、船舶、航空航天和其他运输设备制造业的占比也在5%以上。从出口交货值占营业收入的比重看，皮革、毛皮、羽毛及其制品和制鞋业明显超过其他行业，比重达到44.5%，这意味着该行业有接近一半的营业额来自出口，对国外市场的依赖性较强。计算机、通信和其他电子设备制造业为21.2%，铁路、船舶、航空航天和其他运输设备制造业为15.5%，化学纤维制造业为10.8%。虽然化学原料和化学制品制造业以及汽车制造业出口交货值整体较高(分别占所有工业企业的9.5%、8.6%)，但是出口交货值在营业收入中的占比较低，仅为5.0%和1.7%，尤其是汽车制造业，国外市场相对于国内市场而言非常狭窄，主要原因是国内汽车品牌以及合资车厂的产品尚未充分打开国际市场。石油、煤

---

① 全国分行业出口交货值数据目前最新为2016年，鉴于2016年与2018年相近，因此，此处以2016年全国各行业外向度(出口交货值/主营业务收入)的平均水平与湖北省各行业进行比较分析。

炭及其他燃料加工业,造纸和纸制品业,烟草制品业,印刷和记录媒介复制业等出口交货值占营业收入的比重不足 0.5%,出口对其生产运营的影响微乎其微。

从整体上看,湖北省绝大多数行业外向度均低于全国平均水平。从湖北省出口交货值规模最大的计算机、通信和其他电子设备制造业来看,湖北省外向度低于全国 26 个百分点,作为湖北省支柱型产业的汽车制造业外向度低于全国 2 个百分点,在 29 个制造业大类中,全国外向度超过 10% 的行业有 11 个,而湖北省只有 1 个,通用设备、专用设备、铁路船舶运输设备、电气机械等设备类湖北省外向度均大幅低于全国平均水平。从产业链上下游来看,处于上游的纺织业湖北省外向度为 9.46%,下游的纺织服装服饰业外向度较低为 3.67%,这两项数据与全国(8.62% 和 20.0%)呈相反态势,这说明湖北省以出口纺织中间产品为主,而全国则以出口成衣服饰为主,产业分工呈现明显差异。

表 8-3 制造业大类行业出口交货情况

| 行业 | 2018 年出口交货值(亿元) | 2018 年营业收入(亿元) | 2018 年出口交货值占全部工业企业的比重 | 2018 年出口交货值占行业营业收入的比重 | 三经普出口交货值占行业营业收入的比重 | 三经普外资企业出口交货值占营收的比重 | 2016 年全国出口交货值占营收的比重 |
|---|---|---|---|---|---|---|---|
| 制造业(整体) | 1875.9 | 41562.4 | 99.89% | 4.51% | 4.04% | 14.96% | 11.22% |
| 计算机、通信和其他电子设备制造业 | 495.6 | 2337.2 | 26.39% | 21.20% | 25.64% | 63.87% | 47.26% |
| 纺织业 | 177.6 | 2075.5 | 9.46% | 8.56% | 6.67% | 20.50% | 8.62% |
| 化学原料和化学制品制造业 | 161.4 | 3232.4 | 8.60% | 4.99% | 3.69% | 12.03% | 4.96% |
| 汽车制造业 | 121.1 | 7175.7 | 6.45% | 1.69% | 1.40% | 3.56% | 3.92% |

资料来源:经济普查数据。

表 8-4　2018 年湖北省制造业细分行业出口交货值
占营业收入比例排名(前 5 位)

| 行业 | 出口交货值<br>(亿元) | 营业收入<br>(亿元) | 出口交货值占<br>全部工业<br>企业之比 | 出口交货值占<br>其营业收入<br>之比 |
|---|---|---|---|---|
| 皮革服装制造 | 1.8 | 1.8 | 0.10% | 100.00% |
| 毛皮鞣制加工 | 1.3 | 1.3 | 0.07% | 100.00% |
| 中乐器制造 | 5 | 5.5 | 0.27% | 90.86% |
| 口腔科用设备及器具制造 | 0.9 | 1 | 0.05% | 89.00% |
| 毛皮服装加工 | 90.3 | 104.6 | 4.81% | 86.40% |

资料来源:经济普查数据。

二是从高技术制造业领域来看,电子及通信设备制造业、计算机及办公设备制造业、医药制造业是湖北省高技术产业外贸的核心支柱。2019 年,电子及通信设备制造业、计算机及办公设备制造业以及医药制造业是湖北省出口主体,出口交货值分别达到 464.7 亿元、151.5 亿元、116.8 亿元,占营收总额的比例分别为 19.8%、70.5%、9.8%。可见,计算机及办公设备制造业尤其依赖出口。但是湖北省计算机及办公设备制造业主要集中于计算机外围设备制造而非整机制造,外围设备制造主营业务收入占到计算机及办公设备制造业的 80% 以上,出口交货值则占到 98.9%,外围设备产出中大约 85% 用于出口。在电子及通信设备制造中,出口主体是通信终端设备制造,出口交货值占到电子及通信设备制造业整体的近 70%,而电子元器件制造出口较少,其中集成电路制造出口交货值仅有 6.8 亿元。医药制造业中,生物药品制造最依赖国外市场,出口交货值占到总营收的 18.6%,而中成药和中药饮片尚未打开国外市场、出口占营收比例较低。智能无人飞行器制造正发展为高技术出口新亮点,2018 年出口交货值达到 14.5 亿元,出口交货值占主营业务收入的比例高达 52.9%。

表8-5　2019年高新技术行业出口交货值

| | 出口交货值（亿元） | 出口交货值/主营业务收入 | 占出口交货总值的比重 |
|---|---|---|---|
| 总计 | 766.3 | | |
| 一、医药制造业 | 116.8 | 9.76% | 15.20% |
| 二、航空、航天器及设备制造业 | 0.6 | 0.71% | 0.10% |
| 三、电子及通信设备制造业 | 464.7 | 19.76% | 60.60% |
| 四、计算机及办公设备制造业 | 151.5 | 70.47% | 19.80% |
| 五、医疗仪器设备及仪器仪表制造业 | 5.6 | 2.53% | 0.70% |
| 六、信息化学品制造业 | 27.1 | 18.87% | 3.50% |

资料来源：湖北省统计局。

三是从湖北省四经普与三经普自身年度纵向比较来看，湖北省外向度整体有所提升，特别是汽车等支柱产业提升得更为明显。2018年湖北省制造业外向度比2013年小幅提升0.47个百分点，其中作为出口主体的纺织业外向度提升1.89个百分点，化学原料和化学制品制造业提升1.3个百分点。值得注意的是，汽车制造业、医药制造业、专用设备制造业以及仪器仪表制造业均属于湖北省传统支柱产业，核心竞争力较强，其外向度均有不同程度的提升，说明湖北省支柱产业已经开始由国内市场向国际市场拓展。另一方面，计算机、通信和其他电子设备制造业外向度下降了4.44个百分点，即该行业的国内市场扩张速度快于国外市场，铁路船舶等运输设备的外向度也有大幅下降，降幅接近20个百分点，农副食品加工业、电气机械和器材制造业外向度也有小幅下降。这些行业中除计算机、通信和其他电子设备制造业外，均属于传统行业范畴，核心竞争力并不强，因此拓展国际市场的能力偏弱。而计算机、通信和其他电子设备制造业虽然外向度下降，但在调研中了解到主要是由于湖北省该行业重点向长三角、粤港澳大湾区的外向型企业提供零部件所致，如果考虑到这种间接出口效应，其外向度会明显提升。这说明，湖北省对外贸易符合从占领国内市场，在逐步提升核心竞争力后再积极拓展国际市场的贸易模式,未来支柱产业拓展国际市场的空间十分广阔。

3. 湖北省外资经营情况分析

一是湖北省外资存量(除特殊说明外,本研究的外资是指外商投资和港澳台投资)布局以制造业为主,且集中于汽车等少数行业。以实收资本计,外商投资和港澳台投资企业中,接近95%的外资集中于制造业。主要分布在五大领域:一是汽车制造,包括汽车整车制造(占比12.4%)、汽车零部件及配件制造(占比15.3%);二是电子信息,包括电子元件及电子专用材料制造(占比4.3%)、电子器件制造(占比2.7%);三是电力,例如输配电及控制设备制造(占比3.0%)和电线、电缆、光缆及电工器材制造(占比2.4%);四是医药制造,主要是生物药品制品制造(占比2.8%);五是若干传统行业,包括合成材料制造(占比4.0%)、水泥、石灰和石膏制造(占比3.5%)、饮料制造(占比3.6%)、酒的制造(2.8%)、日用化学产品制造(占比2.7%)等。外资对采矿业少有投资,对热电气水领域投资约占外资总投资的5.2%。以资产计,结论大致相同。外商投资和港澳台投资企业中,92.5%左右的资产集中于制造业,其中汽车制造业占43.1%,计算机、通信和其他电子设备制造业占9.3%。

二是湖北省外资流量集中度同样较高,主要集中于制造业和房地产业。2019年湖北省制造业利用外资占比高达48.3%,比全国平均水平高出17.8个百分点,房地产是湖北省利用外资的第二大行业,占比达到19.5%,比全国高出2.9个百分点。而湖北省的信息传输、计算机服务和软件业,科学研究、技术服务业,金融业等现代服务业利用外资规模整体较小,且利用外资占湖北省利用外资的比重明显低于全国平均水平,引入高质量外资带动湖北先进制造业和现代服务业发展成为"十四五"时期湖北开放的重要任务之一。

表 8-6 湖北省利用外资结构与全国对比

| | 2019 年湖北利用外资规模（万美元） | 2019 年湖北各行业利用外资占比 | 2018 年全国各行业利用外资占比 | 湖北—全国 |
|---|---|---|---|---|
| 制造业 | 623071 | 48.3% | 30.5% | 17.8% |
| 房地产业 | 251988 | 19.5% | 16.6% | 2.9% |
| 租赁和商务服务业 | 161537 | 12.5% | 14.0% | −1.5% |
| 电力、燃气及水的生产和供应业 | 58295 | 4.5% | 3.3% | 1.2% |
| 交通运输、仓储和邮政业 | 47203 | 3.7% | 3.5% | 0.2% |

资料来源:湖北省商务厅,表中为利用外资规模最大的五个行业。

　　三是从企业运营绩效看,湖北省外资企业的运营绩效并不明显高于本土企业。外商投资和港澳台投资企业平均资产负债率为 57%,高于国有企业的 52% 和民营企业的 45%,这意味着外资企业利用等量的权益资本可以撬动更多的债务。外资企业的利润率①为 7.9%(详见附表 15),高于国有企业(7.1%),但低于民营企业(8.7%)。资产收益率②也呈现出相同的趋势,外资企业资产收益率高于国有企业,但低于民营企业。利用外资规模最大的汽车制造业,外资企业营业收入占到该行业总营业收入的比重高达 44.7%,外资是湖北汽车制造业的运营主体,外资利润总额占到 37.8%,可见外资企业在利润率方面不占优势,明显低于国有企业和民营企业。在汽车制造大行业中,外资企业和国有企业主要从事整车制造,且外资企业的资产收益率高达 12.9%,明显超过国有企业的 9.0% 和私营企业的 0.9%;而私营企业主要从事零部件和配件制造,外资企业在零配件制造方面不占优势,利润率和资产收益率虽然优于国有企业,但明显落后于私营企业。在计算机制造方面,外资企业在规模尚具有半"垄断性"优势,外资企业营业收入高达 250 亿元、资产高达 312 亿元,而私营和国有企业的营业收入分别仅

--------

① 此处利润率为利润总额与营业收入之比。
② 资产收益率,ROA,是指利润总额与总资产之比。

有 98 亿元和 3 亿元,资产分别仅为 5.8 亿元和 20.3 亿元。但是计算机制造行业整体利润并不高,外资企业的平均利润率只有 1.9%、资产收益率只有 1.5%,私营企业表现不俗,以外资企业 1/15 的资产实现了超过其 1/3 的营业收入,利润率高达 2.7%,国有企业则为净亏损。外资在某些传统行业中也具有较强的竞争力。例如饮料制造业,主要是外资企业和私营企业竞争市场,其中外资企业营收占比超过 64%,利润率达到 15.3%,明显高于私营企业(8.8%)。

但从外资企业利润率来看,湖北省外资企业近年来利润率有所提升,且高于全国外资企业的平均水平。2013 年湖北外资企业总体利润率为 8.4%,到 2018 年进一步提升至 9.9%,比同期全国平均水平高 2.2 个百分点,外资盈利能力较强。湖北省制造业外资企业整体利润率也高出全国 2 个百分点。从具体行业来看,湖北省有色金属冶炼、仪器仪表制造、食品制造、木材加工、橡胶和塑料、非金属矿物制品、金属制品等行业外资企业利润率较高,利润率维持在 15% 以上,且明显高于全国本行业外资企业利润率。从 2013 年至 2018 年行业外资企业利润率变化来看,废弃资源综合利用、化学原料和化学制品制造业、化学纤维制造业扭亏为盈,利润率增幅超过 14%,金属制品、食品制造、非金属矿物制品以及橡胶和塑料制品业利润率增幅也较大。

表 8-7    2018 年不同类型企业经营状况对比(选取外资营收前五大行业)

| 行业 | 外资 | | | 国有 | | | 私营 | | |
|---|---|---|---|---|---|---|---|---|---|
| | 营业收入(亿元) | 亏损额(亿元) | ROA | 营业收入(亿元) | 亏损额(亿元) | ROA | 营业收入(亿元) | 亏损额(亿元) | ROA |
| 总计 | 7222 | 44.3 | 9.90% | 12079 | 128.3 | 4.90% | 17441 | 16 | 16.00% |
| 制造业 | 6963 | 44 | 9.80% | 9986 | 107.9 | 5.30% | 16942 | 14.9 | 16.20% |
| 汽车制造业 | 3584 | 29.9 | 11.20% | 3054 | 48.6 | 8.00% | 1385 | 5.7 | 14.00% |

续表

| 行业 | 外资 | | | 国有 | | | 私营 | | |
|---|---|---|---|---|---|---|---|---|---|
| | 营业收入（亿元） | 亏损额（亿元） | ROA | 营业收入（亿元） | 亏损额（亿元） | ROA | 营业收入（亿元） | 亏损额（亿元） | ROA |
| 电气机械和器材制造业 | 484 | 0.3 | 11.30% | 366 | 1.6 | 5.80% | 590 | 1.5 | 8.90% |
| 黑色金属冶炼和压延加工业 | 407 | 1.8 | 5.30% | 1376 | 0 | 2.00% | 384 | 0 | 31.10% |
| 计算机、通信和其他电子设备制造业 | 363 | 2.2 | 2.30% | 699 | 18.5 | 1.20% | 387 | 1.2 | 11.80% |
| 化学原料和化学制品制造业 | 353 | 2.4 | 11.70% | 729 | 0.3 | 5.70% | 1335 | 0.3 | 16.70% |

资料来源：经济普查数据。

表8-8　湖北省外资企业利润率状况

| 行业 | 全国四经普外资利润率 | 湖北四经普外资利润率 | 湖北三经普外资利润率 | 四经普资产总计（亿元） | 三经普资产总计（亿元） |
|---|---|---|---|---|---|
| 总计 | 7.70% | 9.90% | 8.40% | 6041.7 | 2369.06 |
| 采矿业 | 16.10% | −0.80% | 15.70% | 13.3 | 1.72 |
| 制造业 | 7.80% | 9.80% | 8.20% | 5586.91 | 2207.58 |
| 有色金属冶炼和压延加工业 | 3.40% | 48.00% | 7.20% | 3.31 | 12.16 |
| 仪器仪表制造业 | 11.60% | 21.10% | 20.60% | 4.03 | 4.33 |
| 食品制造业 | 12.30% | 20.60% | 9.40% | 83.89 | 63.9 |
| 木材加工和木、竹、藤、棕、草制品业 | 4.20% | 19.00% | 15.10% | 1.74 | 2.12 |
| 废弃资源综合利用业 | 17.20% | 19.00% | −9.20% | 2.94 | 4.76 |
| 电力、热力生产和供应业 | 4.40% | 11.80% | 10.70% | 284.92 | 114.6 |

资料来源：经济普查，制造业中列出的为利润率最高的五个行业

四是湖北省服务业利用外资水平较低。从湖北省服务业外资企业财务状况来看，信息传输、软件和信息技术服务业外资企业规模最大，总资产规

模达到 257 亿元,占服务业外资企业总资产的三分之一,营业收入占服务业外资总营业收入的 58.1%,带动了湖北省近 5 万的就业量。租赁和商务服务业外资企业总资产为 169 亿元,是服务业利用外资的第二大行业,占服务业外资企业总资产的 22.4%,但营业收入占资产总计的比重 13.2%,外资企业营运能力有待提升。外资企业在交通运输、仓储和邮政业以及房地产业的资产规模也在 100 亿元左右,房地产带动就业量约 8000 人,其他行业外资企业带动就业的规模均较小。但从外资企业营业收入和全行业营业收入的比较看,除信息传输、软件和信息服务业、餐饮业、批发业外资占比能够达到 10% 以上外,其他行业占比均很低,特别是租赁和商务服务业、科技和技术服务业、文化体育和娱乐业等知识密集型服务业占比均在 2% 以下。

表 8-9  湖北省服务业主要行业外资营业收入状况

| . | 四经普营业收入 | 四经普外资营业收入 | 2018 年外资占比 |
|---|---|---|---|
| 批发业(限额以上) | 12131.8 | 1377.02 | 11.35% |
| 零售业(限额以上) | 5313.2 | 434.42 | 8.18% |
| 租赁和商务服务业 | 2825.6 | 22.44 | 0.79% |
| 交通运输、仓储及邮政业 | 2345.9 | 63.869315 | 2.72% |
| 科研和技术服务业 | 2007.9 | 15.1 | 0.75% |

资料来源:经济普查,表中为四经普中服务业营业收入前五大行业。

4. 湖北省对外投资和研发合作情况分析

一是湖北对外承包工程规模高速增长。无论从合同额还是实际完成营业额来看,湖北省对外承包工程规模持续扩大,对外承包工程合同额从 2003 年的 1.8 亿美元逐步提高至 2019 年的 166 亿美元,规模扩大了 91 倍,实际完成营业额从 2003 年的 2.8 亿美元提高至 2019 年的 66 亿美元,年均增速高达 20.3%。这说明湖北省基础设施建设类企业在海外拓展业务的能力已经明显上升。

二是湖北对外投资规模迅速增长但仍偏低,主要以制造业海外并购为主。从规模上看,2012、2015、2019 年湖北省对外直接投资分别为 2. 55 亿、3. 83 亿、8. 12 亿美元,规模迅速增长,但和 100 亿美元/年的利用外资规模相比差距仍然明显。从区域结构看,2019 年湖北省对外直接投资主要目的地是香港特区、新加坡和美国,其中对香港特区的投资为 4. 9 亿美元,远高于对其他经济体的投资。从行业结构看,湖北省一直以制造业投资为主,2019 年制造业对外直接投资规模高达 4 亿美元,远高于其他行业。香港特区自身并无制造业企业,因此湖北制造业企业对香港特区投资实际上是采取了在香港特区设立子公司,利用香港这一自由港平台对外投资的方式。从其他地区的经验看,这种走法的最大优势是有利于开展海外并购业务,因此可以推测湖北省对外投资以制造业的海外并购为主。

三是湖北对外研发合作取得良好进展。截至 2019 年,湖北国家级、省级科技合作基地达到 142 家,实现了对省内优势学科和产业的全覆盖,与 200 多个国家和地区建立了经济贸易和技术合作关系,生物基因诊断及治疗、中俄大功率碟片激光器等一大批具有国际水平的高新技术在湖北"开花结果",以北斗技术、现代种业、光电信息为代表的高科技成果在"一带一路"沿线和部分非洲国家"落地生根",对促进全省经济结构调整和外贸结构调整起到了重要作用。

四是制造业企业是湖北省引进境外技术的主体。制造业引进境外技术支出总额达到 9. 82 万亿元,引进境外技术的消化吸收经费支出总额达到 1. 14 万亿元,两项分别占到利润总额的 0. 285% 和 0. 033%。从支出总量看,汽车制造业在引进境外技术领域的支出规模最大,占到制造业的 78. 5%,电气机械和器材制造业,计算机、通信和其他电子设备制造业,以及医药制造业跟随其后,分别占制造业引进境外技术支持的 15. 2%、3. 0% 和 2. 1%。非金属矿物制品业是引进境外技术消化吸收经费支出的主体,占到制造业整体的 80. 3%,其次是医药制造业(占 9. 9%)和汽车制造业(占 7. 1%)。从支出强度看,以引进境外技术经费支出占到其利润总额计,汽车制造业为 1.043%,电气机械和器材制造业为 0.866%,明显领先其他行业,计算机、通信和其他电子设备制造业为 0.305%,与制造业整体水平基本持平;以引进境外技术的消化吸收经费支出占其利润总额计,非金属矿物制品业为 0.264%,明显超过其他行业。从引进境外技术的直接经费支出和消化吸收经费支出的对比看,汽车制造业和非金属矿物制品业恰恰相反,汽车制造业以引进境外技术的直接经费支出为主,直接经费支出约为消化吸收经费支出的 100 倍;而非金属矿物制品业以消化吸收经费为主,直接经费支出仅为 8 万元。

五是对外人文交流规模较大但区域结构不平衡问题突出。本部分以境外游客数量指标对湖北省对外人文交流情况进行对比分析。2018 年湖北省境外游客达到 405 万人次,亿元 GDP 境外游客数量为 88 人次,均高于旅游大省四川。但湖北省接待境外游客过于集中于武汉市,2018 年武汉市境外游客 312 万人次,占全省的 77%,亿元 GDP 境外游客数量 192 人次,远高于湖北省平均水平,然而湖北省其他地市也拥有丰富的旅游资源,经济总量排名第二位的襄阳,境外游客人数却只有 6 万人次,亿元 GDP 境外游客数量低至 13 人次,与武汉形成鲜明对比,也低于相邻省份的张家界、九江等地,省内对外人文交往不平衡问题突出。

表 8-10　跨境人员往来对比

| | 2018 年 | 2018 年 | 2019 年 | 2018 年 | 2018 年 | 2019 年 | 2019 年 |
|---|---|---|---|---|---|---|---|
| | 四川省 | 湖北省 | 武汉 | 襄阳 | 张家界 | 十堰 | 九江 |
| 境外游客人数(万人次) | 370 | 405 | 312 | 6 | 562 | 20 | 56 |
| 亿元 GDP 境外游客数量(人次) | 86 | 88 | 192 | 13 | 9710 | 101 | 180 |

资料来源:各省市国民经济统计公报。

### （四）总结

根据前文的分析,湖北省对外开放存在以下几方面的特征:

一是对外开放合作的规模不大,但层次较高。从对外贸易规模、外商直接投资规模等反映"量"的数据看,湖北省对外开放水平并不高,但如果从湖北在全球价值链中所处的地位分析,湖北所处的地位是比较高的,已经达到了关键零部件、最终产品品牌营造等高附加值环节。如湖北电子信息行业虽然直接出口额并不高,但承担着为华为等我国重点出口企业提供具有自主知识产权的关键零部件的功能,通过这类"间接出口"的方式有效融入全球价值链。

二是主导产业外向度不高,但潜力巨大。湖北省主要选择了依托自身的产业基础和技术实力拓展国内市场的发展战略,2018年第一大制造业汽车产业出口交货值占主营业务收入的比重仅为1.69%,外向度最高的计算机、通信和电子设备制造业也仅为21.2%,明显低于全国平均水平。但近年来湖北省的优质龙头企业凭借自身在技术、品牌等方面的核心竞争力,已经逐渐深度参与全球价值链,特别是汽车、光电子等优势行业的龙头企业开始拓展国际市场。

三是湖北利用外资的绩效有较大提升空间。从总量看,湖北省高技术外资占比明显低于其他省份。从制造业看,在鄂外商投资和港澳台投资制造业企业平均资产负债率为57%,高于国有企业的52%和民营企业的45%,外资企业的利润率为7.9%,低于民营企业(8.7%),资产收益率也低于民营企业。从服务业看,租赁和商务服务业、科技和技术服务业、文化体育和娱乐业等知识密集型服务业外资占比均在2%以下,未能有效发挥对制造业转型升级的支撑作用。

四是跨境电商等新外贸模式起步较晚,规模仍远低于东部发达地区。2019年湖北省跨境电商清单量542.5万票,同比增长29.3倍,但从货值规模来看只有 12.7 亿元人民币,远低于东部的浙江、广东,甚至低于西部的重庆等地,2019 年广东省跨境电商进出口总值超千亿元,达到 1107.9 亿元人民币(不包括海外仓、邮快件进出口渠道)。

五是襄阳、宜昌等区域中心城市开放水平有待提升。从外贸区域结构看,武汉"一城独大"态势十分明显,占全省比重高达 60% 以上,而襄阳外贸规模不到武汉的十分之一。境外游客人数只有 6 万人次,亿元 GDP 境外游客数量低至 13 人次,与武汉形成鲜明对比,也低于相邻省份的张家界、九江等地。

## 二、湖北省发展开放型经济的发展目标设计

为全面评估过去及当前一段时期湖北省对外开放水平,前文设计了涵盖 5 大领域 12 个指标的评价体系,为避免过度强调"量增",因此,指标体系中大部分为无量纲指标。考虑到"十四五"时期发展目标设计与国内现行统计体系的对接性,且部分指标并不具有绝对指向性,本节设计的湖北省"十四五"时期开放型经济发展目标在 12 个指标评价体系的基础上进行了调整,主要分为三个领域:商品贸易、利用外资、对外投资,具体指标见表 8-11。

表 8-11 "十四五"时期湖北省开放型经济发展目标

| 领域 | 指标 | 2025 年目标值 |
|---|---|---|
| 外贸 | 进出口总额 | 较 2019 年增长 50% |
| | 一般贸易占比 | 65% 以上 |
| | 高技术产品贸易占比 | 50% 以上 |
| 外资 | 实际利用外资 | 较 2019 年提高 50% |
| | 高质量外资占比 | 40% 以上 |

| 领域 | 指标 | 2025 年目标值 |
|------|------|---------------|
| 对外投资 | 对外直接投资规模 | 较 2019 年提高 50% |
| | 对"一带一路"投资占比 | 40% 以上 |

### （一）商品贸易指标预测

"十四五"时期商品贸易发展的目标设定为：到 2025 年，以武汉城市圈辐射带动湖北全省参与全球价值链分工的层次显著提升，进出口规模超过 6000 亿元，一般贸易占比维持在 65% 以上，高新技术产品贸易占比达到 50% 以上。

商品贸易指标的目标值估算方法如下：

进出口总额。"十二五"时期湖北省对外贸易进出口年均增速为 11.9%，2016—2019 年进出口年均增速为 13.2%，除 2016 年较 2015 年进出口总额有所下降外，其余年份湖北省外贸表现出了稳定的高速增长势头，"十四五"时期随着湖北省产业基础持续优化和对开放重视程度的进一步提升，预计湖北省进出口仍将保持较快增速。但受新冠肺炎疫情的影响，全国乃至全球的外贸形势均不容乐观，疫情防控未来一段时间内仍是各国的首要任务，势必影响全球贸易的增长，加之贸易保护主义思潮持续蔓延，疫情和趋紧的外部形势将拉低湖北进出口的增速。综合考虑，设置 2025 年湖北省进出口总额的目标为较 2019 年增长 50%。

一般贸易占比。2011 年以来，湖北省一般贸易占比从 63.5% 逐步提升至 77.9%，一般贸易占比始终高于全国平均水平，由于一般贸易出口的国内增加值率高于加工贸易，一般贸易占比的提升能够反映湖北省外贸结构的持续改善，在出口中获取增加值能力在不断提升。"十四五"时期设定的一般贸易占比目标值为 65% 以上的原因包括：一是当前湖北省一般贸易占比与长江经济带乃至全国其他省市相比已经处于较高水平；二是"十四五"时期随着湖北自由贸易试验区的加快建设，海关特殊监管区进出境货物等其他贸易方式将实现快速增长；三是随着外贸高质量发展体系的探索建立，附加值率高已经不是唯一的高质量发展目标，即一般贸易占比并不是一个具有绝对指向性的指标，因此，对"十四五"时期的一般贸易占比在一定程度上放宽的要求。

高新技术产品贸易占比。2009 年以来，湖北省高新技术产品贸易额在进出口中的占比快速提升，货物贸易的技术含量不断提高，贸易结构持续优化。2017 年湖北省高新技术产品贸易占比达到 45% 的峰值，鉴于高新技术产品是我国外贸鼓励类商品，"十四五"时期仍是湖北省乃至全国外贸发展的重点，因此，高新技术产品在外贸中的占比必然进一步提升，但从湖北目前承接东部地区产业转移的情形来看，"十四五"时期尚没有大规模高新技术外贸企业的进入，因此，高新技术产品在外贸中的占比增幅有限，预计"十四五"末期将较 2018 年提高 5 个百分点以上，即 2025 年湖北省高新技术产品贸易额在进出口中的占比将达到 50% 以上。

### （二）利用外资指标预测

"十四五"时期利用外资发展的目标设定为：到 2025 年，外资在湖北省经济和社会发展中的作用明显提升，实际利用外资规模较 2019 年提高 50%，积极引进外资参与高附加值、高技术含量的生产和研发环节，高质量外资占比超过 20%。

利用外资指标的目标值估算方法如下：

实际利用外资。2017—2019 年湖北省利用外资增速分别为 8.5%、8.6% 和 8.1%，增速稳定在 8% 左右，预计"十四五"时期湖北省实际利用外资有望继续保持 8% 的增速。一方面，"十四五"时期，湖北营商环境的持续改善、产业配套体系的进一步完善，将持续吸引优质外资进入。另一方面，在湖北省主动提升对外开放水平,积极引进外资,尤其是高质量外资的相关政策引导下,利用外资规模将实现新一轮增长。

高质量外资占比。此处高质量外资是指高技术产业和商务服务业利用外资。从历史数据看,湖北省利用外资中高技术产业外资的比重整体较低,且大部分年份低于10%,2016年湖北省高技术产业外资占比也只有4.0%,与上海的76.3%、江苏的25.0%、浙江的11.7%以及成渝的10%相比,仍存在非常大的差距。且近几年全国高技术产业吸收外资保持高速增长,2019年全国平均增速达到25.6%,预计"十四五"时期湖北省高技术产业利用外资也将保持高速增长。从商务服务业利用外资来看,2019年湖北省租赁和商务服务业实际利用外资占湖北省实际利用外资的12.5%,规模达到16亿美元,较2015年提高了9倍,2015—2019年均增速高达77%,预计未来五年仍将保持30%以上的高速增长,预计至"十四五"时期末,湖北省高技术产业和商务服务业利用外资占比合计有望超过40%。

### (三)对外投资指标预测

"十四五"时期对外投资发展的目标设定为:到2025年,对外经贸合作进一步深化,对外直接投资规模较2019年提高60%,其中对"一带一路"投资实现快速增长,占湖北省对外直接投资的比重达到40%以上。

对外直接投资。2010—2018年湖北省对外承包工程实际完成额从32亿美元增长至64亿美元,年均增速达到9%,但2018年较2017年有所下降。随着湖北及全国其他地区的境外园区建设持续推进和完善,企业"抱团出海"投资境外优质项目将实现常态化,对外直接投资有望保持"十三五"时期的平均增速,因此,设置目标为2025年湖北省对外直接投资规模较2019年提高50%。

对"一带一路"投资占比。近年来,湖北省地方企业在"一带一路"沿线国家开展对外投资合作稳步发展,制定了《湖北省实施"一带一路"战略工作意见》,并建立年度"一带一路"重点项目库,对在"一带一路"沿线国家的境外园区建设支持力度不断加大,"一带一路"将使湖北省"十四五"时期对外开放的重点合作伙伴,因此,对沿线国家的投资增速将明显高于总体对外直接投资增速,预计至2025年,对"一带一路"投资占比将达到40%以上。

# 三、湖北省发展开放型经济的主要思路和重点举措

## (一)主要思路

充分把握新技术革命带动新型对外经济合作模式迅速发展的重大机遇,发挥湖北省自身原始创新能力、国内大市场辐射能力、制造业基础三大优势,重点引进创新资源、专业服务资源、数据资源等湖北省目前处于相对劣势的关键要素资源,坚持以国内大市场引领国际市场的新型开放方针,发挥营商环境优势大力推进制度创新,在中部地区率先对接国际高标准经贸规则体系,在供给侧融入高水平国际循环以提升国内大循环层级,在需求侧依托国内大循环有效拓展国际循环,实现由拓展国际市场为主向集聚全球高端要素为主转变、从制造业开放为主向服务业和数字经济开放为主转变、从向发达国家开放为主向发达国家和发展中国家并重转变的"三大转变",深度融入"一带一路"倡议、长江经济带等重大国家战略,持续提升武汉中心对外开放枢纽功能,将湖北省打造成为新时期内外循环相互促进的示范引领区。

其原因如下:

一是新时期湖北对外开放的新优势明显。在过去阶段,中部地区省份由于产业结构、地理区位的原因,除河南依托铁路运输枢纽优势大幅度承接"两头在外"加工制造业外,湖北、湖南等省份承接程度均相对偏低,其制造业主要面向国内市场。但在"十四五"时期乃至更长时间内,这种"两头在

外"型大循环将迅速萎缩，但通过关键环节对外开放合作，主要面向国内市场的新型国际国内循环融合模式将迅速发展，而湖北的原始创新能力、辐射周边市场能力完全可以发挥优势。

二是湖北省具备集聚全球高端要素的可能性。湖北自身的基础研究和高等教育优势已经表明了湖北省具有非常强大的创新能力，武汉的营商环境也在中部地区处于领先优势，加之湖北省还具有"九省通衢"的区位优势，这决定了湖北完全可以吸引高水平的跨国公司和全球高端人才在湖北集聚，有效参与国内经济大循环。而引入这些高端要素资源将显著提升湖北在国内经济大循环中的地位，为湖北经济高质量发展奠定基础。

三是湖北必须通过参与国际循环以实现高质量发展。从供给侧看，虽然湖北的原始创新能力在中部省份处于领先地位，但距离全球最先进水平仍然存在一定差距，需要引入全球优质创新资源以实现创新层次和参与价值量分工层级的跃升。湖北的高端服务业发展较为落后，也需要引入全球的高端服务资源以推动制造业向微笑曲线右侧高附加值的品牌、总部经济等环节延伸。从需求侧看，湖北需要拓展国际市场以实现对外贸易的溢出效应，推动供给侧不断加大研发投入力度，提高产品和服务质量。

### （二）重点举措

1. 以培育新模式、拓展新通道为重点积极推动外贸转型升级

积极培育跨境电商、数字商务等贸易新业态新模式。发挥自贸试验区创新引领作用，依托武汉、宜昌等跨境电商综合试验区，建设一批高水平跨境电商综合服务核心区和产业集聚示范区。完善武汉东湖综保区跨境电商公共平台，支持武汉、襄阳、宜昌开展跨境电商零售进口试点。建立与跨境电商相适应的海关、商检、退税和支付管理模式，推动跨境电商企业集聚。积极推动武汉、鄂州、黄石等市州充分利用现有条件开展电商业务。大力发展市场采购贸易，积极学习义乌经验，推广汉口北市场采购贸易模式。积极

构建集通关、退税、物流以及保险等功能合一的区港一体化外贸综合服务平台。充分借鉴一达通等国内成熟外贸综合服务体的成功经验,加快培育具有湖北特色、竞争力较强的综合服务体,为中小微外贸企业提供服务。依托湖北自由贸易试验区,发展保税展示交易、保税跨境电商、保税金融结算、保税融资租赁、保税文化贸易、保税转口贸易、保税专业市场等新型服务贸易业态。建立连接国际与国内市场的口岸物流重要节点和面向世界的总部国际物流集散中心,建立高端智能设备、医疗设备、文化用品等特色保税展示交易平台。开展进口汽车整车保税仓储业务和保税货物质押融资业务。

支持服务贸易创新发展。以湖北自贸片区为核心,进一步深化服务贸易创新发展试点,在完善管理体制、扩大对外开放、健全促进机制、创新政策体系等方面先行先试,打造服务贸易发展高地。支持襄阳片区和宜昌片区借鉴服务贸易创新发展试点经验和典型案例做法,推动服务贸易加快发展。

积极建设贸易网络节点和平台。支持武汉、襄阳、宜昌、黄石等城市承载国家重大贸易功能,支持武汉在建设国家中心城市同时,建成国际消费城市。通过湖北自贸区三大片区和国际物流枢纽核心区联动发展,以点带面,构筑联通国际国内两个市场、陆海两个通道的市场平台和一体化的贸易网络体系,在湖北形成面向全球的服务供给市场,建设国际货物和服务产品进入中国中部市场的分销中心、中部货物和服务产品进入国际市场的内陆口岸。探索建立进口贸易创新试验区,通过扩大进口,加大优质消费品、大宗商品、设备和关键零部件进口,打造国际商贸物流中心和装备制造物资基地。

优化建设新的物流通道。深化长江沿线通关一体化合作,积极提升江海联运效率,发挥好传统开放功能。深化和郑州、成都、重庆、广西等地的合作,提升"汉新欧"班列运营能力,积极归入西部陆海新通道,提升西向开放便利度。加强和广东、江西等省份合作,打造高效率的南向陆海联运通道。

**2. 有效推动优势产业深度融入全球价值链**

巩固优势产业链,提升外向型发展水平。推动一些外向程度较高的产业做大做强,巩固和提高国家级出口基地整体发展水平,着力提升千亿支柱产业的外向度。以生物医学、化工生产、钢材、汽车与零部件、机械装备以及船舶等优势行业为重点,培育优势产业出口基地。依托武汉东湖高新区、经济开发区、襄阳和宜昌高新区等一批重点产业集聚区,建设光纤、汽车等品牌示范区,将汽车及汽车零部件、光电子、北斗导航、船舶、环保等产品培育成品牌产品。以东风汽车为龙头,以整车带动汽车零部件,推动具有自主知识产权的整车和零部件出口。继续支持东风乘用车、商用车开展海外认证工作。支持东风加快推进海外生产阵地建设,深入推进自主品牌产品和业务向高附加值调整,拓展零部件出口业务,发展高端绿色进口再制造和全球维修业务。以东湖高新区为主体,以光通信、激光加工和消费类电子产业为重点,占领价值链中高端,打造光电子国际知名品牌。以武汉为中心,黄冈、黄石、咸宁、宜昌等沿江城市为辅,着力打造面向东南亚市场的国家级船舶出口基地。以武钢、宝钢重组为契机,打造以武汉、黄石、鄂州为支点的鄂东南精品钢材出口基地。推动进口汽车保税存储、保税混矿、手机保税检测维修和进口设备融资租赁等业务试点。进一步发挥湖北农产品出口优势,通过农业标准化、品牌化建设,在特色、规模、技术上进行突破,开拓"一带一路"农产品市场。

加快发展和培育重点战略性新兴产业。根据 2020 年 4 月 29 日中央政治局常委会提出支持湖北省经济社会发展的一揽子政策,尽快落实中央政策,发展生命健康、数字技术、遥感信息等创新型战略性产业。基于此,首先,应重点建设中部乃至全国首个"国家级生命健康创新示范区"和"国家数字经济创新发展试验区",推进湖北健康产业集群(中药材种养殖、医药制造业、生物医学工程产业、健康服务业等)和数字经济产业集群(数字医疗、数字教育、数字金融、数字智慧城市、农业数字化)的发展壮大。推动优势企业实现研发、销售"两头在鄂"，部分生产制造"中间在外"的全球分工模式，逐步主导全球产业链分工，不断增强"湖北创新""湖北智造"的竞争力，发展壮大一批战略性新型产业和高新技术产业基地。

积极融入全球创新网络，全面提升科技创新的国际合作水平。抓好武汉"一芯驱动"，加大对"一主两副"高技术产业发展的支持力度，使之成为湖北高质量产业走出去的主战场。提高"引进来"档次，围绕支柱产业发展，吸引一批跨国经营总部企业、供应链龙头企业，打造一批外贸集聚区。推动全面创新改革试验，深化军民融合发展，着力构建以企业为主体、市场为导向、产学研相结合的技术创新体系。支持企业参与全球创新资源配置，提升自主创新能力。鼓励企业加强技术研发国际合作，推动湖北有关产业园区与国外研发机构和相关高技术产业园区建立合作关系，鼓励在境外建立创新研发中心。支持企业、高等学校和科研院所在境外申请专利、注册商标、取得国际标准认证，参与制定、采用和转化国际标准。鼓励企业通过引进、消化、吸收和再创新，扩大产品出口、工程承包、投资和技术合作，并购科技创新型企业。充分发挥湖北科研院所优势，积极参与国际国内大科学计划和工程。推动产学研机构与美国、加拿大、德国、法国、以色列等科技发达国家的研发机构开展多层次、多领域科技合作与交流。

3. 全面扩大服务业开放以提升在价值链中的地位

重点扩大信息服务业、科技服务业和商务服务业对外开放。依托湖北自贸区，在上述三大重点服务业领域扩大开放方面对标北京服务业改革综合试点甚至北京自贸区，将其作为下一步寻求中央政策支持的重点。积极推动科技管理体制、数字贸易规则等重大"边境后"领域对接国际高标准规则，为服务业扩大开放创造有利条件。积极争取在上述三个重点领域外资市场准入、从业资格互认等方面取得突破。大力发展软件和信息技术、远程医疗、数据处理、工业设计、医药研发及文化创意、教育、交通物流、健康护理、科技服务、批发零售、休闲娱乐等领域服务外包，继续深入实施"第二总部"战略。

促进工业化和信息化深度融合。推动移动互联网、云计算、大数据、物联网等与现代制造业结合,着力在一些关键领域抢占先机、取得突破。依托先进制造优势,研究支持反向定制(C2M)产业基地建设,鼓励先进制造业和现代服务业深度融合,助力中小企业数字化转型。支持湖北自贸区武汉片区、襄阳片区积极开展供应链创新与应用试点,完善新一代信息技术、高端装备制造、新能源汽车等战略性新兴产业供应链体系。

鼓励现代服务业集聚发展并扩大优势服务出口。支持武汉、襄阳和宜昌以自贸片区为核心,充分发挥自贸试验区制度优势与对外开放优势,大力承接信息技术、生物医药研发、管理咨询、工程设计等服务外包业务,积极创建中国服务外包示范城市,将湖北打造成功能强大的中部地区现代生产性服务业中心。武汉应进一步落实《关于推动服务业高质量发展打造服务业名城的若干意见》,推动生产性服务业高端化、数字化,将"中国软件名城""世界设计之都""国家物流枢纽""中部金融中心"等建设与先进制造业统筹谋划,协同发展。针对建筑设计、管理咨询、设计服务等优势服务业,在高素质人才个人所得税减免、服务贸易出口信用保险以及服务贸易出口信贷等方面加大政策支持力度,有效促进相关行业拓展国际市场。

积极发展服务外包。推进服务外包业务向信息技术、财务结算、检测试验等产业价值链高端延伸。大力发展软件和信息技术、远程医疗、数据处理、工业设计、医药研发及文化创意、教育、交通物流、健康护理、科技服务、批发零售、休闲娱乐等领域服务外包。积极发展金融服务外包业务,鼓励金融机构将非核心业务外包。依托大数据、物联网、移动互联网、云计算等新技术推动服务外包发展方式创新,开展数据处理外包、呼叫中心等业务。大力发展直接服务于货物贸易的研发设计、维修检测、法律税务、会计审计、销售代理、广告宣传、调研咨询等商业服务贸易;货物运输、船务代理、货运代理、仓储配送、中转加工、装卸搬运等运输物流服务贸易;货运保险、航运交易、国际结算、商业和消费信贷、国际保理和担保等金融服务贸易。

4. 和新兴市场国家联合构建新型分工网络

加快建立境外经贸合作区。加大政策引导力度，积极提供相关信息与资源，积极推进湖北企业在光电子、机械加工、农业、资源类合作等领域开展境外集群式投资，推进在东盟、中亚、俄罗斯、非洲等建立境外经贸合作区，加快推进光谷北斗在东盟发展产业园、东风汽车在亚非等发展中国家发展合作项目等。以新疆为重点，积极拓展湖北优势产业向西转移，加快丝绸之路沿线的布局，以长江经济带和长江中游城市群建设为纽带，加快与湖南、江西两省合作，共同打造东南亚外贸发展大通道。积极参与丝路经济带沿线国家石油、天然气、煤炭等短缺能源和矿产资源开发，在境外建立稳定的资源保障基地。鼓励、支持有实力的企业"抱团"建立境外经贸合作区。以湖北"双重工程"为抓手，大力推广"襄阳汽车轴承模式""华新水泥模式""随州中兴茶叶模式"和"安琪酵母模式"。选择食品加工、汽车零部件、纺织服装、建材等优势产业，打造一批具有较强市场拓展能力、资源配置能力、技术创新能力和品牌运营能力的跨国经营企业，选择境外若干地域文化比较包容、交通条件较为便利、工业设施配套相对完善、劳动力资源相对充足的地区，建立长期稳定的战略资源供应基地和生产制造基地，采用跨国并购、股权投资等方式，并购境外优质资产、国际知名品牌、研发中心和营销网络，形成联合"走出去"的局面。

依托对外承包工程优势，带动"湖北制造"走出去。在巩固亚非市场的基础上，支持葛洲坝、中建三局、凯迪电力、邮科院、武钢国贸、中冶南方、华新水泥等开拓中亚、东盟、中东欧、蒙古、南美等市场；推动对外工程承包由过去单纯在海外修路架桥，转向市政、铁路、轨道交通和民用建筑等领域，由单纯承包工程向投资参股转变，带动湖北装备制造、建筑材料等产业的出口，拉动劳务输出和技术出口等。抢抓"一带一路"基础设施互联互通机遇，拓展专用汽车、汽车零部件产品海外市场份额。推进石油化工、钢铁、建材、光伏等相对产能过剩企业通过项目对接、国际直接投资等方式向境外转移。支持大型成套装备制造企业发展工程总承包。鼓励勘察设计、工程咨询、建筑设计、运营维护、物流等服务业到沿线国家建立境外服务网络,提高品牌影响力和国际竞争力。

5. 依托文化旅游资源开展对外文化旅游合作

依托优势旅游资源发展文化旅游休闲产业。充分发挥湖北文化旅游休闲行业的优势,充分挖掘以炎帝神龙文化、楚文化、三国文化为代表的历史文化,以辛亥首义、革命老区为代表的革命文化,以武当山为代表的宗教文化,以巴土江汉平原风情为特点民俗文化,以三峡工程等为代表的现代科技文化,大力发展旅游业及相关服务贸易,大幅度增加境外游客入境规模,激发游戏产业发展优势,大力发展以网络游戏为重点的"互联网+"有限娱乐贸易。

发展"文化+"新业态。以"文化+"为抓手,促进文化与科技、金融、旅游等产业的深度融合,集中展示新业态,带动文化创意产业供给侧结构性改革。聚焦"文化+科技+设计+体育+生态"等主题,举办家居创意设计产业峰会、设计大师作品展、家居文化等设计大赛、设计师论坛等系列活动,将湖北打造成为中部的设计中心。充分利用此次疫情期间数字文化产品发展优势,将疫期的线上消费热潮拓展为产业链新增长点,转化为文化创意产业可持续发展动力。积极发展数字阅读、影视视频、动漫游戏、网络直播、知识付费、在线教育、短视频等新兴文化业态。通过数字技术推广跨境内容创意、产品传输、平台销售等线上服务贸易新业态,促使文化输出和文化企业加速数字化转型。

积极开展文化产业国际交流合作。主动参与国家统筹安排的文化旅游合作,提升湖北文化旅游产业与周边国家和地区的融合程度。创新国际旅游文化交流服务体系,发挥旅游业开放性强、带动效应明显的优势,努力挖掘旅游资源,将旅游业作为对外合作的先行产业,加快建成以武汉为中心的世界旅游目的地,进一步提升湖北国际影响力。大力推动湖北与周边国家和地区的基础设施联通,对外增开新的国际航线,逐步加密已开国际航线班次,对内争取宜昌、襄阳、十堰、神农架、恩施机场等升级为国际口岸机场,大幅提升国际旅游可达性。加快开发跨区域性精品旅游线路,依托现有铁路开通湖北至中亚和欧洲的旅游专列,积极推动西部自驾游服务体系建设,支持建设西部低空旅游服务总部。推进鄂川滇藏、鄂陕甘、鄂渝黔等区域旅游合作发展。联动"一带一路"沿线国家和地区,重点打造丝绸之路精品旅游线路和旅游产品,丰富旅游产品的文化内涵,做实湖北入境旅游提升工程。建立"一带一路"湖北旅游重点招商引资项目库,创新旅游投融资体制。

6. 推动宜昌、襄阳建设对外开放次区域枢纽

依托襄阳主动融入共建"一带一路"倡议的重要节点、湖北省域副中心城市的区位优势,依托宜昌作为长江中上游区域性中心城市和重要的物流节点城市,西连成渝统筹城乡发展试验区、东接武汉"两型社会"试验区的区位优势,积极融入长江经济带和长江中游城市群建设,加快打造湖北对外开放副中心城市、区域消费中心城市,辐射带动周边区域发展。

提升优势产业和重点平台外向型发展水平。襄阳以汽车、装备制造、农产品加工、元器件、机电控制、蓄电池、新能源、新材料为重点,宜昌以化工、机电、农产品、船舶、医药为重点继续推进出口基地建设。依托宜昌国家级高新区、汉江新区、三峡保税物流中心等重点平台,继续发挥要素集聚功能,优化产业结构,着力引进外商投资和外向型产业配套项目。支持襄阳和宜昌以自贸片区为核心,充分发挥自贸试验区制度优势与对外开放优势,大力承接信息技术、生物医药研发、管理咨询、工程设计等服务外包业务,积极创建中国服务外包示范城市。

畅通区域交通物流、网络信息等国际合作通道。依托长江黄金水道通江达海的优势,打造襄阳汉江航运中心、宜昌长江中上游航运中心进一步强化与沿江主要港口合作,畅通上海港、武汉港、重庆港的对接合作通道,做大

做强两市的临港经济和临空经济。积极建设好襄阳、宜昌国家智慧城市、国家电子商务示范城市,打通对外开放"信息高速公路"。依托我国自主研发的北斗卫星系统,建设区域性智慧物流公共数据存储中心、数据交换中心、数据处理运营中心,打造区域智能物流信息服务示范基地。重点依托长江黄金水道通江达海的优势,积极推动宜昌扩大航运物流、航运金融等航运相关产业对外开放合作,深化宜昌港与上海港、武汉港、重庆港的合作,将宜昌打造成为江海联运国际航运中心。

大力发展跨境电商。抓住跨境电商零售进口试点的机遇,进一步强化襄阳、三峡保税物流中心的运营主体和跨境电商公共服务平台主体功能,完善跨境电商产业链,积极引导跨境电商产业向规模化、标准化、集群化、规范化方向发展。构建跨境电子商务公共服务平台,建设外贸综合服务平台和交易展示平台,支持会员企业围绕技术、物流、服务创新商业模式,打造跨境电商知名品牌,促进外贸稳定发展,开创跨境电子商务产业发展的新局面,促进鄂西北乃至汉江流域跨境电商产业培育和聚集。学习借鉴杭州、郑州等国内跨境电子商务发展先进地区的经验与做法,开展跨境电子商务直购进口、一般出口及特殊区域出口模式试点,探索内陆自贸区跨境电商发展新模式。加快推进跨境电商新业态成长,紧密地与"互联网+外贸"结合,打通"网上丝绸之路"。

优化国际交流环境。吸引更多外国企业来襄阳、宜昌经营、生活和学习,建立襄阳国际文化交流中心,聘请资深涉外机构经营,打造国外机构、学校与企业多层次的交流平台,以为外国人来华服务为主,兼营出国留学中介、外语培训服务等项目。充分发挥汉水文化论坛、长江三峡国际旅游节、屈原故里端午文化节、宜昌长江钢琴音乐节、"三峡城市群·长江经济带"国际研讨会等一批具有国际影响的重要节会品牌影响力,拓展对外文化交流。充分发挥襄阳文化旅游资源优势,打造基于本土优秀传统文化的、具有国际影响力的文化旅游精品,建设湖北对外文化旅游合作中心。

附表 8-1　绝对贸易开放度

| 年份 | 湖北省 | 上海市 | 江苏省 | 浙江省 | 安徽省 | 江西省 | 湖南省 | 重庆市 | 四川省 | 贵州省 | 云南省 |
|------|--------|--------|--------|--------|--------|--------|--------|--------|--------|--------|--------|
| 2009 | 0.091 | 1.261 | 0.672 | 0.558 | 0.106 | 0.114 | 0.053 | 0.081 | 0.117 | 0.040 | 0.089 |
| 2010 | 0.110 | 1.455 | 0.761 | 0.619 | 0.133 | 0.155 | 0.062 | 0.106 | 0.129 | 0.046 | 0.126 |
| 2011 | 0.110 | 1.472 | 0.710 | 0.618 | 0.132 | 0.174 | 0.062 | 0.188 | 0.147 | 0.055 | 0.116 |
| 2012 | 0.091 | 1.366 | 0.640 | 0.569 | 0.144 | 0.163 | 0.063 | 0.294 | 0.156 | 0.061 | 0.129 |
| 2013 | 0.091 | 1.253 | 0.571 | 0.551 | 0.147 | 0.158 | 0.063 | 0.333 | 0.152 | 0.063 | 0.132 |
| 2014 | 0.097 | 1.216 | 0.532 | 0.543 | 0.145 | 0.167 | 0.070 | 0.411 | 0.151 | 0.071 | 0.142 |
| 2015 | 0.096 | 1.114 | 0.485 | 0.504 | 0.135 | 0.158 | 0.063 | 0.295 | 0.106 | 0.072 | 0.112 |
| 2016 | 0.080 | 1.022 | 0.437 | 0.473 | 0.121 | 0.144 | 0.055 | 0.235 | 0.099 | 0.032 | 0.089 |
| 2017 | 0.088 | 1.050 | 0.465 | 0.493 | 0.135 | 0.150 | 0.072 | 0.231 | 0.124 | 0.041 | 0.097 |
| 2018 | 0.083 | 0.948 | 0.471 | 0.493 | 0.122 | 0.140 | 0.085 | 0.242 | 0.139 | 0.033 | 0.095 |
| 2019 | 0.086 | 0.893 | 0.436 | 0.495 | 0.128 | 0.142 | 0.109 | 0.245 | 0.145 | 0.027 | 0.100 |

附表 8-2　绝对投资开放度

| 年份 | 湖北省 | 上海市 | 江苏省 | 浙江省 | 安徽省 | 江西省 | 湖南省 | 重庆市 | 四川省 | 贵州省 | 云南省 |
|------|--------|--------|--------|--------|--------|--------|--------|--------|--------|--------|--------|
| 2009 | 0.161 | 1.227 | 0.733 | 0.404 | 0.154 | 0.267 | 0.119 | 0.240 | 0.183 | 0.053 | 0.150 |
| 2010 | 0.148 | 1.197 | 0.700 | 0.384 | 0.134 | 0.254 | 0.112 | 0.236 | 0.175 | 0.049 | 0.137 |
| 2011 | 0.151 | 1.208 | 0.684 | 0.376 | 0.123 | 0.245 | 0.102 | 0.256 | 0.155 | 0.054 | 0.129 |
| 2012 | 0.148 | 1.197 | 0.660 | 0.364 | 0.131 | 0.236 | 0.098 | 0.265 | 0.153 | 0.060 | 0.120 |
| 2013 | 0.148 | 1.203 | 0.634 | 0.371 | 0.124 | 0.232 | 0.093 | 0.256 | 0.157 | 0.079 | 0.116 |
| 2014 | 0.161 | 1.297 | 0.629 | 0.377 | 0.134 | 0.246 | 0.098 | 0.264 | 0.169 | 0.090 | 0.114 |
| 2015 | 0.170 | 1.462 | 0.629 | 0.385 | 0.272 | 0.244 | 0.103 | 0.277 | 0.167 | 0.096 | 0.138 |
| 2016 | 0.186 | 1.592 | 0.681 | 0.410 | 0.165 | 0.258 | 0.114 | 0.301 | 0.169 | 0.116 | 0.134 |
| 2017 | 0.185 | 1.497 | 0.700 | 0.435 | 0.172 | 0.240 | 0.304 | 0.296 | 0.178 | 0.137 | 0.121 |
| 2018 | 0.205 | 1.535 | 0.701 | 0.473 | 0.201 | 0.234 | 0.305 | 0.310 | 0.178 | 0.179 | 0.155 |

附表8-3　相对贸易开放度

| 年份 | 湖北省 | 上海市 | 江苏省 | 浙江省 | 安徽省 | 江西省 | 湖南省 | 重庆市 | 四川省 | 贵州省 | 云南省 |
|---|---|---|---|---|---|---|---|---|---|---|---|
| 2009 | 0.210 | 2.917 | 1.554 | 1.290 | 0.246 | 0.264 | 0.123 | 0.187 | 0.270 | 0.093 | 0.206 |
| 2010 | 0.225 | 2.973 | 1.555 | 1.265 | 0.272 | 0.316 | 0.126 | 0.217 | 0.263 | 0.095 | 0.257 |
| 2011 | 0.228 | 3.039 | 1.465 | 1.276 | 0.273 | 0.358 | 0.128 | 0.389 | 0.303 | 0.114 | 0.240 |
| 2012 | 0.200 | 3.012 | 1.411 | 1.255 | 0.318 | 0.359 | 0.138 | 0.649 | 0.345 | 0.135 | 0.284 |
| 2013 | 0.209 | 2.877 | 1.311 | 1.265 | 0.337 | 0.363 | 0.145 | 0.764 | 0.348 | 0.146 | 0.304 |
| 2014 | 0.235 | 2.961 | 1.295 | 1.322 | 0.353 | 0.407 | 0.171 | 1.001 | 0.368 | 0.174 | 0.346 |
| 2015 | 0.269 | 3.125 | 1.360 | 1.413 | 0.380 | 0.443 | 0.177 | 0.828 | 0.298 | 0.203 | 0.314 |
| 2016 | 0.246 | 3.136 | 1.341 | 1.451 | 0.371 | 0.441 | 0.169 | 0.721 | 0.305 | 0.099 | 0.274 |
| 2017 | 0.264 | 3.140 | 1.390 | 1.475 | 0.404 | 0.448 | 0.215 | 0.693 | 0.372 | 0.122 | 0.289 |
| 2018 | 0.251 | 2.856 | 1.421 | 1.487 | 0.369 | 0.423 | 0.255 | 0.730 | 0.418 | 0.099 | 0.285 |
| 2019 | 0.270 | 2.804 | 1.369 | 1.554 | 0.401 | 0.446 | 0.343 | 0.771 | 0.456 | 0.085 | 0.314 |

附表8-4　相对投资开放度

| 年份 | 湖北省 | 上海市 | 江苏省 | 浙江省 | 安徽省 | 江西省 | 湖南省 | 重庆市 | 四川省 | 贵州省 | 云南省 |
|---|---|---|---|---|---|---|---|---|---|---|---|
| 2009 | 0.405 | 3.081 | 1.840 | 1.015 | 0.387 | 0.670 | 0.299 | 0.602 | 0.460 | 0.134 | 0.377 |
| 2010 | 0.411 | 3.324 | 1.945 | 1.066 | 0.373 | 0.706 | 0.310 | 0.655 | 0.486 | 0.136 | 0.379 |
| 2011 | 0.436 | 3.497 | 1.982 | 1.089 | 0.357 | 0.709 | 0.295 | 0.741 | 0.450 | 0.155 | 0.374 |
| 2012 | 0.444 | 3.581 | 1.975 | 1.089 | 0.392 | 0.706 | 0.294 | 0.793 | 0.458 | 0.179 | 0.360 |
| 2013 | 0.452 | 3.676 | 1.937 | 1.132 | 0.378 | 0.707 | 0.283 | 0.780 | 0.481 | 0.242 | 0.356 |
| 2014 | 0.477 | 3.830 | 1.858 | 1.112 | 0.396 | 0.727 | 0.291 | 0.779 | 0.499 | 0.267 | 0.336 |
| 2015 | 0.449 | 3.859 | 1.662 | 1.016 | 0.717 | 0.645 | 0.272 | 0.731 | 0.441 | 0.253 | 0.364 |
| 2016 | 0.455 | 3.892 | 1.664 | 1.003 | 0.404 | 0.631 | 0.278 | 0.736 | 0.414 | 0.284 | 0.327 |
| 2017 | 0.365 | 2.953 | 1.381 | 0.858 | 0.339 | 0.474 | 0.599 | 0.584 | 0.350 | 0.271 | 0.239 |
| 2018 | 0.396 | 2.956 | 1.351 | 0.911 | 0.388 | 0.452 | 0.587 | 0.598 | 0.343 | 0.344 | 0.298 |

附表 8-5　在本省设立分支机构的世界 500 强企业数量

| 年份 | 湖北省 | 上海市 | 江苏省 | 浙江省 | 安徽省 | 江西省 | 湖南省 | 重庆市 | 四川省 | 贵州省 | 云南省 |
|------|--------|--------|--------|--------|--------|--------|--------|--------|--------|--------|--------|
| 2019 | 296 | 超过490 | 389 | 179 | 163 | 129 | 约170 | 287 | 352 | 230 | 超过100 |

附表 8-6　高新技术产品贸易额占总贸易额的比重

| 年份 | 湖北省 | 上海市 | 江苏省 | 浙江省 | 安徽省 | 江西省 | 湖南省 | 重庆市 | 四川省 | 贵州省 | 云南省 |
|------|--------|--------|--------|--------|--------|--------|--------|--------|--------|--------|--------|
| 2009 | 18.9% | 35.8% | 39.5% | 7.7% | 5.2% | 17.4% | 7.4% | 6.9% | 42.6% | 7.2% | 3.9% |
| 2010 | 39.8% | 55.4% | 62.3% | 12.7% | 17.1% | 31.1% | 12.8% | 23.5% | 51.6% | 7.0% | 5.5% |
| 2011 | 29.6% | 46.2% | 47.3% | 9.9% | 11.2% | 26.5% | 12.6% | 79.3% | 67.9% | 6.5% | 3.4% |
| 2012 | 22.9% | 39.5% | 41.5% | 7.6% | 9.7% | 15.1% | 13.2% | 79.8% | 62.5% | 4.8% | 6.5% |
| 2013 | 26.4% | 38.5% | 40.3% | 7.0% | 14.3% | 15.0% | 12.8% | 68.3% | 55.6% | 3.4% | 16.3% |
| 2014 | 30.8% | 38.7% | 39.9% | 7.1% | 22.2% | 23.7% | 15.6% | 65.4% | 57.1% | 6.2% | 8.9% |
| 2015 | 31.5% | 36.3% | 39.4% | 6.9% | 20.8% | 19.5% | 20.0% | 42.2% | 38.2% | 22.4% | 6.5% |
| 2016 | 33.1% | 34.9% | 35.8% | 7.2% | 18.5% | 19.2% | 14.0% | 51.2% | 61.5% | 10.4% | 8.6% |
| 2017 | 45.0% | 39.0% | 45.9% | 8.6% | 31.5% | 18.9% | 22.0% | 65.7% | 99.4% | 68.2% | 12.3% |
| 2018 | 41.6% | 36.5% | 44.2% | 8.7% | 33.0% | 22.0% | 20.3% | 75.3% | 94.8% | 42.1% | 13.8% |

附表 8-7　一般贸易额占总贸易额的比重

| 年份 | 湖北省 | 上海市 | 江苏省 | 浙江省 | 安徽省 | 江西省 | 湖南省 | 重庆市 | 四川省 | 贵州省 | 云南省 |
|------|--------|--------|--------|--------|--------|--------|--------|--------|--------|--------|--------|
| 2009 | 65.3% | 47.0% | 34.2% | 76.8% | 79.3% | — | 87.7% | 87.0% | 52.3% | — | 79.3% |
| 2010 | 64.4% | 46.7% | 35.5% | 76.7% | 80.0% | — | 85.3% | 82.2% | 49.4% | — | 68.5% |
| 2011 | 63.5% | 50.1% | 39.7% | 78.2% | 77.2% | — | 83.9% | 58.0% | 39.9% | — | 75.6% |
| 2012 | 65.7% | 49.2% | 40.0% | 77.5% | 78.7% | 66.3% | 69.6% | 46.4% | 33.5% | — | 53.7% |
| 2013 | 69.3% | 52.2% | 42.3% | 77.3% | 74.2% | 74.2% | 67.7% | 29.6% | 32.6% | — | 55.0% |
| 2014 | 69.9% | 52.4% | 44.1% | 77.4% | 67.2% | 70.2% | 66.8% | 22.2% | 29.5% | — | 61.1% |
| 2015 | 66.9% | 51.0% | 43.8% | 76.9% | 68.8% | 77.8% | 58.4% | 35.9% | 34.6% | — | 72.1% |
| 2016 | 71.9% | 53.7% | 47.9% | 78.4% | 70.1% | 80.3% | 70.9% | 34.3% | 31.0% | — | 62.0% |
| 2017 | 73.9% | 55.0% | 48.1% | 79.3% | 70.0% | 81.6% | 69.7% | 31.6% | 27.6% | — | 57.7% |
| 2018 | 76.7% | 51.9% | 48.8% | 79.0% | 71.1% | 80.1% | 73.8% | 37.1% | 30.6% | — | 65.1% |

续表

| 年份 | 湖北省 | 上海市 | 江苏省 | 浙江省 | 安徽省 | 江西省 | 湖南省 | 重庆市 | 四川省 | 贵州省 | 云南省 |
|------|--------|--------|--------|--------|--------|--------|--------|--------|--------|--------|--------|
| 2019 | 77.9% | 52.5% | 51.6% | 74.82% | 72.6% | 71.1% | 73.3% | 30.4% | 26.5% | 68.0% | 68.0% |

附表 8-8　高技术产业外资占比①

| 年份 | 湖北省 | 上海市 | 江苏省 | 浙江省 | 安徽省 | 江西省 | 湖南省 | 重庆市 | 四川省 | 贵州省 | 云南省 |
|------|--------|--------|--------|--------|--------|--------|--------|--------|--------|--------|--------|
| 2009 | 11.4% | 62.0% | 64.6% | 47.4% | 15.4% | 20.1% | 13.1% | 20.1% | 13.5% | 14.1% | 1.5% |
| 2010 | 7.5% | 68.6% | 44.4% | 35.9% | 7.4% | 9.2% | 15.2% | 2.3% | 0.4% | 27.6% | 9.0% |
| 2011 | 11.1% | 76.4% | 37.3% | 32.0% | 2.3% | 16.1% | 7.4% | 1.4% | 18.1% | 0.0% | 11.8% |
| 2012 | 9.8% | 74.4% | 33.9% | 21.1% | 6.3% | 6.4% | 3.9% | 9.0% | 1.6% | 0.0% | 4.0% |
| 2013 | 3.3% | 48.3% | 26.7% | 16.5% | 5.5% | 5.0% | 3.7% | 22.5% | 5.4% | 3.8% | 5.4% |
| 2014 | 1.5% | 67.9% | 24.2% | 15.1% | 2.1% | 4.1% | 6.6% | 10.8% | 5.2% | 0.0% | 1.6% |
| 2015 | 1.2% | 67.4% | 23.8% | 14.6% | 4.2% | 1.7% | 3.9% | 4.2% | 6.8% | 0.0% | 0.0% |
| 2016 | 4.0% | 76.3% | 25.0% | 11.7% | 3.8% | 4.1% | 2.1% | 10.9% | 9.7% | 0.5% | 7.4% |

附表 8-9　万亿元 GDP 的上市公司数量

| 年份 | 湖北省 | 上海市 | 江苏省 | 浙江省 | 安徽省 | 江西省 | 湖南省 | 重庆市 | 四川省 | 贵州省 | 云南省 |
|------|--------|--------|--------|--------|--------|--------|--------|--------|--------|--------|--------|
| 2009 | 55 | 133 | 39 | 66 | 59 | 37 | 41 | 46 | 51 | 43 | 44 |
| 2010 | 49 | 125 | 42 | 71 | 53 | 34 | 39 | 43 | 48 | 41 | 40 |
| 2011 | 44 | 122 | 45 | 73 | 50 | 28 | 36 | 37 | 42 | 33 | 33 |
| 2012 | 40 | 121 | 45 | 74 | 45 | 27 | 34 | 34 | 39 | 29 | 28 |
| 2013 | 35 | 112 | 40 | 68 | 41 | 24 | 30 | 31 | 35 | 25 | 25 |
| 2014 | 33 | 106 | 40 | 68 | 39 | 22 | 29 | 29 | 33 | 22 | 23 |
| 2015 | 31 | 107 | 40 | 71 | 40 | 23 | 29 | 29 | 36 | 19 | 23 |
| 2016 | 31 | 102 | 42 | 71 | 39 | 21 | 29 | 26 | 35 | 20 | 22 |
| 2017 | 29 | 106 | 45 | 81 | 38 | 20 | 31 | 27 | 33 | 20 | 21 |
| 2018 | 26 | 93 | 44 | 75 | 31 | 19 | 30 | 24 | 29 | 19 | 17 |
| 2019 | 24 | 89 | 42 | 71 | 29 | 17 | 28 | 22 | 28 | 17 | 16 |

---

① 该项指标在中国高技术产业数据库中最新数据为 2016 年。

附表 8-10　亿元 GDP 所实现的入境人数

| 年份 | 湖北省 | 上海市 | 江苏省 | 浙江省 | 安徽省 | 江西省 | 湖南省 | 重庆市 | 四川省 | 贵州省 | 云南省 |
|------|------|------|------|------|------|------|------|------|------|------|------|
| 2009 | 103 | 354 | 162 | 248 | 155 | 125 | 100 | 161 | 60 | 102 | 460 |
| 2010 | 114 | 428 | 158 | 247 | 160 | 121 | 118 | 173 | 61 | 109 | 455 |
| 2011 | 109 | 349 | 150 | 239 | 172 | 116 | 116 | 186 | 78 | 103 | 444 |
| 2012 | 119 | 323 | 147 | 250 | 192 | 120 | 102 | 196 | 95 | 104 | 444 |
| 2013 | 108 | 281 | 48 | 90 | 141 | 86 | 94 | 90 | 80 | 77 | 243 |
| 2014 | 101 | 272 | 46 | 92 | 134 | 94 | 81 | 88 | 84 | 70 | 224 |
| 2015 | 106 | 260 | 43 | 107 | 132 | 93 | 78 | 94 | 91 | 66 | 419 |
| 2016 | 103 | 245 | 43 | 111 | 128 | 89 | 76 | 102 | 94 | 61 | 406 |
| 2017 | 104 | 235 | 43 | 114 | 130 | 87 | 95 | 116 | 91 | 24 | 408 |
| 2018 | 96 | 206 | 43 | 79 | 109 | 85 | 100 | 130 | 86 | 26 | 338 |

附表 8-11　开放首位度

| 省份 | 湖北省 | 上海市 | 江苏省 | 浙江省 | 安徽省 | 江西省 | 湖南省 | 重庆市 | 四川省 | 贵州省 | 云南省 |
|------|------|------|------|------|------|------|------|------|------|------|------|
| 城市 | 武汉 | — | 苏州 | 宁波 | 合肥 | 南昌 | 长沙 | — | 成都 | 贵阳 | 昆明 |
| 2019 | 61.9% | — | 50.69% | 29.74% | 46.9% | 30.2% | 46.1% | — | 86.1% | 54.6% | 44.2% |

附表 8-12　省会城市营商环境排名

| 省份 | 湖北省 | 上海市 | 江苏省 | 浙江省 | 安徽省 | 江西省 | 湖南省 | 重庆市 | 四川省 | 贵州省 | 云南省 |
|------|------|------|------|------|------|------|------|------|------|------|------|
| 城市 | 武汉 | 上海 | 南京 | 杭州 | 合肥 | 南昌 | 长沙 | 重庆 | 成都 | 贵阳 | 昆明 |
| 2019 | 6 | 1 | 5 | 7 | 13 | 30 | 15 | 22 | 9 | 26 | 27 |

附表 8-13　2012—2019 年湖北省主要进口商品结构变化

| 商品代码 | 商品名称 | 2019年进口额（亿美元） | 占比 | 商品代码 | 商品名称 | 2012年进口额（亿美元） | 占比 |
|---|---|---|---|---|---|---|---|
| 8486 | 专用于或主要用于制造半导体单晶柱或晶圆、半导体器件、集成电路或平板显示器的机器及装置；本章注释9（3）规定的机器及装置；零件及附件 | 43 | 17.3% | 2601 | 铁矿砂及其精矿，包括焙烧黄铁矿 | 32 | 22.0% |
| 8542 | 集成电路 | 30 | 12.1% | 8542 | 集成电路 | 13 | 9.2% |
| 2603 | 铜矿砂及其精矿 | 14 | 5.8% | 8708 | 机动车的零件、附件，品目 8701 至 8705 所列车辆用 | 11 | 7.6% |
| 2601 | 铁矿砂及其精矿，包括焙烧黄铁矿 | 10 | 4.2% | 2603 | 铜矿砂及其精矿 | 6 | 3.8% |
| 2709 | 石油原油及从沥青矿物提取的原油 | 10 | 4.1% | 2710 | 石油及从沥青矿物提取的油类，但原油除外；以上述油为基本成分（按重量计不低于 70%）的其他品目未列名制品；废油 | 4 | 2.5% |

资料来源：武汉海关统计资料。

附表 8-14　2012—2019 年湖北省主要出口商品结构变化

| 商品代码 | 商品名称 | 2019年出口额（亿美元） | 占比 | 商品代码 | 商品名称 | 2012年出口额（亿美元） | 占比 |
|---|---|---|---|---|---|---|---|
| 8517 | 电话机 | 55 | 12.4% | 8473 | 专用于或主要用于品目 8469 至 8472 所列机器的零件、附件 | 24 | 10.6% |
| 8471 | 自动数据处理设备及其部件 | 25 | 5.6% | 8901 | 巡航船、游览船、渡船、货船、驳船及其类似的客运或货运船舶 | 17 | 7.4% |
| 8473 | 专用于或主要用于品目 84.70—84.72 所列机器的零件、附件 | 13 | 3.1% | 3105 | 化肥 | 6 | 2.8% |
| 3105 | 化肥 | 12 | 2.8% | 8528 | 监视器及投影机，电视接收装置 | 5 | 2.3% |

续表

| 商品代码 | 商品名称 | 2019年出口额（亿美元） | 占比 | 商品代码 | 商品名称 | 2012年出口额（亿美元） | 占比 |
|---|---|---|---|---|---|---|---|
| 8708 | 机动车的零件、附件，品目 8701 至 8705 所列车辆用 | 9 | 2.1% | 8517 | 电话机 | 4 | 2.0% |

资料来源:武汉海关。

# 附件一："十四五"时期湖北省 主要经济指标预测

　　"十四五"时期,国际政治经济格局面临深度调整,不稳定性不确定性明显增强,国内经济下行压力有所加大,区域间、省份间竞争博弈更趋激烈,预判未来经济走势的难度进一步加大。综合考虑要素资源、产业体系、市场需求等因素,科学有效预测"十四五"时期湖北省主要经济指标的变化情况,有助于及时发现短板不足、充分发挥比较优势、主动抢抓发展先机,同时对于湖北省准确把握"十四五"时期经济高质量发展的思路和方向,具有重要的参考和借鉴意义。

## 一、"十四五"时期湖北省主要经济 指标的预测方法及思路

　　针对中长期经济发展中各主要经济指标的预测方法大体可以分为三种类型,分别是以生产函数模型为基础的潜在经济增速测算法、以可计算一般均衡(CGE)模型等为代表的数量经济模型和以向量自回归(VAR)模型等为代表的计量经济模型,三类方法在适用领域、原理机制、数据基础、预测指标等方面均存在一定差异。

　　"十四五"时期我国经济社会发展面临的内外部环境形势更趋复杂多

变,预判未来经济走势的难度有所加大,依托单一方法所得测算结果难以全面、客观、准确的衡量一地未来经济变化趋势,为此应考虑通过多种方式及渠道,提高预测结果的准确性和可信度。一方面可综合采用多种测算方法,从要素资源、产业体系、市场需求等不同维度对地区经济运行状况展开预测,并通过各类方法的交叉比对获取主要经济指标的可能运行区间。另一方面可合理设定多种发展情景,根据地区经济现有发展态势、要素产业基础、国家战略布局与政策支持力度、国际政治经济格局变动趋势等设置若干发展情景,以便于综合考虑地区经济社会发展可能面临的各类环境形势,预测不同情景下主要经济指标的变化情况。

综合考虑上述方法及思路,结合湖北省现有数据资料和诊断分析需要,分别选择生产函数模型结合 Hodrick-Prescott(H-P)滤波的潜在经济增速测算法、以多项式或指数曲线拟合的趋势外推法、以多元回归为主体的计量经济模型,预测"十四五"时期湖北省要素可支撑、产业可承载和需求可实现的经济增长速度,避免单一测算方法可能存在的系统性偏差,增强预测结果的准确性和精准度。与此同时,根据内外部环境形势的变化情况,上述各方法测算过程中均分别设置基准、悲观和乐观三种情景,以考察不同发展环境下经济增速的可能变化区间,提升趋势研判的科学性和可信度。在测算得到"十四五"时期湖北省经济增速的基础上,即可通过递归运算等方式预判地区生产总值(GDP)、人均 GDP、全员劳动生产率、居民人均可支配收入等主要经济指标的变化趋势。

## 二、"十四五"时期湖北省要素可支撑的
## 经济增长速度预测

从生产角度来看,地区经济发展依赖劳动力、资本、全要素生产率等生产要素的投入及转化,故如能准确预判未来上述各类要素的变化趋势,即可

通过生产函数预测"十四五"时期湖北省要素可支撑的经济增长速度,并以此衡量当地经济发展的潜在能力和水平。

## （一）生产函数模型中主要参数的校准

在利用生产函数模型对湖北省"十四五"时期主要经济指标进行测算之前,首先利用已有历史数据对生产函数模型中的主要参数进行校准。本部分选择柯布—道格拉斯(C-D)型生产函数模拟湖北省经济运行的基本特征并测算其潜在经济增速,即:

$$Y(L,K) = A(t) \cdot L^{\alpha} \cdot K^{\beta}$$

其中,$Y(L,K)$ 为经济的总体产出水平,$A(t)$ 为全要素生产率,$L$ 为生产活动中劳动要素的投入,$K$ 为生产活动中资本要素的投入,$\alpha$ 和 $\beta$ 分别为劳动要素和资本要素的产出弹性系数,且满足 $\alpha + \beta = 1$。

求解既定技术约束下的利润最大化方程,即:

$$\max \pi = Y(L,K) - w \cdot L - r \cdot K$$

$$s.t. Y(L,K) = A(t) \cdot L^{\alpha} \cdot K^{\beta}$$

其中,$\pi$ 为总体利润水平,并将最终产品价格选作计价物,$w$ 和 $r$ 分别为劳动要素和资本要素的价格水平。最终可解得:

$$\alpha = \frac{w \cdot L}{Y(L,K)}$$

$$\beta = \frac{r \cdot K}{Y(L,K)}$$

因此,可通过上述结果并利用湖北省已有历史数据,估算生产函数模型中关键参数 $\alpha$ 和 $\beta$ 的具体数值。$w \cdot L$ 和 $r \cdot K$ 分别为总体产出中支付给劳动要素和资本要素的报酬,其中 $w \cdot L$ 可通过收入法 GDP 中劳动者报酬数据直接进行核算,并以此计算 $\alpha$ 的具体数值,最终通过 $\alpha + \beta = 1$ 的约束方程计算 $\beta$ 的具体数值(详见附表1)。

附表 1　2000—2017 年湖北省生产总值、劳动者报酬（亿元）及 $\alpha$ 和 $\beta$ 的计算

| 年份 | 地区生产总值（$Y(L,K)$） | 劳动者报酬（$w \cdot L$） | $\alpha$ | $\beta$ |
|---|---|---|---|---|
| 2000 | 3545.3900 | 2169.8600 | 61.2% | 38.8% |
| 2001 | 3880.5300 | 2340.0000 | 60.3% | 39.7% |
| 2002 | 4212.8200 | 2563.0200 | 60.8% | 39.2% |
| 2003 | 4757.4500 | 2661.8400 | 56.0% | 44.0% |
| 2004 | 5633.2400 | 2518.2100 | 44.7% | 55.3% |
| 2005 | 6590.1900 | 2962.9000 | 45.0% | 55.0% |
| 2006 | 7617.4700 | 3200.8000 | 42.0% | 58.0% |
| 2007 | 9333.4000 | 3839.0700 | 41.1% | 58.9% |
| 2008 | 11328.9200 | 5794.9100 | 51.2% | 48.8% |
| 2009 | 12961.1000 | 6199.1600 | 47.8% | 52.2% |
| 2010 | 15967.6100 | 6787.8700 | 42.5% | 57.5% |
| 2011 | 19632.2600 | 9432.5700 | 48.0% | 52.0% |
| 2012 | 22250.4500 | 10814.1500 | 48.6% | 51.4% |
| 2013 | 24791.8300 | 12075.9200 | 48.7% | 51.3% |
| 2014 | 27379.2176 | 13346.5289 | 48.7% | 51.3% |
| 2015 | 29550.1881 | 14417.1217 | 48.8% | 51.2% |
| 2016 | 32665.3800 | 15871.9419 | 48.6% | 51.4% |
| 2017 | 35478.0900 | 16970.0600 | 47.8% | 52.2% |

　　计算结果表明，湖北省总体产出中支付给资本要素的报酬整体高于劳动要素，且上述特征在 2004—2010 年尤为明显，近年来资本要素占总收入中的比重始终高于劳动要素 3—4 个百分点。2000—2003 年，劳动要素所得报酬占比显著高于资本要素，占总收入的比重处在 56.0%—61.2% 区间，但总体呈现回落态势。2004 年资本要素所得报酬占比首次超过劳动要素，且 2004—2010 年期间二者之间差值普遍保持在 10 个百分点以上。2011 年以来，劳动要素和资本要素占总收入的比重均保持基本稳定，显示湖北省近年来收入分配结构已达到新的均衡态势。为保证生产函数模型对湖北省近年

来经济运行的整体拟合效果,特以 α 和 β 在 2011—2017 年的算数平均值作为模型参数的估算值,最终得到 α = 0.485, β = 0.515。

### (二)生产函数模型中各类要素指标的估算

在对生产函数模型中主要参数进行校准的基础之上,确定模型中各输入变量的原始数据来源并对其进行滤波处理,以消除偶发性、随机性因素对于经济运行的干扰,可更为准确客观地模拟湖北省经济运行的基本特征。

#### 1. 劳动力要素的估算

劳动力是生产活动中最为重要的生产要素之一,劳动力规模的大小和质量的高低对于地区经济的发展起到了关键性作用,故劳动力要素的估算对于模型模拟效果的好坏具有重要影响。一般而言,地区统计部门会对辖区内就业人员的数量进行调查和统计,并在"就业基本情况"指标中予以体现。湖北省统计年鉴的数据显示,2000—2017 年湖北省就业人员数量总体呈现先升后降的"倒 U 型"变化趋势,2013 年首次迎来总体就业人数的峰值拐点,2014 年以来湖北省就业人数呈现逐年回落态势,且上述下降趋势近年来存在加速迹象。以上述"就业人员数量"指标衡量生产函数模型中劳动力要素的投入情况,并通过 H-P 滤波的方法消除劳动力要素的偶发性波动以获得潜在劳动力投入水平,最终用于潜在经济增速的估算(详见附表 2)。

附表 2  2000—2017 年湖北省就业人员数量及潜在劳动力投入水平

单位:万人

| 年份 | 就业人员数量 | 潜在劳动力投入水平<br>(H-P 滤波) |
|------|--------------|----------------------------------|
| 2000 | 3384.9 | 3393.6 |
| 2001 | 3414.5 | 3424.2 |
| 2002 | 3443.0 | 3454.1 |
| 2003 | 3476.0 | 3483.2 |
| 2004 | 3507.0 | 3511.3 |

| 年份 | 就业人员数量 | 潜在劳动力投入水平<br>（H-P 滤波） |
|------|------|------|
| 2005 | 3537.1 | 3537.9 |
| 2006 | 3564.2 | 3562.9 |
| 2007 | 3584.0 | 3585.7 |
| 2008 | 3607.0 | 3606.0 |
| 2009 | 3622.0 | 3623.5 |
| 2010 | 3645.0 | 3637.8 |
| 2011 | 3672.0 | 3648.4 |
| 2012 | 3687.0 | 3655.2 |
| 2013 | 3692.0 | 3658.0 |
| 2014 | 3687.5 | 3657.1 |
| 2015 | 3658.0 | 3653.1 |
| 2016 | 3633.0 | 3646.8 |
| 2017 | 3610.0 | 3639.1 |

2. 资本要素的估算

资本要素是生产活动中的重要组成部分,其主要包括生产过程中所需的厂房、机器、设备和工具等。需要专门指出的是,本模型中所考察的资本为狭义上的固定资本,并非包含人力资本、自然资源等在内的广义资本。生产函数模型中所涉及的资本要素为某一特定时期全社会的固定资本存量,并非现有统计体系下的资本增量,因此其具体规模需利用数量方法进行估算。目前,针对资本存量的各类估算方法均基于 Goldsmith 于 1951 年所创建的"永续盘存法",即:

$$K_t = (1 - \alpha_t) \cdot K_{t-1} + I_t$$

其中,$K_t$ 和 $K_{t-1}$ 分别为 $t$ 期和 $t-1$ 期的资本存量,$\alpha_t$ 为 $t$ 期折旧率,$I_t$ 为 $t$ 期新增投资。

基期资本存量的估算是上述估算过程中的重点和难点,张军等(2004)

对我国 1952—2000 年省际物质资本存量进行了估算,其研究结果显示:以当年价格计算,2000 年湖北省物质资本的存量规模为 5185 亿元,可以此作为湖北省基期(2000 年)资本存量的估算值。固定资产折旧的绝对规模可直接从湖北省统计年鉴中获得,并以此数据为基础计算各年份的固定资产折旧率水平。与此同时,每年新增投资规模可选择支出法 GDP 中资本形成总额数据予以表示。需要专门指出的是,为计算实际经济增速水平,上述现价指标均需通过固定资产投资价格指数将其价格水平调整至某一特定年份,本文选择基期即 2000 年价格。其中,2000—2017 年湖北省固定资产投资价格指数、固定资产折旧和资本形成总额的变化情况详见附表 3。

附表 3　2000—2017 年湖北省固定资产投资价格指数、折旧和资本形成总额

| 年份 | 固定资产投资价格指数（上年＝100） | 固定资产投资价格指数（2000 年＝100） | 固定资产折旧（现价,亿元） | 资本形成总额（现价,亿元） |
|---|---|---|---|---|
| 2000 | 101.7 | 100.0 | 563.7 | 1882.5 |
| 2001 | 100.1 | 100.1 | 593.0 | 1884.6 |
| 2002 | 99.8 | 99.9 | 623.6 | 1905.9 |
| 2003 | 103.3 | 103.2 | 779.4 | 2037.2 |
| 2004 | 106.0 | 109.4 | 804.5 | 2538.8 |
| 2005 | 102.2 | 111.8 | 1126.9 | 2943.6 |
| 2006 | 101.8 | 113.8 | 1188.2 | 3634.1 |
| 2007 | 104.1 | 118.5 | 1432.1 | 4450.3 |
| 2008 | 109.4 | 129.6 | 1586.8 | 5716.4 |
| 2009 | 98.8 | 128.1 | 1946.7 | 6827.0 |
| 2010 | 104.7 | 134.1 | 2276.3 | 8511.2 |
| 2011 | 107.3 | 143.9 | 2485.3 | 11027.3 |
| 2012 | 101.8 | 146.5 | 2765.1 | 12554.7 |
| 2013 | 100.5 | 147.2 | 3064.3 | 14245.4 |
| 2014 | 101.0 | 148.6 | 3373.0 | 16109.6 |
| 2015 | 99.4 | 147.7 | 3538.3 | 17418.4 |
| 2016 | 100.1 | 147.8 | 4058.2 | 18786.3 |
| 2017 | 105.9 | 156.5 | 4642.5 | 20853.6 |

上述固定资产折旧和资本形成总额均以现价计算,为计算实际 GDP 增速,需通过固定资产投资价格指数将其全部调整至 2000 年的价格水平,调整后上述指标的变化情况详见附表 4。在此基础上,根据"永续盘存法"计算 2000—2017 年湖北省的资本存量水平,并通过 H-P 滤波的方法剔除其随机性波动以获得潜在资本存量水平。

附表 4　2000—2017 年湖北省固定资产折旧和资本存量(2000 年价格)

单位:亿元

| 年份 | 固定资产折旧 | 资本形成总额 | 资本存量 | 潜在资本存量水平（H-P 滤波） |
|---|---|---|---|---|
| 2000 | 563.7 | 1882.5 | 5185.0 | 3890.6 |
| 2001 | 592.4 | 1882.7 | 6475.3 | 5262.7 |
| 2002 | 624.2 | 1907.8 | 7759.0 | 6763.7 |
| 2003 | 755.2 | 1974.1 | 8977.8 | 8457.2 |
| 2004 | 735.4 | 2320.9 | 10563.0 | 10416.6 |
| 2005 | 1008.0 | 2633.0 | 12188.3 | 12720.6 |
| 2006 | 1044.0 | 3193.2 | 14337.5 | 15449.5 |
| 2007 | 1208.8 | 3756.3 | 16885.0 | 18678.0 |
| 2008 | 1224.3 | 4410.4 | 20071.2 | 22470.0 |
| 2009 | 1519.8 | 5329.7 | 23881.1 | 26871.1 |
| 2010 | 1697.3 | 6346.2 | 28530.0 | 31903.3 |
| 2011 | 1726.9 | 7662.2 | 34465.4 | 37558.5 |
| 2012 | 1887.7 | 8571.0 | 41148.6 | 43794.7 |
| 2013 | 2082.0 | 9678.7 | 48745.3 | 50539.3 |
| 2014 | 2270.2 | 10842.3 | 57317.5 | 57693.1 |
| 2015 | 2395.3 | 11791.6 | 66713.9 | 65138.9 |
| 2016 | 2745.3 | 12708.7 | 76677.2 | 72755.8 |
| 2017 | 2965.7 | 13321.3 | 87032.8 | 80438.6 |

3. 全要素生产率的估算

全要素生产率(Total Factor Productivity,TFP)往往用于衡量经济系统的综合生产效率,表征要素投入之外由于技术进步、管理改善、机制创新等因素所导致的生产效率的提升,即经济增长中剔除要素投入贡献后所得到的残差,也被称为索洛余量。本文中将劳动要素和资本要素投入之外的全部增长均计入全要素生产率,由于科技、管理等因素很难进行量化考察,故利用生产函数直接进行数学处理,并在经济增速中剔除劳动力增速和资本增速的贡献,最终得到全要素生产率的数学估算结果,同时利用 H-P 滤波的方法计算得到潜在全要素生产率的增速水平(详见附表5)。

附表5　2000—2017 年湖北省全要素生产率及其潜在水平估算

| 年份 | 经济增速 | 劳动力投入增速 | 资本存量增速 | TFP 增速 | 潜在 TFP 增速(H-P 滤波) |
|---|---|---|---|---|---|
| 2000 | 8.6% | 0.8% | 34.1% | −9.4% | −4.7% |
| 2001 | 8.9% | 0.9% | 24.9% | −4.3% | −3.2% |
| 2002 | 9.2% | 0.8% | 19.8% | −1.4% | −1.8% |
| 2003 | 9.7% | 1.0% | 15.7% | 1.1% | −0.5% |
| 2004 | 11.2% | 0.9% | 17.7% | 1.7% | 0.6% |
| 2005 | 12.1% | 0.9% | 15.4% | 3.8% | 1.5% |
| 2006 | 12.1% | 0.8% | 17.6% | 2.6% | 2.3% |
| 2007 | 14.6% | 0.6% | 17.8% | 5.2% | 2.8% |
| 2008 | 13.4% | 0.6% | 18.9% | 3.4% | 3.0% |
| 2009 | 13.5% | 0.4% | 19.0% | 3.5% | 3.1% |
| 2010 | 14.8% | 0.6% | 19.5% | 4.5% | 3.0% |
| 2011 | 13.8% | 0.7% | 20.8% | 2.7% | 2.8% |
| 2012 | 11.3% | 0.4% | 19.4% | 1.1% | 2.5% |
| 2013 | 10.1% | 0.1% | 18.5% | 0.5% | 2.1% |
| 2014 | 9.7% | −0.1% | 17.6% | 0.7% | 1.8% |
| 2015 | 8.9% | −0.8% | 16.4% | 0.8% | 1.4% |
| 2016 | 8.1% | −0.7% | 14.9% | 0.7% | 1.0% |
| 2017 | 7.8% | −0.6% | 13.5% | 1.2% | 0.7% |

基于前文中计算得到的劳动力、资本存量和全要素生产率的潜在增速

结果,通过生产函数可估算湖北省 2000—2017 年的潜在经济增速水平(详见附表6)。与此同时,通过与实际经济增速进行对比分析,可判断不同年份湖北省经济处于"偏冷"还是"偏热"状态,结合各类生产要素增速的变化情况,即可对湖北省近年来的经济运行状况及其成因进行初步诊断分析。

附表6　2000—2017 年湖北省潜在经济增速估算及其与实际经济增速的比较

| 年份 | 潜在劳动力增速 | 潜在资本存量增速 | 潜在TFP增速 | 潜在经济增速 | 实际经济增速 |
|------|--------|--------|--------|--------|--------|
| 2000 | 0.9% | 49.9% | −4.7% | 21.4% | 8.6% |
| 2001 | 0.9% | 35.3% | −3.2% | 15.4% | 8.9% |
| 2002 | 0.9% | 28.5% | −1.8% | 13.3% | 9.2% |
| 2003 | 0.8% | 25.0% | −0.5% | 12.8% | 9.7% |
| 2004 | 0.8% | 23.2% | 0.6% | 12.9% | 11.2% |
| 2005 | 0.8% | 22.1% | 1.5% | 13.3% | 12.1% |
| 2006 | 0.7% | 21.5% | 2.3% | 13.6% | 12.1% |
| 2007 | 0.6% | 20.9% | 2.8% | 13.8% | 14.6% |
| 2008 | 0.6% | 20.3% | 3.0% | 13.8% | 13.4% |
| 2009 | 0.5% | 19.6% | 3.1% | 13.4% | 13.5% |
| 2010 | 0.4% | 18.7% | 3.0% | 12.9% | 14.8% |
| 2011 | 0.3% | 17.7% | 2.8% | 12.1% | 13.8% |
| 2012 | 0.2% | 16.6% | 2.5% | 11.1% | 11.3% |
| 2013 | 0.1% | 15.4% | 2.1% | 10.1% | 10.1% |
| 2014 | 0.0% | 14.2% | 1.8% | 9.1% | 9.7% |
| 2015 | −0.1% | 12.9% | 1.4% | 8.0% | 8.9% |
| 2016 | −0.2% | 11.7% | 1.0% | 7.0% | 8.1% |
| 2017 | −0.2% | 10.6% | 0.7% | 6.0% | 7.8% |

由于首先利用 H-P 滤波的方法对潜在资本存量进行估算,随后通过绝对量的递归运算计算得到潜在资本存量增速,故在 2000—2002 年的边界部分将引入较大误差,剔除上述因素影响后:2003—2017 年,湖北省实际经济增速与潜在经济增速呈现出一致的"倒 U 型"变化趋势,且实际经济增速围

绕潜在经济增速进行波动。2003—2010 年,湖北省经济增速整体呈现上行态势,其中 2003—2006 年实际经济增速低于潜在经济增速,经济处在"偏冷"状态,但偏冷水平逐年收窄。2007 年以后,除个别年份外实际经济增速均高于潜在经济增速,经济运行在"偏热"区间,偏热程度于 2010 年达到 1.9 个百分点的峰值水平,随后逐年收窄,2013 年开始再次呈现扩张态势,2017 年增速偏差幅度已增至 1.8 个百分点。诊断分析的结果表明,2010 年以来湖北省经济增速的持续回落主要源于资本存量和全要素生产率增速的不断放缓。2010—2017 年,劳动力投入、资本存量和全要素生产率增速分别回落 1.2 个、6.0 个和 3.3 个百分点,依次带动经济增速回落 0.58 个、3.09 个和 3.30 个百分点,其中资本存量增速和全要素生产率增速的回落分别贡献了经济增速全部回落幅度的 44.1% 和 47.1%(见附图 1)。

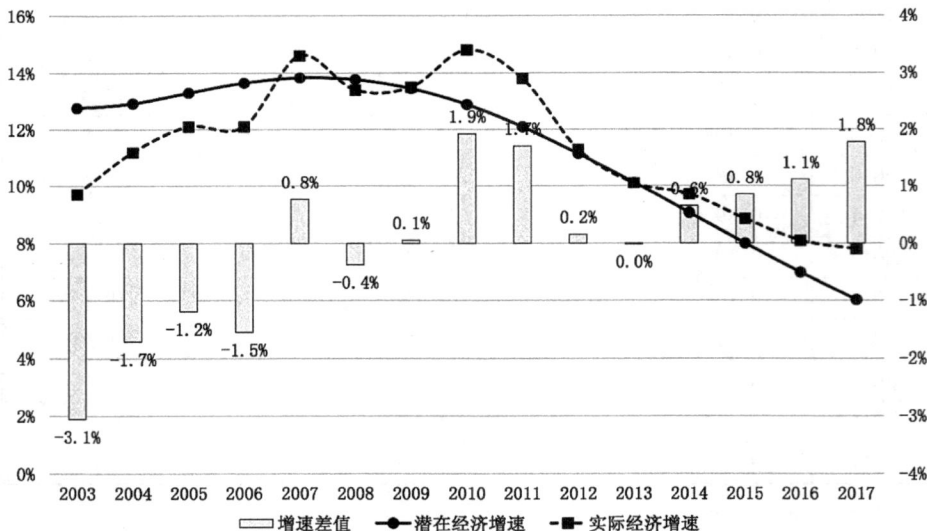

附图 1　2003—2017 年湖北省实际经济增速、潜在经济增速及两者差值

### (三)"十四五"时期湖北省各类要素指标的预测

理论研究表明,实际经济增速及主要经济指标将围绕其潜在增速水平进行窄幅波动。因此,通过科学合理预判劳动力、资本存量、全要素生产率等投入要素的潜在变化趋势,能够较为准确地预测湖北省未来一段时间内经济增速和主要经济指标的变化情况,从而为湖北省准确把握"十四五"时期经济高质量发展的思路和方向提供重要参考和借鉴。

1. 劳动力要素的预测

潜在劳动力投入水平的预测是生产函数模型所涉及三类要素指标中准确度最高的预测指标。具体思路如下:首先,通过人口迭代方程计算得到2018—2025 年湖北省劳动年龄(15—64 岁)人口数量的变化情况;其次,通过历史数据计算得到劳动年龄人口数量与就业人员数量之间的比例关系;最后,利用上述比例计算得到2018—2025 年湖北省的就业人员数量。

劳动年龄人口数量的估算方面,$T$ 年的劳动年龄人口数量等于 $T-1$ 年的劳动年龄人口数量加上 $T$ 年进入劳动年龄的人数(即 $T-15$ 年的新增人口数量),同时减去 $T$ 年退出劳动年龄的人数(即 $T-64$ 年的新增人口数量),具体迭代方程如下:

$$P_L(T) = P_L(T - 1) + P(T - 15) - P(T - 64)$$

其中,$P_L(T)$、$P_L(T - 1)$ 分别为 $T$ 年和 $T-1$ 年劳动年龄人口数量,$P(T - 15)$、$P(T - 64)$ 分别为 $T-15$ 年和 $T-64$ 年新增人口数量。为估算2018—2025 年湖北省劳动年龄人口数量,需首先计算基期(2018 年)劳动年龄人数,同时依据历史数据计算得到1954—2010 年新增人口数量,最终将上述数据代入人口迭代方程。

劳动年龄人数方面,根据湖北省 2004—2018 年人口抽样调查样本数据,计算得到劳动年龄人口占总人口的平均比重为 73.9%,结合 2018 年总人口数量可计算当年劳动年龄人口数量,代入人口迭代方程即可计算湖北省 2018—2025 年劳动年龄人口数量。就业率方面,历史数据的计算结果显示,2004 年以来湖北省劳动年龄人口就业率始终保持在 83.8%—86.1%区间,且由于近年来劳动年龄绝对人口数量的下降,劳动年龄人口就业率总体呈现上行态势,故假设 2018—2025 年劳动年龄人口就业率每年提高 0.2 个百分点。最终,根据上述估算方法和统计数据,即可预测 2018—2025 年湖北省的就业人员数量(详附见附表 7)。

附表 7　2018—2025 年湖北省就业人员数量的预测　　　单位:万人

| 年份 | T-15 年<br>新增人口 | T-64 年<br>新增人口 | 劳动年龄<br>人口数量 | 劳动年龄<br>人口就业率 | 就业人员<br>数量 |
|---|---|---|---|---|---|
| 2018 | 14.0 | 58.4 | 4,269.6 | 83.8% | 3,580.0 |
| 2019 | 14.0 | 46.5 | 4,237.0 | 84.0% | 3,561.2 |
| 2020 | −306.0 | 51.4 | 3,879.7 | 84.2% | 3,268.6 |
| 2021 | −17.0 | 99.1 | 3,763.5 | 84.4% | 3,178.3 |
| 2022 | 6.0 | 83.1 | 3,686.5 | 84.6% | 3,120.6 |
| 2023 | 12.0 | 27.7 | 3,670.8 | 84.8% | 3,114.7 |
| 2024 | 9.0 | −21.0 | 3,700.8 | 85.0% | 3,147.5 |
| 2025 | 8.0 | 30.8 | 3,678.0 | 85.2% | 3,135.5 |

2. 资本要素的预测

根据"永续盘存法",为预测 2018—2025 年湖北省的资本存量状况,需估算上述时段湖北省的折旧率水平和投资率水平。

折旧率水平方面,建筑安装工程类投资的折旧率整体较低,而设备工器具购置类投资的折旧率水平则相对较高,由于当前湖北省基础设施建设方面仍存较大短板,大量基建项目的投入和落地将使湖北省折旧率水平维持低位状态,后续伴随着基础设施建设进程的逐步放缓,折旧率水平或将持续上行。2010—2017 年湖北省平均折旧率水平为 5.1%,且今年来稳定维持在 4%左右,故假设上述水平一直持续至 2020 年,进入"十四五"时期后折旧率水平每年提高 0.05 个百分点。

附表8　2018—2025 年湖北省资本存量的预测(2000 年价格)

单位:亿元,%

| 年份 | 折旧率 | 资本形成总额<br>占资本存量比重 | 资本存量 |
|------|--------|------------------|----------|
| 2018 | 4.00% | 17.40% | 98695.2 |
| 2019 | 4.00% | 16.90% | 111426.9 |
| 2020 | 4.00% | 16.40% | 125243.9 |
| 2021 | 4.05% | 16.15% | 140398.4 |
| 2022 | 4.10% | 15.90% | 156965.4 |
| 2023 | 4.15% | 15.65% | 175016.4 |
| 2024 | 4.20% | 15.40% | 194618.2 |
| 2025 | 4.25% | 15.15% | 215831.6 |

投资率水平方面,随着我国"老龄化"的不断加剧,未来人口抚养比将持续提升,国民储蓄率面临下行压力,故资金市场的供给不足将导致投资率同步回落。近年来,湖北省资本形成总额占资本存量的比重连年下降,当前维持在 17% 左右,年均降幅约 1 个百分点。2018—2020 年上述比重或将延续回落态势,假设每年放缓 0.5 个百分点,进入"十四五"时期后投资增长将逐步企稳,年均降幅收窄至 0.25 个百分点,由此便可估算湖北省资本形成总额占资本存量比重的变化。

依据上述折旧率和投资率的估算数据,在计算得到 2017 年湖北省资本存量的基础上,即可通过"永续盘存法"的迭代方程,预测 2018—2025 年湖北省资本存量的变化情况。

3. 全要素生产率的预测

2000 年以来,湖北省全要素生产率增速总体呈现"倒 U 型"变化趋势,2007 年达到 5.2% 的峰值水平,随后开始逐年回落,在 2013 年触及 0.5% 的短期最低水平后近年来呈现稳步提升态势,年均涨幅约 0.2 个百分点。"十四五"时期,随着营商环境的持续改善、管理理念和能力的不断提升、科技创新步伐的逐步加快,湖北省全要素生产率增速有望保持稳中有进态势。考虑到后续湖北省内部改革创新的意愿动力、外部政策资金的支持力度等均会逐步增强,全要素生产率增速有望进一步加快。因此,可假设 2018—2025 年湖北省全要素生产率增速逐年加快,其中 2018—2020 年每年在上年增速基础上提高 0.2 个百分点,2021—2025 年每年在上年增速基础上提高 0.3 个百分点。

### (四)"十四五"时期湖北省要素可支撑的经济增长速度预测

在对生产函数中就业人员数量、资本存量和全要素生产率进行预测的基础上,利用 H-P 滤波的方法可计算各要素的潜在投入水平及其增速(详见附表 9)。根据 C-D 型生产函数和已经校准的参数指标,即可计算基准情景下 2018—2025 年湖北省的潜在经济增速水平(详见附表 10)。预测结果显示,未来湖北省绝对就业人数总体将呈现回落态势,且下降速度有所加快,年度降幅由 2018 年的 1.43% 扩大至 2025 年的 1.90%;资本存量增速同样呈现回落态势,2025 年增速水平仅为 8.41%,较 2018 年下降 5.22 个百分点,成为近年来及未来一段时间内湖北省经济增速回落的首要原因;全要素生产率的提高未来或成为推动湖北省经济社会发展的重要一环,其对于经济增长的贡献度逐年加大,增速水平由 2018 年的 1.35% 升至 2025 年的 3.25%。

附表 9　2018—2025 年湖北省就业人员数量、资本存量、全要素生产率增速预测

| 年份 | 就业人员数量滤波 | 资本存量滤波 | 就业人员数量增速 | 资本存量增速 | 全要素生产率增速 |
|---|---|---|---|---|---|
| 2018 | 3495.3 | 101451.6 | −1.43% | 13.63% | 1.35% |
| 2019 | 3437.4 | 114504.9 | −1.66% | 12.87% | 1.55% |
| 2020 | 3374.6 | 128370.0 | −1.83% | 12.11% | 1.75% |
| 2021 | 3310.2 | 142947.5 | −1.91% | 11.36% | 2.05% |

| 年份 | 就业人员数量滤波 | 资本存量滤波 | 就业人员数量增速 | 资本存量增速 | 全要素生产率增速 |
|------|------|------|------|------|------|
| 2022 | 3246.7 | 158106.7 | −1.92% | 10.60% | 2.35% |
| 2023 | 3184.9 | 173691.4 | −1.90% | 9.86% | 2.65% |
| 2024 | 3124.9 | 189534.0 | −1.89% | 9.12% | 2.95% |
| 2025 | 3065.5 | 205480.0 | −1.90% | 8.41% | 3.25% |

事实上,上述潜在经济增速的预测是在基准情景下进行的,即综合考虑各类因素影响后假设未来经济保持现有发展趋势且政策保持已有方式和力度。基准情景下,"十四五"时期湖北省要素可支撑的潜在经济增速均值为6.81%,高于全国平均增速1.0—1.5个百分点(详见附表10)。然而,地区经济发展与外部经济运行环境、国家政策资金支持力度、自身战略部署和改革措施等密切相关,因此不同情景下经济增速亦存在一定差异。故在基准情景的基础之上,增设悲观和乐观两种情景,以考察不同内外部环境下湖北省的潜在经济增速水平。其中,由于人口变化受外部因素影响有限,故假设各情景中就业人员数量均保持相同变化趋势。

悲观情景下,新冠肺炎疫情对于湖北省经济社会冲击的后续影响逐步显现,产业链面临的压力风险有所上升,受疫情防控常态化等因素影响,消费长期低于潜在水平,同时受地方政府偿债压力、能耗环保等指标约束,投资规模占资本存量的比重延续回落态势。世界经济陷入持续衰退,经济全球化遭遇逆流,国家保护主义和单边主义渐成主流,地缘政治风险明显上升,甚至存在爆发局部战争的可能性,国际贸易和投资面临大幅萎缩。国际技术封锁日趋严格背景下科技创新能力所受约束进一步加大,加之政策落实不到位、内生动力不足、区域竞争日趋激烈等因素影响,整体生产效率提升缓慢。该情境下,假设资本存量和全要素生产率增速较基准情景均放缓15%,"十四五"时期湖北省要素可支撑的潜在经济增速均值将降至

5.65%,较基准情景回落1.16个百分点(详见附表10)。

乐观情景下,湖北省从新冠肺炎疫情冲击中快速恢复,供给端和需求端均重回正常轨道。世界经济在经历短期衰退后企稳回升,国际经济贸易环境逐步改善,产业分工协作水平进一步提高,地缘政治经济冲突事件有所减少。中央支持湖北省经济社会发展一揽子政策逐步落地见效,国家在政策、资金等方面对于湖北省的支持力度持续加大。湖北省自身积极推进内部改革和对外开放,科技创新能力、营商环境等实现大幅提升,经济社会发展的质量效益迈上新的台阶。该情境下,假设资本存量和全要素生产率增速较基准情景均提高10%,"十四五"时期湖北省要素可支撑的潜在经济增速均值将增至7.59%,较基准情景提高0.78个百分点(详见附表10)。

附表10　2018—2025年各情景下湖北省要素可支撑的经济增长速度预测

| 年份 | 悲观情景 | 基准情景 | 乐观情景 |
|---|---|---|---|
| 2018 | 7.68% | 7.68% | 7.68% |
| 2019 | 7.38% | 7.38% | 7.38% |
| 2020 | 7.10% | 7.10% | 7.10% |
| 2021 | 5.79% | 6.97% | 7.76% |
| 2022 | 5.71% | 6.88% | 7.66% |
| 2023 | 5.65% | 6.81% | 7.58% |
| 2024 | 5.59% | 6.73% | 7.50% |
| 2025 | 5.53% | 6.66% | 7.42% |
| "十四五"时期年均增速 | 5.65% | 6.81% | 7.59% |

# 三、"十四五"时期湖北省产业可承载的经济增长速度预测

从供给角度来看,地区经济发展依赖主要产业的增长和带动。近年来,

湖北省一二三产业协同发展,其中第一、二产业增加值占地区生产总值的比重有所回落,第三产业增加值实现较快增长,同时确定了新一代信息技术、智能制造、汽车、康养等十大重点产业,计划打造数个万亿级产业集群。因此,如能准确预判未来三大产业的发展趋势,即可通过加总运算计算得到地区生产总值的变化情况,并以此估算"十四五"时期湖北省产业可承载的经济增长速度。

### (一)"十四五"时期湖北省第一产业发展趋势的预测

2010 年以来,湖北省第一产业增加值增速稳中趋缓,且近年来呈现加速回落态势。2010—2015 年,第一产业增加值增速运行在 4.4%—4.8% 区间,2016 年首次降至 4.0% 以下,且加速下行态势日趋明显。本节首先通过二阶多项式拟合 2010—2019 年湖北省第一产业增加值增速的变化情况,随后利用上述拟合方程进行趋势外推,预测"十四五"时期湖北省第一产业的可能发展趋势。

2010—2019 年湖北省第一产业增加值增速的拟合方程如下所示:

$$y = -0.0367 \cdot x^2 + 0.2205 \cdot x + 4.3292$$

其中,自变量 $x$ 为所在年份,1、2、3 分别对应 2010、2011、2012 年,并以此类推;因变量 $y$ 为各年份第一产业增加值增速。度量上述方程拟合优度的可决系数 $R^2$ 高达 0.8671,显示方程能够较好模拟出上述时段第一产业增加值增速的变化规律,故据此所进行的趋势外推预测结果具有较高的准确性和可信度(见附图 2)。

基于上述拟合方程,结合 2020—2025 年的年份数据,可计算得到上述年份第一产业增加值增速的变化情况,并可通过递归运算预测"十四五"时期第一产业增加值的绝对规模(2019 年不变价)。预测结果显示,2020—2025 年湖北省第一产业增加值增速将延续近年来的回落态势,由 2020 年的 2.31% 降至 2025 年的 -1.54%,降幅达 3.85 个百分点,同期第一产业增加值由 3897.2 亿元增至 3925.2 亿元,小幅增长 0.72%(见附表 11)。

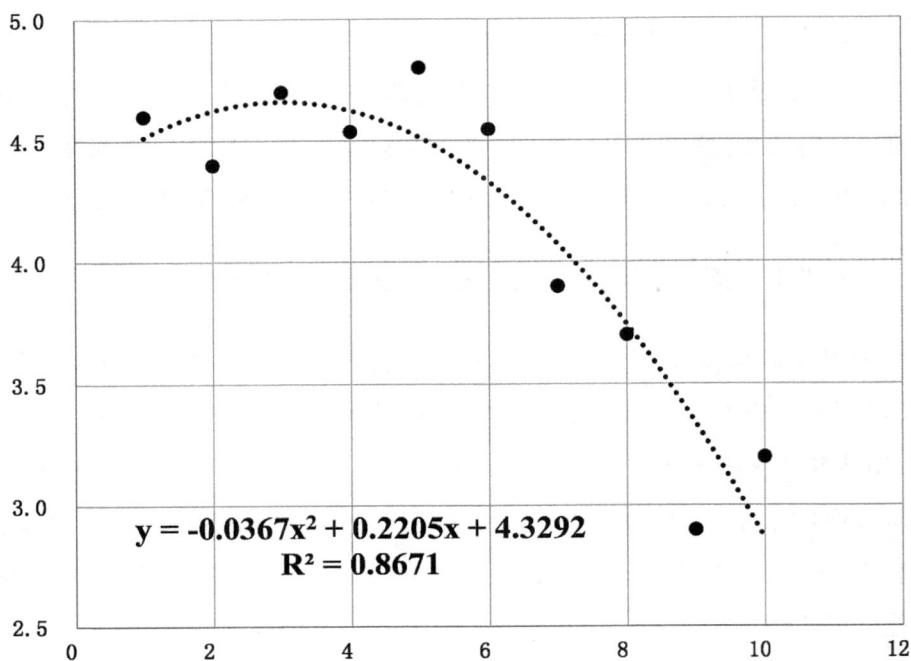

$$y = -0.0367x^2 + 0.2205x + 4.3292$$
$$R^2 = 0.8671$$

附图 2　2010—2019 年湖北省第一产业增加值增速拟合曲线

附表 11　2020—2025 年湖北省第一产业增加值及其增速预测

| 年份 | 第一产业增加值增速<br>（%） | 第一产业增加值<br>（2019 年不变价） |
|------|------|------|
| 2020 | 2.31 | 3897.2 |
| 2021 | 1.69 | 3963.1 |
| 2022 | 0.99 | 4002.5 |
| 2023 | 0.22 | 4011.4 |
| 2024 | -0.62 | 3986.5 |
| 2025 | -1.54 | 3925.2 |

## （二）“十四五”时期湖北省第二产业发展趋势的预测

2010 年以来，湖北省第二产业增加值增速总体呈现“U 型”变化趋势，2019 年出现企稳回升迹象。2010—2018 年，第二产业增加值增速逐年回落，2015 年首次降至 10% 以下，2018 年进一步回落至 6.8%，增速水平创下近 30 年新低，9 年期间降幅高达 13.4 个百分点，2019 年增速虽有小幅回升，但面临新冠肺炎疫情冲击及全球经济持续放缓的不利局面，上述回稳态势能否持续面临较大考验。本节首先通过二阶多项式拟合 2010—2019 年湖北省第二产业增加值增速的变化情况，随后利用上述拟合方程进行趋势外推，预测“十四五”时期湖北省第二产业的可能发展趋势。

2010—2019 年湖北省第二产业增加值增速的拟合方程如下所示：

$$y = 0.2559 \cdot x^2 - 4.2103 \cdot x + 24.372$$

其中，自变量 $x$ 为所在年份，1、2、3 分别对应 2010、2011、2012 年，并以此类推；因变量 $y$ 为各年份第二产业增加值增速。度量上述方程拟合优度的可决系数 $R^2$ 高达 0.9889，显示方程能在很大程度上再现上述时段第二产业增加值增速的变化情况（见附图 3）。

基于上述拟合方程，结合 2020—2025 年的年份数据，可计算得到上述年份第二产业增加值增速的变化情况，并可通过递归运算预测“十四五”时期第二产业增加值的绝对规模（2019 年不变价）。预测结果显示，根据拟合方程趋势外推结果，2020—2025 年湖北省第二产业增加值增速将出现大幅上升，2025 年有望增至 22.52%，较 2020 年提高 13.5 个百分点。上述结果显然与当前国内及湖北省面临的内外部环境形势存在较大差距，其原因主要在于 2019 年单年份的增速回升对拟合方程存在较大影响，并导致平方项前的系数估计有所偏高，且上述影响将随着时间的推移被逐步放大。为修正上述系统性偏差，本部分专门引入逐年增强的调整系数，修正后 2020—2025 年湖北省第二产业增加值增速将呈现“倒 U 型”变化趋势，2025 年增

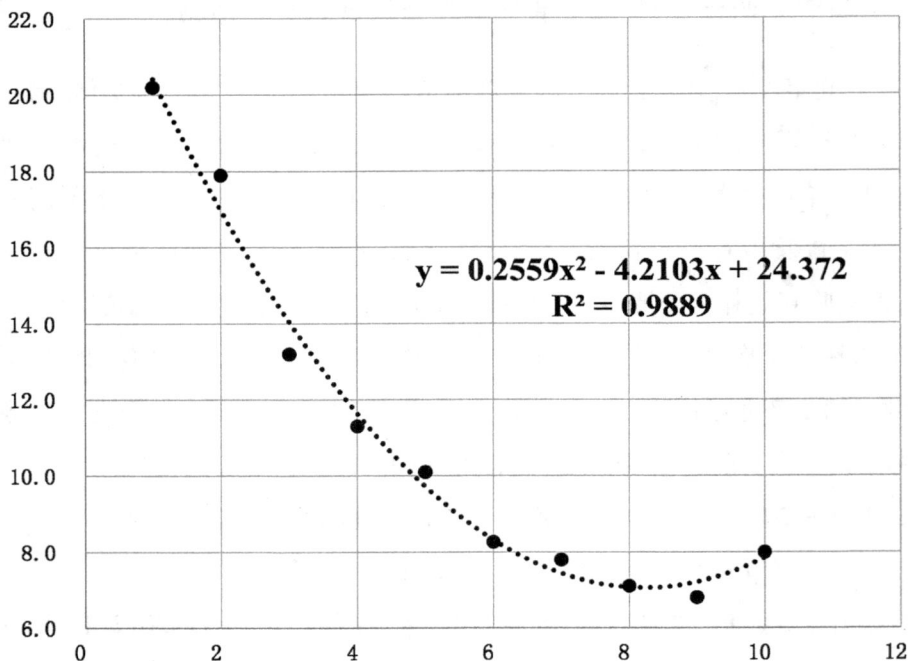

$$y = 0.2559x^2 - 4.2103x + 24.372$$
$$R^2 = 0.9889$$

附图3　2010—2019 年湖北省第二产业增加值增速拟合曲线

速水平达到 9.01%,较 2020 年小幅提高 0.89 个百分点,同期第二产业增加值由 20649.5 亿元增至 31868.4 亿元,增幅达到 54.33%(见附表 12)。

附表 12　2020—2025 年湖北省第二产业增加值及其增速预测

| 年份 | 趋势外推增速(%) | 调整系数 | 第二产业增加值增速(%) | 第二产业增加值(2019 年不变价) |
|---|---|---|---|---|
| 2020 | 9.02 | 0.90 | 8.12 | 20649.5 |
| 2021 | 10.70 | 0.80 | 8.56 | 22416.8 |
| 2022 | 12.89 | 0.70 | 9.02 | 24438.7 |
| 2023 | 15.58 | 0.60 | 9.35 | 26723.8 |
| 2024 | 18.80 | 0.50 | 9.40 | 29235.2 |
| 2025 | 22.52 | 0.40 | 9.01 | 31868.4 |

### （三）"十四五"时期湖北省第三产业发展趋势的预测

2010 年以来,湖北省第三产业增加值增速总体呈现回落态势。2010—2015 年,第三产业增加值增速运行在 10.1%—12.0% 区间,并呈现窄幅震荡特征。2016—2018 年,增速水平降至 10% 以下,但整体仍保持在 9.5% 以上的年均增速。2019 年开始,增速大幅降至 7.8%,较上年回落 2.1 个百分点,未来上述加速回落的态势是否延续仍面临一定不确定性。本节首先通过指数方程拟合 2010—2019 年湖北省第三产业增加值增速的变化情况,随后利用上述拟合方程进行趋势外推,预测"十四五"时期湖北省第三产业的可能发展趋势。

2010—2019 年湖北省第三产业增加值增速的拟合方程如下所示:

$$y = 12.186 \cdot e^{-0.033 \cdot x}$$

其中,自变量 $x$ 为所在年份,1、2、3 分别对应 2010、2011、2012 年,并以此类推;因变量 $y$ 为各年份第三产业增加值增速。度量上述方程拟合优度的可决系数 $R^2$ 达 0.7243,表明方程能够较好模拟出上述时段第三产业增加值增速的变化规律(见附图 4)。

基于上述拟合方程,结合 2020—2025 年的年份数据,可计算得到上述年份第三产业增加值增速的变化情况,并可通过递归运算预测"十四五"时期第三产业增加值的绝对规模(2019 年不变价)。预测结果显示,根据拟合方程趋势外推结果,2020—2025 年湖北省第三产业增加值增速将出现稳步回落,2025 年或将降至 7.19%,较 2020 年回落 1.29 个百分点。然而,源于指数型拟合方程主要反映了 2010—2018 年第三产业增加值增速的变化规律,故其拟合值较 2019 年实际增速明显偏高,为修正上述系统性偏差,且综合考虑湖北省"十四五"时期面临的发展环境和形势,本部分专门引入增速调整系数。修正后 2020 年第三产业增加值增速将减至 7.63%,略低于 2019 年增速水平,且后续年份上述增速总体延续下行态势,截至 2025 年增

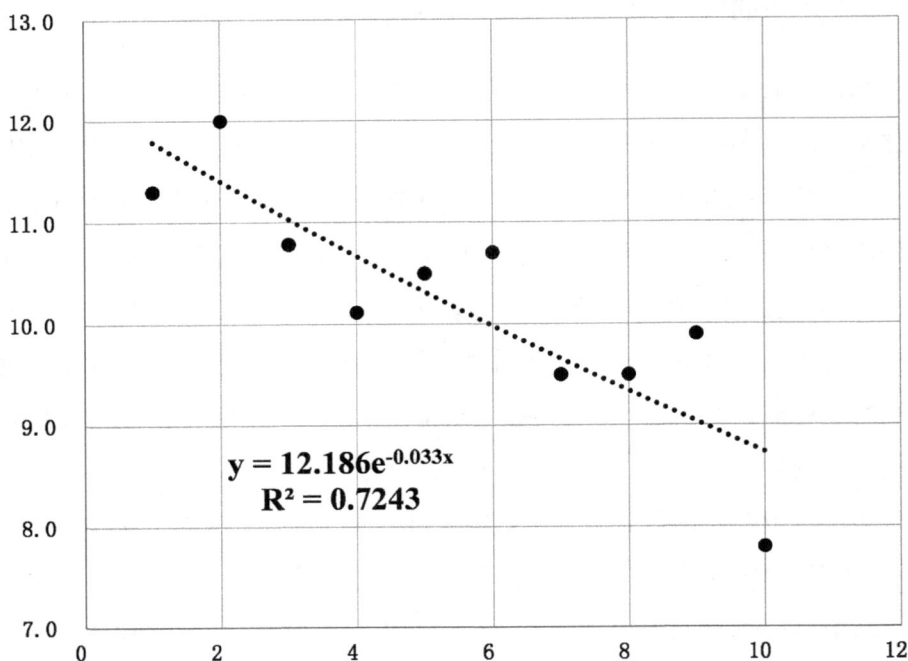

$$y = 12.186e^{-0.033x}$$
$$R^2 = 0.7243$$

附图 4　2010—2019 年湖北省第三产业增加值增速拟合曲线

速将进一步回落至 6.47%,同期第三产业增加值由 24669.2 亿元增至 34465.4 亿元,增幅达到 39.71%(见附表 13)。

附表 13　2020—2025 年湖北省第三产业增加值及其增速预测

| 年份 | 趋势外推增速(%) | 调整系数 | 第三产业增加值增速(%) | 第三产业增加值(2019 年不变价) |
|---|---|---|---|---|
| 2020 | 8.48 | 0.90 | 7.63 | 24669.2 |
| 2021 | 8.20 | 0.90 | 7.38 | 26490.0 |
| 2022 | 7.94 | 0.90 | 7.14 | 28381.8 |
| 2023 | 7.68 | 0.90 | 6.91 | 30342.9 |
| 2024 | 7.43 | 0.90 | 6.69 | 32371.5 |
| 2025 | 7.19 | 0.90 | 6.47 | 34465.4 |

## (四)"十四五"时期湖北省产业可承载的经济增长速度预测

在测算得到 2020—2025 年湖北省一二三产业增加值规模变化趋势的基础上,即可通过加总运算计算得到"十四五"时期湖北省地区生产总值的变化情况,并以此计算各年份的经济增长速度。需要专门指出的是,上述测算结果是在基准情景下进行的,即未来经济运行延续已有运行态势,且国内外环境形势未发生明显调整。事实上,新冠肺炎疫情及其所引发的全球政治经济格局变动、产业分工协作调整、国际贸易格局重塑等均会对我国中长期经济发展产生重要影响,进而影响湖北省经济的发展状况和可能走势。因此,本部分专门增设悲观和乐观两种情景,以考察不同内外部环境下湖北省产业可承载的经济增长速度,悲观情景下 2020—2025 年湖北省逐年经济增速较基准情景均放缓 15%,乐观情景下逐年经济增速较基准情景均提高 10%。预测结果显示,悲观、基准和乐观情景下,"十四五"时期湖北省产业可承载的年均经济增长速度分别为 6.27%、7.38% 和 8.12%(详见附表 14)。

附表 14　2020—2025 年各情景下湖北省产业可承载的经济增长速度预测

| 年份 | 悲观情景 | 基准情景 | 乐观情景 |
|---|---|---|---|
| 2020 | 6.28% | 7.39% | 8.13% |
| 2021 | 6.31% | 7.42% | 8.17% |
| 2022 | 6.36% | 7.48% | 8.22% |
| 2023 | 6.37% | 7.49% | 8.24% |
| 2024 | 6.28% | 7.39% | 8.13% |
| 2025 | 6.05% | 7.11% | 7.82% |
| "十四五"时期年均增速 | 6.27% | 7.38% | 8.12% |

# 四、"十四五"时期湖北省需求可实现的 经济增长速度预测

从需求角度来看,地区经济发展依赖消费、投资、出口等领域的扩张与驱动。近年来,湖北省货物和服务净出口金额始终为负,且占地区生产总值的比重均未超过 10%,故最终消费支出和资本形成总额成为推动湖北省经济增长的主要动力,二者占地区生产总值的比重分别约为 45% 和 55%。因此,如能准确预判未来消费、投资、进出口领域的发展趋势,即可通过加总运算计算得到地区生产总值的变化情况,并以此估算"十四五"时期湖北省需求可实现的经济增长速度。

## (一)"十四五"时期湖北省消费领域发展趋势的预测

2010 年以来,湖北省最终消费支出增速总体呈现回落态势。2010—2011 年,湖北省年均消费增速保持在 15% 以上的较高水平,2012 年首次降至 15% 以下,且截至 2017 年始终围绕 12% 的年均增速进行窄幅波动,社会消费品零售总额的增速数据显示,2018—2019 年湖北省年均消费增速面临进一步回落。本节首先通过多元线性回归方程,拟合 2010—2017 年湖北省最终消费支出增速的变化情况,随后通过合理假设各自变量未来变化趋势,并结合上述回归方程预测"十四五"时期湖北省消费领域的可能发展趋势。

2010—2017 年湖北省最终消费支出增速的拟合方程如下所示:

$$y = -1.979 + 0.788 \cdot x_1 + 3.912 \cdot x_2 + 0.537 \cdot x_3$$

其中,自变量 $x_1$ 为湖北省城镇居民人均可支配收入年均增速,自变量 $x_2$ 为全国居民收入基尼系数,自变量 $x_3$ 为湖北省总抚养比,因变量 $y$ 为各年份最终消费支出增速。度量上述方程拟合优度的可决系数 $R^2$ 达 0.6904,显示回归方程能够较好模拟出上述时段最终消费支出增速的变化规律。

基于上述回归方程,结合 2018—2025 年湖北省城镇居民人均可支配收入年均增速、全国居民收入基尼系数、湖北省总抚养比等变量变化趋势,可计算得到上述年份湖北省最终消费支出增速的变化情况,随后利用湖北省居民消费价格指数(CPI)将其折算成实际增速,并通过递归运算预测"十四五"时期湖北省最终消费支出的绝对规模(2019 年不变价)。预测结果显示,2018—2025 年湖北省最终消费支出增速总体呈现回落态势,名义增速水平由 2018 年的 12.24% 降至 2025 年的 6.77%,降幅达到 5.47 个百分点,"十四五"时期最终消费支出名义增速均不足 10%,年均名义消费增速为8.34%;同期,实际增速水平由 2018 年的 9.54% 降至 2025 年的 4.07%,"十四五"时期年均实际消费增速为 5.64%,较"十三五"时期出现明显回落(见附表 15)。

附表 15    2018—2025 年湖北省最终消费支出增速预测

| 年份 | 城镇居民人均可支配收入增速 | 居民收入基尼系数 | 总抚养比 | 最终消费支出名义增速 | 最终消费支出实际增速 |
|------|------|------|------|------|------|
| 2018 | 8.04% | 0.468 | 38.59% | 12.24% | 9.54% |
| 2019 | 7.95% | 0.465 | 39.38% | 11.46% | 8.76% |
| 2020 | 7.86% | 0.462 | 40.17% | 10.68% | 7.98% |
| 2021 | 7.77% | 0.459 | 40.96% | 9.90% | 7.20% |
| 2022 | 7.68% | 0.456 | 41.75% | 9.12% | 6.42% |
| 2023 | 7.59% | 0.454 | 42.54% | 8.34% | 5.64% |
| 2024 | 7.50% | 0.451 | 43.33% | 7.56% | 4.86% |
| 2025 | 7.41% | 0.448 | 44.12% | 6.77% | 4.07% |

## (二)"十四五"时期湖北省投资领域发展趋势的预测

2010 年以来,湖北省资本形成总额增速总体呈现回落态势,但近年来出现企稳回升迹象。2010—2011 年期间,湖北省资本形成总额增速保持

20%以上的较高水平,2012 年投资增速出现明显回落,单年降幅达 15.71 个百分点,2012—2014 年期间增速水平始终运行在 13%—14%区间之内,并于 2015 年首次降至 10%以下,城镇固定资产投资完成额的增速数据显示,2018—2019 年期间湖北省年均投资增速仍延续上述回落态势。本节首先通过多元线性回归方程,拟合 2010—2017 年期间湖北省资本形成总额增速的变化情况,随后通过合理假设各自变量未来变化趋势,并结合上述回归方程预测"十四五"时期湖北省投资领域的可能发展趋势。

2010—2017 年期间湖北省资本形成总额增速的拟合方程如下所示:

$$y = 1.524 - 0.670 \cdot x_1 - 1.119 \cdot x_2 - 0.380 \cdot x_3$$

其中,自变量 $x_1$ 为金融机构人民币贷款加权平均利率,自变量 $x_2$ 为国内总储蓄率,自变量 $x_3$ 为宏观经济杠杆率,因变量 $y$ 为各年份资本形成总额增速。度量上述方程拟合优度的可决系数 $R^2$ 达 0.6804,显示回归方程能够较好模拟出上述时段资本形成总额增速的变化规律。

基于上述回归方程,结合 2018—2025 年金融机构人民币贷款加权平均利率、国内总储蓄率、宏观经济杠杆率等变量变化趋势,可计算得到上述年份湖北省资本形成总额增速的变化情况,随后利用湖北省固定资产投资价格指数将其折算成实际增速,并通过递归运算预测"十四五"时期湖北省资本形成总额的绝对规模(2019 年不变价)。预测结果显示,2018—2025 年湖北省资本形成总额增速总体呈现"U 型"变化趋势,在 2019 年触及短期低点后名义增速水平由 2020 年的 7.35%增至 2025 年的 11.21%,增幅达 3.86 个百分点,"十四五"时期资本形成总额年均名义增速为 9.67%;同期,实际增速水平由 2020 年的 4.77%增至 2025 年的 8.63%,"十四五"时期实际年均投资增速为 7.09%,略高于"十三五"时期的平均水平(见附表 16)。

附表16　2018—2025年湖北省资本形成总额增速预测

| 年份 | 贷款加权平均利率 | 总储蓄率 | 宏观杠杆率 | 资本形成总额名义增速 | 资本形成总额实际增速 |
|---|---|---|---|---|---|
| 2018 | 5.85% | 44.73% | 240.75% | 6.94% | 4.36% |
| 2019 | 5.40% | 43.80% | 245.23% | 6.58% | 4.00% |
| 2020 | 4.95% | 42.87% | 246.73% | 7.35% | 4.77% |
| 2021 | 4.50% | 41.94% | 248.23% | 8.13% | 5.55% |
| 2022 | 4.05% | 41.01% | 249.73% | 8.90% | 6.32% |
| 2023 | 3.60% | 40.08% | 251.23% | 9.67% | 7.09% |
| 2024 | 3.15% | 39.15% | 252.73% | 10.44% | 7.86% |
| 2025 | 2.70% | 38.22% | 254.23% | 11.21% | 8.63% |

### （三）"十四五"时期湖北省进出口领域发展趋势的预测

2010年以来,湖北省货物和服务净出口金额总体呈现收缩态势,且同比增速年度间波动幅度较大。2010—2015年期间,湖北省货物和服务净出口金额始终为正,但总体规模面临大幅收缩,绝对规模由2010年的281.30亿元降至2015年的8.34亿元,降幅高达97.04%,2016年开始净出口金额由正转负,且贸易逆差规模持续扩大。与此同时,年度增速面临大幅波动,其中增幅最高可达218.68%,降幅最高可达85.13%,增速水平变动面临极大不确定性。考虑到货物和服务净出口金额占湖北省地区生产总值的比重不足10%,消费和投资是推动当地经济发展的绝对主导因素,同时其年度增速面临大幅波动,不便于进行外推预测,故后续估算过程中暂不考虑进出口领域变化对湖北省经济增速预测的影响。

### （四）"十四五"时期湖北省需求可实现的经济增长速度预测

在测算得到2018—2025年湖北省最终消费支出、资本形成总额变化趋势的基础上,即可通过加总运算计算得到"十四五"时期湖北省地区生产总值的变化情况(详见附表17),并以此计算各年份的经济增长速度。

附表17　2018—2025年湖北省地区生产总值预测(2017年不变价)

单位:亿元

| 年份 | 最终消费支出 | 资本形成总额 | 地区生产总值(GDP) |
|------|------|------|------|
| 2018 | 18810.50 | 21762.64 | 40573.14 |
| 2019 | 20458.68 | 22633.36 | 43092.03 |
| 2020 | 22091.45 | 23713.68 | 45805.13 |
| 2021 | 23681.96 | 25028.67 | 48710.63 |
| 2022 | 25201.98 | 26609.86 | 51811.84 |
| 2023 | 26622.70 | 28496.40 | 55119.10 |
| 2024 | 27915.54 | 30736.74 | 58652.27 |
| 2025 | 29053.09 | 33390.54 | 62443.63 |

需要专门指出的是,上述测算结果同样是在基准情景下进行的,参考前文设置方式,为考察湖北省面临不同内外部环境形势时需求可实现的经济增长速度,本部分专门增设悲观和乐观两种情景,悲观情景下2020—2025年期间湖北省逐年经济增速较基准情景均放缓15%,乐观情景下逐年经济增速较基准情景均提高10%。预测结果显示,悲观、基准和乐观情景下,"十四五"时期湖北省产业可承载的年均经济增长速度分别为5.43%、6.39%和7.03%(详见附表18)。

附表18　2018—2025年各情景下湖北省需求可实现的经济增长速度预测

| 年份 | 悲观情景 | 基准情景 | 乐观情景 |
|------|------|------|------|
| 2018 | 5.70% | 6.70% | 7.37% |
| 2019 | 5.28% | 6.21% | 6.83% |
| 2020 | 5.35% | 6.30% | 6.93% |
| 2021 | 5.39% | 6.34% | 6.98% |
| 2022 | 5.41% | 6.37% | 7.00% |
| 2023 | 5.43% | 6.38% | 7.02% |

| 年份 | 悲观情景 | 基准情景 | 乐观情景 |
|---|---|---|---|
| 2024 | 5.45% | 6.41% | 7.05% |
| 2025 | 5.49% | 6.46% | 7.11% |
| "十四五"时期<br>年均增速 | 5.43% | 6.39% | 7.03% |

# 五、"十四五"时期湖北省主要经济指标的预测

前文已分别通过生产函数模型结合 H-P 滤波的潜在经济增速测算法、以多项式或指数曲线拟合的趋势外推法、以多元回归为主体的计量经济模型,对"十四五"时期湖北省要素可支撑、产业可承载和需求可实现的经济增长速度进行分类预测。本节将对上述各类预测方法所得结果进行交叉比对,最终确定"十四五"时期湖北省经济增速的最大可能区间,在此基础上通过递归运算等方式预判"十四五"时期湖北省 GDP、人均 GDP、全员劳动生产率、居民人均可支配收入等主要经济指标的变化趋势。

## (一)经济增速的预测

依据三类不同预测方法,前文已测算出不同情景下"十四五"时期湖北省要素可支撑、产业可承载和需求可实现的经济增长速度。预测结果显示,基准情景下要素可支撑、产业可承载和需求可实现的年均经济增速分别为6.81%、7.38%和6.39%,故消费、投资等需求领域的不利因素成为制约"十四五"时期湖北省经济社会发展的首要原因。因此,未来湖北省应依托国内超大规模市场的显著优势,积极挖掘内需潜力,加快融入双循环新发展格局,努力将湖北省打造成为国内大循环的重要节点和国内国际双循环的战略链接。悲观和乐观情景下,湖北省要素可支撑、产业可承载和需求可实现

的年均经济增速分别为 5.65%、6.27%、5.43% 和 7.59%、8.12%、7.03%,考虑到新冠肺炎疫情对于湖北省乃至全国经济的持续深入影响,以及未来湖北省经济社会发展面临的内外部环境形势,"十四五"时期湖北省总体经济增速或落入悲观情景和基准情景所在区间。综合考虑上述各类因素影响,"十四五"时期湖北省年均经济增长速度大概率运行在 6.5%—7.0% 区间。

附表 19　"十四五"时期各情景下湖北省年均经济增长速度的预测

| 预测方法 | 悲观情景 | 基准情景 | 乐观情景 |
|---|---|---|---|
| 要素可支撑的年均经济增速 | 5.65% | 6.81% | 7.59% |
| 产业可承载的年均经济增速 | 6.27% | 7.38% | 8.12% |
| 需求可实现的年均经济增速 | 5.43% | 6.39% | 7.03% |

### (二)预测结果检验

为保证上述经济增速预测结果的可信度和准确性,可通过全国经济形势变化情况及湖北省经济增速相较全国经济增速的变动规律开展进一步检验。历史数据显示,2010 年以来湖北省经济增速始终高于全国经济增速,但偏高幅度呈现逐步收窄态势,2010—2015 年期间偏高幅度处在 2.0—4.0 个百分点区间之内,2016—2019 年期间经济增速偏高幅度收窄至 1.0—1.5 个百分点,"十四五"时期二者之间偏差幅度或将保持上述水平,即湖北省经济增速高于全国经济增速 1.0—1.5 个百分点。

本节将分别利用生产函数法和可计算一般均衡(CGE)模型对全国 2021—2035 年经济增速展开预测,并侧面验证"十四五"时期湖北省的可能经济增长情况。与生产函数法相比,可计算一般均衡(CGE)模型具备清晰的微观经济学基础、宏微观兼具的模型结构、良好的扩展性和适用性等诸多优势,对于经济系统的刻画更为准确全面,同时可考察外部冲击或政策变化对于经济运行的总体影响效果,是对上述预测方法的良好补充,并可与生产

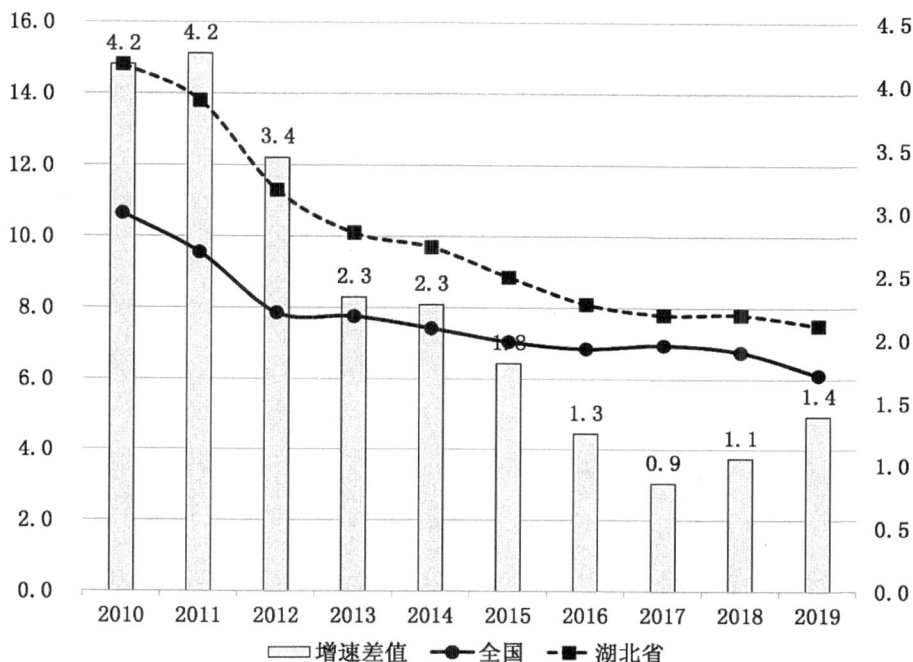

附图5　2010—2019年湖北省、全国经济增速及二者差值(%)

函数法的预测结果进行交叉验证,以提高测算结果的准确性和可信度。

1. 生产函数法

一国经济发展与世界经济贸易和产业分工格局、国家战略部署和政策安排、改革工作推进状况等密切相关,故不同情景下经济增速亦存在一定差异。

基准情景下,即综合考虑各类因素影响后假设未来经济保持现有发展态势,且内外部发展环境和政策环境保持已有状态。2020—2035年我国就业人数总体将继续呈现回落态势,且下降速度逐渐加快,降速将由2020年的0.11%升至2035年的1.13%,变化幅度接近1.0个百分点;资本存量增速同样呈现放缓态势,且成为近年来及未来一段时间内我国经济增速回落的首要原因,2035年增速水平较2020年预计下降5.09个百分点;全要素生产率的提高未来将成为推动我国经济增长的重要因素,其增速水平将由2020年的1.0%升至2035年的2.5%。综合考虑上述因素,2021—2025年、2026—2030年、2031—2035年我国年均经济增速预计分别为5.95%、5.33%和4.76%,与当前主流研究的测算结果基本一致(见附表20)。

乐观情景下,世界经济在经历短期衰退后企稳回升,国际经济贸易环境逐步改善,产业分工协作水平进一步提高,地缘政治经济冲突事件有所减少,经济全球化发展重回正常轨道。我国新型工业化、信息化、城镇化、农业现代化快速发展,产业转型升级顺利推进,科技创新能力持续增强,关键核心技术"卡脖子"问题逐步缓解,劳动生产效率明显提升。深化改革取得一系列实质性进展,制约经济和社会发展的体制机制问题逐步消除,营商环境持续改善,微观主体活力有效释放,经济内生增长动力不断增强。在此情景下,假设资本存量和全要素生产率增速较基准情景均提高10%,2021—2025年、2026—2030年、2031—2035年我国年均经济增速分别升至6.57%、5.91%和5.29%,较基准情景分别提高0.62个、0.58个和0.53个百分点(见附表20)。

悲观情景下,世界经济陷入持续衰退,经济全球化遭遇逆流,国家保护主义和单边主义渐成主流,地缘政治风险明显上升,甚至存在爆发局部战争的可能性,国际贸易和投资面临大幅萎缩。我国产业发展受到来自发达经济体和新兴发展中国家的双重挤压,竞争优势逐渐弱化,国际技术封锁日趋严格背景下科技创新能力所受约束进一步加大,劳动生产效率提升缓慢。国内改革面临的阻力有所加大,人口老龄化、地方政府债务、楼市资产泡沫等问题的后续影响逐步显现,经济发展面临的约束挑战继续增多。在此情景下,假设资本存量和全要素生产率增速较基准情景下降10%—20%(按15%计算),2021—2025年、2026—2030年、2031—2035年我国年均经济增速分别降至5.03%、4.46%和3.97%,较基准情景分别回落0.93个、0.87个和0.79个百分点(见附表20)。

2. 可计算一般均衡模型

可计算一般均衡（CGE）模型被国际机构和发达国家广泛应用于增长预测、政策评估和冲击模拟等领域。本部分采用开放经济下的动态 CGE 模型，共包含生产模块、国外模块、家庭模块、企业模块、政府模块、金融模块、宏观闭合模块、递归动态模块合计 8 个子模块。①

综合考虑上述各类因素影响，CGE 模型的预测结果显示，2020—2035 年我国经济增速总体呈现阶梯回落态势，2021—2025 年、2026—2030 年、2031—2035 年我国年均经济增速分别为 5.15%、4.70% 和 4.46%，整体增速水平介于生产函数法的基准情景和悲观情景之间（见附表 20）。与生产函数法预测的逐年回落态势不同，CGE 模型预测的增速变化具有明显的阶段性特征，2020—2025 年增速水平快速回落，随后于 2026—2030 年逐步企稳，并于 2031 年开始再次呈现放缓态势。

综上所述，根据生产函数法和 CGE 模型的预测结果，并取二者的算数平均值，基准情境下 2021—2025 年、2026—2030 年、2031—2035 年我国年均经济增速分别为 5.55%、5.01% 和 4.61%。考虑到湖北省经济增速高于全国经济增速 1.0—1.5 个百分点的历史规律，"十四五"时期湖北省经济增速将大概率落入 6.5%—7.0% 区间，与前述综合考虑要素可支撑、产业可承载和需求可实现因素所预测的经济增速区间基本一致，故上述预测结果具有较高的可信度和准确性。

---

① 生产模块采用双层嵌套的设计方式，国外模块分别选择 Armington 条件和 CET 函数，家庭、企业及政府模块分别针对各经济主体的收入、支出及储蓄设置平衡方程，金融模块涵盖各类经济决策主体通过金融系统进行资金融通的行为和过程，宏观闭合模块针对产品、要素、外汇、资金的平衡关系设置相关方程，同时以跨期资本演进方程实现模型的递归动态。

附表 20　2021—2035 年各情景下我国年均经济增速预测　　　　单位:%

| 年份 | 生产函数法 | | | CGE 模型 |
|---|---|---|---|---|
| | 基准情景 | 乐观情景 | 悲观情景 | |
| 2021—2025 年 | 5.95 | 6.57 | 5.03 | 5.15 |
| 2026—2030 年 | 5.33 | 5.91 | 4.46 | 4.70 |
| 2031—2035 年 | 4.76 | 5.29 | 3.97 | 4.46 |
| 2021—2035 年 | 5.35 | 5.92 | 4.49 | 4.77 |

## （三）地区生产总值的预测

湖北省 2019 年地区生产总值的绝对水平已由统计部门进行核算,以已公布的核算数据作为基期水平,结合前述预测的经济增长速度,即可估算 2020—2025 年湖北省地区生产总值的绝对水平。以 2019 年价格计算,湖北省 2019 年地区生产总值达 45828.31 亿元,截至"十四五"期末地区生产总值将升至 67817.40 亿元,较 2019 年提高 48.0%(详见附表 20)。需要专门指出的是,上述地区生产总值的绝对规模仅根据预测经济增速进行迭代计算,2020 年源于新冠肺炎疫情影响,实际经济增速必将大幅低于预测经济增速,但源于低基数因素影响,2021 年实际经济增速又将大幅高于预测经济增速,二者相抵后对于地区生产总值绝对规模的预测结果影响有限,即现有预测结果仍具有较高可信度。

附表 21　2020—2025 年湖北省地区生产总值预测(2019 年价格)

| 年份 | GDP 预测<br>(亿元) | 常住人口数量预测<br>(万人) | 人均 GDP 预测<br>(万元/人) |
|---|---|---|---|
| 2020 | 48921.72 | 5938.85 | 8.24 |
| 2021 | 52223.94 | 5950.73 | 8.78 |
| 2022 | 55749.05 | 5962.63 | 9.35 |
| 2023 | 59512.11 | 5974.56 | 9.96 |

续表

| 年份 | GDP 预测<br>（亿元） | 常住人口数量预测<br>（万人） | 人均 GDP 预测<br>（万元/人） |
|------|------|------|------|
| 2024 | 63529.18 | 5986.51 | 10.61 |
| 2025 | 67817.40 | 5998.48 | 11.31 |

### （四）人均地区生产总值的预测

2010 年以来，湖北省常住人口数量总体呈现稳中有升态势，但增长速度逐步放缓。2011—2016 年期间，湖北省常住人口增速基本保持在 3.0‰以上的较高水平，2011、2015 和 2016 年增速更是超过 5.0‰，但 2017 年开始上述增速明显放缓，2017—2019 年常住人口增速均不足 3.0‰。源于人口老龄化问题逐步加重，预计"十四五"时期湖北省人口增速将延续放缓态势，假设 2020—2025 年湖北省常住人口平均增速将进一步回落至 2.0‰。根据 2019 年常住人口数量及上述人口增速预期，即可预测 2020—2025 年湖北省常住人口数量的变化趋势，并以此计算人均地区生产总值（详见附表 20）。预测结果显示，"十四五"时期湖北省人均 GDP 水平将保持较快增长，由 2020 年的 8.24 万元/人增至 2025 年的 11.31 万元/人，增幅达 37.25%。

### （五）全员劳动生产率的预测

全员劳动生产率是衡量一个国家或地区经济运行效率的重要指标，其表明单位劳动投入所能创造的实际产出水平，一般用地区生产总值除以就业人员数量进行计算。前文中已计算得到 2020—2025 年期间湖北省就业人员数量和地区生产总值的变化情况，二者相除即可计算得到湖北省全员劳动生产率的具体水平。预测结果显示，未来湖北省经济运行效率将实现明显改善，全员劳动生产率水平将由 2020 年的 14.97 万元/人增至 2025 年的 21.63 万元/人,增幅高达 44.51%,经济增长的内生属性不断增强,单位劳动投入的产出水平大幅提高(详见附表 22)。

附表 22　2020—2025 年湖北省全员劳动生产率水平的预测(2019 年价格)

| 年份 | 就业人员数量(万人) | 全员劳动生产率(万元/人) |
| --- | --- | --- |
| 2020 | 3268.58 | 14.97 |
| 2021 | 3178.29 | 16.43 |
| 2022 | 3120.58 | 17.86 |
| 2023 | 3114.66 | 19.11 |
| 2024 | 3147.49 | 20.18 |
| 2025 | 3135.46 | 21.63 |

### (六)居民人均可支配收入的预测

居民收入一般由工资性收入、经营净收入、财产净收入和转移净收入四部分组成,前三项是居民收入的主体组成部分。除转移净收入外,其余各项收入均与地区经济形势密切相关,一般而言居民人均可支配收入增速与地区经济增速之间成正比。计算结果表明,2013—2019 年湖北省居民人均可支配收入增速与经济增速保持相同变化趋势,两指标比值始终处在 1.08—1.29 区间之内,均值为 1.14,即收入增速略快于实际经济增速。假设 2020—2025 年期间上述比值保持不变,故可根据湖北省实际经济增速估算居民人均可支配收入的增速及其绝对水平。预测结果显示,湖北省人均可支配收入由 2020 年的 30498.15 元增至 2025 年的 44182.59 元,累计增幅达 44.87%(详见附表 23)。

附表 23　2020—2025 年湖北省居民人均可支配收入及其增速预测

| 年份 | 人均可支配收入(元) |
| --- | --- |
| 2020 | 30498.15 |

续表

| 年份 | 人均可支配收入（元） |
|------|----------------------|
| 2021 | 32844.98 |
| 2022 | 35372.40 |
| 2023 | 38094.31 |
| 2024 | 41025.66 |
| 2025 | 44182.59 |

# 附件二:湖北高质量发展水平评价研究

为了进一步确定湖北在全国高质量发展中的区位,我们选取经济发展、创新研发、人民生活、绿色生态和对外开放五个发展维度,对湖北与全国其他省份进行综合比较分析。基于指标科学性、数据可得性等原则,经济发展指标主要考察了实际经济产出(人均GDP)、劳动效率(劳动生产率)和城镇化进程(常住人口城镇化率);创新研发指标主要考察研发投入强度(R&D经费支出占GDP比重)和科技成果转化强度(技术合同成交额占地区GDP比重);人民生活指标主要考察居民实际收入(居民人均可支配收入)、就业(城镇化登记失业率)和人力资本水平(劳动年龄人口受教育程度,用大学专科及以上学历人口占比表示);绿色生态指标主要考察用能效率(单位GDP能耗)、空气质量(地级及以上城市空气质量优良天数比率)、地表水质监测能力(地表水水质监测断面数)和排污能力(城市污水日处理能力);对外开放指标主要考察贸易额度(人均进出口总额)、外资吸收能力(人均实际使用外资额)和对外投资(人均对外直接投资额)。

附表 2-1　高质量指数分指标及权重

| 一级指标 | 二级指标 | 二级指标权重 | 一级指标权重 |
|---|---|---|---|
| 经济发展 | 人均 GDP(元) | 1/3 | 1/5 |
| | 全员劳动生产率(%) | 1/3 | |
| | 常住人口城镇化率(%) | 1/3 | |
| 创新研发 | R&D 经费支出占 GDP 比重(%) | 1/2 | 1/5 |
| | 技术合同成交额占地区 GDP 比重(%) | 1/2 | |
| 人民生活 | 居民人均可支配收入(元) | 1/3 | 1/5 |
| | 城镇登记失业率(%) | 1/3 | |
| | 劳动年龄人口受教育程度 | 1/3 | |
| 绿色生态 | 单位 GDP 能耗下降(%) | 1/4 | 1/5 |
| | 地级及以上城市空气质量优良天数比率(%) | 1/4 | |
| | 地表水水质监测断面数(个) | 1/4 | |
| | 城市污水日处理能力(万立方米) | 1/4 | |
| 对外开放 | 人均进出口总额(元) | 1/3 | 1/5 |
| | 人均实际使用外资额(元) | 1/3 | |
| | 人均对外直接投资额(元) | 1/3 | |

通过与全国各省份高质量指数的比较,可以得出以下结论:

一是综合高质量发展水平处于全国中上水平。"十三五"时期,湖北省紧扣高质量发展主题,推动经济提质增效,促进经济社会全面发展成果显著。2018 年,湖北综合高质量发展指标在全国 31 个省(自治区、直辖市)中排名第八,略低于该年份 GDP 排名(第七),但高于其人均 GDP 排名(第十),总体上看均处于中上游水平,与地方经济发展水平协同度较高。

二是多项指标领跑中部省份,综合优势凸显。从经济发展、创新研发、绿色生态和对外开放等多项指标来看,湖北省综合发展水平远高于江西、山西、河南等省份,在中部六省中独树一帜,综合优势凸显,俨然成为中部崛起的重要战略支点。但值得注意的是,湖南省经济发展指标比湖北低 3.09,人民生活和绿色生态指标分别比湖北低 6.32 和 1.18,是各项指标得分与湖北最相近的省份,加之地理位置、发展战略相似,仍对湖北构成不小的挑战。

三是生态文明建设走在前列,绿色生态指标领先。2018 年湖北省绿色生态指标为 111.78,不仅高于北京(100.00)、天津(50.03)等发达地区,同邻近的河南省(99.75)、安徽省(99.20)、江西省(86.20)及西部欠发达省份也有较大差距。从分项上看,湖北省经济结构优化、产业能耗降低、大气、水环境持续改善,各分项得分均位居前列。

四是对外开放程度不足,尚有巨大发展空间。进出口贸易、实际使用外资和对外直接投资三项指标的省份间差异较大,北京、上海两地优势突出,一些欠发达省份得分则仅相当于北京的 1%。湖北省 2018 年对外开放程度得分为 14.93,在全国处于中游水平,但同发达省份相比规模差距仍然很大,这也直接拉低了湖北高质量发展的综合得分。因此,加快开放步伐,搭建完善对外开放发展的新平台,有望成为湖北省未来高质量发展的重要突破口。

五是创新研发具有一定优势,助力高质量发展。作为高等教育和科研资源大省,湖北省 2018 年创新研发得分为 26.88,全国排名第七,在中部六省中遥遥领先。这一指标的领先将为湖北进一步经济增长打下基石,也为此后经济持续高质量发展提供动力和支撑。"十四五"时期应继续发挥科技创新的引领作用,推动人才优势转化为研发成果优势、科技成果优势转化为新兴产业优势,进一步提高经济综合发展质量。

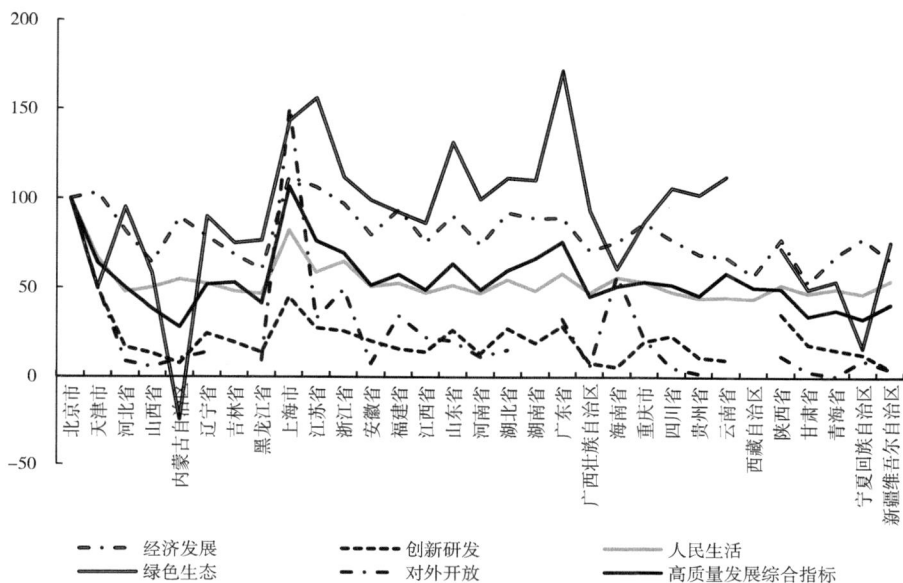

附图 2-1　2018 年全国各省份(自治区、直辖市)高质量发展指数

附表 2-2　高质量发展指数

| 地区 | 高质量发展综合指标 | 经济发展 | 创新研发 | 人民生活 | 绿色生态 | 对外开放 |
|---|---|---|---|---|---|---|
| 北京市 | 100.00 | 100.00 | 100.00 | 100.00 | 100.00 | 100.00 |
| 天津市 | 80.44 | 103.14 | 49.73 | 67.01 | 50.03 | 50.57 |
| 河北省 | 61.44 | 81.81 | 16.44 | 47.80 | 95.13 | 8.58 |
| 山西省 | 46.07 | 64.21 | 12.90 | 49.97 | 58.18 | 5.17 |
| 内蒙古自治区 | 33.82 | 89.28 | 7.49 | 54.84 | −24.22 | 10.12 |
| 辽宁省 | 63.71 | 78.69 | 24.05 | 52.45 | 89.79 | 13.62 |
| 吉林省 | | 68.63 | 19.19 | 48.14 | 75.32 | |
| 黑龙江省 | 45.12 | 60.44 | 13.61 | 46.56 | 76.65 | 9.17 |
| 上海市 | 118.68 | 112.42 | 44.75 | 82.34 | 143.18 | 151.03 |
| 江苏省 | 97.72 | 106.42 | 27.33 | 58.95 | 156.10 | 32.38 |
| 浙江省 | 89.25 | 97.22 | 25.45 | 65.04 | 111.90 | 49.18 |
| 安徽省 | 65.67 | 79.79 | 20.04 | 50.52 | 99.20 | 7.34 |

399

| 地区 | 高质量发展综合指标 | 经济发展 | 创新研发 | 人民生活 | 绿色生态 | 对外开放 |
|---|---|---|---|---|---|---|
| 福建省 | 71.23 | 94.04 | 15.43 | 52.69 | 92.45 | 34.29 |
| 江西省 | 60.80 | 75.87 | 13.80 | 47.00 | 86.20 | 22.01 |
| 山东省 | 85.24 | 90.41 | 25.92 | 51.60 | 131.67 | 19.85 |
| 河南省 | 59.43 | 74.44 | 12.90 | 46.84 | 99.75 | 11.13 |
| 湖北省 | 71.72 | 92.13 | 26.88 | 54.63 | 111.78 | 14.93 |
| 湖南省 | | 89.04 | 18.62 | 48.31 | 110.60 | |
| 广东省 | 96.74 | 89.14 | 28.51 | 58.11 | 171.90 | 32.62 |
| 广西壮族自治区 | 49.14 | 71.08 | 7.58 | 47.16 | 93.31 | 5.70 |
| 海南省 | 52.77 | 75.81 | 5.32 | 55.79 | 60.85 | 56.94 |
| 重庆市 | 66.90 | 86.45 | 19.72 | 53.16 | 87.07 | 21.19 |
| 四川省 | 58.41 | 77.11 | 22.96 | 47.72 | 106.17 | 5.08 |
| 贵州省 | 50.28 | 69.17 | 10.73 | 44.23 | 102.45 | 1.84 |
| 云南省 | | 67.59 | 9.37 | 44.68 | 112.71 | |
| 西藏自治区 | | 56.93 | | 44.03 | | |
| 陕西省 | 56.78 | 77.54 | 35.37 | 51.75 | 72.65 | 11.64 |
| 甘肃省 | 39.09 | 52.94 | 18.05 | 47.19 | 49.40 | 2.96 |
| 青海省 | 39.50 | 68.44 | 15.21 | 49.74 | 54.12 | 0.65 |
| 宁夏回族自治区 | 43.08 | 78.15 | 12.65 | 46.77 | 16.19 | 9.49 |
| 新疆维吾尔自治区 | 44.43 | 66.00 | 4.54 | 54.54 | 76.11 | 4.22 |

注:为了方便比较分析,取北京各项指标均为100,其他省份指标为其相对大小,<100表示低于北京,>100表示高于北京。

## 附表2-3 经济发展指标

| 地区 | 人均GDP(元) | 劳动生产率(万元/人) | 城镇化率(%) |
|---|---|---|---|
| 北京市 | 140211.20 | 40.41 | 86.49 |
| 天津市 | 120710.80 | 51.40 | 83.14 |
| 河北省 | 47772.22 | 59.04 | 56.43 |
| 山西省 | 45328.00 | 37.48 | 58.42 |
| 内蒙古自治区 | 68302.00 | 59.25 | 62.71 |

| 地区 | 人均 GDP（元） | 劳动生产率（万元/人） | 城镇化率（%） |
|---|---|---|---|
| 辽宁省 | 58007.52 | 46.87 | 68.09 |
| 吉林省 | 55610.92 | 40.29 | 57.54 |
| 黑龙江省 | 43274.41 | 32.72 | 60.11 |
| 上海市 | 134982.00 | 56.21 | 88.12 |
| 江苏省 | 115168.40 | 63.29 | 69.61 |
| 浙江省 | 98643.41 | 57.23 | 68.90 |
| 安徽省 | 47711.66 | 57.42 | 54.70 |
| 福建省 | 98542.00 | 54.85 | 65.82 |
| 江西省 | 47433.95 | 52.13 | 56.02 |
| 山东省 | 76267.26 | 59.04 | 61.18 |
| 河南省 | 50152.22 | 51.62 | 51.71 |
| 湖北省 | 66615.70 | 64.32 | 60.30 |
| 湖南省 | 52948.60 | 66.50 | 56.02 |
| 广东省 | 86412.00 | 50.12 | 70.70 |
| 广西壮族自治区 | 41489.17 | 50.75 | 50.22 |
| 海南省 | 51955.29 | 49.31 | 59.10 |
| 重庆市 | 65932.72 | 55.19 | 65.51 |
| 四川省 | 48883.17 | 54.96 | 52.30 |
| 贵州省 | 41243.59 | 49.76 | 47.53 |
| 云南省 | 37136.28 | 48.90 | 47.81 |
| 西藏自治区 | 43398.00 | 41.97 | 31.10 |
| 陕西省 | 63477.47 | 48.55 | 58.13 |
| 甘肃省 | 31336.13 | 32.85 | 47.71 |
| 青海省 | 47689.45 | 43.81 | 54.39 |
| 宁夏回族自治区 | 54094.17 | 51.64 | 58.87 |
| 新疆维吾尔自治区 | 49474.72 | 41.97 | 50.90 |

附表 2-4　创新研发指标

| 地区 | R&D 经费支出占<br>GDP 比重（%） | 技术市场成交额占地区<br>GDP 比重（%） |
|---|---|---|
| 北京市 | 5.65 | 14.98 |
| 天津市 | 3.68 | 5.13 |
| 河北省 | 1.54 | 0.85 |
| 山西省 | 1.10 | 0.94 |
| 内蒙古自治区 | 0.80 | 0.12 |
| 辽宁省 | 1.96 | 2.02 |
| 吉林省 | 1.02 | 3.04 |
| 黑龙江省 | 1.05 | 1.29 |
| 上海市 | 3.77 | 3.40 |
| 江苏省 | 2.69 | 1.06 |
| 浙江省 | 2.49 | 1.02 |
| 安徽省 | 1.91 | 0.94 |
| 福建省 | 1.66 | 0.22 |
| 江西省 | 1.37 | 0.51 |
| 山东省 | 2.47 | 1.23 |
| 河南省 | 1.34 | 0.30 |
| 湖北省 | 1.96 | 2.87 |
| 湖南省 | 1.81 | 0.78 |
| 广东省 | 2.71 | 1.37 |
| 广西壮族自治区 | 0.74 | 0.31 |
| 海南省 | 0.55 | 0.14 |
| 重庆市 | 1.90 | 0.87 |
| 四川省 | 1.72 | 2.32 |
| 贵州省 | 0.79 | 1.11 |
| 云南省 | 0.90 | 0.43 |
| 西藏自治区 | 0.24 | |
| 陕西省 | 2.22 | 4.70 |
| 甘肃省 | 1.20 | 2.23 |
| 青海省 | 0.63 | 2.89 |
| 宁夏回族自治区 | 1.30 | 0.34 |
| 新疆维吾尔自治区 | 0.50 | 0.03 |

附表 2-5　人民生活指标

| 地区 | 居民人均可支配收入(元) | 城镇调查失业率(%) | 劳动年龄人口中大学专科以上学历比例(%) |
|---|---|---|---|
| 北京市 | 62361.22 | 1.4 | 51.32 |
| 天津市 | 39506.15 | 3.5 | 30.12 |
| 河北省 | 23445.65 | 3.3 | 12.74 |
| 山西省 | 21990.14 | 3.3 | 17.28 |
| 内蒙古自治区 | 28375.65 | 3.6 | 21.05 |
| 辽宁省 | 29701.45 | 3.9 | 17.82 |
| 吉林省 | 22798.37 | 3.5 | 14.81 |
| 黑龙江省 | 22725.85 | 4 | 15.01 |
| 上海市 | 64182.65 | 3.5 | 33.42 |
| 江苏省 | 38095.79 | 3 | 16.30 |
| 浙江省 | 45839.84 | 2.6 | 17.26 |
| 安徽省 | 23983.58 | 2.8 | 13.91 |
| 福建省 | 32643.93 | 3.7 | 14.74 |
| 江西省 | 24079.68 | 3.4 | 11.50 |
| 山东省 | 29204.61 | 3.4 | 14.36 |
| 河南省 | 21963.54 | 3 | 10.93 |
| 湖北省 | 25814.54 | 2.5 | 17.19 |
| 湖南省 | 25240.75 | 3.6 | 13.58 |
| 广东省 | 35809.9 | 2.4 | 13.81 |
| 广西壮族自治区 | 21485.03 | 2.3 | 8.23 |
| 海南省 | 24579.04 | 2.3 | 18.97 |
| 重庆市 | 26385.84 | 3 | 17.02 |
| 四川省 | 22460.55 | 3.5 | 14.44 |
| 贵州省 | 18430.18 | 3.2 | 10.85 |
| 云南省 | 20084.19 | 3.4 | 11.21 |
| 西藏自治区 | 17286.06 | 2.8 | 9.42 |
| 陕西省 | 22528.26 | 3.2 | 19.05 |
| 甘肃省 | 17488.39 | 2.8 | 14.13 |
| 青海省 | 20757.26 | 3 | 16.39 |
| 宁夏回族自治区 | 22400.42 | 3.9 | 15.09 |
| 新疆维吾尔自治区 | 21500.24 | 2.4 | 20.08 |

附表2-6　绿色生态指标

| 地区 | 万元 GDP 能耗：北京：同比（%） | 空气质量达到及好于二级的天数占全年比重（%） | 地表水水质监测断面数 2017（个） | 城市污水日处理能力（万立方米） |
|---|---|---|---|---|
| 北京市 | -3.82 | 62.19 | 472.00 | 692.78 |
| 天津市 | -1.54 | 56.71 | 129.00 | 285.95 |
| 河北省 | -5.89 | 41.37 | 323.00 | 633.07 |
| 山西省 | -3.23 | 46.58 | 161.00 | 271.15 |
| 内蒙古自治区 | 10.86 | 74.52 | 155.00 | 240.60 |
| 辽宁省 | -1.15 | 77.26 | 268.00 | 1,025.70 |
| 吉林省 | -2.56 | 88.22 | 161.00 | 403.95 |
| 黑龙江省 | -2.76 | 84.93 | 188.00 | 401.56 |
| 上海市 | -5.56 | 80.82 | 849.00 | 812.95 |
| 江苏省 | -6.18 | 68.77 | 387.00 | 1,870.87 |
| 浙江省 | -3.72 | 73.70 | 325.00 | 1,128.26 |
| 安徽省 | -5.45 | 71.23 | 242.00 | 611.87 |
| 福建省 | -3.41 | 92.33 | 340.00 | 416.01 |
| 江西省 | -4.76 | 89.59 | 162.00 | 289.80 |
| 山东省 | -4.87 | 51.51 | 660.00 | 1,223.05 |
| 河南省 | -5.01 | 46.03 | 374.00 | 793.80 |
| 湖北省 | -4.32 | 68.22 | 588.00 | 691.03 |
| 湖南省 | -5.12 | 76.16 | 443.00 | 637.72 |
| 广东省 | -3.38 | 80.55 | 651.00 | 2,297.65 |
| 广西壮族自治区 | -3.05 | 93.15 | 151.00 | 773.27 |
| 海南省 | -1.32 | 97.53 | 176.00 | 102.08 |
| 重庆市 | -2.52 | 80.82 | 469.00 | 367.13 |
| 四川省 | -4.06 | 68.77 | 498.00 | 708.84 |
| 贵州省 | -6.54 | 97.81 | 211.00 | 253.64 |
| 云南省 | -4.80 | 98.90 | 612.00 | 252.80 |
| 西藏自治区 | | 98.08 | 105.00 | |
| 陕西省 | -4.88 | 51.23 | 114.00 | 390.30 |
| 甘肃省 | -1.97 | 58.36 | 142.00 | 153.25 |
| 青海省 | -2.88 | 77.26 | 47.00 | 47.80 |

| 地区 | 万元 GDP 能耗:<br>北京:同比(%) | 空气质量达到及<br>好于二级的天数<br>占全年比重(%) | 地表水水质监测<br>断面数 2017<br>(个) | 城市污水日<br>处理能力<br>(万立方米) |
|---|---|---|---|---|
| 宁夏回族自治区 | 2.85 | 68.22 | 72.00 | 100.00 |
| 新疆维吾尔自治区 | -4.04 | 69.86 | 244.00 | 240.20 |

附表 2-7  对外开放指标

| 地区 | 人均进出口总额<br>(元) | 人均实际使用外资额<br>(元) | 人均对外直接投资额<br>(元) |
|---|---|---|---|
| 北京市 | 126195.45 | 5320.25 | 1988.59 |
| 天津市 | 51775.71 | 2058.58 | 1431.57 |
| 河北省 | 4700.37 | 795.62 | 140.67 |
| 山西省 | 3684.51 | 420.51 | 93.02 |
| 内蒙古自治区 | 4081.89 | 825.20 | 230.72 |
| 辽宁省 | 17311.08 | 743.51 | 261.58 |
| 吉林省 | 5039.94 | | 9.43 |
| 黑龙江省 | 4632.12 | 1043.61 | 83.78 |
| 上海市 | 140304.99 | 6989.37 | 4186.48 |
| 江苏省 | 54406.16 | 1532.59 | 501.34 |
| 浙江省 | 49711.00 | 1961.84 | 1417.15 |
| 安徽省 | 995.73 | 466.33 | 248.17 |
| 福建省 | 31348.13 | 2111.76 | 762.33 |
| 江西省 | 6809.17 | 2922.08 | 113.82 |
| 山东省 | 19212.20 | 1179.58 | 440.85 |
| 河南省 | 5739.42 | 823.00 | 265.88 |
| 湖北省 | 5893.53 | 1811.50 | 120.92 |
| 湖南省 | 4463.69 | | 144.57 |
| 广东省 | 63312.02 | 29.52 | 937.10 |
| 广西壮族自治区 | 8336.78 | 100.05 | 171.05 |
| 海南省 | 9089.51 | 2303.75 | 2392.36 |
| 重庆市 | 16836.30 | 1912.96 | 283.90 |
| 四川省 | 7130.92 | 48.29 | 172.81 |

续表

| 地区 | 人均进出口总额<br>（元） | 人均实际使用外资额<br>（元） | 人均对外直接投资额<br>（元） |
|---|---|---|---|
| 贵州省 | 1391.56 | 194.19 | 15.00 |
| 云南省 | 618.94 | | 164.65 |
| 西藏自治区 | 1381.40 | | 896.18 |
| 陕西省 | 9093.63 | 1173.22 | 112.58 |
| 甘肃省 | 1496.40 | 12.66 | 148.33 |
| 青海省 | 762.85 | 4.90 | 25.10 |
| 宁夏回族自治区 | 3621.51 | 206.33 | 431.74 |
| 新疆维吾尔自治区 | 804.58 | 54.64 | 218.53 |

# 后　　记

　　《建成支点　走在前列　谱写新篇——"十四五"时期湖北推动经济高质量发展研究》是在中国宏观经济研究院承担湖北省统计局委托课题"'十四五'时期湖北推动经济高质量发展思路研究"的结题报告基础上修改完成的。

　　本课题由中国宏观经济研究院王昌林院长、湖北省统计局朱慧局长担任组长,湖北省统计局吴中志副局长担任副组长,宏观经济研究院决策咨询部和科研管理部组织协调院内经济所、外经所、产业所、国地所、市场所等5个研究所20多名研究人员,湖北省统计局综合处和普查中心组织协调核算处、工业处、投资处、贸经处、社科处、服务业处、调查监测中心等7个处室(单位)20多名人员共同撰写完成。课题组在充分调研的基础上,主要就"十四五"时期湖北经济发展中的重大问题进行了全面深入的研究。2020年1月以来,课题组克服新冠肺炎疫情带来的种种不便,充分利用线上线下多种方式,围绕研究重点、分析框架、数据挖掘、观点提炼等展开多次深入交流对接,先后讨论修改十余次,最终完成一份总报告,八份专题报告,并在此基础上提炼形成一份专题报告上报湖北省委省政府。课题成果充分挖掘全国第四次经济普查湖北数据,为高质量制定《湖北省国民经济和社会发展第十四个五年规划和2035年远景目标纲要》提供参考。

　　课题研究得到了湖北省委省政府有关领导和省直部门的高度重视和大

力支持。湖北省时任常务副省长黄楚平同志亲自听取汇报并给予重要指导。省发改委、教育厅、科技厅、经信厅、财政厅、自然资源厅、住建厅、交通厅、商务厅、文旅厅、扶贫办、自贸区管委会、东湖高新区管委会等有关部门与课题组进行了深入交流。课题组还实地赴自贸试验区、东湖高新区进行了调研,得到了自贸区管委会、东湖高新区管委会和武汉市统计局的大力协助。

课题研究内容各部分具体分工及执笔人分别是,主报告(王昌林、朱慧、吴中志、杜飞轮、张利阳、王静敏);专题一(付保宗、徐建伟、龙江舫、魏燕子);专题二(洪群联、魏尚平、朱昳);专题三(欧阳慧、李智、吴晓秦、闵胜男);专题四(李世刚、曹玉瑾、王行刚、肖悦);专题五(郭丽岩、吕云龙、宋雪、曹珣);专题六(刘保奎、张舰、付春晖、陈院生);专题七(张铭慎、唐军华、余佑玲);专题八(李大伟、孔亦舒、宋雪、唐雯)。杜飞轮、张利阳、张铭慎、孙再明、薛啸岩承担了大量联络、编务和校对工作。此外,课题组在研究过程中,广泛参考了有关文献和内部报告,恕无法一一列明致谢。

中国宏观经济研究院(国家发展和改革委员会宏观经济研究院)是首批国家高端智库建设试点单位,是国内唯一以宏观经济理论和政策为专长的国家级决策咨询智库,具有贴近国家宏观经济管理决策机构、贴近中国发展实际、学科专业比较齐全的特色。长期以来,中国宏观经济研究院以把优秀科研成果推荐给广大读者作为己任,但限于经验和水平,书中如有不当之处,恳请不吝赐教。

编　者

2021 年 6 月

责任编辑:高晓璐

**图书在版编目(CIP)数据**

建成支点 走在前列 谱写新篇:"十四五"时期湖北推动经济高质量发展
 研究/中国宏观经济研究院,湖北省统计局,联合课题组 著. —北京:人民
 出版社,2021.5
 ISBN 978－7－01－023434－2

Ⅰ.①建…  Ⅱ.①中…②湖…③联…  Ⅲ.①区域发展战略-研究报告-湖北
 Ⅳ.①F127.63

中国版本图书馆 CIP 数据核字(2021)第 091056 号

**建成支点 走在前列 谱写新篇**
JIANCHENG ZHIDIAN ZOUZAI QIANLIE PUXIE XINPIAN
——"十四五"时期湖北推动经济高质量发展研究

中国宏观经济研究院 湖北省统计局 联合课题组 著

**人民出版社** 出版发行
(100706 北京市东城区隆福寺街 99 号)

北京建宏印刷有限公司印刷 新华书店经销

2021 年 5 月第 1 版 2021 年 6 月北京第 2 次印刷
开本:710 毫米×1000 毫米 1/16 印张:26
字数:415 千字

ISBN 978－7－01－023434－2 定价:69.00 元

邮购地址 100706 北京市东城区隆福寺街 99 号
人民东方图书销售中心 电话 (010)65250042 65289539